V&R Academic

Kleine Bibliothek der antiken jüdischen und christlichen Literatur

Herausgegeben von Jürgen Wehnert

Vandenhoeck & Ruprecht

# Der Klemensroman

Übersetzt und eingeleitet
von Jürgen Wehnert

Vandenhoeck & Ruprecht

Bibliografische Information der Deutschen Nationalbibliothek

Die Deutsche Nationalbibliothek verzeichnet diese Publikation in der Deutschen Nationalbibliografie; detaillierte bibliografische Daten sind im Internet über http://dnb.d-nb.de abrufbar.

ISBN 978-3-525-53461-8

Weitere Ausgaben und Online-Angebote sind erhältlich unter: www.v-r.de



Satz: SchwabScantechnik, Göttingen
Druck und Bindung: ⊛ Hubert & Co., Göttingen

Gedruckt auf alterungsbeständigem Papier.

# Inhalt

# Einleitung

## Zum Inhalt des Romans

Der Klemensroman entführt seine Leser in die Welt des Römischen Reiches zur Zeit des Kaisers Tiberius wenige Jahre nach der Kreuzigung Jesu. Er macht sie zu Teilnehmern einer lebensverändernden Reise des Protagonisten, die in Rom beginnt und nach Stationen in Alexandrien, im jüdischen Land und Phönizien vor den Toren Antiochiens, der Hauptstadt der Provinz Syrien, endet. Der weite geographische Horizont des Werkes – Rom, Alexandrien und Antiochien waren die größten Metropolen des Kaiserreichs – symbolisiert seine umfassende Behandlung existentieller Fragen des Menschen, die in Auseinandersetzung mit der antiken Philosophie und konkurrierenden christlichen Lehrmeinungen aus einer ungewohnten jüdisch-christlichen Sicht verbindlich beantwortet werden sollen.

Nach zwei Briefen und einem damit verbundenen Gelübde, das im Roman Mitgeteilte geheim zu halten, ergreift der Ich-Erzähler Klemens das Wort und berichtet in 20 Büchern über seine prägenden Erfahrungen als Jugendlicher und junger Mann. Klemens stammt aus einer mit dem Kaiserhaus verwandten römischen Familie. Schon in jungen Jahren wird er von den Sinnfragen des Lebens umgetrieben, auf die ihm die Philosophen keine befriedigende Antwort geben können. Als er von Jesus hört, bricht er nach Judäa auf und lernt auf einer Zwischenstation in Alexandrien Barnabas kennen. Durch dessen Predigt erfährt er so viel über Jesu Lehre und Taten, dass er den dringenden Wunsch verspürt, sich den Schülern des inzwischen Gekreuzigten anzuschließen. Er reist er in die judäische Hafenstadt Caesarea Stratonis weiter, wo sich der Apostel Petrus mit seinen Anhängern anlässlich eines bevorstehenden Streitgesprächs mit dessen Erzfeind, dem Zauberer Simon (Simon Magus), aufhält.

Petrus nimmt Klemens freundlich in seinen Kreis auf. Er setzt ihm die christliche Lehre auseinander und beeindruckt ihn durch seine siegreichen Streitgespräche mit Simon so sehr, dass Klemens beschließt, bei Petrus zu bleiben und ihn bei der Verfolgung der Magiers zu unterstützen, der nach seiner Niederlage in den Küstenstädten Phöniziens und Syriens Hass gegen den Apostel sät. Nachdem Klemens von der Wahrheit der christlichen Lehre vollständig überzeugt und von Petrus getauft worden ist, stellt sich heraus, dass er in seiner Jugend durch die Intrige eines Verwandten seine gesamte Familie verloren hat – erst die Mutter Mattidia mit den Zwillingsbrüdern Faustinus (Niceta) und Faustinianus (Aquila), dann Faustus, den Vater. Mit Hilfe des Petrus werden im weiteren Verlauf der Reise alle Familienmitglieder in derselben Reihenfolge aufgefunden und wieder glücklich vereint – ein schlagender Beweis für die Wahrheit der christlichen Lehre, die letztlich auch den hoch gebildeten Faustus und seinen astrologischen Schicksalsglauben zu erschüttern vermag. In der syrischen Hafenstadt Laodicea (heute Latakia) kommt es zu erneuten Streitgesprächen zwischen Petrus und Simon Magus, in denen der Zauberer schmählich unterliegt. Durch eine Verwandlung des Faustus versucht er sich zu rächen, vermag jedoch gegen die überlegene Macht des Apostels nichts auszurichten und muss abermals vor ihm fliehen.

## Zur literarischen Gattung

Der Klemensroman ist durch umfangreiche Diskussionen und Lehrvorträge des Petrus geprägt, die die Erzählhandlung über weite Strecken in den Hintergrund drängen. Die seinen Ablauf bestimmende Hinwendung des Klemens und seiner Eltern zum christlichen Glauben verweist auf ein grundsätzlich apologetisches Interesse des Werkes: Durch detaillierte argumentative Auseinandersetzungen mit religiösen und philosophischen Gegenpositionen soll die Überlegenheit der vom Apostel Petrus vertretenen Lehre unter Beweis gestellt und eine gebildete Leserschaft für das Christentum interessiert werden. Um dieses Ziel zu erreichen, greift das im Übrigen frei erfundene Werk auf Motive zurück, die zum einen aus der frühen christlichen Apologetik (Verteidigung des christlichen Glaubens gegen

Einwände) und der im 2. Jahrhundert aufblühenden Apostelliteratur stammen, und zum anderen durch den antiken Roman vermittelt sind.

Dass sich ein christliches Werk der Stilelemente des Romans bedient, ist in der Geschichte der jüdischen und christlichen Literatur ohne Vorbild. Der auch in der paganen Literatur bewanderte Autor hatte den originellen Einfall, im Gewand des idealisierenden Romans neue Leserschichten auf das christliche Verständnis von Gott, Welt und Mensch anzusprechen. Das Sujet von der Wiedervereinigung liebender Menschen, die durch ein grausames Schicksal auseinandergerissen wurden, findet sich ähnlich u.a in Heliodors *Äthiopischen Geschichten* oder in der *Geschichte des Königs Apollonius von Tyrus* (beide aus dem 3. Jahrhundert n. Chr.). Mit diesem Sujet verbunden sind wiederkehrende Motive wie die Intrige als Auslöser des Dramas, das Erleiden von Schiffbruch und Verkauf in die Sklaverei, die lange, vergebliche Suche nach den Vermissten oder die unverbrüchliche Treue der Liebenden während ihrer Trennung. All diese Motive werden in der Geschichte von Klemens und seiner Familie variiert. Sie kann daher zurecht als erster christlicher Roman bezeichnet werden, ohne das literarische Genie ihres Verfassers deshalb zu überschätzen.

Die Disposition der Erzählung weist Schwächen auf, die seine Entstehungsgeschichte widerspiegeln. Die Romanhandlung ist nicht homogen, sondern verweist in der doppelten Suchbewegung des Klemens (zunächst nach dem Lebenssinn, dann nach den verschollenen Angehörigen, von denen erstmals in Buch 12 die Rede ist) auf zwei ursprünglich selbständige Themen, deren Behandlung das Werk seinen besonderen Charakter – halb Bildungs-, halb Familienroman – verdankt. Die Verbindung dieser Romanstoffe gelang dem Autor dadurch, dass er sie auf ein älteres literarisches Werk gleichsam aufmontierte und durch die Figur des Klemens zu verbinden versuchte. Die so komponierte, von Beginn an gern gelesene Erzählung wurde mehrfach formal und inhaltlich überarbeitet. Heute liegen nur noch die beiden jüngsten Fassungen des Werkes (sowie Kurzfassungen davon) vor. Diese komplizierte, nur annäherungsweise zu rekonstruierende Geschichte des Klemensromans ist für sein Verständnis von erheblicher Bedeutung.

## Zur Entstehungs- und Überlieferungsgeschichte

Die literarische Keimzelle des Klemensromans dürfte eine Erzählung gewesen sein, die einen vor allem in langen Disputen ausgefochtenen Kampf zwischen dem Apostel Petrus und seinem Widersacher, dem Zauberer Simon, schilderte. Die Figur des Klemens spielte darin noch keine Rolle. Diese älteste Schicht des Werkes lässt sich relativ leicht aus den Roman herauslösen, weil sie in auktorialer Erzählperspektive, also in dritter Person, verfasst wurde, während die jüngeren Partien des Romans als Ich-Rede stilisiert sind. Der Romanverfasser hat die Ich-Erzählperspektive oft nur ganz oberflächlich in die von ihm übernommenen Teile der Petrus-Simon-Erzählung eingetragen. In diesen Textbereichen sind sogar einige Formulierungen in dritter Person stehengeblieben, so dass jetzt der merkwürdige Eindruck entsteht, Klemens sei in der Erzählung seines eigenen Lebens phasenweise abwesend. Charakteristisch ist eine Notiz am Ende von Buch 8: „Als sie (die Zuhörer) fortgegangen waren, blieb Petrus mit seinen Vertrauten dort" (24,3). Nach der Fiktion des Romans müsste es korrekterweise heißen: „blieb Petrus mit uns dort".

Die letztlich durch die Episode Apg 8,9–24 (Petrus und Simon in Samarien) inspirierte Auseinandersetzung zwischen Simon Petrus und Simon Magus, der in der Kirche schnell als Erzketzer galt, hat der frühe Erzähler in drei Abschnitten gestaltet: Der erste ist ein Streitgespräch im judäischen Cäsarea, das mit der Flucht des Magiers endet. Der zweite Teil beschreibt eine Verfolgungsjagd von Cäsarea bis in die syrische Hauptstadt Antiochien: Petrus heftet sich an die Fersen seines Gegenspielers, der die Bewohner verschiedener Küstenstädte gegen den Apostel aufwiegelt. Das nützt ihm jedoch nichts, weil Petrus die Bevölkerung durch wirkungsvolle Missionspredigten auf seine Seite zieht, in jeder Stadt eine Gemeinde gründet und einen Bischof einsetzt. Den dritten Teil bildet eine weitere Diskussion, wohl in Antiochien, bei der Petrus den Zauberer erneut überwindet und in die Flucht schlägt.

Datieren lässt sich diese Petrus-Simon-Erzählung dadurch, dass sie Figuren und Motive der sogenannten *Petrusakten* voraussetzt. Bei diesen „Akten" (zu Deutsch: „Taten") handelt es sich um eine nachbiblische Apostelgeschichte aus der zweiten Hälfte des 2. Jahrhunderts (vor 190 n. Chr.). Sie beginnt in Jerusalem und endet mit der endgültigen Niederlage des Simon Magus sowie dem Märtyrertod des Apostels Petrus in Rom. Die *Petrusakten* sind leicht zugänglich; Bernhard Lang hat sie für die vorliegende Buchreihe neu ins Deutsche übersetzt. Ende des 2. oder Anfang des 3. Jahrhunderts dürfte dann vermutlich in Syrien die Petrus-Simon-Erzählung entstanden sein. Angeregt wurde sie wohl durch die Lücken im Reisebericht der *Petrusakten,* der, soweit der Text überliefert ist, nur Ereignisse in Jerusalem und Rom schildert.

Mitte des 3. Jahrhunderts wurde die Petrus-Simon-Erzählung im syrischen Raum zum autobiographisch stilisierten Ich-Roman umgestaltet und durch Verarbeitung umfangreicher literarischer Quellen beträchtlich erweitert. Die Datierung ergibt sich daraus, dass der Romanverfasser das *Buch der Gesetze der Länder* des syrischen Autors Bardesanes herangezogen hat (in Buch 19.19), das vor 222 n. Chr. entstanden ist. Protagonist und Erzähler des Werkes ist nun der adlige Jüngling und spätere Bischof Klemens von Rom – eine markante historische Gestalt des ausgehenden 1. Jahrhunderts n. Chr., die der Verfasser mit Blick auf die von ihm anvisierte gebildete heidnische Leserschaft aufleben ließ. Wegen dieses fiktiven Ich-Erzählers wird der Roman in der Literatur meist als „Klementinen" oder „Pseudoklementinen" bezeichnet, obwohl er ursprünglich gewiss unter anderem Namen umlief.

Nach dem flott formulierten Beginn seines Lebensberichts in Buch 1 gerät Klemens ab Buch 2 zwar in die privilegierte Rolle eines Petrusbegleiters, verliert aber gleichzeitig stark an Bedeutung. Er ist fortan im Wesentlichen nur ein blasser Berichterstatter über die Konflikte des Apostels mit Simon Magus, die der Romanverfasser aus der Petrus-Simon-Erzählung übernommen hatte. Um zu verhindern, dass die Figur des Klemens, der am Ende von Buch 11 fast beiläufig getauft wird, ganz zum Statisten gerät, setzt der Verfasser im zweiten Teil des Romans neu ein. Klemens berichtet Petrus vom Verlust seiner Eltern und Brüder, die ihm, dank der Hilfe des Apostels, während der Verfolgung Simons entlang der Mittelmeerküste nacheinander über den Weg laufen.

Die Erzählung von der Wiedervereinigung der lang getrennten Familienmitglieder scheint der Autor ebenfalls aus einer Quelle übernommen zu haben. Er hat ersichtlich Mühe, seinen Protagonisten Klemens in diese Vorlage zu integrieren, die wohl nur von zwei, nicht von drei Söhnen berichtete. Nach der Auffindung der lang Vermissten entsteht deshalb so gut wie kein Gespräch zwischen ihnen und Klemens über ihre entbehrungsreichen Schicksale (Buch 12–15), worüber sich die Leserschaft nur wundern kann. Seinen Abschluss findet das Romanwerk in den Städten Laodicea (nun Austragungsort des zweiten Disputs zwischen Petrus und Simon) und Antiochien mit einer Doppelpointe: Zum einen erleidet der Magier mit seiner gegen Petrus gerichteten Polemik erneut völligen Schiffbruch, zum anderen muss Faustus, der edel, aber skeptisch denkende Vater des Klemens, die Überlegenheit der christlichen Lehre anerkennen – damit ist die Geschichte zu einem einigermaßen guten Ende gebracht, weil die Mitglieder der Klemens-Familie nun auch im gleichen Glauben vereint sind, wenngleich die Taufe des Faustus (und mit ihr die der intendierten Leser) noch aussteht.

Auf einer dritten Stufe wurde der Roman formal und inhaltlich umgearbeitet. Durch Hinzufügung von zwei einleitenden Briefen – einer des Petrus samt einer darauf antwortenden „feierlichen Beschwörung", einer des Klemens – an den in Jerusalem residierenden Jakobus, den Bruder Jesu, sowie durch gelegentlich eingestreute Anreden des Jakobus in zweiter Person Singular (z. B. 1.20,2–3; 2.1,1) soll er den Charakter einer überdimensionalen brieflichen Mitteilung des Klemens an das Oberhaupt der Jerusalemer Christen gewinnen.

Jakobus, der im Roman bisher keine Rolle gespielt hatte, gilt darüber hinaus als Oberbischof aller Christen („Bischof der Bischöfe", Brief des Klemens 1,1), der die ordnungsgemäße Verkündigung der Apostel zu überwachen hat. Zu diesem Zweck müssen ihm beständig Mitschriften der Predigten des Petrus übersandt werden, was Klemens als Sekretär des Apostels erledigt. Der Bearbeiter scheint freilich die Lust an dieser Umgestaltung der Romans bald verloren zu haben. Die Stilisierung als Brief findet sich nur in den ersten Büchern des Werkes und ist danach aufgegeben worden. Das gilt auch für den im Klemensbrief angedeuteten Plan, den Erzählfaden von Antiochien bis zum Ausgangspunkt Rom zu verlängern: Dort wird Klemens zum Bischof erhoben, ehe Petrus das Martyrium erleidet. Letzter großer Eingriff des Bearbeiters war der Einschub eines

Berichts über die Einsetzung des Zachäus zum Bischof von Cäsarea (3.59–72). Leider vergaß er, gleichzeitig jene Stellen zu tilgen, an denen Zachäus als Begleiter des Petrus auf dessen weiteren Reisen erscheint (13.8,3; 17.1,1.3; 17.6,2).

Diese zum Torso eines Briefes verwandelte Fassung des Romans war Grundlage für die beiden überlieferten Fassungen des Werkes, die *Homilien* („Predigten"), die in der vorliegenden Ausgabe übersetzt werden, und die *Rekognitionen* („Wiederkennungen"). Die beiden dafür verantwortlichen Bearbeiter haben den Romanstoff Ende des 3. oder Anfang des 4. Jahrhunderts, wohl unabhängig voneinander, nochmals gründlich redigiert.

Beide Versionen wurden auf Griechisch verfasst, doch sind nur die *Homilien* (in zwanzig kürzeren Büchern mit den drei Einleitungsschriften) in dieser Sprache erhalten geblieben. Die Rekognitionen (in zehn ausführlichen Büchern) liegen, von wenigen griechischen Zitaten bei den Kirchenvätern abgesehen, komplett nur in einer lateinischen Übersetzung des Rufin von Aquileia aus dem Jahr 406 oder 407 vor sowie in einer davon unabhängigen syrischen Teilübersetzung – letztere in Gestalt zweier Handschriften, deren ältere, die in der British Library, London, aufbewahrt wird, auf das Jahr 411 datiert ist.

Ein Vergleich zwischen *Homilien* und *Rekognitionen* ergibt, dass erstere die Substanz des Romans und der darin enthaltenen Vorläufererzählung insgesamt besser bewahrt haben. Der Bearbeiter der *Rekognitionen,* ein der katholischen Großkirche nahestehender Christ, hat in die Struktur, vor allem aber in die Lehrinhalte seiner Vorlage stark eingegriffen. Trotzdem gebührt ihm das Verdienst, dem Roman unter veränderten kirchlichen Machtverhältnissen, denen die früheren Fassungen ganz und die *Homilien* fast zum Opfer fielen, das Überleben gesichert zu haben. Mehr als 110 erhaltene Handschriften bezeugen die intensive Beschäftigung mit den *Rekognitionen* in weiten Teilen Europas.

Von den *Homilien* gibt es hingegen nur zwei Handschriften, die von derselben griechischen Vorlage abgeschrieben worden sind. Das ältere Manuskript, ein Codex Parisinus aus dem 11. oder 12. Jahrhundert, beinhaltet die drei Einleitungsschriften und den *Homilien*-Text bis 19.14,3; der Rest ist durch häufige Benutzung verlorengegangen.

Vollständig ist die jüngere Handschrift, ein Codex Vaticanus Ottobonianus aus dem 14. Jahrhundert. Angesichts dieser schmalen Überlieferung hat für die Wiederherstellung des *Homilien*-Textes u. a. eine syrische Teilübersetzung Bedeutung, die den Abschnitt 10.1,1–14.12,4 umfasst. Sie befindet sich in derselben Londoner Handschrift aus dem Jahr 411, die auch Teile der *Rekognitionen* in syrischer Übersetzung enthält (s. o.).

Trotz ersichtlicher Zurückhaltung hat auch der Bearbeiter der *Homilien* in die Erzählstruktur des von ihm vorgefundenen Romans eingegriffen. Insbesondere hat er versucht, dem ab Buch 2 sehr blassen Protagonisten Klemens mehr Profil zu verleihen. Zu diesem Zweck hat er die mythologischen Vorträge, die ursprünglich an den Schluss des Werkes gehörten, in Buch 4–6 zu Debatten zwischen Klemens und dem alexandrinischen Lehrer Appion, einem Vertrauten des Simon Magus, umgearbeitet, aus denen der junge Römer siegreich hervorgeht. Um Raum für diese Diskussionen zu gewinnen, hat H die Streitgespräche des Petrus teilweise stark abgekürzt. Das betrifft sowohl die Auseinandersetzung des Apostels mit Simon Magus in Cäsarea (in Buch 3) als auch die spätere Debatte zwischen Petrus und Faustus über den astrologischen Schicksalsglauben (Buch 14.2–7). In diesen Teilen dürften die *Rekognitionen* die Romanvorlage besser bewahrt haben. Ob der *Homilien*-Bearbeiter auch in den turbulenten Schlussteil 20.11–23 eingegriffen hat (Simon hext Faustus seine eigene Gestalt an, um sich der Verhaftung wegen Zauberei zu entziehen), ist möglich, aber nicht kontrollierbar, weil die *Rekognitionen* den Magier schon früh aus der Erzählhandlung entfernen und deshalb keine Parallele zum *Homilien*-Schluss besitzen. (Erst in der lateinischen Übersetzung der *Rekognitionen* wurde der *Homilien*-Schluss zur Abrundung des Werkes ergänzt.) Einige Züge des Finales – Simon flieht nach seiner Niederlage nicht gen Rom, sondern unverständlicherweise zurück in das für ihn verlorene Judäa (20.15,1 u. ö.) – lassen jedoch vermuten, dass sie vom Bearbeiter der *Homilien* in den Text eingetragen wurden.

Die jüngsten Fassungen des Klemensromans sind stark gekürzte Versionen der *Homilien* und der *Rekognitionen.* Solche Kurzfassungen, Epitomen genannt, wurden möglicherweise bereits im 4. Jahrhundert hergestellt. Sie lassen das nachhaltige Interesse am Klemensroman – vor allem an seinem Protagonisten Klemens – u. a. im griechischen, syrischen, äthiopischen, armenischen und arabischen Sprachraum erkennen. Von besonderer Bedeutung sind zwei weit verbreitete griechische Epitomen, die auf den *Homilien* beruhen. Sie verlängern den Erzählfaden des Romans bis zur Ankunft der Protagonisten in Rom und schildern abschließend das Martyrium des Klemens.

## Zur Theologie

Weil der Bearbeiter der *Homilien* die Gedankenwelt seiner Vorlage im Wesentlichen unangetastet ließ, wird durch ihn die teils bizarre Theologie des ursprünglichen Klemensromans zugänglich. Dessen um 250 n. Chr. schreibender Autor erscheint als eigenwilliger, sehr rationaler Denker, der verschiedenste theologische und popularphilosophische Traditionen seiner Zeit zu einem jüdisch-christlichen Gedankengebäude verbunden hat, mit dem er ebenso erschöpfende wie verbindliche Antworten auf die existentiellen Fragen seiner Zeitgenossen geben wollte.

Elemente dieses Gedankensystems übernimmt er aus der von ihm zugrunde gelegten Petrus-Simon-Erzählung. Diese stammt aus einem jüdisch geprägten Christentum Syriens, das auch in der *Didaskalia*, einer Kirchenordnung aus der ersten Hälfte des 3. Jahrhunderts, vorausgesetzt und von ihr bekämpft wird. Die vom Romanverfasser geteilten Überzeugungen dieser jüdischen Christen lassen sich in einigen Hauptpunkten zusammenfassen:

1. Der jüdische Monotheismus (Gottes „Alleinherrschaft"; 3.3,2 u. ö.) wird stark betont: Der Gott Israels ist der einzige Gott und „Schöpfer des Himmels und der Erde und aller Dinge, die in ihnen sind"; keinen anderen darf man Gott nennen oder dafür halten (16.5,2 u. ö.). Diesem gegen jede Form des antiken Götterglaubens gerichteten Monotheismus entspricht eine sehr zurückhaltende Christologie. Von Kreuz und Auferstehung ist so gut wie nie die Rede. Seine Würde gewinnt Jesus nicht aufgrund seiner Erhöhung zu Gott, sondern als eine Verkörperung des von göttlichem Vorherwissen erfüllten „wahren Propheten". Dieser lehrt die Menschen seit Adams Zeiten in immer neuer Gestalt, was zu ihrer Rettung dient. Im Zentrum

dieser Heilslehre steht eine rigorose Ethik. Das Taufbad, das Sündenvergebung und Auslöschung der im Täufling wohnenden Dämonen bewirkt, eröffnet die einmalige Chance, einen gottgefälligen Lebenswandel in starker Weltdistanz zu führen und dadurch an der zukünftigen ewigen Welt teilzuhaben, die Gott nach dem Gericht über die Menschen allein für die Frommen heraufführen wird. Eine zweite Buße ist ausgeschlossen. Dieser rettende neue Lebenswandel geht, unter dem Einfluss des sogenannten Aposteldekrets (Apg 15,20.29; 21,25), mit der Einhaltung jüdischer Speise- und Reinheitsvorschriften einher, die durch das Taufbad, das keine sakramentale Bedeutung hat, nicht überflüssig geworden sind. Diese Grundgedanken werden in 7.8,1–2 katechismusartig zusammengefasst:

„Die von Gott verordnete Religion ist diese: allein ihn zu verehren und allein dem Propheten der Wahrheit zu glauben und zur Vergebung der Sünden sich taufen zu lassen und so, durch das heiligste Eintauchen, neu geboren zu werden für Gott durch das rettende Wasser, an der Mahlzeit der Dämonen nicht teilzunehmen – nämlich an Götzenopferfleisch, Totem, Ersticktem, von Raubtieren Gerissenem, Blut –, nicht unrein zu leben, sich nach dem Beischlaf mit einer Frau zu waschen, dass die Frauen aber auch die (Bestimmungen über die) Menstruation beachten und dass alle tugendhaft sind, Gutes erweisen, kein Unrecht tun und von dem Gott, der alles vermag, ewiges Leben erhoffen und es erlangen, wenn sie ihn durch Gebete und unablässige Bitten anrufen."

2. Mit der Hochschätzung des mosaischen Gesetzes, in das zur Prüfung der Gläubigen allerdings „falsche Perikopen" eingefügt worden sind, und der diesem Gesetz völlig entsprechenden Lehre Jesu verbindet sich eine nachdrückliche Warnung vor der negativen Macht der Dämonen, die Gott zur Bestrafung derjenigen Menschen entstehen ließ, die seinem Willen zuwiderhandeln. Diese Gedanken finden ihre Fortsetzung in einer kaum verhüllten Ablehnung des Paulus, die in der Verwerfung der gesetzesfreien Verkündigung des Völkerapostels gründet. Die Kritik an dem nie mit Namen genannten Paulus wird in Buch 17.13–20, einem Disput zwischen Simon Magus und Petrus, breit entfaltet. Sie streiten darum, ob eine Vision dem Menschen zuverlässigere Erkenntnis verschafft als Mitteilungen im persönlichen Gespräch. Seit langem ist erkannt, dass sich hinter

der Maske des Simon Magus hier der Apostel Paulus verbirgt, dessen Überlegenheitsanspruch, die auf seiner Christusvision gründet (vgl. Gal 1,11–12), zurückgewiesen wird – mit Argumenten, die bis in das 1. Jahrhundert zurückgehen könnten: „Kann jemand aufgrund einer Erscheinung zur Lehre befähigt werden? Und wenn du sagst: Es ist möglich, warum unterhielt sich der Lehrer mit wachen Menschen und blieb ein ganzes Jahr bei ihnen? Selbst dass er dir erschienen ist – wie sollen wir dir das glauben? Wie kann er dir überhaupt erschienen sein, wenn deine Gedanken im Widerspruch zu seiner Lehre stehen?" (17.19,2–3)

3. Die Art und Weise, wie die Figuren mit den neutestamentlichen Texten argumentieren, wirft die Frage auf, in welcher Fassung sie, speziell die Evangelien, den Autoren vorlagen. Einerseits ist unübersehbar, dass die in den *Homilien* enthaltenen Jesus-Zitate meist dem Matthäusevangelium nahestehen (deshalb werden in der Übersetzung durchweg nur die Mt-Parallelen angegeben, auch wenn das Wort in den anderen Evangelien vorkommt). Andererseits weichen die Zitate oft vom sonst überlieferten Evangelientext ab, und es werden Jesus-Worte angeführt, die in den neutestamentlichen Evangelien fehlen (vgl. 2.51; 3.50). Es ist daher möglich, dass die judisch-christliche Gemeinschaft, die den Klemensroman hervorbrachte, ein eigenes Evangelium neben (oder anstelle von) den Büchern besaß, die andere Christen verwendeten.

Dieses Lehrfundament wurde in den späteren Schichten des Romans um theologische und philosophische Traditionen unterschiedlicher Herkunft erweitert, die ein beachtliches Bildungsniveau der Bearbeiter unter Beweis stellen.

Die Gotteslehre wird unter zwei Gesichtspunkten präzisiert: In ausführlicher Auseinandersetzung wohl mit der von Markion von Synope (gestorben um 160 n. Chr.) eingeführten Unterscheidung zwischen dem höchsten, guten Gott und dem strengen Demiurgen (dem Weltschöpfer), der zugleich der Gesetzgeber ist, wird die Einheit und Einzigkeit des Gottes Israels verteidigt (s. vor allem Buch 18 sowie die Parole „*ein* Gott, *ein* Gesetz, *eine* Hoffnung" im Brief des Petrus 1,5). Dazu dient u. a. ein mit Hilfe von Zahlenspekulationen angestellter Versuch, diesen Lehrsatz streng philosophisch zu beweisen. Herangezogen wird auch ein wohl von jüdischer Mystik beeinflusster Traktat über die „Gestalt Gottes“, die zwar begrenzt sei, deren unendlichen Dimensionen aber keinen Raum für die Existenz anderer Götter ließen (Buch 16.10; 16.19; 17.7–11).

Die ältere Propheten-Christologie wird zu einer „Syzygienlehre“ ausgebaut (zu griechisch *syzygia,* „Paar“, „Zweigespann“). Dem in der Menschheitsgeschichte sich immer neu inkarnierenden „männlichen“ Propheten sei zur Verführung der Gläubigen ein unheilvolles „weibliches“ Pendant zur Seite gestellt worden, das sich ebenfalls regelmäßig inkarniere und mit dem Heilspropheten ein „Paar“ bilde (Buch 2.15–17; 3.17–28). Seit Adam, der ersten Inkarnation des wahren Propheten, und der offenbar als Sünderin aufgefassten Eva (3.22–25) setzten sich diese Paare bis in die Gegenwart fort: Ziel aller Anstrengungen des Menschen müsse es sein, aus der Sphäre der vergänglichen weiblichen Welt, die den Menschen hervorbringt, durch die als Neugeburt verstandene Taufe in den ewigen männlichen Äon überzuwechseln. Mit dieser Theorie einer seit Erschaffung des Menschen unveränderten adamitisch-mosaisch-jesuanischen Lehrtradition geht eine gesteigerte Ablehnung des Apostels Paulus einher. Der Brief des Petrus bezeichnet ihn als „feindlichen Menschen“, dessen „gesetzlose“ Lehre die Rechtgläubigen „tief empören“, weil sie sie in die Irre führen will (1,3; 2,3).

Hinsichtlich der Lebenspraxis der Gläubigen ist, neben der Einschärfung uneigennützigster Menschenliebe (s. den Lehrvortrag des Petrus in Buch 12.25–33), eine Konzentration auf die Sexualethik unverkennbar: Leitbegriff ist hier die von Männern wie von Frauen gleichermaßen geforderte *sōphrosynē* (s. besonders Buch 13.13–21), die Einschränkung der Sexualität auf die Ehe, die als Ventil für die Begierde nachdrücklich empfohlen wird. Mit *sōphrosynē* ist also nicht Keuschheit, sondern strenge Tugendhaftigkeit gemeint, deren Verletzung als zweitschlimmste menschliche Sünde nach dem Unglauben gebrandmarkt wird (vgl. den Brief des Klemens 7,4). Gegenbegriff dazu ist die jede andere Form sexuellen Verkehrs bezeichnende „Unzucht“, die Gott verabscheut und jedenfalls bestrafen wird (Buch 13.14,3). Das *sōphrosynē*-Ideal der Klemensromans liefert zugleich die Basis, um zu den Göttern der griechischen Mythologie, die ihre Sexualität freizügig ausleben, mit Liebe zum Detail auf kritisch-ironische Distanz zu gehen (Buch 5).

## Zur Bedeutung des Klemensromans

Die Gründe für die intensive Rezeption und Nachwirkung des Klemensromans liegen einerseits in seiner strengen Ethik und seiner Verheißung einer allein für die Frommen bereiteten neuen Welt. Die umfassende Thematisierung und Begründung beider Aspekte dürfte einen Beitrag zur Entstehung des syrischen Mönchtums im 3. Jahrhundert geleistet haben. Andererseits behauptete sich das Werk durch den originellen Einfall, christliche Verkündigung mit den Mitteln des antiken Romans zu betreiben. Es fand freilich viel weniger heidnische als gutgläubige christliche Leser, die seine Fiktionalität nicht durchschauten und es, trotz der Unbeholfenheit etlicher Passagen, für authentische Aufzeichnungen des bekannten und verehrten Klemens von Rom hielten. Noch Ende des 19. Jahrhunderts verfasste ein französischer Theologe ein zweibändiges Werk, um die Echtheit der Klementinen zu beweisen.

Tatsächlich war es dem Verfasser nicht vergönnt, große literarische Gestalten zu kreieren. Petrus, um den sich alles dreht, ist dieser Welt schon halb entrückt und taugt schwerlich zur Identifikationsfigur. Dafür kommt eher der adlige Klemens infrage, der als Wahrheitssucher überzeugend beginnt, dann allerdings im Schatten des Apostels verkümmert. Das grause Geschick von Klemens' beispiellos tugendhafter Mutter Mattidia ist so unglaubwürdig wie das seiner übergescheiten Zwillingsbrüder, mit denen Klemens, man könnte meinen: zur Strafe, kaum ein Wort wechselt. Lebensnäher wirken die Gegenspieler der christlichen Helden: Der geistig wendige, im Grunde standpunktlose Zauberer Simon, der trotz seiner pfiffigen Gegenreden nur als Katalysator für den Erweis der christlichen Wahrheit dienen kann, trägt bis zum burlesken Schluss Spannung und Farbe in das hoch moralische Werk. Als „Teil von jener Kraft, die stets das Böse will und stets das Gute schafft", gehört er zu den Vorfahren von Goethes Mephisto. Bei der Rehabilitierung der satanischen Figur in der europäischen Literatur des 18. und 19. Jahrhunderts mag, auch wenn dies kaum bewusst wurde, der Zauberer Simon durchaus seinen Einfluss geltend gemacht haben. Überragend ist schließlich die gebrochene, zwischen astrologischem Schicksalsglauben und christlichem Heilsangebot schwankende Gestalt des hoch gebildeten Faustus, Klemens' Vater, auf dessen Konversion das Werk am Ende zielt. Der nach Erkenntnis strebende, dem Zweifel ergebene Edelmann trat im Mittelalter aus dem Personenensemble des Klemensromans heraus, um als Einzelfigur eine einzigartige Reise durch die Weltliteratur anzutreten.

Die leidenschaftliche Auseinandersetzung des Romanverfassers mit den existentiellen Fragen der Menschen seiner Zeit bewog ihn, sich vor allem im Fundus der jüdisch-christlichen Überlieferungen seiner Gemeinschaft nach Antworten umzusehen. Deshalb verarbeitete er in seinem Werk umfangreiche Traditionsstoffe, die heute gern mit dem Etikett „judenchristlich" versehen werden. Wegen dieser oft nur von ihm aufbewahrten, teils sehr alten Überlieferungen avancierte der Klemensroman, speziell in der hier vorgelegten Fassung der *Homilien,* seit Mitte des 19. Jahrhunderts zu einem wichtigen Gegenstand der neutestamentlichen und kirchengeschichtlichen Forschung.

## Zur Übersetzung

Bei der vorliegenden Übersetzung der *Homilien* handelt es sich um den gründlich durchgesehenen Text der Ausgabe Jürgen Wehnert, *Pseudoklementinische Homilien. Einführung und Übersetzung.* (Kommentare zur apokryphen Literatur 1/1), Göttingen 2010. Die zugrunde liegende Ausgabe des griechischen Textes wurde herausgegeben von Bernhard Rehm, *Die Pseudoklementinen I: Homilien,* Berlin ³1992. Herangezogen wurde ferner Wilhelm Frankenberg, *Die syrischen Clementinen mit griechischem Paralleltext,* Leipzig 1937.

## Literatur

Niklas Holzberg, *Der antike Roman. Eine Einführung,* Darmstadt ³2006.

Johannes Irmscher/Georg Strecker, Die Pseudoklementinen, in: Wilhelm Schneemelcher (Hg.), *Neutestamentliche Apokryphen in deutscher Übersetzung,* Tübingen ⁶1997, Band 2, 439–488.

Hans-Josef Klauck, Die Pseudoclementinen, in: Ders., *Apokryphe Apostelakten. Eine Einführung,* Stuttgart 2005, 203–237.

Meinolf Vielberg, *Klemens in den pseudoklementinischen Rekognitionen. Studien zur literarischen Form des spätantiken Romans,* Berlin 2000.

Jürgen Wehnert, Abriß der Entstehungsgeschichte des pseudoklementinischen Romans, in: *Apocrypha* 3 (1992), 211–235.

## Dank

Für ihre Unterstützung bei der Durchsicht des Manuskripts danke ich herzlich meiner Tochter Christina Wehnert.

# Übersetzung

# Brief des Petrus an Jakobus

1,1. Petrus an Jakobus, den Herrn und Bischof der heiligen Kirche. Vom Vater des Alls durch Jesus Christus dir zum Frieden allezeit!

1,2. Ich weiß, mein Bruder, dass du dich eifrig um unser aller gemeinsames Wohl bemühst. Darum bitte ich dich nachdrücklich, die Bücher mit meinen Predigten, die ich dir hiermit schicke, niemandem von den Heiden zu übergeben, auch keinem Stammesgenossen vor einer Probezeit, sondern nur, wenn jemand geprüft und für würdig befunden wurde, sie ihm dann nach dem Verfahren zu übergeben, nach dem auch Mose den Siebzig seine Lehre übergab, die seine Kathedra[1] empfingen (vgl. Num 11,16–17.24–25). 1,3. Deshalb zeigt sich auch die Frucht seiner Sorgfalt bis heute. Denn die überall lebenden Stammesgenossen bewahren dieselbe Richtschnur der Alleinherrschaft Gottes und des guten Lebenswandels, weil sie auf keinen Fall anders denken und von den tief empörenden Schriften[2] irregeleitet werden können. 1,4. Denn gemäß der ihnen überlieferten Richtschnur suchen sie die Unstimmigkeiten der Schriften zu harmonisieren, falls jemand zufällig die Überlieferungen nicht kennt und angesichts der vieldeutigen Aussprüche der Propheten resignieren will. 1,5. Deshalb gestatten sie niemandem zu unterrichten, wenn er nicht vorher lernt, wie man die Schriften benutzen muss. Deshalb sind unter ihnen *ein* Gott, *ein* Gesetz, *eine* Hoffnung. 2,1. Damit nun das gleiche auch unter uns geschehe, gib unseren siebzig Brüdern[3] die Bücher mit meinen Predigten in dem gleichen Geheimverfahren, damit sie auch diejenigen gut instruieren, die die Aufgabe der Lehre auf sich nehmen wollen. 2,2. Denn wenn es nicht so geschieht, wird unser Wort der Wahrheit in viele Meinungen gespalten werden. Das

1 Seinen Lehrstuhl bzw. seine Lehrvollmacht.
2 Eine Anspielung auf die Briefe des Paulus.
3 Vgl. Lk 10,1, wo Jesus nach dem Wortlaut vieler Handschriften 70 Nachfolger aussendet.

aber weiß ich nicht, weil ich Prophet bin, sondern weil ich schon den Anfang eben dieses Übels sehe. 2,3. Denn einige Heiden haben meine dem Gesetz entsprechende Verkündigung verworfen und sich einer gesetzlosen und lächerlichen Lehre des feindlichen Menschen[4] angeschlossen. 2,4. Überdies haben einige, obwohl ich noch lebe, durch manch schillernde Deutungen versucht, meine Worte bis hin zur Auflösung des Gesetzes zu entstellen, als ob ich auch selbst so dächte, es aber nicht offen ausspräche (vgl. Gal 2,11–14). Das sei ferne! 2,5. Denn solches hieße, dem Gesetz Gottes zuwiderzuhandeln, das durch Mose gesprochen und von unserem Herrn in seiner ewigen Gültigkeit bezeugt worden ist. Denn so sprach er: ‚Der Himmel und die Erde werden vergehen, ein Jota oder ein Häkchen vom Gesetz vergeht gewiss nicht.' 2,6. Das aber hat er gesagt, ‚damit alles geschehe' (Mt 5,18; 24,34–35). Die aber, ich weiß nicht wie, meinen Verstand für sich beanspruchen, versuchen, die Worte, die sie von mir gehört haben, klüger auszulegen als ich, der sie gesprochen hat, und sagen denen, die von ihnen unterwiesen werden, dass das meine Meinung sei, was ich nicht einmal gedacht habe. 2,7. Wenn sie aber solches zu erdichten wagen, obwohl ich noch lebe, um wie viel mehr werden es nach meinem Ableben die Späteren zu tun wagen? 3,1. Damit nun nichts Derartiges geschehe, deshalb bitte ich dich hiermit nachdrücklich, die Bücher mit meinen Predigten, die ich dir schicke, niemandem vor einer Probezeit auszuhändigen, weder einem Stammesgenossen noch einem Fremdling, sondern erst, wenn jemand geprüft und für würdig befunden wurde, sie ihm dann nach dem Verfahren des Mose zu übergeben, 3,2. nach welchem er seine Lehre den Siebzig übergab, die seine Kathedra empfingen, damit sie so die Glaubensinhalte bewahren und überall die Richtschnur der Wahrheit überliefern, indem sie alles gemäß unserer Überlieferung auslegen, und nicht, von Unwissenheit fortgerissen bzw. von persönlichen Mutmaßungen in die Irre geführt, andere in denselben Abgrund des Verderbens stürzen. 3,3. Damit habe ich dir angezeigt, was mir geraten erscheint. Was aber dir, mein Herr, richtig erscheint, führe aus, wie es sich geziemt! Lebe wohl!

4 Gemeint ist Paulus. Die Bezeichnung „feindlicher Mensch" dürfte auf das Gleichnis Mt 13,24–30 zurückgehen, das hier als Warnung vor der Lehre des Paulus verstanden wird (vgl. Buch 3.8).

## Gelübde für die Empfänger der Petruspredigten

1,1. Nachdem Jakobus den Brief gelesen hatte, rief er die Ältesten zusammen, las den Brief vor und sprach zu ihnen: „Notgedrungen und in geziemender Weise hat uns unser Petrus ermahnt, die Wahrheit zu schützen. Wir sollen also die uns übersandten Bücher mit seinen Predigten keinem Beliebigen übergeben, sondern nur einem Guten und Frommen, nämlich dem Gläubigen, der zu lehren wünscht und beschnitten ist. Und zwar nicht alle Predigten auf einmal, damit, wenn er sich bei den ersten als unverständig herausstellt, ihm die weiteren nicht anvertraut werden. 1,2. Deshalb soll er nicht weniger als sechs Jahre geprüft werden, und dann soll man ihn nach dem Verfahren des Mose zu einem Fluss oder einer Quelle bringen, das heißt zu lebendigem Wasser, wo die Neugeburt der Gerechten geschieht (vgl. Joh 3,5–7), und ihm befehlen, nicht etwa einen Schwur abzulegen, weil das nicht erlaubt ist (vgl. Mt 5,34–37; Jak 5,12), sondern ans Wasser zu treten und ein Gelübde abzulegen, wie auch wir es bei unserer Neugeburt auf Befehl hin getan haben, um nicht zu sündigen. 2,1. Er soll aber sagen: ‚Als Zeugen möchte ich haben Himmel, Erde und Wasser, in denen das All enthalten ist, zu diesen allen aber auch die alles durchdringende Luft, ohne die ich nicht atmen kann, dass ich dem, der mir die Bücher mit den Predigten gibt, immer gehorsam sein werde. Und dass ich eben diese Bücher, die er mir nach und nach gibt, keinesfalls an jemanden auf irgendeine Weise weitergeben werde: weder indem ich sie abschreibe, noch indem ich eine Abschrift weitergebe, noch indem ich sie einem Schreiber übergebe – weder ich selbst, noch durch einen anderen –, noch durch irgendein anderes Verfahren, weder durch List oder Tücke, noch indem ich sie nachlässig verwahre oder sie jemandem vorlege oder zu zeigen verspreche oder sie auf irgendeine andere Weise oder mittels einer anderen Spitzfindigkeit weitergebe. 2,2. Nur wenn ich jemanden als würdig erprobt habe, wie ich selbst geprüft worden bin, oder ihn noch länger erprobt habe, jedoch nicht weniger als sechs Jahre, dann werde ich sie einem Frommen und Guten, der zu lehren wünscht, übergeben, wie ich sie empfangen habe, und zwar werde ich dies mit der Einwilligung meines Bischofs tun. 3,1. Andernfalls aber soll weder Kind noch Bruder noch Freund noch überhaupt einer meiner Verwandten sie besitzen, wenn er, was die Weitergabe anbelangt, unwürdig ist, weil sich das nicht geziemt. 3,2. Weder werde ich mich vor Hinterlist fürchten noch mich durch Geschenke betören lassen. Selbst wenn ich mir jemals einbilden sollte, dass die mir übergebenen Bücher mit den Predigten unwahr sind, werde ich sie trotzdem nicht weitergeben, sondern zurückgeben. 3,3. Und wenn ich auf Reisen bin, werde ich alle Predigten, die ich gerade besitze, bei mir tragen. Wenn ich sie aber nicht mit mir herumtragen will, werde ich sie nicht in meinem Haus zurücklassen, sondern meinem Bischof, der denselben Glauben hat und von denselben Lehrern herkommt wie ich, zur Verwahrung übergeben. 3,4. Wenn ich aber krank werden und mit dem Tod rechnen sollte, werde ich, falls ich kinderlos bin, genauso handeln. Wenn ich aber sterbe und ein Kind habe, das nicht würdig oder noch nicht fähig ist, werde ich genauso handeln. Ich werde sie meinem Bischof zur Verwahrung übergeben, damit er sie meinem Kind, wenn es als Erwachsener des Vertrauens würdig sein sollte, als väterliches Vermächtnis gemäß dem Wortlaut des Gelübdes aushändige. 4,1. Und dass ich so handeln werde, gelobe ich wiederum zum zweiten Mal bei Himmel, Erde und Wasser, in denen das All enthalten ist, neben all diesen auch bei der alles durchdringenden Luft, ohne die ich nicht atmen kann: Ich werde dem, der mir die Bücher mit den Predigten gibt, immer gehorsam sein und an allem festhalten, wie ich es gelobt habe oder in noch höherem Maße. 4,2. Befolge ich nun diese Bestimmungen, wird mein Anteil bei den Heiligen sein, handele ich aber entgegen dem, was ich versprochen habe, möge mir das All feind sein und der alles durchdringende Äther und der Gott, der über allem ist – niemand ist mächtiger und größer als er. 4,3. Selbst wenn ich zur Annahme eines anderen Gottes gelangen sollte, schwöre ich jetzt auch bei jenem, dass ich nicht anders handeln werde, mag es ihn geben oder nicht. Und zusätzlich zu allem anderen werde ich, sollte ich treulos sein, lebendig und tot verflucht sein und mit ewiger Strafe bestraft werden.‘ Und danach soll er mit dem, der ihm die Bücher übergibt, Brot und Salz teilen.“

5,1. Nachdem Jakobus dies gesagt hatte, erblassten die Ältesten vor Angst. Als Jakobus bemerkte, dass sie sich sehr fürchteten, sagte er: „Hört mir zu, ihr Brüder und Mitknechte! 5,2. Wenn wir die Bücher jedem Beliebigen überlassen und sie von irgendwelchen dreisten Leuten verfälscht oder durch ihre Deutungen entstellt werden – ihr habt gehört, dass es schon einige getan haben –, wird es künftig auch denen, die wirklich nach der Wahrheit suchen, widerfahren, dass sie für immer in die Irre gehen. 5,3. Deshalb ist es besser, dass die Bücher bei uns bleiben und wir sie mit all der zuvor erwähnten Vorsicht denen übergeben, die leben und andere retten wollen. Wenn aber jemand nach einem solchen Gelübde anders handeln sollte, wird er mit Recht ewiger Strafe verfallen. 5,4. Denn aus welchem Grund sollte der nicht zugrunde gehen, der am Verderben anderer schuldig geworden ist?“ Da stimmten die Ältesten der Meinung des Jakobus bei und sprachen: „Gelobt sei, der alles vorhergesehen und dich zum Glück für uns zum Bischof eingesetzt hat!“ Und nachdem sie das gesagt hatten, erhoben wir[5] uns und beteten zum Vater und Gott des Alls, dem die Ehre gebührt in Ewigkeit. Amen.

5 Der überraschende Wechsel der Erzählperspektive bereitet den Auftritt des Klemens vor, der als Verfasser des folgenden Briefes und als Ich-Erzähler des Romans fungiert.

# Brief des Klemens an Jakobus[6]

1,1. Klemens an Jakobus, den Herrn und Bischof der Bischöfe, den Leiter der heiligen Gemeinde der Hebräer zu Jerusalem und der überall nach Gottes Vorsehung wohl gegründeten Gemeinden, samt den Ältesten und Diakonen und allen übrigen Brüdern[7]. Friede sei mit euch allezeit!

## Einleitender Bericht

1,2. Du sollst wissen, mein Herr, dass Simon, der wegen seines wahren Glaubens und des höchst zuverlässigen Fundaments seiner Lehre dazu bestimmt worden ist, Grundstein der Kirche zu sein, und der eben deshalb von Jesus selbst, durch dessen untrüglichen Mund, in Petrus umbenannt wurde (Mt 16,18), 1,3. der Erstling unseres Herrn, der erste der Apostel, dem als erstem der Vater den Sohn offenbarte, den Christus mit gutem Grund seligpries (Mt 16,16–17), der Berufene, Auserwählte, Tischgenosse und Weggefährte, der gute und bewährte Jünger, der als fähigster von allen beauftragt wurde, den finstersten Teil des Westens dieser Welt zu erleuchten, und es erfolgreich vollbringen konnte – 1,4. doch wie weit dehne ich meine Rede aus, der ich das Leid nicht mitteilen will, von dem ich notgedrungen, wenn auch widerwillig, auf jeden Fall sprechen muss! 1,5. Eben dieser hat wegen seiner unermesslichen Liebe zu den Menschen angesichts des gegenwärtigen Bösen den künftigen guten König klar und öffentlich der ganzen Welt verkündet, ist bis hierher nach Rom gelangt und hat, während er durch die von Gott gewollte Lehre Men-

6 Zum Inhalt des Klemensbriefs vgl. Buch 3.59–73.

7 Da die gesamte Gemeinde angeredet ist, erscheint hier und öfter die Übersetzung „Geschwister“ statt „Brüder“ angemessener, doch würde dies der patriarchalen Haltung des Klemensromans nicht entsprechen.

schen rettete, infolge von Gewalt den Lauf seines irdischen Lebens beendet.

## Die Einsetzung des Klemens zum Bischof von Rom durch Petrus

2,1. In jenen Tagen aber, in denen er sterben sollte, ergriff er während einer Versammlung der Brüder plötzlich meine Hand, stand auf und sagte vor der Gemeinde: „Hört mir zu, ihr Brüder und Mitknechte! 2,2. Wie ich vom Herrn und Lehrer Jesus Christus, der mich ausgesandt hat, belehrt worden bin (vgl. Joh 21,19), sind die Tage meines Todes nahe. Daher bestimme ich euch diesen Klemens zum Bischof. Ihm vertraue ich meine Kathedra[8] der Unterweisung an, 2,3. ihm, der von Anfang bis Ende mein Weggefährte und folglich Hörer aller meiner Reden war. Um es kurz zu sagen: Er hat alle meine Anfechtungen geteilt und sich im Glauben als standhaft erwiesen. Ihn habe ich mehr als alle anderen als gottesfürchtig, menschenfreundlich, rein, gebildet, tugendhaft, gut, gerecht und geduldig kennengelernt, und er weiß die Undankbarkeit einiger Taufanwärter tapfer zu ertragen. 2,4. Deshalb übergebe ich ihm die Vollmacht zu binden und zu lösen, damit alles, was er auf Erden bestimmt, im Himmel beschlossen sein wird (vgl. Mt 16,19; 18,18). Denn er soll binden, was gebunden werden muss, und er soll lösen, was gelöst werden muss, weil er die Richtschnur der Kirche kennt. 2,5. Auf ihn hört also, denn ihr wisst, dass wer denjenigen kränkt, der den Vorsitz über die Wahrheit hat, gegen Christus sündigt und den Vater des Alls erzürnt (vgl. Lk 10,16); deshalb wird er nicht am Leben bleiben. 2,6. Und folglich muss der, der den Vorsitz hat, die Stellung eines Arztes einnehmen; er darf nicht die Leidenschaft eines unvernünftigen Tieres haben.“ 3,1. Nachdem er dies gesagt hatte, fiel ich vor ihm nieder und lehnte unter Bitten die Ehre und Vollmacht der Kathedra ab. 3,2. Der aber antwortete: „Darum bitte mich nicht! Denn es ist von mir bestimmt worden, dass es geschieht, und dies umso mehr, wenn du ablehnst. Denn eine solche Kathedra braucht keinen kecken Lehrstuhljäger, sondern jemanden, der in seiner Lebensweise fromm und in seiner

8 S. Anm. 1.

Rede gebildet ist. 3,3. Zeige mir aber einen Besseren, der länger als du mit mir gereist ist und auf meine Worte gehört und die Verwaltung der Gemeinde gründlich gelernt hat, dann werde ich dich nicht zwingen, recht zu handeln, wenn du nicht willst! 3,4. Doch wirst du mir jetzt keinen Besseren als dich zeigen können. Du bist nämlich durch mich der unübertreffliche Erstling der Heiden, die gerettet werden. 3,5. Bedenke jedoch auch dies andere: Falls du aus Angst vor der Gefahr der Sünde die Verwaltung der Gemeinde nicht auf dich nehmen willst, sollst du genau wissen, dass du umso mehr sündigst, wenn du den Gottesfürchtigen wie Seereisenden, die in Gefahr geraten, nicht helfen willst, obwohl du es kannst, weil du nur auf deinen Vorteil siehst und nicht auf das gemeinsame Wohl aller. 3,6. Dass du aber diese Gefahr jedenfalls auf dich nehmen musst, weil ich nicht aufhöre, dich zum Wohl aller darum zu bitten, verstehst du gewiss. 3,7. Je schneller du mir nun beistimmen wirst, desto eher wirst du mich von meiner Sorge befreien.

4,1. Ich weiß aber auch selbst, lieber Klemens, dass ich dir Trauer und Unmut sowie Gefahren und Schmähungen seitens der unwissenden Menge bereite. Du wirst sie tapfer ertragen können, wenn du auf den großen Lohn der Geduld blickst, der dir von Gott gegeben wird. 4,2. Doch bedenke gerechterweise auch dies mit mir: Wann bedarf Christus deiner Unterstützung? Jetzt, wo der Böse einen Krieg gegen dessen Braut angefangen hat, oder in der künftigen Zeit, wenn Christus nach seinem Sieg als König herrscht und keiner Hilfe mehr bedarf? Ist nicht auch für jemanden mit wenig Verstand klar, dass es jetzt ist? 4,3. Spute dich deshalb mit aller Entschiedenheit, in der Zeit der gegenwärtigen Not den guten König zu unterstützen, in dessen Natur es liegt, nach dem Sieg großen Lohn auszuteilen. 4,4. Werde deshalb mit Freude Bischof – umso eher, als du die Verwaltung der Gemeinde von mir gelernt hast – zur Rettung der Brüder, die bei uns Zuflucht suchen!

## Die Pflichten des Bischofs

5,1. Doch will ich dich auch kurz – vor allen und um aller willen – an die Aufgaben der Verwaltung erinnern. 5,2. Du musst untadelig leben (vgl. 1. Tim 3,2) und dich mit höchstem Ernst von allen

Pflichten des irdischen Lebens frei machen – weder ein Bürge werden noch ein Anwalt noch in irgendeine andere weltliche Angelegenheit verwickelt sein. 5,3. Denn nicht zum Richter und Schlichter von Geld- oder Geschäftsangelegenheiten des jetzigen irdischen Lebens will dich Christus einsetzen (vgl. Lk 12,14), sodass du, von den gegenwärtigen Sorgen der Menschen gefangengenommen, keine Zeit hättest, durch das Wort der Wahrheit die besseren Menschen von den schlechteren zu scheiden. 5,4. Dafür sollen vielmehr die Schüler gegenseitig sorgen und dich nicht von den Reden abhalten, die Rettung bringen können. 5,5. Denn wie es für dich frevlerisch ist, wenn du die irdischen Sorgen auf dich nimmst und zu tun unterlässt, was dir befohlen wurde, so ist es für alle Laien Sünde, wenn sie einander nicht auch in den irdischen Angelegenheiten beistehen. 5,6. Und wenn sie alle nicht begreifen, dass du bei dem, wozu du verpflichtet bist, ohne irdische Sorgen sein musst, sollen sie es von den Diakonen lernen, damit du dich allein um die Gemeinde kümmern kannst, einerseits, um sie gut zu verwalten, andererseits, um ihr die Worte der Wahrheit darzulegen. 6,1. Denn wenn du mit irdischen Sorgen deine Zeit zubringst, wirst du dich selbst und deine Zuhörer täuschen. Wenn du nämlich das Nützliche aus Zeitmangel nicht fördern kannst, wirst auch du bestraft werden, weil du das Nützliche nicht gelehrt hast; jene aber werden aufgrund von Unwissenheit umkommen, weil sie es nicht gelernt haben. 6,2. Nimm dir deshalb Zeit für sie und führe den Vorsitz, um ihnen rechtzeitig die Worte darzulegen, die sie retten können! 6,3. Und sie sollen auf dich hören im Bewusstsein, dass was immer der Botschafter der Wahrheit auf Erden bindet, auch im Himmel gebunden ist, und was immer er löst, gelöst ist. Du aber sollst binden, was gebunden werden muss, und lösen, was gelöst werden muss (vgl. Mt 16,19; 18,18). 6,4. Dies also und dergleichen ist das, was dich als Vorsteher betrifft.

## Die Pflichten der Ältesten

7,1. Was aber die Ältesten angeht, soll Folgendes gelten: Vor allem sollen sie die jungen Leute früh zur Ehe verbinden und so den Fallstricken der jugendlichen Begierde zuvorkommen. 7,2. Doch auch die schon Bejahrten sollen sie hinsichtlich der Ehe nicht vernachlässigen. Denn auch manchen Alten wohnt eine starke Begierde inne. 7,3. Damit nun die Unzucht keinen Nährboden bei euch finde und nicht diese Seuche unter euch werfe, schützt euch davor und forscht nach, damit nicht das Feuer des Ehebruchs unbemerkt unter euch entbrenne. 7,4. Der Ehebruch ist nämlich ein großes Unglück – so groß, dass er hinsichtlich der Strafe an zweiter Stelle steht, während die erste Stelle jenen zugewiesen wird, die im Irrtum leben, auch wenn sie tugendhaft sind. 7,5. Deshalb sollt ihr als Älteste der Gemeinde die Braut Christi gründlich zur Tugendhaftigkeit[9] ausbilden – mit Braut aber meine ich die Gesamtheit der Gemeinde. 7,6. Wenn sie nämlich vom königlichen Bräutigam tugendhaft angetroffen wird, wird ihr höchste Ehre widerfahren, und ihr werdet als Hochzeitsgäste in den Genuss großer Freude kommen (vgl. Mt 25,1–13). 7,7. Wenn sie aber als Sünderin ertappt wird, wird sie ausgestoßen sein, und ihr werdet Strafe erleiden, falls die Sünde infolge eurer Nachlässigkeit geschehen ist. 8,1. Sorgt daher vor allem für Tugendhaftigkeit, denn die Unzucht gilt nach dem Urteil Gottes als scheußlich! 8,2. Die Unzucht aber hat viele Gestalten, wie auch Klemens selbst euch erklären wird. Die schlimmste ist jedoch der Ehebruch, wenn ein Mann nicht nur mit seiner Frau verkehrt und eine Frau nicht nur mit ihrem Mann. 8,3. Wenn jemand tugendhaft ist, kann er sich auch als menschenfreundlich erweisen und wird deswegen ewige Barmherzigkeit erlangen. 8,4. Und wenn der Ehebruch ein großes Unglück ist, so ist die Menschenliebe[10] ein sehr großes Glück. 8,5. Deshalb liebt all eure Brüder mit ehrbaren und barmherzigen Augen! An den Waisen erfüllt die Pflichten der Eltern, an den Witwen die der Ehemänner (vgl. Sir 4,10), verschafft ihnen mit aller Freundlichkeit ihren Lebensunterhalt. 8,6. Den Herangewachsenen verschafft Ehen, und für diejenigen unter ihnen, die ohne Ausbildung sind, ersinnt durch Beschäftigung Gelegenheit zum notwendigen Lebensunterhalt, dem Handwerker verschafft Arbeit, dem Schwachen Barmherzigkeit! 9,1. Ich weiß aber, dass ihr das tun werdet, wenn ihr Liebe in euren Verstand einziehen lasst. Für

9 Mit dem griechischen Begriff *sōphrosynē* („Tugendhaftigkeit“, „Selbstdisziplin“) bezeichnet der Klemensroman die geforderte sexuelle Enthaltsamkeit von Mann und Frau außerhalb der Ehe; vgl. Buch 13.13–21.

10 Zur Menschenliebe vgl. Buch 12.25–33.

ihren Einzug aber gibt es *eine* passende Gelegenheit: die gemeinsame Teilnahme am Mahl. 9,2. Bemüht euch deshalb so häufig, wie ihr könnt, einander Tischgenossen zu werden, damit ihr die Liebe nicht preisgebt! Sie ist nämlich Ursache der Wohltätigkeit, die Wohltätigkeit aber ist Ursache der Rettung. 9,3. Ihr alle sollt nun euren Besitz für alle Brüder in Gott zu einem gemeinschaftlichen machen (vgl. Apg 2,44; 4,32), denn ihr wisst, dass ihr ewige Güter empfangen werdet, wenn ihr vergängliche verschenkt. 9,4. Umso mehr speist die Hungernden und reicht den Durstenden einen Trank, den Nackten Kleidung, kümmert euch um die Kranken, lasst euch bei den Gefangenen blicken und helft ihnen, soweit ihr könnt, nehmt die Fremden mit aller Bereitwilligkeit in eure Häuser auf (vgl. Mt 25,35–36)!

9,5. Doch damit ich mich nicht in Einzelheiten verliere: Die Menschenliebe wird euch lehren, alles Gute zu tun, gleichwie der Menschenhass diejenigen, die nicht gerettet werden wollen, zur Übeltat anleitet. 10,1. Brüder, die Rechtshändel haben, sollen nicht vor den Behörden streiten, sondern von den Ältesten der Gemeinde auf jede Weise zum Vergleich bewogen werden und ihnen bereitwillig Folge leisten (vgl. 1. Kor 6,1). 10,2. Entzieht euch deshalb auch der Habsucht, weil sie unter dem Schein von vergänglichem Gewinn zum Verlust der ewigen Güter führen kann. 10,3. Waagen, Maße, Gewichte und das örtliche Recht beobachtet sorgfältig! Mit anvertrauten Gütern geht besonnen um! 10,4. Gewiss werdet ihr es auf euch nehmen, dies und dergleichen bis zum Ende zu tun, wenn ihr eine unauslöschliche Erinnerung an das von Gott her kommende Gericht in euren Herzen habt. 10,5. Denn wer wollte sündigen, wenn er überzeugt ist, dass vom gerechten Gott, der jetzt allein geduldig und gut ist, angeordnet wurde, dass am Ende des Lebens ein Gericht geschieht, damit die Guten künftig für immer die unbeschreiblichen Wohltaten genießen, die Sünder aber, die sich als schlecht erwiesen haben, auf ewig unbeschreibliche Strafe finden werden? 10,6. Dass sich dies so verhält, wäre wohl mit Recht zu bezweifeln, wenn nicht der Prophet der Wahrheit[11] unter Eid gesagt hätte, dass es geschehen wird. 11,1. Deshalb legt als Schüler des wahren Propheten eure

11 „Prophet der Wahrheit" ist im Klemensroman Titel für die von Gott gesandten Propheten, die die wahre Lehre verkünden; insbesondere wird Jesus damit bezeichnet.

Zwiespältigkeit ab, aus der die Übeltat hervorgeht, und nehmt bereitwillig auf euch, Gutes zu tun! 11,2. Wenn aber jemand von euch hinsichtlich des Gesagten zweifelt, dass es geschehen wird, soll er es ohne Scheu bekennen, wenn er um seine eigene Seele besorgt ist, und sich vom Vorsteher[12] davon überzeugen lassen. Wenn er dann am rechten Glauben festhält, soll er unbesorgt sein Leben führen, weil er dem großen Straffeuer entrinnt und in das ewige gute Königreich Gottes eingeht.

## Die Pflichten der Diakone

12,1. Die Diakone der Gemeinde nun sollen die klug umherschweifenden Augen des Bischofs sein. Sie sollen die Taten eines jeden Gemeindemitglieds erforschen, um zu erfahren, wer zu sündigen droht, damit er durch eine Ermahnung vom Vorsteher zurückgehalten wird und die Sünde vielleicht nicht vollbringt. 12,2. Sie sollen die Abtrünnigen zur Umkehr bewegen, damit sie nicht nachlassen, sich zu versammeln und auf die Predigten zu hören, sodass sie sich durch das Wort der Wahrheit von der Verzagtheit befreien können, die stets das Herz aufgrund von weltlichen Ereignissen und üblen Reden befällt. Denn wenn sie lange Zeit brachliegen, werden sie zur Beute des Feuers. 12,3. Sie sollen sich aber auch nach den körperlich Kranken erkundigen und ihre Namen der ahnungslosen Menge bekanntgeben, damit man sich bei ihnen blicken lässt, und was sie brauchen, soll man ihnen mit der Einwilligung des Vorstehers bringen. Aber auch wenn die Diakone das ohne sein Wissen tun, sündigen sie nicht. Für dies und dergleichen nun sollen die Diakone Sorge tragen.

## Die Pflichten der Katecheten

13,1. Die Katecheten sollen unterrichten, nachdem sie zuvor unterrichtet worden sind, denn ihr Werk gilt der Seele des Menschen. Auf die vielen Meinungen der Schüler muss der Lehrer der Worte freilich Rücksicht nehmen. 13,2. Gebildet, untadelig, reif und unerschrocken

12 Gemeint ist der Bischof.

muss daher der Katechet sein, wie ihr es an Klemens kennenlernen werdet, der nach mir unterrichten soll. 13,3. Denn es wäre zu viel, mich jetzt in Einzelheiten zu verlieren.

## Die Kirche - ein Schiff auf dem Weg in den sicheren Hafen

Wenn ihr jedoch einmütig seid, werdet ihr in den Hafen der Ruhe gelangen können, wo die friedliche Stadt des großen Königs liegt. 14,1. Das ganze Wesen der Kirche gleicht nämlich einem großen Schiff, das durch einen heftigen Sturm hindurch Menschen trägt, die aus vielen Orten stammen und in *einer* Stadt eines guten Königreichs leben wollen. 14,2. Der Herr jenes Schiffs soll demnach für euch Gott sein, und der Steuermann soll mit Christus verglichen werden, der Untersteuermann mit dem Bischof, die Seeleute mit den Ältesten, die Maate[13] mit den Diakonen, die Stewards mit den Katecheten, mit den Passagieren die Menge der Brüder, 14,3. mit dem Meer die Welt, die Gegenwinde mit den Versuchungen, die Verfolgungen und die Gefahren und mannigfachen Bedrängnisse mit den Wellenbergen – die vom Land her aus den Wildbächen und Schluchten kommenden Stürme aber mit den Reden der Verführer und Falschpropheten, 14,4. die Vorgebirge und örtlichen Klippen (vgl. Apg 27,29) mit den höchsten Richtern, die Schreckliches androhen, Sandbänke (vgl. Apg 27,41) und Untiefen aber mit denjenigen, die unvernünftig sind und an den Verheißungen der Wahrheit zweifeln. 14,5. Die Heuchler sollen den Piraten gleich geachtet werden. Starken Strudel und den Schlund der Unterwelt, mörderisches Zerschellen und tödliche Schiffbrüche jedoch sollt ihr allein für die Sünden halten. 14,6. Damit ihr nun bei günstigem Wind segelt und in den Hafen der ersehnten Stadt ganz ungefährdet gelangt, betet so, dass ihr erhört werdet! Gebete aber werden aufgrund von guten Werken erhört. 15,1. Die Passagiere sollen also ruhig sein und fest auf ihren Plätzen sitzen, damit sie nicht durch Unordnung eine Erschütterung oder

13 Es kommt dem Verfasser weniger auf die genauen Rangbezeichnungen für die Schiffsbesatzung an als auf den Leitgedanken, dass alle Mitglieder der Kirche unverzichtbare, hierarchisch gestufte Aufgaben haben.

Schlagseite verursachen. 15,2. Die Stewards sollen an den Lohn[14] erinnern. Die Diakone sollen nichts von dem vernachlässigen, was ihnen anvertraut worden ist. Die Ältesten sollen wie Seeleute sorgfältig für das sorgen, was ein jeder braucht. Der Bischof soll wie ein wachsamer Untersteuermann nur auf die Worte des Steuermanns achten. 15,3. Der Christus und Retter soll als Steuermann geliebt werden, und man soll nur glauben, wovon er spricht. Alle aber sollen zu Gott für eine Reise mit günstigem Wind beten. 15,4. Die Seereisenden sollen mit jeder Bedrängnis rechnen, denn wie ein großes, stürmisches Meer durchsegeln sie die Welt. Bisweilen sind sie entmutigt, verfolgt, zerstreut, hungrig, durstig, nackt, in Angst und bisweilen wiederum vereint, Mahlgemeinschaft haltend, in Ruhe, 15,5. aber auch seekrank, schwindelig, sich erbrechend – das heißt, dass sie ihre Verfehlungen bekennen wie krank machende Galle, nämlich die aus Verbitterung begangenen Sünden und die aufgrund von unzüchtigen Begierden angehäuften Schandtaten, durch deren Bekenntnis ihr wie Erbrechende von eurer Krankheit befreit werdet und infolge der Pflege heilvolle Gesundheit erlangt. 16,1. Doch sollt ihr alle wissen, dass der Bischof mehr als ihr alle sich abmüht, denn ein jeder von euch leidet nur unter seiner eigenen Bedrängnis, er aber unter seiner eigenen und der eines jeden anderen. 16,2. Darum, lieber Klemens, führe den Vorsitz, soweit möglich, als Helfer für einen jeden, lade dir die Sorgen aller auf! Deshalb weiß ich: Wenn du die Leitung der Gemeinde auf dich nimmst, empfange ich eine Gunst und erweise keine. 16,3. Doch sei mutig und ertrage es tapfer, denn du weißt, dass Gott dir das größte Gut, einen unverlierbaren Lohn, geben wird, wenn du in den Hafen der Ruhe gelangt bist, weil du für die Rettung aller die größte Mühe auf dich genommen hast. 16,4. Wenn dich viele Brüder wegen deiner äußersten Gerechtigkeit hassen, wird dir darum ihr Hass keinen Schaden zufügen, denn die Liebe des gerechten Gottes wird dir sehr helfen. 16,5. Bemühe dich deshalb, den Beifall zu meiden, der aus Ungerechtigkeit entsteht, und nach dem heilsamen Lob zu streben, das aufgrund von gerechter Verwaltung von Christus kommt!“

14 Gemeint ist der endzeitliche Lohn (vgl. EpCl 4,1.3; 16,3).

## Abschließende Ermahnungen

17,1. Nachdem er dies und noch mehr gesagt hatte, blickte er wiederum die Menge an und sagte: „Auch ihr aber, meine geliebten Brüder und Mitknechte, fügt euch in allem dem, der den Vorsitz über die Wahrheit hat, wohl wissend, dass wer ihn betrübt, Christus nicht angenommen hat, dessen Kathedra ihm anvertraut ist. Und wer Christus nicht angenommen hat, wird angesehen werden wie einer, der den Vater verworfen hat (vgl. Mt 10,40; Joh 5,23); deshalb wird er aus dem guten Königreich hinausgeworfen werden (vgl. Mt 22,13; 25,30). 17,2. Bemüht euch deshalb, zu allen Versammlungen zu kommen, damit ihr nicht wie Fahnenflüchtige infolge des Unmuts des Befehlshabers euch die Anklage der Sünde zuzieht. 17,3. Deshalb sollt ihr alle vor allem auf das Wohl des Bischofs bedacht sein, im Wissen, dass der Böse wegen eines jeden von euch nur gegen ihn Krieg führt, weil er ihn am meisten hasst. 17,4. Bemüht ihr euch also, in Liebe gegen ihn und in Freundlichkeit gegeneinander zu leben und auf ihn zu hören, damit er entlastet wird und ihr gerettet werden könnt! 18,1. Einige Dinge aber müsst ihr auch von selbst erkennen, weil er sie wegen der Anfeindungen nicht öffentlich sagen kann. Wenn er zum Beispiel jemandem feind ist, wartet nicht darauf, dass er sagt: ‚Lauft dem nicht hinterher!', sondern folgt klug seinem Ratschluss und werdet feind, denen er feind ist, und redet nicht, mit denen er nicht redet. 18,2. Jeder, der bestrebt ist, euch alle zu Freunden zu haben, soll sich mit dem Bischof versöhnen und gerettet werden, wenn er auf dessen Reden hört. 18,3. Wenn aber jemand denjenigen freund bleibt, welchen er feind ist, und mit denjenigen spricht, mit welchen er nicht redet, ist auch er einer von denen, die die Gemeinde zerstören wollen. 18,4. Denn wer nur mit dem Körper bei euch ist, mit dem Herzen aber nicht bei euch ist, der ist gegen euch und viel schlimmer als die von außen auftretenden Feinde, weil er mit geheuchelter Freundschaft diejenigen zerstreut, die drinnen sind[15] (vgl. Mt 12,30)."

15 Gemeint sind die Gemeindemitglieder, die „Esoteriker".

## Der letzte Wille des Petrus

19,1. Nachdem er dies gesagt hatte, legte er mir öffentlich und in Gegenwart aller die Hände auf und drängte mich, auf seiner Kathedra Platz zu nehmen. 19,2. Als ich mich niedergesetzt hatte, sagte er sogleich Folgendes zu mir: „Ich bitte dich vor all meinen anwesenden Brüdern: Wenn ich aus dem hiesigen Leben scheide, wie es mir bestimmt ist, dann schicke Jakobus, dem Bruder des Herrn, eine kurz gefasste Aufzeichnung, die sich sowohl über deine Gedanken von Kindheit an erstreckt als auch darüber, wie du von Anfang an bis heute mein Weggefährte warst und meine Worte gehört hast, die Stadt für Stadt von mir verkündigt worden sind, und meine Taten gesehen hast. Am Ende sollst du dann, wie ich schon gesagt habe[16], nicht zögern, ihm die Ursache meines Todes mitzuteilen.[17] 19,3. Das wird ihn nämlich nicht sehr betrüben, wenn er weiß, dass ich gottesfürchtig erfüllt habe, was ich auf jeden Fall erleiden musste. Größten Trost aber wird er finden, wenn er erfährt, dass nach mir nicht ein ungebildeter Mann, der weder lebendig machende Worte weiß, noch die Richtschnur der Kirche kennt, mit der Kathedra des Lehrers betraut worden ist. 19,4. Denn eine irreführende Rede vernichtet die Seelen der zuhörenden Menge."

## Briefschluss und Einleitung in den Bericht des Klemens

20. Nachdem er dies gesagt hatte, mein Herr Jakobus, versprach ich es ihm. Wie mir befohlen worden war, habe ich nicht gezögert, den größten Teil seiner Stadt für Stadt gehaltenen Reden, die schon früher für dich aufgeschrieben und dir von ihm übersandt worden sind[18], in Büchern zusammenzufassen, gleichsam zum Beweis[19], und sie dir anschließend zu übersenden. Ich gab ihnen den Titel: „Des

---

16 Davon war bisher keine Rede.

17 Im weiteren Verlauf des Romans wird davon nichts berichtet.

18 Vgl. Buch 1.20,2.

19 Die 20 Bücher des Klemensromans sollen die Verlässlichkeit der dem Jakobus früher übersandten Aufzeichnungen der Petruspredigten beweisen – das fiktionale Werk hat die Aufgabe, die darin erzählte Fiktion zu beglaubigen.

Klemens Kurzfassung der Wanderpredigten des Petrus“. Doch will ich mit meiner Darlegung so beginnen, wie es mir befohlen wurde.[20]

20 Nämlich mit Klemens' „Gedanken von Kindheit an“ (EpCl 19,2); s. dazu Buch 1.

# Buch 1

## Die inneren Kämpfe des jugendlichen Klemens im Rückblick erzählt

1,1. Ich, Klemens, ein römischer Bürger, habe schon in meiner frühesten Jugend tugendhaft zu leben vermocht, weil mein Nachdenken von Kindheit an die in mir wohnende Begierde in Niedergeschlagenheit und Unlust verkehrte. 1,2. Ständig beschäftigte mich nämlich – ich weiß nicht, woher ich den Anstoß empfing – der Gedanke an den Tod. Ich rief mir immer wieder in Erinnerung, dass ich nach meinem Tod wohl nicht mehr existiere und sich auch keiner mehr an mich erinnern wird, 1,3. führt doch die grenzenlose Zeit ganz und gar zum Vergessen aller Dinge. Ich werde nicht mehr sein, nicht mehr um die Lebenden wissen, nicht mehr erkennen, nicht mehr erkannt werden, nicht geworden sein, nicht werden. 1,4. Ferner fragte ich mich: Ist denn die Welt jemals entstanden? Und was war vor ihrer Entstehung? Wenn sie nämlich immer da war, wird sie auch immer da sein. Wenn sie aber entstanden ist, wird sie auch zerstört werden. 1,5. Und was wird wiederum nach ihrer Zerstörung sein, außer vielleicht Schweigen und Vergessen? Oder wird vielleicht etwas da sein, was jetzt unmöglich zu erkennen ist? 2,1. Weil ich dies und dergleichen – ich weiß nicht, warum – unaufhörlich erwog, litt ich derart schmerzhaften Kummer, dass ich blass geworden dahinsiechte. Und was das Furchtbarste war: Wenn ich einmal das Grübeln als nutzlos verdrängen wollte, wurde mein Leid umso stärker. 2,2. Und ich ärgerte mich darüber, weil ich nicht wusste, dass mir das Nachdenken ein guter Gefährte war, der mir zur nützlichen Ursache für die Unsterblichkeit wurde, 2,3. wie ich später aufgrund meiner Erfahrung erkannte und Gott, dem Herrn aller Dinge, gedankt habe. Denn durch das mich anfangs bedrückende Nachdenken wurde ich gezwungen, in die Untersuchung der Sachverhalte und ihr Verstehen einzudringen. 2,4. Und da beklagte ich die, welche ich anfangs aus Unwissenheit Gefahr lief, glückselig zu preisen.

3,1. Weil ich nun von Kindheit an mit solchen Gedanken beschäftigt war, besuchte ich die Schulen der Philosophen, um etwas Zuverlässiges zu lernen. Aber ich erlebte nichts anderes als das Verwerfen und Aufstellen von Lehrsätzen, als Streit und Zank, als die Künste von Syllogismen[21] und das Ersinnen von Prämissen. 3,2. Und manchmal setzte sich durch – um ein Beispiel zu nennen –, dass die Seele unsterblich sei, manchmal, dass sie sterblich sei. Wenn einmal der Lehrsatz Oberhand gewann, dass sie unsterblich sei, freute ich mich, wenn aber der Lehrsatz, dass sie sterblich sei, war ich traurig. 3,3. Mehr aber nahm mir den Mut, dass ich keinen von beiden Lehrsätzen in meinem Verstand zu verankern vermochte. Ich verstand jedoch, dass die Meinungen über die untersuchten Fragen je nachdem, wer sie verficht, als falsch oder wahr beurteilt werden und nicht nach ihrem Wahrheitsgehalt in Erscheinung treten. 3,4. Als ich nun vollends begriff, dass die Zustimmung sich nicht nach den verfochtenen Lehrmeinungen richtet, sondern die Ansichten nach ihren Verfechtern beurteilt werden, geriet ich über die Sachverhalte in noch größere Verwirrung. Daher stöhnte ich aus tiefster Seele; denn weder konnte ich etwas für gewiss halten, noch vermochte ich mich vom Nachsinnen über solche Dinge freizumachen, so sehr ich es auch wollte, wie ich bereits gesagt habe. 3,5. Denn obwohl ich mich sehr häufig ermahnte, ruhig zu bleiben, kam – ich weiß nicht wie – die Betrachtung solcher Dinge unversehens mit Freude über mich. 4,1. Und abermals in Ratlosigkeit, sprach ich zu mir selbst: „Warum mühe ich mich vergeblich ab? Denn die Sache ist klar: Wenn ich nach meinem Tod nicht mehr existiere, gibt es keinen Grund, mich jetzt zu grämen, wo ich am Leben bin. 4,2. Daher werde ich das Grämen lassen bis zu dem Tag, an dem ich nicht mehr sein und kein Leid mehr haben werde. Wenn ich aber doch noch irgendwie existiere, steht es mir zu, mich jetzt über die Maßen zu grämen?“ Und gleich danach ergriff mich ein anderer Gedanke. Ich sagte nämlich: 4,3. „Ich muss doch wohl dort nichts Schlimmeres erleiden als meinen jetzigen

21 Der Syllogismus ist ein aus Prämissen gezogener logischer Schluss vom Allgemeinen auf das Besondere.

Gram, wenn ich nicht fromm gelebt habe? Werde ich nicht nach den Lehren einiger Philosophen dem Pyriphlegethon[22] und dem Tartarus[23] überantwortet werden wie Sisyphos oder Tityos oder Ixion oder Tantalos[24], und werde ich nicht im Hades ewig bestraft werden?" Dagegen brachte ich wiederum vor: „Doch diese Dinge gibt es nicht." 4,4. Dann sagte ich wieder: „Wenn es sie aber doch gibt?" – „Da folglich die Sache im Dunkeln liegt", sprach ich zu mir, „ist es für mich ungefährlicher, fromm zu leben." 4,5. Dann wiederum: „Wie werde ich um der Gerechtigkeit willen die Begierden meines Körpers beherrschen können, wenn ich auf eine ungewisse Hoffnung setze? 4,6. Ich habe doch nicht einmal Gewissheit darüber, was eigentlich die Gerechtigkeit ist, die Gott gefällt; noch kann ich erkennen, ob die Seele unsterblich oder sterblich ist, noch lässt sich eine verlässliche Lehre darüber ausfindig machen, 4,7. noch kann ich vor derartigen Überlegungen Ruhe finden. 5,1. Was also soll ich tun, wenn nicht dies: Ich werde nach Ägypten reisen und mich mit den Hierophanten[25] und Propheten der Heiligtümer anfreunden, und ich werde einen Magier suchen und finden und ihn mit viel Geld dazu bringen, dass er das Heraufsteigen einer Seele, die sogenannte Nekromantie, bewirkt, als wollte ich mich nach irgendeiner Sache erkundigen. 5,2. Zweck meiner Frage wird jedoch sein zu erfahren, ob die Seele unsterblich ist. 5,3. Die Antwort der Seele aber, dass sie unsterblich sei, wird mir nicht zur Gewissheit werden, weil sie es sagt oder weil ich es höre, sondern allein, weil sie sichtbar wird. Denn wenn ich sie mit eigenen Augen sehe, gewinne ich allein aufgrund ihres Erscheinens ein selbständiges und hinreichendes Urteil, dass sie existiert. 5,4. Dann werden die undeutlichen Worte, die das Gehör vernimmt, nicht mehr umstürzen können, was sich die Augen zu eigen gemacht haben." 5,5. Trotzdem trug ich auch diese Überlegung einem befreundeten Philosophen vor, der mir riet, dies aus

22 Nach der griechischen Mythologie ein Feuerstrom („der Feuerlodernde") in der Unterwelt, durch den die Seelen besserungsfähiger Frevler geläutert werden sollen.

23 Der für die Bestrafung der Frevler vorgesehene Teil des Hades.

24 Diese vier Gestalten gelten in der griechischen Mythologie als Erzfrevler; vgl. 5.6,1; 5.22,4.

25 Die Oberpriester im Mysterienkult.

vielerlei Gründen nicht zu wagen. 5,6. „Denn“, so sagte er, „wenn die Seele dem Magier nicht gehorchen will, wirst du mit schlechtem Gewissen leben, weil du den Gesetzen, die dies zu tun verbieten, zuwider gehandelt hast. 5,7. Wenn sie ihm aber willfährt, so meine ich, dass dir, wenn du mit schlechtem Gewissen lebst, keine frommen Werke mehr gelingen, um derentwegen du das ja gewagt hast. 5,8. Es heißt nämlich, dass die Gottheit Feindschaft gegen diejenigen hegt, die die Seelen nach ihrer Trennung von den toten Leibern belästigen.“ 5,9. Als ich dies hörte, wurde ich sehr zögerlich, das Vorhaben in Angriff zu nehmen. Ich gab zwar meinen ursprünglichen Plan nicht auf, verlor jedoch den Mut, weil ich in meinem Elan gebremst worden war.

## Gerüchte in Rom über Jesus, die Reise des Klemens nach Alexandrien und sein Zusammentreffen mit Barnabas

6,1. Doch damit ich dir[26] nicht allzu viel Worte darüber mache: Als ich mich in solchen Gedanken und Schwierigkeiten befand, nahm, zur Zeit der Herrschaft des Kaisers Tiberius[27], seit dem Frühling ein bestimmtes Gerücht seinen Anfang, breitete sich zunehmend aus und durchlief als wahrhaft gute Botschaft Gottes die Welt, unfähig, das Schweigen über Gottes Ratschluss aufrechtzuerhalten. 6,2. Beständig nun wurde es stärker und lauter; es besagte, dass jemand in Judäa seit der Frühlingszeit den Juden die Königsherrschaft des ewigen Gottes verkünde. Diese, so hieß es, genieße jeder von ihnen, wenn er zuvor seinen Lebenswandel bessere. 6,3. Damit man aber glaube, dass er dies voller Göttlichkeit verkünde, vollbringe er viele erstaunliche Zeichen und Wunder allein durch (seinen) Befehl, weil er von Gott die Macht dazu erhalten habe. 6,4. Denn Taube mache er hören, Blinde sehen, Verkrüppelte und Gelähmte richte er wieder auf, jede Krankheit treibe er aus, alle Dämonen schlage er in die Flucht. Aber auch Aussätzige, die ihn nur aus der Entfernung ansähen, gingen geheilt davon. Herbeigetragene Tote aber würden auferweckt, und nichts

26 Angeredet ist der Jerusalemer Bischof Jakobus; vgl. EpCl 1,1.
27 Tiberius regierte 14 bis 37 n. Chr.

gebe es, was er nicht zu tun vermöchte (vgl. Mt 11,5). 6,5. Und je weiter die Zeit fortschritt, desto lauter und gewisser wurde durch immer mehr Zugereiste was ich nicht mehr ein Gerücht nenne, sondern die Wahrheit dieser Sache. 6,6. Denn schon wurden überall Versammlungen abgehalten, um zu beraten und zu prüfen, wer der Erschienene wohl sei und was er sagen wolle. 7,1. Und einmal, in demselben Jahr zur Herbsteszeit, trat jemand öffentlich auf und rief: 7,2. „Ihr Männer Roms, hört! Der Sohn Gottes ist in Judäa gegenwärtig und verheißt allen, die es wollen, ewiges Leben, wenn sie nach dem Willen des Vaters leben, der ihn gesandt hat. 7,3. Ändert daher euren Lebenswandel vom Schlechteren zum Besseren, vom Vergänglichen zum Ewigen! 7,4. Erkennt, dass nur *ein* Gott im Himmel ist, dessen Welt ihr vor seinen gerechten Augen in Ungerechtigkeit bewohnt! 7,5. Doch wenn ihr euch ändert und nach seinem Willen lebt, werdet ihr in einen anderen Äon getragen und, unsterblich geworden, seine unbeschreiblichen Wohltaten genießen. 7,6. Wenn ihr aber nicht glaubt, werden eure Seelen nach der Auflösung des Leibes an den Ort des Feuers geworfen, wo sie, auf ewig bestraft, vergeblich bereuen werden. Denn der rechte Zeitpunkt zur Umkehr ist das gegenwärtige Leben eines jeden."

7,7. Dies also hörte ich und war betrübt, dass niemand aus einer solch großen Menschenmenge nach dem Vernehmen einer derart wichtigen Botschaft erklärte: „Ich will nach Judäa reisen, um zu sehen, ob dieser die Wahrheit spricht, wenn er behauptet, dass Gottes Sohn um einer guten und ewigen Hoffnung willen in Judäa weilt und den Willen seines Vaters, der ihn ausgesandt hat, offenbart. 7,8. Und was man von seiner Verkündigung sagt ist nichts Geringes: Er versichert ja, dass die Seelen der einen unsterblich sein und ewige Wohltaten genießen werden, die der anderen aber in unauslöschliches Feuer geschleudert und für immer bestraft werden sollen." 8,1. Während ich dies über andere sagte, redete ich auch zu mir selbst und sprach: „Warum tadele ich andere, obwohl mich derselbe Vorwurf der Gleichgültigkeit trifft? Ja, ich will nach Judäa aufbrechen, nachdem ich zuvor meine Angelegenheiten geregelt habe!" 8,2. Doch nachdem ich mich so entschieden hatte, kam eine lange Zeit der Verzögerung, weil meine Lebensverhältnisse schwer zu ordnen waren. 8,3. Als ich schließlich einmal in der Weise über die

Natur des Lebens nachdachte, dass es durch die Hoffnung auf seine Entwirrung diejenigen täuscht, die sich darum mühen, und ferner überlegte, um wie viel Zeit ich betrogen worden bin, während ich von Hoffnungen hin- und hergerissen wurde, und dass wir Menschen über solchen Beschäftigungen sterben – da ließ ich alles, wie es war, zurück und eilte nach Portus[28]. Und nachdem ich zum Hafen gekommen und in See gestochen war, wurde ich von widrigen Winden statt nach Judäa nach Alexandrien getrieben. 8,4. Und weil ich dort durch eine Windstille festgehalten wurde, gesellte ich mich zu den Philosophen und teilte ihnen den Inhalt des Gerüchts in den Worten dessen mit, der in Rom erschienen war. Sie aber antworteten: „Den, der in Rom erschienen ist, kennen wir zwar nicht, über den aber, der in Judäa aufgetreten ist und den das Gerücht Sohn Gottes nennt, haben wir von vielen, die von dort gekommen sind, gehört. Auch haben wir von all den Wundern erfahren, die er durch sein Wort vollbringt." 9,1. Als ich aber sagte: „Ich würde gern mit jemandem von denen zusammentreffen, die ihn gesehen haben", wollten sie mich sofort hinbringen und sprachen: „Es ist einer hier, der ihn nicht nur kennengelernt hat, sondern auch aus dem dortigen Land stammt, ein Hebräer namens Barnabas, der zudem behauptet, selbst einer seiner Jünger zu sein. Er hält sich in dieser Gegend auf und teilt dessen Worte der Verheißung denjenigen, die sie hören wollen, bereitwillig mit." Da ging ich mit ihnen. 9,2. Und als ich hingekommen war, stellte ich mich zu der anwesenden Menschenmenge und hörte auf seine Worte. Da begriff ich, dass er die Wahrheit sagte – nicht mit dialektischer Kunst, sondern indem er arglos und unvorbereitet auseinandersetzte, was er den Sohn Gottes, der erschienen war, tun und reden gehört und gesehen hatte. 9,3. Viele Zeugen für die von ihm berichteten Wunder und Reden bot er sogar aus der anwesenden Menge auf. 10,1. Als sich aber die Menge durch seine ungekünstelte Rede in Freude versetzen ließ, begannen die Philosophen, von ihrer weltlichen Bildung getrieben, ihn auszulachen und zu verspotten. Sie verhöhnten und verrissen ihn mit maßloser Frechheit und bedienten sich als schwerer Waffen ihrer Syllogis-

28 Der Hafen Roms an der Tibermündung; vgl. 12.10,1–2.

men[29]. 10,2. Der aber wies ihr leeres Geschwätz zurück und ließ sich nicht auf ihre verschlagene Befragung ein, sondern blieb unerschrocken bei seiner Rede. 10,3. Einmal fragte ihn jemand, warum es so sei, dass eine Mücke als kleinstes Lebewesen sechs Füße habe und Flügel, ein Elefant hingegen, das größte unter den Lebewesen, keine Flügel und nur vier Füße. 10,4. Der aber griff nach dieser Frage seine unterbrochene Rede wieder auf. Als würde er die Frage beantworten, kam er auf das ursprünglich festgesetzte Thema zurück, nur bediente er sich nach jeder Unterbrechung folgender Einleitung: 10,5. „Wir haben nur den Auftrag, euch die Worte und wunderbaren Taten dessen mitzuteilen, der uns gesandt hat. 10,6. Und anstelle einer logischen Beweisführung präsentieren wir euch Zeugen, nämlich viele von euch Anwesenden, an deren Aussehen ich mich erinnere wie an lebendige Bilder, als hinreichende Beweise. 10,7. Im Übrigen steht es euch frei, mir zuzustimmen oder nicht zu glauben. Doch werde ich nicht aufhören zu verkünden, was für euch nützlich ist, denn für mich ist das Schweigen ein Schaden, für euch aber ist der Unglaube ein Unheil. 10,8. Gewiss könnte ich auch Antworten auf eure belanglosen Anfragen geben, wenn ihr aus Liebe zur Wahrheit gefragt hättet. 10,9. Euch aber den Grund für die verschiedenartige Schöpfung von Mücke und Elefant mitzuteilen, ist jetzt nicht die rechte Zeit, weil ihr den Gott des Alls nicht kennt.“ 11,1. Während er dies sagte, stießen sie wie auf Verabredung ein wildes Gelächter aus, womit sie versuchten, ihn zum Schweigen und in Verlegenheit zu bringen, als wäre er ein besessener Barbar.

11,2. Bei diesem Anblick wurde ich, ich weiß nicht wie, von Zorn ergriffen. In frommer Entrüstung hielt ich es nicht länger aus zu schweigen, sondern rief unerschrocken aus: 11,3. „Mit gutem Grund hat Gott bestimmt, dass sein Wille unbegreiflich ist. Er hat vorhergesehen, dass ihr unwürdig seid, wie es für diejenigen unter den Anwesenden vollständig offenbar ist, die einen kritischen Verstand besitzen. 11,4. Denn es wurden ja Verkündiger seines Ratschlusses ausgesandt, die nicht grammatische Kunstfertigkeit beanspruchen, sondern mit einfachen, ungekünstelten Worten seinen Willen kundtun, damit jeder Hörer das Gesagte verstehen kann, und nicht

29 Vgl. zu 1.3,1.

mit einer missgünstigen Einstellung, die sich nicht allen öffnen will. 11,5. Ihr steht hier, und abgesehen davon, dass ihr nicht erkennt, was für euch nützlich ist, lacht ihr zu eurem Schaden die Wahrheit aus, die zu eurer Verurteilung unter den Barbaren weilt. 11,6. Die wollt ihr, obwohl sie auch euch aufsucht, wegen eurer Zügellosigkeit und der Schlichtheit ihrer Worte nicht aufnehmen, 11,7. damit ihr nicht überführt werdet, dass ihr eitle Liebhaber von Worten seid und keine wahrheitsliebenden Philosophen[30]. Wie lange wollt ihr denn reden lernen, die ihr die Redegabe nicht besitzt? Viele Redensarten von euch sind nämlich keines einzigen Wortes wert. 11,8. Was wird denn euer griechisches Volk in Einmütigkeit sagen, wenn es wirklich ein Gericht geben wird, wie dieser behauptet? 11,9. ‚Warum, o Gott, hast du uns deinen Willen nicht verkündet?' Werdet ihr nicht jedenfalls Folgendes hören, wenn man euch überhaupt einer Antwort würdigen wird: 11,10. ‚Ich, der ich alle einstigen Denkweisen vor Gründung der Welt (vgl. Eph 1,4; 1. Petr 1,20) kannte, bin einem jeden so, wie er es verdient, unbemerkt zuvorgekommen. 11,11. Und diejenigen, die ihre Zuflucht bei mir genommen haben, will ich gänzlich überzeugen, dass es sich so verhält und warum ich es nicht zuließ, dass mein Ratschluss von Anfang an, seit den frühesten Generationen, öffentlich verkündet werde. Erst jetzt, am Ende der Welt, habe ich Verkündiger meines Willens ausgesandt, die ausgelacht, beleidigt und verspottet werden von denen, die keinen Gewinn haben wollen und meine Freundschaft vorsätzlich in den Wind schlagen. 11,12. Was für ein großes Unrecht! Meine Boten schweben in Lebensgefahr, und zwar durch die Menschen, die zur Rettung gerufen sind! 12,1. Was aber meinen Boten jetzt zu Unrecht widerfährt, wäre von Anfang an allen widerfahren, wenn die Unwürdigen schon von Anfang an zur Rettung gerufen worden wären. 12,2. Denn was diesen jetzt durch sie zu Unrecht widerfährt, geschieht zum Beweis meiner gerechten Vorsehung: Aus gutem Grund wollte ich nicht, dass mein der Ehre wertes Wort unnützerweise von Anfang an öffentlich dem Spott ausgesetzt werde, sondern ich beschloss, es wegen seiner Ehrwürdigkeit zu verschweigen – nicht vor denjenigen, die es von Anfang wert waren, denen ich es auch mitgeteilt habe, sondern vor diesen Leuten

30 Ein griechisches Wortspiel („Philologen" – „Philosophen"), vgl. 2.8,3.

und ihresgleichen, die, wie ihr seht, unwürdig sind, mich hassen und sich selbst nicht lieben wollen.‘ 12,3. Und jetzt hört endlich auf, diesen Mann auszulachen! Befragt mich nach seiner Botschaft, oder wer immer will soll mir auf meine Fragen antworten! Doch bellt nicht wie ungezogene Hunde, und verstopft nicht mit wüstem Lärm die Ohren derer, die gerettet werden wollen! 12,4. Ihr Ungerechten und Gottesverächter und ihr, die ihr die rettende Einsicht in Zweifel verkehrt – wie werdet ihr Vergebung erlangen können, wenn ihr den verhöhnt, der sich anerbietet, euch die Gottheit Gottes zu verkündigen? 12,5. Einen Menschen zudem, den ihr, selbst wenn er nichts Wahres sagen würde, wegen seiner guten Absicht euch gegenüber begrüßen müsstet!“

13,1. Während ich dies und dergleichen sagte, erhob sich ein großes Geschrei in der Menge. Die einen standen mir bei, weil sie Mitleid mit Barnabas hatten, die anderen aber waren verblendet und fletschten gefährlich ihre Zähne gegen mich. 13,2. Weil nun schon der Abend hereinbrach, nahm ich Barnabas bei der Hand und führte ihn, trotz seines Widerstrebens, zu meiner Unterkunft und bewog ihn, dort zu bleiben, damit niemand Hand an ihn legte. 13,3. Nachdem er sich ein paar Tage aufgehalten und mich kurz in der wahren Lehre unterwiesen hatte – so knapp, wie es in den wenigen Tagen möglich war –, 13,4. sagte er, dass er wegen des von seiner Religion gebotenen Festes nach Judäa eilen und künftig bei seinen Stammesgenossen bleiben wolle. 14,1. Er schien mir fest dazu entschlossen. Denn als ich sagte: „Lege du mir nur die Worte dar, die du von dem Mann, der erschienen ist, gehört hast! Dann will ich sie durch meine Rede schmücken und den Ratschluss Gottes verkünden. 14,2. Anschließend werde ich binnen weniger Tage mit dir segeln, denn ich sehne mich sehr, nach dem judäischen Land zu kommen, und vielleicht werde ich sogar meine ganze Lebenszeit mit euch zusammenbleiben.“ 14,3. Als er dies hörte, antwortete er: „Wenn du uns kennenlernen und erfahren willst, was nützlich ist, segle sogleich mit mir! 14,4. Wenn nicht, will ich dir heute die Kennzeichen der Unterkunft von mir und von denjenigen, die du aufsuchen willst, nennen, damit du, wenn du zu uns kommen möchtest, Bescheid weißt. Denn morgen werde ich in meine Heimat reisen.“ 14,5. Und weil ich sah, dass er nicht zu erweichen war, begleitete ich ihn bis zum Hafen. Nachdem ich die von ihm erwähnten Kennzeichen der Unterkünfte erfahren hatte, sprach ich zu ihm: 14,6. „Müsste ich nicht morgen eine Schuld einfordern, würde ich sofort mit dir segeln! Doch werde ich dich schnell einholen.“ 14,7. Nachdem ich dies gesagt und ihn den Schiffsführern anvertraut hatte, kehrte ich betrübt um und gedachte des guten, lieben Freundes.

## Die Reise des Klemens nach Cäsarea, seine Bekanntschaft mit Petrus und ihr Gespräch über den wahren Propheten

15,1. Nachdem ich einige Tage zugebracht hatte, ohne die Schuld vollständig in Empfang nehmen zu können, kümmerte ich mich wegen meiner Eile nicht um den Restbetrag, weil er nur hinderlich war. Dann segelte ich meinerseits nach Judäa ab und erreichte nach fünfzehn Tagen Cäsarea Stratonis[31]. 15,2. Als ich an Land gegangen war und nach einer Herberge Ausschau hielt, erfuhr ich, dass ein gewisser Petrus, der angesehenste Jünger des Mannes, der in Judäa erschienen war und Zeichen und Wunder getan hatte, am folgenden Tag mit Simon, dem Samaritaner aus Gitthon[32], ein Streitgespräch führen werde. 15,3. Als ich dies hörte, bat ich darum, mir den Aufenthaltsort des Petrus zu verraten. 15,4. Sobald ich ihn erfahren hatte, stand ich am Tor und brachte vor, wer ich sei und woher ich käme. 15,5. Und siehe, da kam Barnabas heraus. Kaum hatte er mich gesehen, umarmte er mich in großer Freude und unter Tränen. 15,6. Dann nahm er mich bei der Hand, brachte mich dorthin, wo Petrus war, und sagte zu mir: „Dies ist Petrus, den ich dir als Kundigsten in der Weisheit Gottes beschrieb, dem ich unaufhörlich von dir berichtet habe, wie du von selbst bemerken wirst. 15,7. Denn ich habe ihm all deine guten Eigenschaften wahrheitsgetreu geschildert 15,8. und ihm zugleich deine Absicht offenbart, sodass auch er danach verlangt, dich zu sehen. 15,9. Daher kann ich dich ihm als großes Geschenk durch meine Hände überreichen.“ Und nachdem

31 Diese Hafenstadt war Sitz der römischen Präfekten von Judäa.

32 Einzelheiten zur Herkunft Simons finden sich in 2.22,2. Die Traditionen über Simon, den die alte Kirche als Urheber aller Irrlehren ansah, wurzeln in Apg 8,9–24.

er das gesagt hatte, stellte er mich vor und sprach: „Petrus, dies ist Klemens." 16,1. Kaum hatte er meinen Namen gehört, sprang der vortreffliche Mann herbei, küsste mich, ließ mich Platz nehmen und sprach sogleich: 16,2. „Du hast gut daran getan, als du Barnabas, den Boten der Wahrheit, zur Ehre des wirklichen Gottes großmütig aufnahmst, ohne Scheu und Furcht vor der Wut der unwissenden Menge. Selig wirst du sein! 16,3. Denn wie du den Botschafter der Wahrheit mit aller Ehre aufgenommen hast, so wird die Wahrheit ihrerseits dich, einen Fremdling, zum Bürger ihrer Stadt machen. Und dann wirst du dich außerordentlich freuen, dass du ihr jetzt eine kleine Gunst erwiesen hast, nämlich nach guten Lehren zu streben, denn du wirst ewige und unantastbare Wohltaten erben. 16,4. Und werde nicht müde, mir deine Anschauungen darzulegen! Der wahrheitsliebende Barnabas hat uns nämlich alles über dich berichtet und beinahe täglich deiner freundlich gedacht. 16,5. Doch will ich dir in aller Kürze, wie einem echten Freund, sagen, was mir am Herzen liegt: Wenn dich nichts hindert, reise mit uns und habe Anteil an den Worten der Wahrheit, die ich Stadt für Stadt bis nach Rom selbst verkünden will. Aber sprich auch du, wenn du etwas sagen willst!"

17,1. Da setzte ich ihm auseinander, was ich mir von Anfang an vorgenommen und wie ich mich an unergründlichen Fragen verausgabt hatte und all das, was ich dir[33] zu Beginn mitgeteilt habe, um nicht nochmals dasselbe zu schreiben. Ich sagte aber: „Mit dir zu reisen bin ich gern bereit – denn das will ich, ich weiß nicht warum, mit Freuden! 17,2. Doch zuvor will ich hinsichtlich der Wahrheit zu einer sicheren Überzeugung gelangen, damit ich weiß, ob die Seele sterblich oder unsterblich ist und ob sie, falls sie ewig ist, für das, was sie hier getan hat, gerichtet werden muss. 17,3. Auch, ob es irgendetwas Gerechtes oder Gott Wohlgefälliges gibt, 17,4. und ob die Welt entstanden ist und warum sie entstanden ist und ob sie zerstört werden wird und, wenn sie zerstört werden wird, auch, ob sie dann besser sein oder gar nicht mehr da sein wird." Und um mich nicht in Einzelheiten zu verlieren, sagte ich, dass ich dies und was sich daraus ergibt lernen wolle.

33 S. Anm. 26.

17,5. Darauf antwortete er: „Kurz und bündig will ich dir, lieber Klemens, die Erkenntnis dieser Dinge verschaffen. Und nun höre sogleich zu! 18,1. Der Wille Gottes liegt aus vielerlei Gründen im Verborgenen, 18,2. vor allem aufgrund von schlechter Anleitung, fragwürdiger Gesellschaft, verderblichem Umgang, ungebührlichen Gesprächen und falschen Vorurteilen. 18,3. Daher haben Irrtum, sodann mangelnde Ehrfurcht, Unglaube, Unzucht, Habgier, Prahlerei und unzählige andere Übel dieser Art die Welt erfüllt, gleichwie eine Menge Qualm ein Haus, und den Blick seiner Bewohner getrübt. Sie lassen nicht zu, dass die Menschen aufblicken und den Schöpfergott aufgrund seines Planes erkennen und seinen Ratschluss erfahren. 18,4. Daher müssen die Wahrheitsliebenden im Innern des Hauses von ganzem Herzen schreien, um mit wahrheitsliebender Vernunft Hilfe herbeizurufen, damit jemand, der sich außerhalb des von Qualm erfüllten Hauses befindet, herbeikomme und die Tür öffne, sodass das das Sonnenlicht draußen in das Haus hineinfluten und der drinnen befindliche Qualm des Feuers hinausgetrieben werden kann. 19,1. Diesen Helfer nun nenne ich den wahren Propheten. Er allein vermag die Seelen der Menschen zu erleuchten, sodass wir mit eigenen Augen den Weg zum ewigen Heil erkennen können. 19,2. Auf andere Weise aber ist es unmöglich, wie auch du weißt, da du gerade eben sagtest, 19,3. dass These um These verworfen und aufgestellt wird, und dass man sie nach dem Ansehen ihres Verfechters für wahr bzw. falsch hält, sodass die Thesen nicht mehr in Erscheinung treten, wie sie sind, sondern je nach ihren Verfechtern den Anschein gewinnen, wahr oder falsch zu sein. 19,4. Deshalb bedurfte die Sache der rechten Gottesfurcht insgesamt eines wahren Propheten, damit er uns die Wahrheit sagt, wie sie ist, und welche Überzeugung man bezüglich aller Dinge haben muss. 19,5. Folglich muss man zuerst den Propheten durch eine vollständige Prophetenprüfung auf die Probe stellen[34], und wenn man ihn als den wahren erkannt hat, 19,6. muss man ihm fortan in allen Dingen glauben und nicht mehr jedes einzelne seiner Worte prüfen, sondern sie als zuverlässig annehmen – scheinbar durch Glauben, tatsächlich aber werden sie aufgrund eines sicheren Urteils angenommen. 19,7. Denn

34 Vgl. 2.9–11; vielleicht steht Dtn 18,20–22 im Hintergrund.

aufgrund der einen anfänglichen Erprobung und genauen allseitigen Prüfung nimmt man seine ganze Lehre mit klarer Vernunft an. 19,8. Daher muss man vor allem nach dem wahren Propheten suchen, denn ohne ihn können die Menschen unmöglich etwas Verlässliches erfahren."

20,1. Und sogleich beruhigte mich Petrus, indem er mir auseinandersetzte, wer der Prophet ist und wie man ihn findet. Er stellte ihn mir als wirklich auffindbar dar, und bewies, dass im Gespräch mit dem Propheten die Wahrheit für die Ohren deutlicher wahrnehmbar ist als das, was von den Augen gesehen wird. Ich fragte mich daher bestürzt, wieso niemand erkennt, was von allen erstrebt wird, obwohl es offen vor ihm liegt. 20,2. Indes schrieb ich diese Rede über den Propheten auf seinen Befehl hin auf. Von Cäsarea Stratonis aus ließ er dir den Band zuschicken, 20,3. denn er sagte, dass er von dir den Auftrag habe, seine Reden und Taten aufzuschreiben und sie dir alljährlich zuzusenden. 20,4. So überzeugte er mich schon am allerersten Tag in jeder Hinsicht, obwohl er mit seiner Rede über den Propheten der Wahrheit lediglich begonnen hatte.

20,5. Anschließend sagte er: „Gib künftig auf die Streitgespräche acht, die ich mit meinen Gegnern führe! 20,6. Und wenn ich eine Niederlage davontrage, befürchte ich nicht, dass du dich an der dir anvertrauten Wahrheit irre machen lässt, weil du weißt, dass nur ich für besiegt gelte, nicht aber die Lehre, die uns durch den Propheten überliefert ist. 20,7. Ich hoffe jedoch, dass ich im Streitgespräch nicht bei denjenigen eine Niederlage davontrage, die Verstand besitzen, bei den Wahrheitsliebenden nämlich, die durchschauen können, welche Reden bestechend, kunstvoll und angenehm sind und welche schlicht und einfach, weil sie nur der durch sie vermittelten Wahrheit vertrauen." 21,1. Nachdem er dies gesagt hatte, erwiderte ich: „Augenblicklich danke ich Gott! Denn genauso, wie ich überzeugt werden wollte, hat er es mir auch gewährt. 21,2. Doch sei, was mich anbelangt, ganz und gar ohne Sorge, dass ich jemals zweifeln werde: Auch wenn du selbst mich je von der prophetischen Lehre abbringen wolltest, wirst du das unmöglich können (vgl. Gal 1,8) – so genau weiß ich, was ich empfangen habe. 21,3. Und denke nicht, dass ich dir Großes verspreche, wenn ich behaupte, dass ich niemals zweifeln werde. Denn weder ich selbst noch irgendein anderer Mensch, der deine Rede über den Propheten gehört hat, wird je an der wahren Lehre zweifeln können, nachdem er zuvor gehört und erkannt hat, was die Wahrheit der prophetischen Verkündigung ist. 21,4. Verlass dich daher auf die von Gott gewollte Glaubenslehre! Denn alle Kunst der Bosheit ist besiegt. 21,5. Gegen die Prophetie vermögen ja weder Redekünste etwas noch spitzfindige Gedanken, weder Syllogismen[35] noch irgendein anderes Mittel, 21,6. zumindest wenn der, der den wahren Propheten hört, wirklich nach der Wahrheit strebt und nicht unter dem Vorwand der Wahrheitssuche nach etwas anderem Ausschau hält. 21,7. Darum, mein Herr Petrus, befürchte nicht, als hättest du das größte Gut einem Gleichgültigen geschenkt! 21,8. Du schenktest es nämlich jemandem, der die Wohltat verstand und von der geschenkten Wahrheit nicht abgebracht werden kann. 21,9. Denn ich weiß, dass sie zu den Dingen gehört, die man schnell erlangen und nicht langsam bekommen will. Ich kann daher das Unvergleichliche und allein Sichere, das mir geschenkt worden ist, nicht wegen seines schnellen Empfangs verachten." 22,1. Nachdem ich dies gesagt hatte, sprach Petrus: „Ich sage Gott Dank sowohl für deine Rettung als auch für meine Freude. Denn ich freue mich wahrhaftig zu wissen, dass du begriffen hast, worin die Größe der Prophetie besteht. Da nun, wie du sagtest, nicht einmal ich selbst in der Lage sein werde, dich zu überreden, sollte ich – was fern von mir sei – dich je zu einer anderen Lehre umstimmen wollen, 22,2. so beginne vom morgigen Tag an, mir in meinen Streitgesprächen mit den Widersachern beizustehen! Das morgige aber geht gegen Simon, den Magier."

22,3. Und nachdem er dies gesagt und allein Nahrung zu sich genommen hatte[36], forderte er auch mich auf zuzulangen. 22,4. Als er über der Nahrung den Lobpreis und nach der Sättigung den Dank gesprochen und mir den Grund dafür erklärt hatte, fügte er hinzu: 22,5. „Gebe Gott, dass du mir in jeder Hinsicht gleich wirst und nach der Taufe mit mir an derselben Mahlzeit teilnimmst!" 22,6. Nachdem er dies gesagt hatte, befahl er mir, mich auszuruhen. Denn die Natur des Körpers verlangte endlich auch nach Schlaf.

---

35 S. Anm. 21.

36 Zur Erklärung dieses Verhaltens s. 13.4,3–4.

# Buch 2

## Ein nächtliches Gespräch zwischen Klemens und Petrus

1,1. Am folgenden Tag wurde ich, Klemens, noch während der Nacht wach und bemerkte, dass Petrus munter war und sich mit seinen Begleitern über die wahre Religion unterhielt. Es waren sechzehn; ihre Namen, wie ich sie später von einem jeden erfuhr, will ich dir nennen, damit auch du weißt, wer sie waren: 1,2. Der erste von ihnen war Zachäus, der einstige Zollpächter (vgl. Lk 19,2), dann Sophonias, sein Bruder; Joseph und dessen Milchbruder Micha; ferner Thomas und Eliezer, die Zwillinge (vgl. Joh 11,16); schließlich Äneas (vgl. Apg 9,33–34) und Lazarus (vgl. Lk 16,20; Joh 11), die Priester; zudem Elissäus und Benjamin, der Sohn des Saphra; wie auch Rubelus und Zacharias, die Baumeister; Ananias (vgl. Apg 9,10–19) und Angäus, die Jamnener[37]; sowie Niceta und Aquila, die Gefährten. Da trat ich ein, grüßte sie und nahm nach Petrus' Aufforderung Platz. 2,1. Der aber unterbrach die Rede, die er gerade hielt, und erklärte mir, sich gleichsam entschuldigend, warum er mich nicht geweckt hatte, damit ich seinen Worten hätte zuhören können, und gab als Grund die Strapazen meiner Schiffsreise an. Weil er wollte, dass ich jene verarbeitete, hatte er mich ruhen lassen. 2,2. „Wenn nämlich die Seele mit dem, was dem Körper fehlt, beschäftigt ist, schenkt sie den ihr dargebotenen Lehren kein angemessenes Gehör. 2,3. Deshalb will ich mich auf keinen Fall mit denen unterhalten, die wegen eines Unglücks trauern, noch mit denen, die maßlos zornig sind, oder mit denen, die dem Wahn der Liebe verfallen oder körperlich erschöpft sind, oder mit denen, die von den Sorgen des Lebens bedrängt oder

37 Dieses Wort bedeutet vermutlich: „aus Jamnia (Jabne) gebürtig", einem Ort 20 km südlich von Jaffa (vgl. 2. Makk 12,8–9).

mit irgendwelchen anderen Leiden beschwert sind. Deren Seele ist, wie ich sagte, niedergedrückt, und aus Mitleid mit dem leidenden Körper behindert sie ihren eigenen Verstand. 3,1. Und niemand soll sagen: ‚Muss man denn nicht denjenigen Zuspruch und Weisung anbieten, die etwas Schlimmes durchmachen?' Ich behaupte: Wenn das jemand kann, soll er es tun; wenn aber nicht, soll er den richtigen Zeitpunkt abwarten. 3,2. Denn ich weiß, dass alles seine eigene Zeit hat (vgl. Koh 3,1). Darum muss man den Menschen die Worte, die die Seele stärken, vor ihrer Bedrängnis mitgeben, damit der Verstand, wann immer etwas Schlimmes droht, durch die rechte Einsicht im Voraus gewappnet und in der Lage ist, diese Bürde zu tragen. 3,3. Dann weiß ja der Verstand im entscheidenden Moment der Auseinandersetzung, sich an den zu halten, der ihm durch guten Rat geholfen hat. 4,1. Doch habe ich erfahren, lieber Klemens, dass dir Barnabas in Alexandrien die Lehre von der Prophetie vollständig auseinandergesetzt hat, oder etwa nicht?" 4,2. Da antwortete ich: „Doch, und zwar sehr gut." Darauf Petrus: „So müssen wir die jetzige Zeit, die uns für dir noch unbekannte Lehren dienen kann, nicht mit denen zubringen, die du schon kennst!" 4,3. Da sprach ich: „Recht hast du geredet, Petrus! Doch erweise mir, der ich beschlossen habe, für immer bei dir zu bleiben, die Gunst, mir als freudigem Zuhörer beständig die Lehre über den Propheten zu erklären. Denn ohne sie ist es, wie ich von Barnabas gelernt habe, unmöglich, die Wahrheit zu begreifen."

## Weitere Belehrungen über den wahren Propheten

5,1. Petrus war darüber sehr erfreut und antwortete: „Schon ist unser Bemühen um Besserung bei dir zum Ziel gekommen! Du hast die Größe der unfehlbaren Prophetie erkannt, ohne die man unmöglich erlangen kann, was im höchsten Maße nützlich ist. 5,2. Denn wenn es auch viele verschiedene Schätze unter den Dingen gibt, die jetzt da sind oder einst da sein können: Das Glückseligste von allem – sei es ewiges Leben oder beständige Gesundheit oder vollkommener Verstand oder Licht oder Freude oder Unvergänglichkeit oder irgendetwas anderes, das nach der Natur der Dinge überragend schön ist oder dies einst sein kann –, es ist nicht anders zu gewinnen, als dass man zuvor erkennt, wie die Dinge wirklich sind. 5,3. Diese Erkenntnis ist aber nicht anders zu erlangen, als dass man zuvor den Propheten der Wahrheit kennenlernt. 6,1. Prophet der Wahrheit aber ist der, der stets alles weiß – das Gewesene, wie es war, das Gegenwärtige, wie es ist, das Zukünftige, wie es sein wird –, der sündlos ist, barmherzig, als einziger damit betraut, zur Wahrheit anzuleiten. 6,2. Lies und du wirst entdecken, dass die, die glaubten, die Wahrheit von sich aus gefunden zu haben, in eine Falle getappt sind! Die Eigenart des Propheten besteht nämlich darin, die Wahrheit zu verkünden, ebenso wie es die Eigenart der Sonne ist, den Tag heraufzuführen. 6,3. Wie viele daher je die Wahrheit zu erkennen begehrten, aber nicht das Glück hatten, sie von ihm zu lernen, fanden sie nicht und sind auf der Suche danach gestorben (vgl. Mt 13,17). Denn wie könnte der, der die Wahrheit sucht, sie aus seiner eigenen Unwissenheit schöpfen? Und selbst wenn er sie findet, erkennt er sie nicht und geht daran vorbei, als ob es sie nicht gäbe. 6,4. Ebenso wenig wird er durch einen anderen, der gleichfalls aus Unkenntnis beansprucht, Erkenntnis zu haben, die Wahrheit erlangen können. Erlangen kann er nur einen guten Lebenswandel, und zwar jenen, der mittels der Vernunft erkannt werden kann, vermittelt er doch jedem die Erkenntnis, dass man einem anderen kein Unrecht tun darf, da man selbst kein Unrecht erleiden will (vgl. Mt 7,12).

7,1. Alle nun, die je die Wahrheit gesucht und sich selbst zugetraut haben, sie finden zu können, sind einer Täuschung erlegen. Genau das haben sowohl die Philosophen der Griechen erlitten als auch die tüchtigsten Barbaren. 7,2. Denn bei ihrer Beschäftigung mit den sichtbaren Dingen haben sie sich aufgrund von Vermutungen über die verborgenen Dinge geäußert, weil sie glaubten, dass dasjenige wahr sei, was ihnen gerade in den Sinn kam. 7,3. Denn als würden sie die Wahrheit schon kennen, verwerfen diejenigen, welche noch auf der Suche nach der Wahrheit sind, einen Teil der ihnen in den Sinn kommenden Vermutungen und bekräftigen einen anderen, als ob sie in ihrer Unwissenheit wüssten, welche Dinge wahr sind und welche falsch. 7,4. Die Wahrheitssucher stellen sogar Lehrsätze über die Wahrheit auf, ohne zu wissen, dass der, der die Wahrheit sucht, sie nicht aus seinem eigenen Irrtum lernen kann. Wie ich schon sagte: Nicht einmal wenn sie vor ihm steht, kann er sie erkennen, weil er sie nicht kennt. 8,1. Es überzeugt aber jeden, der von sich aus zu lernen sucht, durchaus nicht das, was wahr ist, sondern das, was ihn erfreut. Da nun jeden etwas anderes erfreut, gilt dem einen dies, dem andern das als wahr. 8,2. Die Wahrheit aber ist das, was der Prophet anerkennt, nicht das, was einem jeden angenehm ist. Denn vieles würde dieses Eine sein, wenn das Erfreuliche die Wahrheit wäre; das ist jedoch unmöglich. 8,3. Deshalb haben auch die Liebhaber der Worte (nicht die der Weisheit) unter den Griechen sich mittels Vermutungen auf diese Dinge gestürzt und viele verschiedene Lehrmeinungen aufgestellt. Sie glaubten, die Folgerichtigkeit ihrer Hypothesen sei die Wahrheit, wussten aber nicht, dass sie von falschen Voraussetzungen ausgegangen waren und darum das Ergebnis mit Voraussetzung in Einklang stand. 9,1. Deshalb muss man sich von allem anderen abwenden und sich allein dem Propheten der Wahrheit anvertrauen. Und wir alle können beurteilen, ob er ein Prophet ist, auch wenn wir noch so ungebildet und in sophistischen Künsten ahnungslos, in Geometrie unerfahren und in die Musik nicht eingeweiht wären. 9,2. Denn in seiner Fürsorge für alle hat Gott die Entdeckung des wahren Propheten sehr leicht gemacht, damit weder die Barbaren zu schwach noch die Griechen unfähig sind, ihn zu finden. Seine Entdeckung ist daher leicht und geschieht so: 10,1. Wenn er der Prophet ist, dann kann er wissen, wie die Welt entstand und was in ihr geschieht und was am Ende sein wird. Und wenn er uns etwas vorhergesagt hat, von dem wir erkannt haben, dass es in Erfüllung gegangen ist, glauben wir ihm aufgrund der Dinge, die sich bereits erfüllt haben, zu Recht auch das, was sich in Zukunft ereignen wird – nicht nur, weil er es weiß, sondern auch, weil er es im Voraus weiß. 10,2. Wem also, und wenn er einen noch so geringen Verstand hat, leuchtet nicht ein, dass man hinsichtlich der Ratschlüsse Gottes diesem Propheten mehr als allen anderen glauben muss, ihm, der als einziger mehr als alle anderen Menschen weiß, und zwar ohne es gelernt zu haben? 10,3. Wenn daher jemand einem solchen, nämlich einem, der wegen der Göttlichkeit des in ihm wohnenden Geistes Vorherwissen besitzt, nicht zubilligen will, die Wahrheit zu kennen, während er einem anderen diese Kenntnis zubilligt – ist der nicht geistig beschränkt, weil er dem Nichtpropheten das einräumt, was er dem Propheten an Kenntnis nicht zubilligen wollte? 11,1. Daher muss man den Propheten vor allen Dingen mit aller Urteilskraft anhand seiner prophetischen Verheißung prüfen. Und wenn man ihn als Propheten erkannt hat, muss man den übrigen Worten seiner Lehre folgen, ohne daran zu zweifeln, und mit Zuversicht hinsichtlich der Hoffnungsgüter sein Leben dem anfänglichen Urteil entsprechend einrichten, weil man ja erkannt hat, dass der, der diese Dinge sagt, unmöglich lügen kann. 11,2. Wenn uns daher eines seiner Worte unzutreffend erscheint, müssen wir wissen, dass nicht sein Wort unzutreffend ist, sondern dass wir es nicht in seinem wahren Sinn verstanden haben. 11,3. Das Unwissen fällt nämlich kein rechtes Urteil über das Wissen, gleichwie auch das Wissen nicht in der Lage ist, das Vorherwissen wahrheitsgemäß zu beurteilen, sondern das Vorherwissen verschafft den Unwissenden das Wissen.

## Über die Gerechtigkeit Gottes und die Unsterblichkeit der Seelen

12,1. Wenn du also, lieber Klemens, wissen willst, woran Gott gelegen ist, kannst du es nur von ihm lernen, weil nur er die Wahrheit kennt. 12,2. Denn falls ein anderer etwas weiß, hat er es von ihm oder von seinen Schülern empfangen. 12,3. Sein Rat und seine wahre Botschaft aber ist, dass es nur einen Gott gibt, dessen Werk die Welt ist, der gerecht ist und es gewiss einem jeden nach seinen Werken einst vergelten wird. 13,1. Denn wer sagt, dass Gott seiner Natur nach gerecht ist, muss zwangsläufig auch glauben, dass die Seelen der Menschen unsterblich sind. 13,2. Denn wo bliebe seine Gerechtigkeit, wenn manche trotz eines gottesfürchtigen Lebens misshandelt und bisweilen gewaltsam getötet wurden, während andere trotz völliger Gottlosigkeit im Luxus des Lebens schwelgten und den gewöhnlichen Tod der Menschen starben? 13,3. Da nun Gott, ohne jeden Widerspruch, gut und gerecht ist, wird man sein Gerechtsein erst erkennen, wenn die Seele nach ihrer Trennung vom Leib unsterblich ist. Dann wird der Schlechte, wenn er im Hades ist, dort für seine Sünden bestraft, weil er hier die Wohltaten empfangen hat, und der Gute, der hier für seine Sünden bestraft wurde, wird dort, gleichwie im Schoß der Gerechten, zum Erben der Wohltaten eingesetzt (vgl. Lk 16,19–31). 13,4. Da also Gott gerecht ist, ist für uns völlig klar, dass es ein Gericht gibt und die Seelen unsterblich sind. 14,1. Wenn aber jemand Gott nicht zubilligen will, gerecht zu sein, wie der Samaritaner Simon behauptet, wem kann man dann zubilligen, gerecht zu sein oder gerecht werden zu können? 14,2. Denn wenn die Wurzel des Alls das Gerechtsein nicht besitzt, muss man notwendigerweise annehmen, dass es in der menschlichen Natur als Frucht dieser Wurzel unmöglich zu finden ist. Wenn es aber bei den Menschen zu finden ist, um wie viel mehr bei Gott? 14,3. Wenn aber nirgends, weder bei Gott, noch bei den Menschen, Gerechtigkeit zu finden ist, dann auch keinesfalls Ungerechtigkeit. Aber es gibt Gerechtigkeit! 14,4. Denn weil es Gerechtigkeit gibt, spricht man von Ungerechtigkeit – wie man eben von Ungerechtigkeit spricht, wenn die Gerechtigkeit mit ihr verglichen wird und sich als ihr Gegenteil herausstellt.

## Die Syzygienlehre

15,1. Um nun die Menschen über die Wahrheit der Dinge zu belehren, hat Gott, der selbst *einer* ist, alle Extreme paarweise voneinander getrennt. Er, der selbst von Anfang an der eine und einzige Gott ist, erschuf Himmel und Erde, Tag und Nacht, Licht und Feuer, Sonne und Mond, Leben und Tod. 15,2. Unter diesen Werken aber hat er nur den Menschen mit freiem Willen erschaffen, mit der Fähigkeit, gerecht oder ungerecht zu sein. Für ihn kehrte er auch das Erscheinen der Syzygien[38] um. Die geringen Dinge stellte er ihm zuerst vor und die großen an zweiter Stelle, wie zum Beispiel Welt und Ewigkeit – ist doch die gegenwärtige Welt vergänglich, die künftige aber ewig. Erst kommt Unwissen, als Zweites Erkenntnis. 15,3. So hat er auch die Oberhäupter der Prophetie verteilt. Denn die gegenwärtige Welt ist weiblich, wie eine Mutter, die die Seelen der Kinder gebiert. Der künftige Äon hingegen ist männlich, wie ein Vater, der seine Kinder aufnimmt. 15,4. Deshalb treten in dieser Welt nacheinander Propheten auf, die als Söhne des kommenden Äons Kenntnis der ewigen Dinge haben. 15,5. Wenn aber die gottesfürchtigen Menschen dieses Geheimnis verstanden hätten, wären

38 Das griechische Wort *syzygia* bedeutet „Paar" oder „Zweigespann" („Joch"). Gemeint sind hier die in Paaren auftretenden Gegensätze (zu dieser Lehre vgl. auch 2.33; 3.20–28).

sie niemals in die Irre geführt worden, sondern würden auch jetzt wissen, dass Simon, der nun alle verwirrt, ein Gehilfe der schwachen linken Hand Gottes[39] ist. Die Sache mit der prophetischen Regel aber verhält sich wie folgt:

16,1. Wie am Anfang Gott, der nur einer ist, sozusagen rechte und linke Hand zusammen, zuerst den Himmel schuf und dann die Erde, so stellte er anschließend der Reihe nach alle Syzygien zusammen. Zur Zeit der Menschen freilich tat er dies nicht mehr so, sondern kehrte alle Syzygien um. 16,2. Denn während aus ihm zuerst die besseren Werke hervorgingen und danach die geringeren, so finden wir zur Zeit der Menschen das Gegenteil: erst das Schlechtere, dann das Bessere. 16,3. So ging zum Beispiel aus Adam, der nach dem Bild Gottes geschaffen war (Gen 1,27), als erster der ungerechte Kain hervor und als zweiter der gerechte Abel (Gen 4,1–2). 16,4. Und wiederum wurden von dem, der bei euch Deukalion genannt wird[40], zwei Abbilder von Geistern ausgesandt, nämlich die von einem unreinen und von einem reinen Geist: erst der schwarze Rabe, dann die weiße Taube (Gen 8,7–8). 16,5. Und aus Abraham, dem Stammvater unseres Volkes, gingen zwei Söhne hervor, zuerst Ismael (Gen 16,15), dann der von Gott gesegnete Isaak (Gen 21,2–3), 16,6. und aus diesem Isaak genauso wieder zwei: der gottlose Esau und der gottesfürchtige Jakob (Gen 25,24–26). 16,7. Ebenso in dieser Reihenfolge zunächst, als Erstgeborener für die Welt, der Hohepriester, dann der Gesetzgeber (Ex 6,20; 7,7). 17,1. Ebenso – die Syzygie nämlich, die mit Elia hätte kommen müssen, wurde absichtlich auf einen anderen Zeitpunkt verschoben, weil sie beschlossen hatte, sich ein anderes Mal eine günstigere Zeit geben zu lassen[41] –

---

39 Vgl. 7.3,3–5.

40 Bezeichnung für Noah wegen der Ähnlichkeit des biblischen Sintflutmythos mit der griechischen Sage von Deukalion.

41 Vermutlich ist gemeint, dass der zum Syzygienpaar mit dem Propheten Elia gehörende Widerpart erst nach der erwarteten Rückkehr Elias aus dem Himmel (vgl. 2. Kön 2; Mal 3,23) auftreten wird. Da Johannes der Täufer als wiedergekehrter Elia aufgefasst wurde (vgl. Mt 11,14; 17,10–13), gilt der Täufer im Klemensroman wie Elia als Repräsentant der negativen „weiblichen" Prophetie und folglich als Gegenspieler Jesu (vgl. den folgenden Vers, der von Johannes dem Täufer und Jesus spricht, ohne ihre Namen zu nennen, und 2.23,1).

17,2. trat folglich auch der, der zu den von Frauen Geborenen zählt (vgl. Mt 11,11), als erster auf (vgl. Mt 17,10–11), danach der, der zu den Menschensöhnen zählt (vgl. Mt 11,19), als zweiter. 17,3. Wenn man dieser Ordnung folgt, könnte man erkennen, woher Simon stammt, der vor mir als erster zu den Heiden kam, und woher ich stamme, der nach ihm gekommen ist und hinzukam wie Licht zur Finsternis, wie Wissen zur Unkenntnis, wie Heilung zur Krankheit. 17,4. Folglich muss, wie uns der wahre Prophet gesagt hat, zuerst das falsche Evangelium von einem Verführer kommen, und anschließend, nach der Zerstörung des heiligen Ortes, das wahre Evangelium heimlich zur Berichtigung der zukünftigen Häresien ausgebreitet werden. 17,5. Und danach, am Ende, muss wiederum erst der Antichrist kommen und dann der wirkliche Christus, unser Jesus, erscheinen. Und danach, wenn das ewige Licht aufgegangen ist, müssen alle Werke der Finsternis verschwinden. 18,1. Da nun, wie ich sagte, manche die Regel der Syzygie nicht kennen, wissen sie also nicht, wer Simon ist, der mir vorausgeht. Würde er nämlich erkannt, würde man ihm nicht glauben. 18,2. Doch weil man ihn gegenwärtig nicht erkennt, findet er zu Unrecht Glauben. Obwohl er die Werke des Hasses tut, wird er geliebt – der Feind ist wie ein Freund empfangen worden. Obwohl er der Tod ist, sehnt man sich nach ihm als Retter. Obwohl er Feuer ist, hält man ihn für Licht. Obwohl er ein Verführer ist, schenkt man ihm als Künder der Wahrheit Gehör."

## Der Zauberer Simon – seine Vorgeschichte

18,3. Nachdem ich dies gehört hatte, sprach ich, Klemens: „Wer ist denn dieser große Betrüger? Das würde ich gern wissen!" 18,4. Da sprach Petrus: „Wenn du es wissen willst, hast du Gelegenheit, es von denjenigen zu erfahren, von denen auch ich alles über ihn genau gehört habe. 19,1. Unter uns ist eine gewisse Justa, eine Syrophönizierin und gebürtige Kanaanäerin. Deren Tochter wurde von einer schweren Krankheit gequält. Da ging sie zu unserem Herrn und schrie flehentlich, dass er ihre Tochter heilen solle. 19,2. Der aber sagte auch auf unsere Bitte hin: ‚Es ist nicht erlaubt, die Heiden zu heilen. Sie gleichen Hunden, weil sie bei ihren Speisen und Handlungen keine Unterschiede machen[42], während die königliche Mahlzeit den Söhnen Israels vorbehalten ist.‘ 19,3. Als sie dies hörte und von eben dieser Mahlzeit wie ein Hund Anteil an den herabfallenden Brocken zu erhalten begehrte, hatte sie sich von dem abgewendet, was sie war[43]. Weil ihre Lebensweise nun den Söhnen des Königreiches entsprach, erlangte sie, wie sie gebeten hatte, die Heilung für ihre Tochter (Mt 15,21–28). 19,4. Denn er, der anfangs wegen der Unmöglichkeit, sie als Heidin zu heilen, ihre Bitte abgelehnt hatte, hätte sie nicht geheilt, wenn sie, eine Heidin, bei demselben Lebenswandel geblieben wäre. 20,1. Nachdem diese Frau nun einen dem Gesetz entsprechenden Lebenswandel angenommen hatte, wurde sie von ihrem Mann, der uns feindlich gesonnen war, mitsamt der geheilten Tochter aus dem eigenen Haus geworfen. 20,2. Sie blieb aber, mit Rücksicht auf ihre Vereinbarungen[44] und weil sie ein großes Vermögen besaß, alleinstehend, ihre Tochter aber verband sie mit einem Mann, der arm und dem wahren Glauben aufgeschlossen war. 20,3. Da ihr aufgrund dieser Ehe auch die Tochter entzogen worden war, kaufte sie zwei kleine Kinder. Die erzog sie und hielt sie anstelle von eigenen Söhnen. Diese wurden von Kindheit an gemeinsam mit Simon, dem Zauberer, erzogen und wissen alles, was ihn betrifft, aufs Genaueste. 20,4. Denn ihre Freundschaft war so groß, dass sie ihn in allen Dingen unterstützten, bei denen er gemeinsame Sache mit ihnen machen wollte. 21,1. Diese beiden machten die Bekanntschaft des Zachäus (vgl. Lk 19,1–10), der sich hier aufhielt. Durch ihn empfingen sie das Wort der Wahrheit und bereuten ihr früheres Aufbegehren. Schnell verurteilten sie Simon, da sie in allen Dingen seine Mitwisser waren. 21,2. Kaum war ich hierher gereist, kamen sie mit der Frau, die sie aufgezogen hatte, auf mich zu und wurden mir von Zachäus vorgestellt. Seitdem sind sie stets in meiner Begleitung und genießen die Lehren der Wahrheit.“

42 D. h., sie beachten nicht, was nach der Tora zu essen und zu tun erlaubt ist; vgl. 13.4,3–4.

43 Nämlich eine Heidin.

44 Vermutlich sind ihre Eheverträge gemeint.

## Aquilas und Nicetas Bericht über den Zauberer Simon

21,3. Nachdem Petrus dies gesagt hatte, ließ er sie kommen und befahl ihnen, mir alles über Simon genau darzulegen. Nachdem sie Gott als Zeugen angerufen hatten, in nichts die Unwahrheit zu sagen, lieferten sie ihren Bericht. 22.1. Als erster von ihnen begann Aquila folgendermaßen zu sprechen: „Höre zu, unser liebster Bruder, damit du alles über diesen Mann genau weißt: wessen Sohn er ist und was für ein Mensch, woher er stammt und was für Dinge es sind, die er tut, und wie und warum er das tut. 22,2. Dieser Simon hat Antonius zum Vater und Rachel zur Mutter. Er ist dem Volk nach ein Samaritaner (vgl. Apg 8,9) aus dem Dorf Gitthon, das von der Stadt[45] sechs Schoinen[46] entfernt liegt. 22,3. Er lebte im ägyptischen Alexandrien, übte sich vollständig in die griechische Bildung ein und gelangte in der Magie zu großem Können. Weil er gewitzt ist, will er als eine höchste Kraft angesehen werden, mächtiger sogar als der Gott, der die Welt erschaffen hat. Manchmal aber deutet er auch an, dass er der Christus sei, und bezeichnet sich als ‚Stehender'[47]. 22,4. Dieses Titels aber bedient er sich in der Überzeugung, dass er immer stehenbleiben werde und sein Körper nicht aufgrund von Sterblichkeit verfallen könne. 22,5. Er behauptet auch, dass nicht der Gott, der die Welt erschaffen, hat, der höchste sei. Dass Tote auferweckt werden, glaubt er nicht. Jerusalem lehnt er ab und ersetzt es durch den Berg Garizim[48]. 22,6. Anstelle unseres wahren Christus proklamiert er sich selbst. Die Bestimmungen des Gesetzes legt er aufgrund eigener Vermutung allegorisch aus. Zwar behauptet er, dass ein Gericht stattfinden werde, aber er rechnet nicht damit. Denn wenn er überzeugt wäre, von Gott gerichtet zu werden, würde er es nicht wagen, gegen Gott selbst zu freveln. 22,7. Weil etliche nicht wissen, dass er seine

45 Gemeint ist entweder Cäsarea als Ort der gegenwärtigen Handlung oder die samaritanische Hauptstadt Samaria.

46 Ein Wegmaß von unterschiedlicher Länge (in Ägypten entsprechen einem Schoinos 10,5 km).

47 Zum platonisch geprägten gnostischen Hoheitstitel „der Stehende" vgl. 2.24,5–7; 18.6,5; 18.12,1; 18.14,3.

48 Der bei Nablus gelegene heilige Berg der Samaritaner und Ort ihrer Gottesverehrung (vgl. Joh 4,20).

Gottesfurcht als Tarnung verwendet und der Sache der Wahrheit insgeheim Schaden zufügen will, und weil sie ihm als vertrauenswürdigem Mann glauben, dass es die Hoffnung und das Gericht, von denen er irgendwie redet, geben wird, darum gehen sie zugrunde.

23,1. Sein Einschleichen in die Predigt der wahren Religion aber geschah so: Ein gewisser Johannes trat als Tag-für-Tag-Täufer[49] auf. Der wurde nach dem Gesetz der Syzygie auch zum Vorläufer unseres Herrn Jesus. 23,2. Und so wie dem Herrn zwölf Apostel zuteilwurden, die auf die Zahl der zwölf Sonnenmonate verweisen, so wurden auch Johannes dreißig führende Männer zuteil, die der monatlichen Summe des Mondes[50] entsprechen. 23,3. Unter dieser Zahl befand sich nur eine Frau, Helena mit Namen, damit auch dies seine gute Ordnung habe. Denn weil die Frau nur die Hälfte eines Mannes ist, machte sie die Zahl der Dreißig unvollständig, wie es auch beim Mond ist, dessen Erdumlauf die Dauer eines Monats nicht vollständig ausfüllt. 23,4. Von diesen dreißig nun war Simon für Johannes der erste und bewährteste. Dass er nach dem Tod des Johannes nicht zum Anführer wurde, hatte folgenden Grund: 24,1. Während Simon sich zur Einübung in die Zauberkunst nach Ägypten begeben hatte, trachtete nach der Beseitigung des Johannes ein gewisser Dositheus nach der Führung. Er verkündete fälschlicherweise Simons Tod und übernahm die Leitung der Sekte. 24,2. Obwohl Simon nicht lange danach zurückkam und diese Position entschieden für sich selbst beanspruchte, forderte er bei einem Zusammentreffen mit Dositheus diese Position nicht, weil er wusste, dass derjenige, der die Führung zuerst erlangt hat, nicht gegen dessen Willen abgesetzt werden kann. 24,3. Daher begab er sich mit geheuchelter Freundschaft einige Zeit auf den zweiten Platz hinter Dositheus. 24,4. Nach wenigen Tagen nahm er seinen Platz unter den dreißig Mitschülern ein und begann Dositheus unter dem Vorwand zu verleumden, dass er die Lehren nicht unverfälscht überliefere. Dies tue er, so behauptete Simon, nicht, weil er es nicht wolle, sondern weil er es nicht könne. 24,5. Als Dositheus endlich bemerkte, dass Simons tückische Verleumdung sein Ansehen bei der Menge vernichtete, sodass sie

49 Einer, der täglich Tauchbäder vollzieht; die Bezeichnung hat einen häretischen Beiklang; vgl. Anm 41.

50 Gemeint ist die Zahl der Tage, die der Mond für einen Erdumlauf braucht.

ihn nicht mehr für den Stehenden hielten, kam er wütend zur üblichen Zusammenkunft, traf dort Simon an und schlug ihn mit einem Stab. Der aber schien Simons Körper wie Rauch zu durchdringen. 24,6. Darüber bestürzt, sagte Dositheus zu ihm: ‚Wenn du der Stehende bist, will auch ich dich anbeten.' 24,7. Als Simon sagte: ‚Ich bin es', erkannte Dositheus, dass er selbst nicht der Stehende war, fiel nieder und betete ihn an. Dann stufte er sich zu den 29 führenden Schülern herab und setzte Simon in seine eigene, geachtete Stellung ein. Und dann, nur wenige Tage später, starb Dositheus – er war gefallen, während jener stand. 25,1. Simon aber nahm Helena zu sich. Seitdem zieht er umher und hetzt bis jetzt, wie du siehst, die Leute auf. 25,2. Diese Helena aber, so behauptet er, habe er aus den höchsten Himmeln auf den Erdkreis herabgeführt. Als allmütterliches Wesen und Weisheit sei sie die Herrin. Um ihretwillen, sagt er, hätten Griechen und Barbaren Krieg geführt[51], weil sie das Abbild für die Wahrheit hielten; denn die wirkliche Helena weilte damals beim obersten Gott.[52]

25,3. Indem er solche Dinge, die in den griechischen Mythen erdichtet sind, auf überzeugende Weise allegorisch deutet, täuscht er viele, insbesondere weil er viele erstaunliche Wunder tut, sodass auch wir selbst getäuscht worden wären, wenn wir nicht gewusst hätten, dass er dies durch Zauberkunst tut. 25,4. Doch nachdem wir zu Anfang seine Gehilfen waren, weil er mit solchem Tun der Sache der Religion kein Unrecht zufügte, haben wir uns jetzt von ihm getrennt, weil er, völlig wahnsinnig geworden, sich an den Versuch machte, die Gottesfürchtigen zu täuschen. 26,1. Er begann nämlich sogar, Morde zu begehen. Denn, noch als Freund unter Freunden, eröffnete er uns, dass er die Seele eines Knaben von dessen eigenem Leib durch abscheuliche Beschwörungen getrennt habe, als Gehilfen für das, was er zu tun gedenke. 26,2. Nachdem er den Knaben auf einem Bild festgehalten habe, verwahre er es aufgehängt im Innersten seines Hauses, wo er schlafe. Er behauptete, diesen Knaben einst durch göttliche Verwandlungen aus Luft gebildet und seine Gestalt, nachdem er sie aufgemalt hatte, wieder an die Luft zurück-

51 Nämlich im Trojanischen Krieg.

52 Anspielung auf die antike Theorie, dass nur ein Scheinbild der Helena nach Troja entführt worden sei.

gegeben zu haben. 26,3. Dieses Werk will er folgendermaßen vollbracht haben: Zuerst, so sagte er, sei der Geist des Menschen in die Natur der Hitze verwandelt worden und habe die ihn umgebende Luft nach Art eines Schröpfkopfes[53] an sich gezogen und aufgesaugt. Als sich die Luft dann im Innern der Gestalt des Geistes befand, habe er sie in Wasser verwandelt. 26,4. Weil infolge der Dichte des Geistes die in ihm befindliche Luft[54] nicht ausströmen konnte, habe er sie, so behauptete er, in die Natur des Blutes verwandelt. Das Blut aber habe nach seiner Gerinnung das Fleisch hervorgebracht. Nachdem anschließend das Fleisch Festigkeit gewonnen habe, habe er einen Menschen vorgeführt, der nicht aus Erde, sondern aus Luft entstanden sei. 26,5. Nachdem er so die Überzeugung gewonnen hatte, einen neuen Menschen erschaffen zu können, behauptete er, die Verwandlungen rückgängig gemacht und ihn wieder an die Luft zurückgegeben zu haben. 26,6. Und als er dies anderen erzählte, fand er Glauben. Wir aber, die wir bei dieser Einweihung auch dabei waren, glaubten ihm in unserer Gottesfurcht nicht. Vielmehr verurteilten wir seine Gottlosigkeit und trennten uns von ihm."

27,1. Nachdem Aquila dies gesagt hatte, sprach sein Bruder Niceta: „Es ist notwendig, Klemens, unser Bruder, dass ich in Erinnerung rufe, was Aquila übergangen hat. 27,2. Zuallererst nämlich ist Gott Zeuge, dass wir ihn in nichts Gottlosem unterstützt haben, sondern dass wir ihm bei seiner Tätigkeit nur zuschauten. Und solange sich sein Tun als unschädlich erwies, hatten auch wir daran Vergnügen. 27,3. Aber als er zur Täuschung der Gottesfürchtigen behauptete, er tue aufgrund von Göttlichkeit, was tatsächlich durch Zauberei geschah, hielten wir es nicht mehr bei ihm aus, obwohl er uns viele Versprechungen machte, insbesondere, dass man unsere Standbilder des Aufstellens in den Tempeln für würdig erachten und uns als Götter ansehen würde, dass wir von der Menge angebetet und von Königen gepriesen würden, dass wir öffentlicher Ehren für würdig erachtet und unbeschränkten Reichtum besitzen würden. 28,1. Diese und für noch großartiger angesehene Dinge versprach er uns, nur damit wir bei ihm blieben und die Bosheit seines Vorhabens ver-

53 Wörtlich „Flaschenkürbis" (ein antikes Schröpfinstrument, dessen Form dem Flaschenkürbis ähnelt).

54 Fälschlich für „das in ihm befindliche Wasser".

schwiegen, auf dass ihm sein Betrugsmanöver gelänge. Trotzdem stimmten wir nicht zu, sondern rieten ihm sogar, mit solchem Wahnwitz aufzuhören. Wir sagten zu ihm: 28,2. ‚Simon, eingedenk unserer von Kindheit an bestehenden Freundschaft mit dir und weil wir dich gern haben, geben wir dir einen guten Rat: Hör mit dieser Tollkühnheit auf! Gott sein kannst du nicht! Fürchte den wahrhaftigen Gott! Erkenne, dass du ein Mensch bist und dass die Zeit deines Lebens kurz ist! 28,3. Auch wenn du überaus reich oder sogar zum König wirst, bleibt dir in der kurzen Zeit deines Lebens nur wenig zum Genuss. Und was frevlerisch erlangt wird, zerrinnt sogleich und zieht dem, der sich dazu erdreistet hat, ewige Strafe zu. 28,4. Deshalb raten wir dir, den Gott zu fürchten, durch den die Seele eines jeden für das gerichtet werden muss, was sie hier getan hat!‘ 29,1. Als er dies hörte, lachte er. Und als wir fragten: ‚Warum lachst du uns aus, die wir dir diesen guten Rat geben?‘, sagte er: ‚Ich lache über eure dumme Ansicht zu glauben, dass die Seele des Menschen unsterblich sei.‘ 29,2. Da sagte ich: ‚Wir wundern uns nicht, Simon, wenn du versuchst, uns zu täuschen, doch sind wir bestürzt, auf welche Weise du sogar dich selbst täuschst! 29,3. Sag mir, Simon: Selbst wenn kein anderer sicher weiß, dass die Seele unsterblich ist, so doch jedenfalls du und wir – du, weil du sie von einem menschlichen Körper getrennt und mit ihr gesprochen und ihr Anordnungen gegeben hast, und wir, weil wir dabei waren und deine Anordnung hörten und die Ausführung des Befehls deutlich beobachten konnten.‘ 29,4. Da sagte Simon: ‚Ich weiß, was ihr meint, ihr aber wisst nicht, wovon ihr redet.‘ 29,5. Da sagte Niceta[55]: ‚Wenn du es weißt, sprich! Wenn du es aber nicht weißt, dann glaube nicht, uns durch die Behauptung täuschen zu können, du wüsstest es, wir aber nicht. 29,6. Denn wir sind nicht so kindisch, dass du uns listig den Verdacht einflößen könntest zu glauben, du wüsstest etwas von den unbeschreiblichen Dingen, und könntest uns dann, durch Neugier gefügig gemacht, in deiner Gewalt behalten.‘ 30,1. Da sagte Simon: ‚Dass ich eine Seele von

55 Diese Redeeinleitung in dritter Person und die folgenden bis 2.31,2 sind erzählperspektivisch fehlerhaft, weil laut 2.27,1 und 2.32,1 Niceta bzw. Aquila ihrem Bruder Klemens in Ich-Form über ihre Erlebnisse mit Simon berichten. Offenbar schimmert hier die novellistische Vorlage des Romans durch, die die Figur des Klemens nicht kennt.

einem menschlichen Leib getrennt habe – das wisst ihr, wie ich weiß. Dass aber nicht die Seele des Toten Dienste leistet, weil es sie nicht gibt, sondern dass ein Dämon am Werk ist, der vorgibt, die Seele zu sein – das wisst ihr, wie ich weiß, nicht.‘ 30,2. Da sagte Niceta: ‚Viel Unglaubwürdiges haben wir in unserem Leben gehört, etwas so Dummes wie diese Rede erwarteten wir jedoch nicht zu hören. 30,3. Denn wenn ein Dämon vorgibt, die Seele des Toten zu sein, welchen Sinn hat es dann, dass die Seele vom Körper getrennt wird? 30,4. Waren wir nicht selbst dabei und hörten zu, wie du die Seele durch Beschwörungen aus ihrem toten Körper zwangst? Und wie kommt es, dass einer beschworen wird, aber ein anderer, der nicht beschworen wird, gehorcht, als sei er von Furcht ergriffen? 30,5. Und hast nicht du einst auf unsere Frage, warum die Anwesenheit einer Seele bisweilen auch aufhört, erklärt: »Wenn eine Seele ihre irdische Zeit, die sie im Körper zubringen sollte, erfüllt hat, wandert sie in den Hades.«? 30,6. Und du fügtest hinzu, dass man den Seelen derer, die durch Selbsttötung gestorben sind, nicht ohne weiteres gestattet zurückzukehren, weil sie nach ihrer Ankunft im Hades auf der Stelle in Gewahrsam genommen werden.‘ 31,1. Nachdem Niceta dies gesagt hatte, ergriff wieder Aquila das Wort: ‚Nur das möchte ich von dir erfahren, Simon: Mag das Beschworene eine Seele sein oder ein Dämon – wovor fürchtet es sich, dass es die Beschwörungen nicht ignoriert?‘ Da sagte Simon: ‚Es weiß ja, dass es Strafe erleiden muss, wenn es ungehorsam ist.‘ 31,2. Da sagte Aquila: ‚Wenn also eine beschworene Seele erscheint, gibt es auch ein Gericht. Wenn nun die Seelen unsterblich sind und es jedenfalls ein Gericht gibt, sodass sogar diejenigen, die beschworen werden, Böses zu tun, bei Ungehorsam verurteilt werden – wieso scheust du dich dann nicht, sie zu zwingen, wenn diejenigen, die gezwungen werden, bei Ungehorsam bestraft werden? 31,3. Dass du für das, was du getan hast, nicht schon Strafe leidest, ist allerdings kein Wunder. Denn noch ist das Gericht nicht da, damit du um derentwillen, die du gezwungen hast, Strafe findest. Das Gezwungene aber wird Vergebung finden, weil es die Beschwörung höher achtete als die Übeltat.‘ 31,4. Als Simon dies hörte, geriet er in Zorn und bedrohte uns mit dem Tod, wenn wir seine Taten nicht verschwiegen.“

32,1. Nachdem Aquila dies gesagt hatte, fragte ich, Klemens, welche Wunder er denn tue. 32,2. Da erzählten sie mir: „Er lässt

Standbilder umhergehen und verbrennt nicht, wenn er sich im Feuer wälzt. Manchmal fliegt er auch, und aus Steinen macht er Brote (vgl. Mt 4,3). Er wird zur Schlange, nimmt die Gestalt einer Ziege an, wird doppelgesichtig, verwandelt sich in Gold. Er öffnet verschlossene Türen, schmilzt Eisen, bei Gastmählern führt er Trugbilder von verschiedenstem Aussehen vor. Zu Haus erweckt er den Anschein, als würden seine Geräte von selbst zum Dienst herbeigebracht, ohne dass man die, die sie herbeibringen, sieht.“ 32,3. Als ich sie dies sagen hörte, staunte ich. Sie aber bezeugten, viele derartige Dinge beobachtet zu haben, als sie bei ihm waren.

## Die Rolle Simons nach der Syzygienlehre

33,1. Nach dieser Erzählung ergriff der vortreffliche Petrus selbst das Wort: „Brüder, ihr müsst die Wahrheit der Syzygienregel[56] erkennen; wer davon nicht abweicht, kann nicht in die Irre geführt werden. 33,2. Wir erkennen nämlich, wie wir sagten, dass alles in Gegensatzpaaren besteht. Erst kommt die Nacht, dann der Tag, erst Unkenntnis, dann Erkenntnis, erst Krankheit, dann Heilung. Genauso treten in der Welt erst die Irrtümer auf, anschließend tritt die Wahrheit hinzu, wie der Arzt zur Krankheit. 33,3. Als zum Beispiel unser von Gott geliebtes Volk von der Misshandlung durch die Ägypter erlöst werden sollte, entstanden zuerst durch den zur Schlange verwandelten Stab, der Aaron gegeben worden war, die Krankheiten, anschließend erfolgten auf Moses Gebete hin die Heilungen (Ex 7–9). 33,4. Und auch jetzt, da die Heiden vom Götzendienst erlöst werden sollen, kam die Bosheit wiederum zuvor, als habe sie die Herrschaft inne, und sandte zuerst ihren Verbündeten wie eine Schlange aus, den ihr in Simon erblickt. Er tut Wunder zur Verwirrung und Täuschung, keine heilvollen Zeichen zur Umkehr und Rettung. 33,5. Darum müsst auch ihr an den Wundern, die geschehen, die Täter beurteilen, wer sie für wen vollbringt. Wenn jemand unnütze Wunder tut, ist er ein Erfüllungsgehilfe der Bosheit; wenn er aber Nützliches tut, ist er ein Wegbereiter des Guten. 34,1. Unnütz nun sind diejenigen Zeichen, die eurem Bericht zufolge

56 Vgl. dazu 2.15,1–18,2.

Simon getan hat, 34,2. dass er nämlich Standbilder umhergehen lässt, sich auf glühenden Kohlen wälzt, zur Schlange wird, die Gestalt einer Ziege annimmt, in der Luft fliegt und dergleichen, was nicht zur Heilung von Menschen geschieht und seinem Wesen nach viele täuscht. Die Zeichen der barmherzigen Wahrheit hingegen sind menschenfreundlich. Solche Wunder hat, wie ihr gehört habt, der Herr getan und habe ich nach ihm durch Gebete vollbracht. 34,3. Die meisten von euch standen dabei, wie die einen von mancherlei Krankheiten befreit wurden, die anderen von Dämonen, wie einige an den Händen wiederhergestellt wurden, andere an den Füßen, wie einige ihr Augenlicht wiedererlangten, andere ihr Gehör und wie all das andere geschah, was ein Mensch tun kann, dem ein menschenfreundlicher Geist zu Eigen geworden ist."

## Verschiebung des Streitgesprächs mit Simon

35,1. Nachdem Petrus dies gesagt hatte, kam bei Morgengrauen Zachäus zu uns herein, grüßte und sprach zu Petrus: 35,2. „Simon verschiebt das Streitgespräch auf den morgigen Tag. 35,3. Denn heute ist sein Sabbat, der alle elf Tag stattfindet[57]." 35,4. Darauf erwiderte Petrus: „Sag Simon: Mach es so, wie du willst, in dem Wissen, dass wir, wann immer du es wünschst, bereitstehen, dir nach Gottes guter Vorsehung entgegenzutreten." 35,5. Als Zachäus dies gehört hatte, ging er hinaus, um die Antwort zu überbringen. 36,1. Petrus aber sah, dass ich missmutig war, und erkundigte sich nach der Ursache. Als er von mir erfuhr, dass dies nirgendwo anders herrührte als aus dem Aufschub des Streitgesprächs, sagte er: 36,2. „Wer begriffen hat, dass die Welt von Gottes guter Vorsehung regiert wird, lieber Klemens, der ärgert sich über nichts, was es auch immer sei. Er gewinnt die Überzeugung, dass sich die Dinge unter der Leitung des Allmächtigen am Ende als vorteilhaft erweisen. 36,3. Wenn er daher erkannt hat, dass Gott gerecht ist, und wenn er mit gutem Gewissen lebt, dann weiß er durch rechte Überlegung die Betrübnis, die ihn befällt, von seiner Seele abzuschütteln, denn sie muss zum Schluss auf ein unbekanntes Glück hinauslaufen. 36,4. So soll dich jetzt der

57 Von einem solchen Sabbatzyklus ist sonst nirgends die Rede.

Aufschub des Streitgesprächs mit dem Zauberer Simon nicht ärgern! 36,5. Vielleicht geschah es ja nach der Vorsehung Gottes zu deinem Nutzen. Daher will ich nicht zögern, dir als besonderem Freund Folgendes zu sagen: 37,1. Einige der unsrigen befinden sich zum Schein als Gefährten bei Simon. Sie geben vor, von seinem höchst gottlosen Irrtum überzeugt zu sein, damit sie seine Pläne erfahren und uns mitteilen, sodass wir uns auf diesen furchtbaren Menschen angemessen einstellen können. 37,2. Und gerade habe ich von ihnen erfahren, welche Behauptungen er beim Streitgespräch aufzustellen gedenkt. Für diese Kunde habe ich Gott gedankt, dich aber habe ich wegen des Aufschubs des Streitgesprächs seliggepriesen. 37,3. Denn wenn du vor dem Streitgespräch von mir über die Behauptungen unterrichtet worden bist, die er den Unwissenden zur Beeinflussung vortragen will, wirst du ein unerschütterlicher Zuhörer sein können.

## Die Lehre von den unwahren Perikopen[58]

38,1. Die Schriften haben nämlich aus folgendem Grund viele Gott feindliche Unwahrheiten aufgenommen: Der Prophet Mose hatte nach Gottes Ratschluss siebzig Auserwählten das Gesetz mitsamt den Erläuterungen übergeben (vgl. Ex 24,1.9; Num 11,16.24–25), damit auch sie diejenigen aus dem Volk unterwiesen, die danach verlangten. Kurze Zeit später, als es schriftlich aufgezeichnet worden war, nahm das Gesetz auch einige Unwahrheiten auf – gerichtet gegen den einzigen Gott, der den Himmel und die Erde und alles, was darin ist, geschaffen hat (vgl. Ex 20,11). Das hat der Böse aus einem guten Grund ins Werk zu setzen gewagt. 38,2. Es ist nämlich mit Vernunft und Überlegung geschehen, damit diejenigen offenbar werden, welche dem, was gegen Gott geschrieben steht, gern zuzuhören wagen, und diejenigen, welche aus Liebe zu Gott die gegen ihn gerichteten Sätze nicht nur nicht glauben, sondern nicht einmal ertragen, sie überhaupt anzuhören, selbst wenn sie wahr sein sollten. Sie halten es nämlich für viel sicherer, für den frommen Glauben ein Risiko auf sich zu nehmen[59], als wegen lästerlicher Worte mit einem schlechten

58 Perikopen sind Abschnitte der biblischen Schriften.

59 Nämlich etwas Wahres in den Schriften zu Unrecht für falsch zu halten.

Gewissen zu leben. 39,1. Simon will nun, wie ich höre, bei seinem öffentlichen Auftritt genau die gegen Gott gerichteten Perikopen vortragen, die in den Schriften um der Versuchung willen hinzugefügt wurden, damit er so viele Unglücksmenschen wie möglich von der Liebe zu Gott abspenstig machen kann. 39,2. Wir möchten nämlich nicht öffentlich sagen, dass diese Perikopen den Büchern hinzugefügt sind, denn damit erschrecken wir die ungebildeten Leute und tun genau das, was der boshafte Simon will. 39,3. Denn weil sie noch keine Unterscheidungsfähigkeit besitzen, werden sie vor uns fliehen, als wären wir gottlos, oder von unserer Lehre abfallen, als wären nicht nur die lästerlichen Perikopen falsch. 39,4. Daher sehen wir uns genötigt, den falschen Perikopen zuzustimmen und ihm Gegenfragen dazu zu stellen, um ihn in Verlegenheit zu bringen, den Einsichtigen aber die Erklärung der gegen Gott gerichteten Perikopen nach der Erprobung ihres Glaubens vertraulich darzulegen. Diese Erklärung umfasst nur einen kurzen Gedankengang und lautet so: 40,1. Alles, was gegen Gott gesprochen oder geschrieben wird, ist unwahr. Dass wir dies wahrhaftig nicht nur um des göttlichen Ruhmes, sondern auch um der Wahrheit willen sagen, davon werde ich dich binnen kurzem im Verlauf meiner Rede überzeugen. 40,2. Darum sollst du dich, mein liebster Klemens, nicht darüber ärgern, dass Simon den Zeitpunkt für das Streitgespräch von heute auf morgen verschoben hat. 40,3. Denn wenn du heute vor dem Streitgespräch über die den Schriften hinzugefügten Passagen unterwiesen wirst, musst du während des Streitgesprächs über den einzigen und guten Gott, der auch die Welt erschaffen hat, nicht in Zweifel geraten. Vielmehr wirst du dich während des Streitgesprächs wundern, wie die Gottlosen die Fülle des in den Schriften zugunsten Gottes Gesagten beiseitelassen, wie sie das, was gegen ihn gesagt wird, aufspüren und mit Freude anführen. Anschließend werden die Hörer aus Unkenntnis glauben, was gegen Gott gesagt wird, und aus seinem Reich verstoßen werden. 40,4. Darum wirst du dich unvergleichlich freuen, weil du wegen dieses Aufschubs das Geheimnis der Schriften erfahren und dadurch vermieden hast, gegen Gott zu sündigen."

41,1. Als ich das hörte, sagte ich, Klemens: „Ich freue mich wahrhaftig und bekunde Gott Dank, der in jeder Hinsicht Gutes tut! Er selbst weiß jedoch, dass ich keinen anderen Gedanken werde hegen können, als in jeder Beziehung für Gott einzutreten. 41,2. Darum sollst du nicht meinen, dass ich Fragen stelle, als bezweifelte ich, was jetzt oder in Zukunft zugunsten Gottes gesagt wird, sondern ich tue das, damit ich lerne und meinerseits einen anderen, der einsichtsvoll lernen will, unterrichten kann. 41,3. Sag mir daher, welche Unwahrheiten den Schriften hinzugefügt wurden, und warum es tatsächlich Unwahrheiten sind!" 41,4. Da antwortete Petrus: „Auch wenn du mich nicht gefragt hättest, hätte ich dir, in der richtigen Reihenfolge fortfahrend, den Beweis meiner Worte geliefert, den ich versprochen habe. Höre jedoch, wie die Schriften viele Unwahrheiten gegen ihn vorbringen, sodass du Bescheid weißt, wenn du darauf stößt! 42,1. Was ich dir sagen werde, wird als Beispiel genügen.

Ich glaube nicht, lieber Klemens, dass jemand, der sich eine auch noch so geringe Liebe und Einsicht gegenüber Gott bewahrt hat, in der Lage sein wird, zu billigen oder auch nur anzuhören, was gegen ihn gesagt wird. 42,2. Wie kann jemand eine monarchische Seele[60] haben und heilig werden, wenn er die Vorstellung hegt, dass es viele Götter gibt und nicht einen? Wenn es aber nur einen Gott gibt – wer wird danach streben, durch ihn heilig zu werden, wenn er viele Widersprüche bei ihm entdeckt? Angesichts der Widersprüche seiner eigenen Natur hofft er ja, dass ihn, den Ursprung des Alls, die Mängel der anderen nicht betreffen. 43,1. Daher sei es fern zu glauben, dass der Herrscher des Alls, der Himmel und Erde und alles darin erschaffen hat (vgl. Ex 20,11), seine Gewalt mit anderen teilt oder dass er lügt – denn wenn er lügt, wer sagt dann die Wahrheit? – oder dass er wie ein Unwissender in Versuchung führt (vgl. Gen 22,1) – denn wenn er in Versuchung führt, wer hat dann Vorherwissen? 43,2. Wenn er aber Bedenken hat und Reue empfindet (vgl. Gen 6,6), wer ist dann in seinem Verstand vollkommen und in seinem Ratschluss unerschütterlich? Wenn er aber eifersüchtig ist (vgl. Ex 20,5), wer ist dann darüber erhaben? Wenn er aber Herzen verhärtet (vgl. Ex 4,21 u. ö.), wer macht dann weise? 43,3. Wenn er aber blind und taub macht (vgl. Ex 4,11), wer hat dann das Sehen

60 D. h., eine Seele, die vom Glauben an den einen, allein herrschenden Gott erfüllt ist; vgl. EpP 1,3; Buch 5.28,2; 7.12,2.

und das Hören gegeben? Wenn er aber rät zu rauben, wer ordnet dann Gerechtigkeit an? Wenn er aber spottet, wer ist dann aufrichtig? 43,4. Wenn er aber etwas nicht kann, wer vermag dann alles? Wenn er aber ungerecht ist, wer ist dann gerecht? Wenn er aber Schlechtes erschafft (vgl. Jes 45,7), wer wird dann Gutes vollbringen? Wenn er aber Schlechtes tut, wer dann das Gute? 44,1. Wenn er aber den fetten Berg begehrt (vgl. Ps 68,16), wem gehört dann das All? Wenn er lügt, wer sagt dann die Wahrheit? Wenn er in einem Zelt wohnt (vgl. Ex 40,34), wer ist dann unbegrenzt? 44,2. Wenn er aber nach Fettdunst und nach Rauch- und Brand- und Trankopfern verlangt (vgl. Ex 29,18), wer ist dann bedürfnislos und wer heilig und wer rein und wer vollkommen? Wenn er sich an Lampen und Leuchtern ergötzt (vgl. Ex 25,31–39; 27,20–21), wer gab dann den Lichtern ihren Platz am Himmel (vgl. Gen 1,14–19)? 44,3. Wenn er sich mit Dunkelheit und Finsternis, mit Sturm und Rauch umgibt (vgl. Ex 19,18; 20,21; Dtn 4,11; Ps 18,12), wer ist dann der, der als Licht die unermesslich große Welt erleuchtet? Wenn er sich mit Posaunen und Geschrei, mit Geschossen und Pfeilen nähert (vgl. Num 24,8; Dtn 32,23.42), wer ist dann die bevorstehende Ruhe des Alls? 44,4. Wenn er Kriege liebt (vgl. Ex 15,3), wer will dann den Frieden? Wenn er das Schlechte erschafft (vgl. Jes 45,7), wer bringt dann Gutes hervor? Wenn er ohne Liebe ist, wer liebt dann die Menschen? Wenn er bei dem, was er verspricht, nicht zuverlässig ist, wem soll man dann glauben? 44,5. Wenn er die Bösen und die Ehebrecher und die Mörder liebt (vgl. 2. Sam 11), wer soll dann ein gerechter Richter sein? Wenn er Reue empfindet (vgl. Gen 6,6), wer ist dann standhaft? Wenn er die Schlechten auserwählt, wer nimmt dann die Guten an? 45,1. Darum, mein Sohn Klemens, hüte dich davor, irgendetwas anderes über Gott zu denken, als dass er allein Gott ist, Herr und Vater, gut und gerecht, der Schöpfer, geduldig, barmherzig, der Ernährer, der Wohltäter, Menschenliebe verordnend, zur Reinheit ratend, ewig, Ewiges erschaffend, unvergleichlich, in den Seelen der Guten wohnend, unbegrenzt und doch fassbar. 45,2. Er hat in der Unendlichkeit die weite Welt als Mittelpunkt befestigt; er hat den Himmel entfaltet und die Erde geformt, das Wasser verteilt, Sterne an den Himmel gesetzt; er hat Quellen aus der Erde sprudeln lassen, Früchte hervorgebracht, die Berge erhöht, das Meer begrenzt, die Winde und ihr Wehen angeordnet; er hat durch den Geist seines Ratschlusses (vgl. Jes 11,2) den vom unendlichen Meer umgebenen Leib sicher verwahrt (vgl. Jon 1,15–2,11). 46,1. Er ist unser Richter; auf ihn müssen wir schauen, um unsere Seelen aufrichten, und alles in seinem Sinne bedenken, ihn preisen und überzeugt sein, dass er als einziger gut ist, weil er durch seine Geduld die Überheblichkeit aller ans Licht bringt. 46,2. Denn er wird am Ende der Welt einem jedem von denen, die zu tun gewagt haben, was sie nicht durften, als gerechter Richter gegenübersitzen."

47,1. Nachdem ich, Klemens, dies gehört hatte, sagte ich: „Wahrhaftig, das ist Gottesfurcht, das ist wahre Frömmigkeit!" Und weiter sagte ich: „Ich möchte wissen, warum die Bücher auf diese Weise verfasst worden sind. Ich erinnere mich nämlich, wie du sagtest[61], dass es zur Überführung derjenigen geschehen sei, die es wagen sollten, etwas gegen Gott Gesagtes zu glauben. 47,2. Da du uns jedoch gestattest, dich nach Belieben zu befragen, wagen wir es auf deine Erlaubnis hin, folgende Frage zu stellen: Falls sich jemand vornähme, liebster Petrus, zu uns zu sagen: Wahr ist, was geschrieben steht, auch wenn dir erlogen erscheint, was gegen Gott gesagt wird – wie sollen wir ihm antworten?" 48,1. Da antwortete Petrus: „Du hast gut daran getan zu fragen, denn das dient deiner Sicherheit. 48,2. Doch höre! Es gibt vieles, was von den Schriften gegen Gott gesagt wird. Aber weil die Zeit drängt und der Abend anbricht, frage nur nach einem beliebigen Wort. Ich werde es dir erklären und beweisen, dass es erlogen ist – nicht nur, weil es gegen Gott gerichtet ist, sondern weil es tatsächlich unwahr ist." 48,3. Da antwortete ich: „Ich möchte Folgendes wissen: Wenn die Schriften sagen, dass Gott etwas nicht weiß[62], wie kannst du beweisen, dass er es weiß?" 49,1. Da antwortete Petrus: „Mit Leichtigkeit kann widerlegt werden, was du uns vorgehalten hast. Höre also, wieso Gott über nichts in Unkenntnis ist, ja es sogar im Voraus weiß! 49,2. Doch beantworte mir zuerst folgende Frage: Der, der die Bücher geschrieben und erzählt hat, wie die Welt erschaffen wurde und dass Gott kein Vorherwissen hat, war der ein Mensch oder nicht?" 49,3. Da sagte ich: „Ein Mensch."

61 Vgl. 2.38,2.
62 Vgl. etwa Gen 3,9–13.

Da antwortete Petrus: „Wenn er nun ein Mensch war, woher konnte er unfehlbar wissen, wie die Welt erschaffen wurde und dass Gott kein Vorherwissen hat?“ 50,1. Da sagte ich lächelnd, weil ich die Erklärung schon ahnte: „Weil er ein Prophet war.“ 50,2. Da sagte Petrus: „Wenn nun der Prophet, ein Mensch, alles wusste, weil er von Gott das Vorherwissen empfangen hatte, wie sollte da der, der dem Menschen das Vorherwissen geschenkt hat, nämlich Gott, etwas nicht wissen?“ 50,3. Da sagte ich: „Da hast du recht!“ Darauf Petrus: „Untersuche dann noch Folgendes mit mir! Weil wir darin übereinstimmen, dass Gott alles im Voraus weiß, müssen die Schriften, die behaupten, dass er unwissend sei, zwangsläufig lügen, und die, die behaupten, dass er dieses Wissen hat, die Wahrheit sagen.“ Da sagte ich: „Zwangsläufig verhält es sich so.“ 51,1. Da sagte Petrus: „Wenn also ein Teil der Schriften wahr ist, ein anderer aber unwahr, dann hat unser Lehrer mit gutem Grund gesagt: ‚Werdet erprobte Wechsler!‘[63] – in der Meinung, dass manche Worte in den Schriften zuverlässig sind und andere trügerisch. 51,2. Und denjenigen, die aufgrund der unwahren Schriftstellen in die Irre geführt werden, zeigte er trefflich die Ursache ihres Irrtums auf und sagte: ‚Darum irrt ihr, weil ihr das Wahre in den Schriften nicht kennt; deshalb kennt ihr auch die Macht Gottes nicht!‘[64]“ Da sagte ich: „Sehr gut!“ 52,1. Da antwortete Petrus: „Folglich glaube ich aus gutem Grund weder etwas gegen Gott noch etwas gegen die Gerechten Geschriebenes, von denen im Gesetz berichtet wird, weil ich gottloses Denken im Voraus erkenne. 52,2. So bin ich denn überzeugt: Weder war Adam ein Frevler, er, der von den Händen Gottes gebildet wurde, noch war Noah betrunken, er, der mehr als alle Welt für gerecht befunden wurde (vgl. Gen 7,1), noch verkehrte Abraham zugleich mit drei Frauen, er, der wegen seiner Tugendhaftigkeit einer reichen Nachkommenschaft gewürdigt wurde, noch lebte Jakob in Gemeinschaft mit vier Frauen, von denen zwei sogar Schwestern waren, er, der der Vater der zwölf Stämme war und zu verstehen gab, dass die Ankunft unseres Lehrers herannahe. 52,3. Mose war kein Mörder

63 Dieses in der frühchristlichen Literatur oft zitierte nichtbiblische Jesuswort findet sich auch in 3.50,2 und 18.20,4.

64 Tendenziös verändertes Zitat von Mk 12,24 und Mt 22,29; es wird auch in 3.50,1 und 18.20,3 angeführt.

(vgl. Ex 2,12) und lernte nicht von einem Götzenpriester, Recht zu sprechen (vgl. Ex 18,13–26), er, der der ganzen Welt das Gesetz Gottes weissagte und wegen seiner aufrechten Gesinnung als treuer Verwalter (vgl. Num 12,7) gerühmt wurde. 53,1. Doch will ich dir die Erklärung dieser und ähnlicher Dinge zu geeigneter Zeit geben. Im Übrigen – wie du siehst, ist der Abend angebrochen – soll es mit den Gesprächen für heute genug sein. 53,2. Ein anderes Mal aber, wenn du magst, frage uns getrost nach allem, was du willst, und wir werden es dir gern und ohne Zögern erklären!“ Und nachdem er dies gesagt hatte, stand er auf. 53,3. Anschließend nahmen wir Nahrung zu uns und begaben uns zur Ruhe, denn die Nacht hatte begonnen.

# Buch 3

## Frühgespräch über die Notwendigkeit der Verehrung des einen Gottes

1,1. Als nun zwei Tage vergangen waren[65] und der dritte anbrach, wurde ich, Klemens, samt den anwesenden Gefährten beim zweiten Hahnenschrei zum Disput mit Simon geweckt. Wir fanden die Lampe noch brennen und Petrus auf den Knien beten. 1,2. Als er sein Gebet beendet hatte, wandte er sich um, und als er sah, dass wir zum Zuhören bereit waren, sprach er: 2,1. „Ich will, dass ihr Folgendes wisst: Die Männer, die sich infolge unseres wohlüberlegten Planes dem Simon angeschlossen haben, damit sie seine Absichten erfahren und an uns weitermelden, damit wir uns auf seine vielfältige Bosheit einstellen können, haben uns Folgendes mitteilen lassen: 2,2. ‚Wie er es bestimmt hat, ist Simon heute bereit, in aller Öffentlichkeit aufzutreten und aus den Schriften zu beweisen, dass nicht derjenige der höchste Gott sei, der Himmel und Erde und alles darin erschaffen hat (vgl. Ex 20,11), sondern dass es einen anderen, unbekannten, gleichsam unbeschreiblich hohen Gott der Götter gebe. Der habe zwei Götter entsandt; von denen sei der eine der, der die Welt erschuf, und der andere der, der das Gesetz gab. 2,3. Und dies denkt er sich aus, um den rechten Glauben derer zu erschüttern, die den einen und einzigen Gott verehren wollen, der Himmel und Erde erschaffen hat.‘ 3,1. Wie sollte ich bei dieser Nachricht nicht traurig geworden sein? Deshalb wollte ich, dass auch ihr, liebe Brüder, die ihr bei mir seid, wisst, dass ich keinen geringen Seelenschmerz leide, wenn ich sehe, dass der Böse zur Prüfung der Menschen angetreten ist und die Menschen sich um ihre eigene Rettung gar nicht kümmern. 3,2. Er hat nämlich die List ersonnen, denjenigen unter den

65 Seit Klemens’ Ankunft bei Petrus.

Heiden, die hinsichtlich der irdischen Götterbilder dazu bestimmt sind zu glauben, dass sie keine Götter sind, die Vorstellung einzuflößen, dass es viele andere Götter gibt. So sollen sie, wenn sie vom Wahnsinn der niedrigen Vielgötterei ablassen, dazu verleitet werden, auf andere oder noch schlimmere Weise der Alleinherrschaft Gottes zu widersprechen, damit sie niemals der Wahrheit seiner Alleinherrschaft den Vorzug geben und niemals Barmherzigkeit erlangen können. 3,3. Wegen dieses dreisten Planes tritt Simon, mit den erlogenen Schriftperikopen gewappnet, auf, um gegen uns zu kämpfen. Und das Schlimmste ist, dass er sich nicht scheut, unter Berufung auf die Propheten, an die er nicht glaubt, solche Lehren gegen den wirklichen Gott aufzustellen. 4,1. Doch bei uns, die von den Vorfahren die Verehrung des Gottes, der alles erschaffen hat, geerbt haben und zudem auch das Geheimnis der Bücher, die in die Irre führen können, wird er nichts ausrichten. 4,2. Bei den Heiden jedoch, die an die Vorstellung vieler Götter gewöhnt sind und die Unwahrheiten in den Schriften nicht kennen, wird er viel ausrichten und nicht nur er. Auch wenn ein anderer den Heiden einen nichtigen, traumartigen, reich ausgeschmückten Mythos ans Herz legen will, werden sie ihm Glauben schenken, weil ihr Verstand von Kindheit an daran gewöhnt ist aufzunehmen, was gegen Gott gesagt wird. 4,3. Nur wenige wird es unter ihnen geben, gleichsam eine Minderheit aus der Menge, die sich aufgrund ihrer Einsicht weigern werden, ein böses Wort gegen den Gott, der das All erschaffen hat, auch nur anzuhören. Nur diesen Heiden wird Rettung zuteilwerden. 4,4. Niemand von euch soll deshalb Simon oder irgendeinem anderen allzu große Vorwürfe machen! Denn nichts geschieht zu Unrecht, da ja auch die Unwahrheiten in den Schriften aus gutem Grund zur Prüfung da sind."

5,1. Als ich, Klemens, das hörte, sagte ich: „Was meinst du damit, Herr, dass auch die Unwahrheiten in den Schriften aus gutem Grund zur Prüfung der Menschen dienen?" Der aber antwortete: „Dass die Unwahrheiten in den Schriften auf Verlangen der Bosheit geschrieben wurden, fand aus einem vernünftigen Grund Gottes Billigung. 5,2. ‚Aus gutem Grund' aber meine ich so: Den Gotteslehren[66] zufolge liebt der Böse Gott nicht weniger als der Gute. Er steht dem

66 Gemeint sind die im Klemensroman vorgetragenen Lehren über Gott.

Guten nur in dem einen nach, dass er nicht auch denjenigen verzeiht, die aufgrund von Unwissenheit freveln. Aus Liebe zu dem, gegen den gefrevelt wurde, begehrt er die Vernichtung der Frevler und gewährt ihnen kein Heilmittel. 5,3. Der Gute will nämlich alle durch Reue heilen, rettet aber nur diejenigen, die Einsicht in Gott erlangt haben. 5,4. Die Unwissenden aber heilt er nicht – nicht, weil er es nicht will, sondern weil es nicht erlaubt ist, die Wohltaten, die für die Söhne des Königreichs bereitet sind, denjenigen zuteilwerden zu lassen, die wegen ihrer fehlenden Einsicht unvernünftigen Tieren gleichen (vgl. Mt 15,26). 6,1. Der eine und einzige Gott, der die Welt gemacht und uns geschaffen und mit allem versorgt hat, besitzt folgende Eigenart: Die Seele eines jeden, der die Grenzen der wahren Gottesfurcht nie überschreitet und seinen heiligen Geist nicht lästert (vgl. Mt 12,31–32), führt er, aufgrund ihrer Liebe zu ihm, zu sich, weil er Verlangen nach ihr hat. 6,2. Selbst wenn sie sündig ist, hat er die Eigenart, sie zu retten, nachdem sie gebührend für ihre Taten bestraft worden ist. Und wenn ihn jemand verleugnet oder auf irgendeine andere Weise gegen ihn frevelt, dann aber bereut, wird er zwar für die Sünden, die er gegen ihn begangen hat, bestraft, dann aber gerettet werden, weil er umgekehrt ist und Gott liebgewann. 6,3. Und vielleicht wird er wegen seiner überragenden Gottesfurcht und seines inständigen Flehens sogar von der Strafe befreit werden, wenn er bei seiner Umkehr als Entschuldigungsgrund für die Sünde seine Unwissenheit angeben kann. 6,4. Diejenigen aber, die nicht bereuen, werden durch die Feuerstrafe ihr Ende finden. Selbst wenn sie in allen übrigen Dingen die Frömmsten wären, 6,5. werden sie trotzdem, wie ich sagte, zur festgesetzten Zeit in ewigem Feuer bestraft und ausgelöscht werden. Denn diejenigen, die gegen den ewigen und einzigen Gott gefrevelt haben, können nicht auch für ewig existieren. 7,1. Der Frevel gegen ihn besteht darin, unter dem Vorwand wahrer Gottesfurcht zu leben und in der Überzeugung zu sterben, dass es einen anderen Gott gibt – sei dieser mächtiger oder schwächer als er oder existiere er auf irgendeine andere Weise neben dem wirklichen Gott. 7,2. Denn der wirklich existierende Gott ist der, dessen Gestalt der menschliche Körper trägt. Deshalb ließen es sich der Himmel und alle Sterne gefallen – obwohl der Substanz nach stärker als der Mensch –, ihm, dem der Substanz nach schwächeren, zu dienen, weil er die Gestalt des Stärkeren hat.[67] 7,3. In solchem Maße hat Gott dem Menschen, mehr als allen anderen, Gutes erwiesen, damit der Mensch angesichts der Fülle dieser Wohltaten seinen Wohltäter liebt und durch eben diese Liebe in den zweiten Äon[68] gerettet werden kann. 8. Zur Rettung genügt also die Liebe der Menschen zu Gott. Der Böse aber weiß, dass wir uns beeilen, denjenigen Heiden, die dazu bestimmt sind, an den einen und einzigen Gott zu glauben, die unsterblich machende Liebe der Menschen zu Gott in die Seelen zu säen. Der Böse, der gegen die Unwissenden hinreichend gerüstet ist, um sie zu verderben, beeilt sich daher seinerseits, die Vorstellung vieler Götter oder auch die eines angeblich mächtigeren Gottes in sie zu säen, damit sie eine Überzeugung annehmen, die nicht rechtens ist, und nach ihrem Tod unter Anklage des Ehebruchs aus Gottes Reich geworfen werden (vgl. Mt 22,13). 9. Diesen Hinauswurf verdient folglich jeder, der etwas Derartiges gegen Gottes Alleinherrschaft auch nur anhören will. Wer aber im Vertrauen auf die Schriften etwas gegen Gott Gerichtetes anzuhören wagt, soll zunächst Folgendes mit mir bedenken: Wenn jemand eine beliebige, ihm selbst vernünftig erscheinende Lehre ersinnt und sich danach in die Schriften vertieft, wird er imstande sein, viele Zeugnisse zugunsten der Lehre anzuführen, die er erfunden hat. Wie kann man sich also zuungunsten Gottes auf diese Schriften verlassen, in denen jeder findet, was er will?

10,1. So kann zum Beispiel Simon, der morgen mit uns diskutieren und öffentlich gegen die Alleinherrschaft Gottes aufbegehren will, viele Aussagen aus eben diesen Schriften anführen: dass es viele Götter gebe und dass einer, der nicht der Schöpfer der Welt ist, diesem überlegen sei; und sogleich kann er die Schriftbeweise dafür liefern. 10,2. Doch auch wir können viele Perikopen aus den Schriften anführen, die besagen, dass nur einer Gott ist, nämlich der, der die Welt erschaffen hat, und dass es keinen anderen gibt außer ihm (vgl. Jes 45,21). 10,3. Doch auch wenn jemand irgendetwas anderes behaupten will, wird auch er aus den Schriften wofür er will

67 Zur Lehre von der Gestalt Gottes vgl. 16.10; 16.19; 17.2–11.

68 Anspielung auf die Lehre von den zwei Äonen, nach der Gott das gegenwärtige böse Zeitalter durch ein gutes und gerechtes ablösen wird, in dem nur die Frommen leben werden.

nach Belieben die Beweise liefern können. 10,4. Denn die Schriften behaupten alles, damit von denen, die ohne Einsicht suchen, keiner die Wahrheit findet, sondern nur das, was er will, während die Wahrheit den Einsichtigen vorbehalten ist. Einsicht aber bedeutet, die Liebe zum Urheber unseres Daseins zu bewahren.

## Vorrede über den wahren Propheten[69]

11,1. Daher muss man vor allem wissen, dass man diese Einsicht nirgendwo findet, außer bei einem Propheten der Wahrheit. 11,2. Ein wahrer Prophet aber ist der, der stets alles weiß, sogar die Gedanken aller Menschen, der sündlos ist, weil er von Gottes Gericht gänzlich überzeugt ist. 11,3. Darum sollen wir ihm hinsichtlich seines Vorherwissens nicht leichtfertig Vertrauen schenken, sondern nur dann, wenn sein Vorherwissen ohne eine andere Ursache zustande kommen kann. 11,4. Was nämlich die Ärzte voraussagen, sagen sie voraus, weil sie den Puls des Kranken zugrunde legen – andere gehen vom Flug der Vögel aus, noch andere von Opfern und wieder andere von vielen verschiedenen anderen Dingen –, doch Propheten sind sie nicht. 12,1. Wer aber behaupten wollte, dass die Voraussage aufgrund solcher Dinge dem tatsächlich angeborenen Vorherwissen ähnlich sei, der täuscht sich sehr. 12,2. Solche Dinge enthüllen nämlich nur Gegenwärtiges, vorausgesetzt, sie verraten die Wahrheit. Aus einem anderen Grund sind mir aber auch diese Dinge nützlich. Sie beweisen nämlich, dass es ein Vorherwissen gibt. 12,3. Das Vorherwissen des einzigen wahren Propheten hat jedoch nicht nur Kenntnis von den gegenwärtigen Dingen, sondern dehnt seine Weissagung unendlich weit aus, bis hin zum kommenden Äon. Und er braucht niemanden, um verstanden zu werden, weil er nichts Dunkles und Zweideutiges weissagt, sodass er zum Begreifen seiner Worte eines anderen Propheten bedürfte, sondern Klares und Eindeutiges – ganz wie unser Lehrer, der als Prophet dank eines angeborenen, nie versiegenden Geistes stets alles wusste. 13,1. Deshalb teilte er verlässlich mit, was die Zukunft bringen wird, nämlich Ereignisse, Orte, Fristen. Denn als unfehlbarer Prophet erspäht er alles mit dem grenzenlosen Auge

69 Vgl. dazu 1.19; 2.5–11.

der Seele und kennt er die verborgenen Dinge. 13,2. Wenn aber auch wir, wie viele andere, annehmen, dass selbst der wahre Prophet nicht immer, sondern nur manchmal – wenn er den Geist hat und durch ihn – Vorauswissen besitzt, wenn er ihn aber nicht hat, ohne Wissen ist: Wenn wir das unterstellen, werden wir uns selbst täuschen und anderen eine Falle stellen. 13,3. Denn so denken diejenigen, die durch einen Geist der Unordnung in wahnsinnige Verzückung geraten sind, die betrunken und vom Fettdampf satt neben den Altären liegen. 14,1. Wenn man nämlich jemandem, der die Gabe der Weissagung für sich beanspruchen will, dort Glaubwürdigkeit zubilligt, wo er als Lügner ertappt wird, weil er da den heiligen Geist des Vorherwissens nicht hatte, wird der nicht leicht als falscher Prophet zu überführen sein. 14,2. Denn wenn er vieles sagt, trifft er in wenigen Dingen das Wahre. Daraufhin glaubt man, dass er den Geist besitzt. Dann verkündet er die ersten Dinge als letzte und die letzten als erste, die geschehenen Dinge als zukünftige und die zukünftigen als schon geschehene, aber auch widersprüchliche Dinge, nämlich von anderen Aufgeschnapptes und Verdrehtes, Dinge, die verkürzt sind, unanschaulich, dumm, zweideutig, dunkel, ungewiss, Bekundungen völliger Gewissenlosigkeit. 15,1. Unser Lehrer aber betrieb keine solche Verwirrung, sondern wusste, wie ich schon sagte, als Prophet durch einen angeborenen, nie versiegenden Geist stets alles und gab verlässlich Auskunft. So sagte er Unglücke, Orte, vorherbestimmte Zeiten, Umstände, Fristen klar voraus. 15,2. Zum Beispiel sagte über das Heiligtum voraus: ‚Seht ihr diese Gebäude? Wahrlich, ich sage euch, hier bleibt kein Stein auf dem anderen, der nicht niedergerissen wird.' (Mk 13,2/Mt 24,2) Und: ‚Diese Generation wird gewiss nicht vergehen, ehe die Zerstörung ihren Anfang nimmt. Denn sie werden kommen und sich hier lagern und ringsum Palisaden errichten und eure Kinder hier niedermetzeln.' (Mt 24,34/Lk 19,43–44) 15,3. Ebenso sagte er mit einem klaren Wort auch die folgenden Ereignisse voraus, die wir mit eigenen Augen sehen können, damit zu Lebzeiten derjenigen, denen dieses Wort gesagt wurde, auch dessen Erfüllung geschehe. Damit die Hörer glauben, sorgt nämlich der Prophet der Wahrheit für das beweiskräftige Wort.

16,1. Doch zahlreich sind die Verkündiger des Irrtums, obwohl sie nur einen Fürsten haben, nämlich den der Bosheit: Aus diesem

Grund wird der Fürst der Wahrheit und der Gottesfurcht, der ebenfalls nur einer ist, zu seiner Zeit all diejenigen zu Propheten haben, die für rein befunden worden sind. 16,2. Der Hauptgrund, dass sich Menschen in die Irre führen lassen, liegt jedoch darin, dass sie nicht zuvor die Syzygienlehre[70] zur Kenntnis genommen haben: Ich werde nicht aufhören, sie euch vertraulich immer wieder in den wichtigsten Punkten darzulegen, denn es wäre zu viel, mich in Einzelheiten zu verlieren. Ihr aber sollt in Liebe zur Wahrheit beurteilen, was ich sage! Und sogleich will ich mit meiner Rede beginnen.

## Die Rede des Petrus über den wahren Propheten[71]

17,1. Gott hat alle Dinge erschaffen. Wenn nun jemand dem Menschen, der von Gottes Händen gebildet wurde[72], nicht zugesteht, dass er seinen mächtigen, heiligen Geist des Vorherwissens besitzt, sündigt der nicht im höchsten Maße, wenn er einem anderen Menschen, der mittels eines unreinen Samentropfens gezeugt wurde, diesen Geist zubilligt? 17,2. Ich glaube nicht, dass er Vergebung erlangt, selbst wenn er durch eine verfälschte Schrift verleitet wurde, schändliche Gedanken gegen den Vater des Alls zu hegen: Wer das Bild, nämlich das des ewigen Königs (vgl. Gen 1,26–27), entehrt, bei dem gilt diese Sünde an dem verübt, dessen Ähnlichkeit das Bild entsprach. – 17,3. Doch, so sagt man, der göttliche Geist verließ Adam, nachdem er gesündigt hatte. – Dann hat der Geist mit ihm zusammen gesündigt! Wie kann man das sagen, ohne sich in Gefahr zu begeben? – 17,4. Dann hat er den Geist nach seiner Sünde empfangen. – Dann wird er wohl den Ungerechten gegeben! Wo bleibt da die Gerechtigkeit? – 17,5. Dann wird er den Gerechten *und* den Ungerechten verliehen. – Das wäre die größte Ungerechtigkeit von allen! 17,6. So wird jede Lüge, selbst wenn sie mit unzähligen Spitzfindigkeiten verteidigt wird, ihre Widerlegung finden, auch wenn es lange dauert.

70 Vgl. dazu 2.15,1–18,2; 3.20–28.
71 Vgl. 2.5,1–11,3.
72 Gemeint ist Adam.

18,1. Lasst euch nicht täuschen! Es gibt nichts, was unser Vater[73] nicht wusste. Wenn auch das vor aller Augen liegende Gesetz wegen der Unwürdigen gegen ihn den Vorwurf der Unwissenheit erhebt, so schickt es doch diejenigen, die nach der Wahrheit streben, zu ihm, indem es sagt: ‚Frage deinen Vater, er wird sie dir sagen, und deine Ältesten, sie werden sie dir kundtun!' (Dtn 32,7) 18,2. Diesen Vater sollte man suchen, nach diesen Ältesten forschen! Aber du hast nicht danach gefragt, wem die Zeit des Königreichs gehört und wem die Kathedra[74] der Weissagung, obwohl er sich selbst zu erkennen gibt, wenn er sagt: ‚Auf die Kathedra des Mose haben sich die Schriftgelehrten und die Pharisäer gesetzt; hört auf sie in allem, was sie euch sagen!' (Mt 23,2–3) 18,3. ‚Auf sie' aber sagte er, weil ihnen der Schlüssel des Königreichs anvertraut ist, nämlich die Erkenntnis, die allein das Tor des Lebens öffnen kann, durch das allein der Eintritt ins ewige Leben möglich ist (vgl. Mt 7,14; Joh 10,7–10). ‚Allerdings', so sagt er, ‚halten sie den Schlüssel fest und reichen ihn nicht denjenigen, die eintreten wollen (vgl. Mt 23,13/Lk 11,52).' 19,1. Deshalb, so sage ich, erhob er sich von seiner Kathedra. Indem er wie ein Vater zum Besten seiner Kinder verkündigte, was seit Ewigkeit im Verborgenen den Würdigen überliefert wird, dehnte er das Erbarmen auch auf die Heiden aus, und indem er sich der Seelen aller Menschen erbarmte, vernachlässigte er sein eigenes Blut[75]. 19,2. Denn weil er dazu bestimmt ist, König des künftigen Äons zu sein, steht er dem gegenüber, der jetzt durch ein zeitlich begrenztes Gesetz die Königsherrschaft empfangen hat. Und was ihn maßlos betrübte, ist dies, dass er von denen, für die er wie für eigene Kinder kämpfte, aufgrund von Unwissenheit als Feind behandelt wurde. 19,3. Und trotzdem liebte er auch die, die ihn hassten, und weinte über die, die ihm ungehorsam waren, und segnete die, die ihn beleidigten, und betete für die, die ihm feindlich gesinnt waren (vgl. Mt 5,44/Lk 6,27–28). 19,4. Und nicht nur als Vater wollte er dies tun, sondern

73 Mit „Vater" ist in 3.18–19 erst Adam gemeint (vgl. die Diskussion über ihn in 3.39–43), dann Mose, schließlich Jesus. Alle drei sind Inkarnationen des „wahren Propheten".

74 S. Anm. 1.

75 Doppeldeutige Formulierung. Jesu „Blut" kann sich sowohl auf sein Leben als auch auf seine Verwandtschaft (das jüdische Volk) beziehen.

er lehrte auch seine Schüler, das gleiche zu tun und sich gegenüber anderen wie gegenüber Brüdern zu verhalten. 19,5. So ist der Vater, so ist der Prophet! Und so ist es recht, dass er als König über seine Kinder herrscht, damit aus der Liebe des Vaters zu den Kindern und der tiefempfundenen Hochachtung der Kinder vor dem Vater ewiger Friede entstehen kann. 19,6. Denn wenn der rechte König herrscht, kommt bei den Untertanen wahre Freude über diesen Herrscher auf.

20,1. Ich will jedoch auf meine früheren Ausführungen über die Wahrheit zurückkommen.[76] Wenn jemand dem von Gottes Händen gebildeten Menschen nicht zugesteht, dass er den heiligen Geist des Christus besitzt, frevelt er dann nicht im höchsten Maße, wenn er einem anderen, der mittels eines unreinen Samentropfens entstanden ist, diesen Geist zubilligt? 20,2. Im höchsten Maße aber erweist er Gott die Ehre, wenn er einem anderen nicht zubilligt, diesen Geist zu besitzen, sondern sagt, dass nur derjenige ihn besitzt, der seit Beginn der Welt seinen Namen und seine Gestalt wechselt und so die Weltzeit durchläuft, bis er seine eigene Zeit erreicht. Dann wird er wegen seiner Mühen durch Gottes Erbarmen gesalbt und für immer Ruhe haben. 20,3. Ihm sind Gewalt und Herrschaft über alle Dinge in der Luft, auf dem Land und in den Wassern verliehen (vgl. Gen 1,26.28). Überdies empfing er den Odem dessen, der den Menschen erschaffen hat (vgl. Gen 2,7)– ein unzerstörbares Gewand der Seele, sodass er unsterblich sein kann. 21,1. Weil allein dieser der wahre Prophet ist, hat er jedem Lebewesen, als wäre er sein Schöpfer, den seiner Natur entsprechenden passenden Namen gegeben. Denn wenn er einem Lebewesen einen Namen gab, war dieser auch seitens des Schöpfers der Name für das Erschaffene (vgl. Gen 2,19–20). 21,2. Wie hätte er es da noch nötig, etwas von einem Baum zu sich zu nehmen, damit er erkenne, was gut oder schlecht ist? – Es war ihm befohlen, nicht davon zu essen (vgl. Gen 2,16)! – Das glauben aber nur die, die kein Urteilsvermögen haben und meinen, dass ein unvernünftiges Tier[77] mehr auf das Wohl der Menschen bedacht sei als Gott, der sie und alles andere erschaffen hat. 22,1. Doch wurde mit ihm eine weibliche Natur als Begleiterin geschaffen, die weit hinter ihm zurücksteht, so

76 Vgl. 3.17,1.

77 Gemeint ist die Schlange (Gen 3,1–5).

wie der Anteil hinter dem Gesamtbesitz, wie der Mond hinter der Sonne, wie das Feuer hinter dem Licht. 22,2. Sie herrscht als weibliches Wesen über die gegenwärtige Welt, die ihr ähnlich ist. Darum ist ihr anvertraut worden, die erste Prophetin zu sein, und so beansprucht sie mit allen, die von Frauen geboren sind (vgl. Mt 11,11), die Gabe der Weissagung für sich.[78] 22,3. Der andere aber ist als „Menschensohn“ männlich. Er weissagt auch, was für den kommenden männlichen Äon von Bedeutung ist.

23,1. Für uns soll es daher Prophetien von zweierlei Geschlecht geben. Die eine ist männlich. Und man soll sie dadurch unterscheiden, dass die erste, die männlich ist, in der Reihenfolge ihres Auftretens fortan die zweite Stelle einnimmt, während die zweite, die weiblich ist, dazu bestimmt wurde, in der Abfolge der Syzygien als erste zu kommen. 23,2. Die Prophetie nun, die unter den von Frauen Geborenen (vgl. Mt 11,11) existiert, beansprucht als weibliche die Herrschaft über die gegenwärtige Welt[79] für sich und will, dass man glaubt, sie sei männlich. 23,3. Darum stiehlt sie die Samen des Männlichen, bedeckt sie mit den eigenen fleischlichen Samen und bringt so ihre Sprösslinge, das heißt ihre Worte, als ganz und gar eigene hervor. 23,4. Und sie verspricht, den gegenwärtigen irdischen Reichtum als Mitgift zu geben, denn sie will das Langsame[80] gegen das Schnelle, das Geringe gegen das Bedeutende eintauschen. 24,1. Sie wagt freilich nicht nur zu sagen und anzuhören, dass es viele Götter gibt, sondern glaubt sogar, selbst einer zu werden. Und in der Hoffnung zu werden, was ihrer Natur nicht entspricht, verliert sie auch das, was sie hat. Wenn sie als weibliches Wesen ihre Tage hat, befleckt sie sich unter dem Vorwand von Opfern mit Blut und besudelt anschließend die, die sie berühren. 24,2. Und wenn sie schwanger wird und die vergänglichen Könige gebiert, entfacht sie Kriege, die zu viel Blutvergießen führen. 24,3. Weil sie stets Widersprüchliches redet und viele verschiedene Erklärungen anbietet, bringt sie diejenigen, die von ihr die Wahrheit zu lernen begehren, dazu, dass sie allezeit suchen und selbst bis zum Tod nichts finden. 24,4. Denn

78 Vgl. 2.17,2.

79 Der griechische Wortlaut ist unsicher.

80 Mit dem „Langsamen“ und (scheinbar) „Geringen“ sind die „Hoffnungsgüter des künftigen Äons“ (3.26,1) gemeint.

von Anfang an liegt sie als Todesursache auf den blinden Menschen. Indem sie nämlich Irreführendes, Zweifelhaftes und Dunkles weissagt, täuscht sie die, die ihr glauben. 25,1. Deshalb gab sie[81] ihrem Erstgeborenen einen zweideutigen Namen. Sie nannte ihn Kain, was auf zweierlei Weise gedeutet werden kann: Man kann Kain nämlich sowohl mit ‚Besitz'[82] als auch mit ‚Eifersucht' übersetzen, weil er vermutlich in der Zukunft um eine Frau oder um Besitztümer oder um die Liebe seiner Eltern zu ihm eifern werde. 25,2. Und selbst wenn nichts davon geschehen sollte, ist es auch dann gut getroffen, dass er ‚Besitz' genannt wird; denn ihn nahm sie als ersten in Besitz. Und das war ihr von Nutzen, denn er war ein Mörder und Lügner (vgl. Gen 4,8–9) und wollte mit seinen Sünden weder aufhören noch über sie herrschen (vgl. Gen 4,7). 25,3. Noch dazu wurden die, die aus seiner Nachkommenschaft hervorgingen, die ersten Ehebrecher. Sie stimmten Harfen und Zithern und wurden Schmiede von Kriegswaffen (vgl. Gen 4,21–22). 25,4. Daher stachelt auch die Prophetie seiner Nachkommen, die voller Ehebrecher und Harfen ist, heimlich durch Wollust zu Kriegen an.

26,1. Der aber, dem unter den Menschensöhnen die Prophetie als Eigentum in die Seele eingepflanzt ist und der als männliches Wesen mit Bestimmtheit die Hoffnungsgüter des künftigen Äons verkündet[83], der nannte seinen Sohn Abel, was ohne jeden Doppelsinn mit ‚Trauer'[84] zu übersetzen ist. 26,2. Denn er gibt seinen Söhnen Gelegenheit, über ihre irregeleiteten Brüder zu trauern. Ohne zu lügen, verspricht er ihnen Trost im künftigen Äon. 26,3. Er rät, nur zu einem Gott zu beten; von Göttern redet weder er selbst, noch glaubt er einem anderen, der davon spricht. Das Gut, das er besitzt, bewahrt er und lässt es immer mehr anwachsen. Opfer, Blut und Trankopfer hasst er. Die Unbefleckten, Reinen, Frommen liebt er. Das Feuer der Altäre löscht er aus. 26,4. Kriege lässt er ruhen, Frieden lehrt er. Tugendhaftigkeit gebietet er. Den Sünden macht er ein

81 Die Rede ist von Eva, die als erste Inkarnation der „weiblichen Prophetie" gilt.

82 Vgl. Gen 4,1, wo der Name Kain volksetymologisch auf das hebräische Verb *kanah* („erwerben") zurückgeführt wird.

83 Gemeint ist Adam, die erste Inkarnation der „männlichen Prophetie".

84 Das hebräische *häbäl* (Gen 4,2) bedeutet „Hauch", „Nichts".

Ende. Die Ehe macht er zum Gesetz, Enthaltsamkeit gestattet er, zur Reinheit erzieht er alle. 26,5. Er führt sie zur Barmherzigkeit, Gerechtigkeit macht er zum Gesetz, die Vollendeten unter ihnen versiegelt er, und die Lehre von der ewigen Ruhe offenbart er. 26,6. Genaues weissagt er, Klares spricht er. An das ewige Straffeuer erinnert er nachdrücklich, das Reich Gottes verkündet er unablässig. Himmlischen Reichtum tut er kund, unverlierbare Herrlichkeit verspricht er, die Vergebung der Sünde erweist er durch die Tat. 27,1. Und was soll man noch sagen? Das Männliche ist ganz Wahrheit, das Weibliche ganz Irrtum. Wer aber aus Männlichem und Weiblichem entstanden ist, sagt teils die Unwahrheit und teils die Wahrheit. 27,2. Denn das Weibliche umgibt mit seinem eigenen Blut gleichwie mit rotem Feuer den weißen Samen des Männlichen und hilft mit fremdartigen Stützen aus Knochen seiner eigenen Schwäche auf (vgl. Gen 2,22). Indem es die Menschen durch die vergängliche Blüte des Fleisches entzückt und ihnen durch kurze Vergnügungen die Urteilskraft stiehlt, führt es die meisten zum Ehebruch und beraubt sie damit des künftigen guten Bräutigams. 27,3. Denn jeder Mensch ist eine Braut, wenn das lautere Wort der Wahrheit des wahren Propheten in ihn gesät und er in seinem Verstand erleuchtet wird. 28,1. Deshalb muss man auf den einen und einzigen Propheten der Wahrheit hören, wohl wissend, dass der, in den das Wort von einem anderen gesät wird, sich die Anklage des Ehebruchs zuzieht und vom Bräutigam gleichsam aus seinem Reich[85] hinausgeworfen wird. 28,2. Und denen, die dieses Geheimnis kennen, widerfährt bei seelischem Ehebruch sogar der Tod. Wenn etwas von anderen in die Seele gesät wird, dann wird sie als Hure oder Ehebrecherin vom Geist im Stich gelassen. Anschließend löst sich der beseelte Körper, vom lebendig machenden Geist abgetrennt, in Erde auf, und die gebührende Strafe für die Sünde wird der Seele nach der Auflösung des Körpers zum Zeitpunkt des Gerichts auferlegt – 28,3. genauso wie bei den Menschen die beim Ehebruch ertappte Frau erst aus dem Haus geworfen und später zu einer Strafe verurteilt wird."

85 Gemeint ist das erwartete Reich, das die gegenwärtige Herrschaft des Bösen ablösen werde.

## Die Rede der Petrus über den Schöpfergott

29,1. Als Petrus im Begriff war, uns diese geheimnisvolle Lehre vollständig zu erklären, kam Zachäus und sagte: „Es ist nunmehr Zeit, Petrus, dass du zur Diskussion hinausgehst. 29,2. Denn eine große Menschenmenge hat sich im Hof versammelt und wartet auf dich. In ihrer Mitte steht Simon, von ihr wie ein Feldherr mit einer Leibwache umgeben.“ 29,3. Als Petrus das hörte, befahl er mir, mich wegen seines Gebetes zurückzuziehen, weil ich die Taufe zur Rettung noch nicht empfangen hatte. Dann sprach er zu den bereits Vollkommenen: 29,4. „Lasst uns aufstehen und beten, dass Gott mir in seiner unerschöpflichen Barmherzigkeit bei dem Versuch helfe, die von ihm geschaffenen Menschen zu retten!“ 29,5. Nachdem er dies gesagt hatte, betete er und trat dann hinaus auf den großen, offenen Platz des Hofes. Dort waren viele zusammengekommen, um alles zu beobachten, denn die Auseinandersetzung hatte sie sehr angespornt herbeizueilen, um zuzuhören.

30,1. Als nun Petrus erschienen war und wahrnahm, dass ihn das ganze Volk in tiefer Stille anblickte, während Simon der Zauberer in der Mitte stand, begann er folgendermaßen zu reden: 30,2. „Friede sei mit euch allen, die ihr bereit seid, eure Hände der Wahrheit Gottes zu reichen, die sein großes, unvergleichliches Geschenk in der gegenwärtigen Welt ist. Der, der uns gesandt hat, der unfehlbare Prophet dessen, was im höchsten Maße nützlich ist, hat uns befohlen, euch diese Wahrheit zur Begrüßung vor den Lehrgesprächen mitzuteilen, 30,3. damit, wenn unter euch ein Kind des Friedens ist, ihn der Friede durch unsere Lehre ergreife. Wenn aber jemand von euch diese Wahrheit nicht annehmen will, dann wollen wir zum Zeugnis den Straßenstaub von unseren Füßen abschütteln, den wir aufgrund unserer Mühen an uns tragen und zu euch gebracht haben, damit ihr gerettet werdet, und wollen zu den Häusern und Städten anderer Menschen gehen (vgl. Mt 10,12–14/Lk 10,5–11). 31,1. Und wahrheitsgemäß sagen wir euch: Es wird im Land Sodoms und Gomorrhas am Tag des Gerichts erträglicher sein, als an dem Ort des Unglaubens auszuharren (vgl. Mt 10,15) – 31,2. erstens, weil ihr nicht von selbst bedacht habt, was vernünftig ist, zweitens, weil ihr von uns gehört habt, aber nicht zu uns gekommen seid, drittens, weil ihr, selbst als wir kamen, nicht geglaubt habt. 31,3. Deshalb wollen wir euch schonend behandeln und aus freien Stücken dafür beten, dass unser Friede auf euch komme. 31,4. Wenn ihr nun diesen Frieden empfangen wollt, müsst ihr es bereitwillig auf euch nehmen, kein Unrecht zu tun, und es tapfer ertragen, Unrecht zu erleiden. Das würde die Natur des Menschen nicht aushalten, wenn sie nicht zuvor die Erkenntnis des unübertrefflich Nützlichen empfinge, nämlich das Wissen, dass die Natur des in jeder Beziehung Überlegenen[86] gerecht ist und er denen, die Unrecht leiden, Genugtuung verschafft und sie rächt und den Gottesfürchtigen für immer Wohltaten erweist. 32,1. Nehmt also wie verständige Knechte Gottes, die von selbst begriffen haben, was vernünftig ist, den Lebenswandel an, der ihm gefällt, sodass ihr dann, wenn ihr ihn liebt und von ihm geliebt werdet, für immer habt, was euch nützt! 32,2. Denn er allein ist im höchsten Maß imstande, es euch zu gewähren, er, der dem Nicht-Seienden zum Dasein verholfen hat, der den Himmel bildete, die Erde formte, das Meer umgrenzte, im Hades Ordnung schuf und das All mit Luft erfüllte. 33,1. Er allein wandelte die eine und ursprüngliche, gleichförmige Substanz in vier einander entgegengesetzte Substanzen um.[87] Dann mischte er sie und stellte unzählige Verbindungen aus ihnen her, damit sie, in einander entgegengesetzte Naturen umgewandelt und dann miteinander vermengt, ihre Lebenslust aus der Verbindung mit dem Gegensatz ziehen. 33,2. Genauso hat er allein die Scharen der Engel und Geister durch den Ausdruck seines Willens erschaffen und mit ihnen den Himmel erfüllt, wie er auch das sichtbare Firmament mit Gestirnen geschmückt hat, denen er die Wege vorschrieb und den Lauf bestimmte. 33,3. Die Erde verdichtete er zum Gedeihen der Früchte, das Meer umgrenzte er und trennte so für die Wassertiere einen Lebensraum ab. Im Hades schuf er Ordnung und machte ihn zum Ort der Seelen. Das All aber erfüllte er mit Luft, damit alle Lebewesen ohne Not Atem holen können, um zu leben. 34,1. O mächtige Hand des verständigen Gottes, die alles in allem erschafft! Eine unzählige Menge von Vögeln ist ja durch ihn entstanden, und zwar in vielfältiger Art; jede weicht völlig von der anderen ab, nämlich

86 Abstrakte philosophische Bezeichnung für Gott.
87 Vgl. 19.12–13.

hinsichtlich der Farben, Schnäbel, Krallen, Sinne, Stimmen und so weiter. 34,2. Und wie viele verschiedene Formen von Pflanzen gibt es, die sich in Farbe, Beschaffenheit und Duft grenzenlos unterscheiden! 34,3. Und wie viele Lebewesen auf dem Festland und im Wasser, deren Formen, Gestalten, Aufenthaltsorte, Farben, Lebensweisen, Sinne, Beschaffenheit und Menge anzugeben unmöglich ist! 34,4. Und ferner die Zahl und Höhe der Berge, die unterschiedlichen Steine, gefährlichen Schluchten, Quellen, Flüsse, Seen, Meere, Buchten, Inseln, Wälder, die ganze bewohnte Welt und die unbewohnten Orte! 35,1. Und wie viele andere, unbekannte Dinge gibt es, die sich der menschlichen Vorstellung entziehen! Und welcher Mensch kennt das Regelwerk von einem der Dinge, die wahrgenommen werden können? 35,2. Nämlich wie sich der Himmel dreht, wie die Sterne bewegt werden, welche Gestalt sie haben und wie ihr Dasein beschaffen ist und welche ihre Wege durch die Luft sind. Und warum das Wehen der Winde hervorgebracht wird und unterschiedliche Stärke hat. 35,3. Aus welchem Grund die Quellen unablässig sprudeln und die Flüsse sich nie versiegend ins Meer ergießen, warum weder leer wird, woher sie kommen, noch Überfüllung entsteht, wo sie hingehen. Wie weit die unermessliche Tiefe des endlosen Tartarus[88] reicht. 35,4. Worauf lagert denn der alles umfassende Himmel? Wie gehen die Wolken aus der Luft hervor, und wie werden sie in die Luft hineingesogen? 35,5. Welche Natur haben Donner und Blitz, Schnee, Hagel, Nebel, Eis, Stürme, Regen, umherziehende Wolken? Und wie formt Gott Pflanzen und Tiere? Und zwar so, dass sie sie in unzähligen Arten und mit höchster Sorgfalt unaufhörlich vollendet werden? 36,1. Und dennoch: Wenn jemand das All mit seinem Verstand sorgfältig mustert, wird er herausfinden, dass Gott es um des Menschen willen geschaffen hat. Denn der Regen fällt wegen der Früchte, auf dass der Mensch von ihnen isst und die Tiere ernährt werden, damit sie dem Menschen nützlich sind. 36,2. Und die Sonne scheint, damit sie die Luft in die vier Jahreszeiten umwandelt, auf dass jede Zeit ihre Eigenschaften dem Menschen zur Verfügung stellt. Und die Quellen sprudeln, damit die Menschen zu trinken bekommen. Und im Übrigen: Wer herrscht über die Schöpfung, soweit es seine Kräfte

---

88 S. Anm. 23.

erlauben? 36,3. Ist es nicht der Mensch, der das Wissen empfangen hat, um das Land zu bestellen, das Meer zu befahren, Fische, Vögel, Wildtiere zu erjagen, den Lauf der Sterne zu berechnen, in der Erde nach Metallen zu graben, im Meer Netze auszuwerfen, Städte zu erbauen, Könige zu bestimmen, Gesetze anzuordnen, Recht zu sprechen, den unsichtbaren Gott zu erkennen, die Namen der Engel zu erfahren, Dämonen auszutreiben, die Heilung von Krankheiten durch Arzneien zu versuchen, Beschwörungen gegen Giftschlangen zu ersinnen, Gegenmittel zu erfinden? 37,1. Wenn du aber verständig wärst, o Mensch, und begriffen hättest, dass Gott dir in allen Dingen Wohltaten erweist, würdest du auch unsterblich sein, denn die um deinetwillen erschaffenen Dinge haben wegen solcher Einsicht ewigen Bestand. 37,2. Jetzt aber kannst du unvergänglich werden, wenn du den erkennst, der dir verborgen blieb, wenn du den liebst, den du verlassen hast, wenn du ihn allein anbetest, der deinen Leib und deine Seele bestrafen und erretten kann. 37,3. Denke deshalb vor allem daran, dass niemand mit ihm herrscht, niemand mit ihm den Namen teilt, das heißt, Gott genannt wird! 37,4. Denn allein er wird so genannt und ist es. Einen anderen aber darf man weder dafür halten noch so nennen. Wenn es aber jemand wagen sollte, wird seine Seele für immer bestraft.“

## Streitgespräch zwischen Petrus und Simon Magus über die Gotteslehre

38,1. Nachdem Petrus dies gesagt hatte, rief Simon aus der Menge heraus mit lauter Stimme: „Was lügst du und willst die ungebildete Menge, die vor dir steht, täuschen, indem du sie zu überreden suchst, dass es weder erlaubt sei, an Götter zu glauben noch sie so zu nennen, wo doch die bei den Juden verbreiteten Bücher sagen, dass es viele Götter gibt? 38,2. Nun aber will ich in Gegenwart aller auf Grundlage eben dieser Bücher mit dir darüber diskutieren, dass man an Götter glauben muss. Zuerst will ich hinsichtlich des Gottes, von dem du sprachst, beweisen, dass er nicht die höchste Macht ist und alles vermag, weil er ohne Vorherwissen ist, unvollkommen, bedürftig, nicht gut und vielen, ja unzähligen verderblichen Leidenschaften unterworfen. 38,3. Nachdem das aus den Schriften bewiesen worden ist, ergibt sich, wie ich behaupte, dass ein anderer Gott existiert, von dem nichts geschrieben steht, der Vorherwissen hat, vollkommen ist, bedürfnislos, gut und frei von allen verderblichen Leidenschaften. Der aber, den du Schöpfer nennst, ist den entgegengesetzten Eigenschaften unterworfen. 39,1. So wird zum Beispiel der nach seinem Ebenbild entstandene Adam (vgl. Gen 1,26–27) blind erschaffen.[89] Auch wird von ihm überliefert, dass er keine Kenntnis von Gut oder Böse besaß (vgl. Gen 3,5). Er stellt sich als Gesetzesübertreter heraus (vgl. Gen 3,6), wird aus dem Paradies vertrieben (vgl. Gen 3,23) und mit dem Tod bestraft (vgl. Gen 3,19; 5,5). 39,2. Ähnlich sagt auch sein Schöpfer, weil er nicht an jeder Stelle sehen kann[90], über die Zerstörung Sodoms: ‚Auf, lasst uns hinabsteigen und sehen, ob sie's entsprechend dem Klageruf über sie, der vor mich kommt, treiben; und wenn nicht, damit ich's weiß!' (Gen 18,21), und so erweist er sich als unwissend. 39,3. Und wenn er über Adam sagt: ‚Wir wollen ihn hinauswerfen, damit er nicht seine Hand ausstrecke und den Baum des Lebens berühre, davon esse und für immer lebe' (Gen 3,22), zeigt das Wort ‚damit nicht', dass er es nicht weiß, und die Fortsetzung ‚damit er nicht esse und für immer lebe', dass er sogar neidisch ist. 39,4. Und wenn geschrieben steht: ‚Gott sann darüber nach, dass er den Menschen geschaffen hatte' (Gen 6,6), zeigt er Reue und Unwissenheit. Denn das Wort ‚er sann darüber nach' bezeichnet einen Denkvorgang, durch den jemand wegen seiner Unwissenheit klären will, worauf er hinaus will, oder der Reue über das Ergebnis ausdrückt, das der Erwartung widersprach. 39,5. Und wenn geschrieben steht: ‚Und der Herr roch den wohlriechenden Duft' (Gen 8,21), weist das auf jemanden hin, der dessen bedarf. Doch ist es nicht die Art eines guten Gottes, sich über den Fettdampf von Fleisch zu freuen. Sein Prüfen aber – wie geschrieben steht: ‚Und der Herr prüfte Abraham' (Gen 22,1) – ist die Art eines schlechten Gottes, der über die Erfüllung seiner Erwartung in Unkenntnis ist." 40,1. Gleichermaßen beweise vieles aus den Schriften, so meinte Simon, dass Gott jeder Leidenschaft unterworfen sei.

---

89 Diese Auslegungstradition geht auf Gen 3,5.7 zurück: Erst durch den Genuss der verbotenen Frucht werden Adams und Evas Augen „aufgetan" (vgl. 16.6,2).

90 Zur Theorie von der allseitigen Sehfähigkeit Gottes vgl. 17.7,3.

Darauf erwiderte Petrus: „Neigt der Schlechte und ganz und gar Unwürdige dazu, sich wegen der Dinge Vorwürfe zu machen, in denen er sündigt? Antworte mir darauf!“ Da sagte Simon: „Er neigt nicht dazu.“ 40,2. Da sagte Petrus: „Wie kann denn Gott schlecht und unwürdig sein, wenn das Schlechte, das öffentlich gegen ihn geschrieben steht, aufgrund seines eigenen Willens hinzugefügt wurde?“ Darauf Simon: „Es ist möglich, dass die gegen ihn gerichtete Anklage entgegen seiner Absicht von einer anderen Macht geschrieben wurde.“ 40,3. Da sagte Petrus: „Dann lass uns das zuerst untersuchen! Wenn er sich aufgrund seines eigenen Willens Vorwürfe gemacht hat, ist er, wie du eben zugegeben hast, kein Unwürdiger. Wenn es aber durch eine andere Macht geschah, so ist zu prüfen und mit allem Nachdruck zu erforschen, ob nicht jemand ihm, der als einziger gut ist, all dies Schlechte unterstellt hat.“ 41,1. Darauf Simon: „Offenbar scheust du dich davor, aus den Schriften die Anklage gegen deinen Gott anzuhören.“ 41,2. Darauf Petrus: „Du selbst scheinst mir das zu tun! Denn wer der Ordnung eines Streitgesprächs zu entrinnen sucht, will nicht, dass eine ehrliche Untersuchung stattfindet. Da ich mich an die Ordnung halte und zuerst den Verfasser betrachten möchte, ist klar, dass ich auf geradem Weg voranschreiten will.“ 41,3. Darauf Simon: „Gib zuerst Folgendes zu: Wenn die gegen den Schöpfer geschriebenen Dinge wahr sind, dann ist er dem All nicht überlegen, weil er nach den Schriften jeder Schlechtigkeit unterworfen ist. Anschließend werden wir den Verfasser untersuchen.“ 41,4. Darauf Petrus: „Damit nicht der Eindruck entsteht, dass ich deiner mangelnden Ordnung widerspreche, ohne eine Untersuchung anstellen zu wollen, antworte ich. Ich behaupte: Wenn das zuungunsten Gottes Geschriebene wahr sein sollte, beweist es noch nicht, dass Gott schlecht ist.“ Da sagte Simon: „Wie kannst du das behaupten?“ 42,1. Darauf Petrus: „Weil auch das Gegenteil von den Sprüchen, die schlecht über ihn reden, geschrieben steht. Deshalb lässt sich weder das eine noch das andere erhärten.“ 42,2. Darauf Simon: „Wie kann man denn die Wahrheit erkennen, wenn die Schriften ihn teils schlecht, teils gut nennen?“ 42,3. Darauf Petrus: „Diejenigen Aussagen der Schriften, die in Einklang mit der von ihm geschaffenen Schöpfung stehen, sind wahr, und diejenigen, die im Widerspruch dazu stehen, sind falsch.“ 42,4. Da sagte Simon: „Wie kannst du beweisen, dass die Schriften einander widersprechen?“ Da sagte Petrus: „Du behauptest, dass Adam blind erschaffen wurde, was nicht der Fall war. Denn einem Blinden hätte Gott nicht einen Baum gezeigt und ihm befohlen: ‚Vom Baum der Erkenntnis des Guten und Bösen sollt ihr nicht essen!‘ (Gen 2,17).“ 42,5. Darauf Simon: „Blind nenne ich seinen Verstand.“ Darauf Petrus: „Wie konnte denn der in seinem Verstand blind sein, der vor dem Essen von dem Baum im Einklang mit seinem Schöpfer allen Tieren passende Namen gab?“ 42,6. Darauf Simon: „Wenn Adam Vorherwissen besaß, warum wusste er nicht im Voraus, dass eine Schlange seine Frau täuschen werde?“ 42,7. Darauf Petrus: „Wenn Adam kein Vorherwissen besaß, wie konnte er seinen Söhnen bei der Geburt Namen im Hinblick auf ihre späteren Taten geben? Den ersten nannte er Kain, was mit ‚Eifersucht‘ zu übersetzen ist. Der tötete ja aus Eifersucht seinen Bruder Abel, was mit ‚Trauer‘ zu übersetzen ist; denn um ihn, den ersten Ermordeten, trauerten seine Eltern.[91] 43,1. Wenn aber Adam als das Werk Gottes Vorherwissen besaß, dann umso mehr der Gott, der ihn erschaffen hat. 43,2. Und folgende Schriftstelle ist falsch: ‚Gott sann nach‘ (Gen 6,6), als müsse er wegen seiner Unwissenheit eine Überlegung anstellen. Und ebenso falsch ist, dass ‚der Herr Abraham prüfte‘ (Gen 22,1), damit er erkenne, ob er der Probe standhält. 43,3. Falsch ist auch die Schriftstelle: ‚Lasst uns hinabsteigen und sehen, ob sie’s entsprechend dem Klageruf über sie, der vor mich kommt, treiben; und wenn nicht, damit ich’s weiß!‘ (Gen 18,21) Doch damit ich meine Rede nicht zu sehr in die Länge ziehe: Wie viele Sprüche auch immer ihm Unwissenheit zuschreiben oder sonst etwas Bedenkliches – sie werden von anderen Sprüchen, die das Gegenteil besagen, entkräftet und als falsch widerlegt. 43,4. Weil er aber tatsächlich Vorherwissen hat, sagt er zu Abraham: ‚Du sollst sicher wissen, dass dein Same Fremdling in einem Land sein wird, das nicht sein eigen ist, und man wird ihn versklaven, und misshandeln und erniedrigen wird man sie[92] 400 Jahre lang. Das Volk aber, dem sie als Sklaven dienen, werde ich richten.

91 Zur Etymologie der Namen Kain und Abel vgl. bereits 3.25,1–26,1.

92 Gemeint sind Abrahams Nachkommen.

43,5. Danach aber werden sie mit großer Habe hierher aufbrechen. Du aber wirst zu deinen Vätern hingehen in Frieden, nachdem es dir bis ins hohe Alter wohlergangen ist. 43,6. Sie aber werden in der vierten Generation hierher zurückkehren, denn die Amoriter haben das Maß ihrer Sünden bis jetzt noch nicht vollgemacht.' (Gen 15,13–16) 44,1. Aber weiter! Kündigt nicht auch Mose die Sünden des Volkes im Voraus an und sagt seine Zerstreuung unter die Heiden voraus? Wenn Gott aber Mose Vorauswissen gab, wie sollte er selbst keines haben? Er hat es! 44,2. Wenn er es aber hat, wie wir schon bewiesen haben, ist es maßlos, wenn geschrieben steht: ‚Er sann nach' und bereute (Gen 6,6), und: ‚ich will hinabsteigen und sehen' (Gen 18,21), und dergleichen mehr. Die Dinge, von denen man schon vor ihrer Entstehung weiß, dass sie eintreffen werden, die kommen aufgrund weiser Lenkung zustande und verursachen keine Reue. 45,1. Dass er aber nicht nach Opfern verlangt, zeigt sich daran, dass diejenigen, die Fleisch begehrten, vernichtet wurden, sobald sie davon aßen, und dass nach ihrer Bestattung dem Grab der Name ‚Hügel der Begierden' (Num 11,33–34) gegeben wurde. 45,2. Er, der von Anfang an über das Schlachten von Tieren zürnte und nicht wollte, dass sie geschlachtet werden (vgl. Gen 1,29), ordnete keine Opfer an, als ob er sie begehrte, und beanspruchte keine Erstlinge. Denn ohne das Schlachten von Tieren können weder Opfer vollzogen noch Erstlinge dargebracht werden. 45,3. Wie aber konnte er sich mit Finsternis, Gewitter und Sturm umgeben – denn auch das steht geschrieben (vgl. Dtn 4,11) –, er, der den reinen Himmel hervorbrachte und die Sonne schuf, um Licht zu geben, und für all die unzähligen Sterne die Ordnung ihres Laufes unwiderruflich festsetzte? 45,4. Folglich, Simon, erweist die Handschrift Gottes, nämlich der Himmel, den Ratschluss des Schöpfers als rein und unerschütterlich. 46. So werden die verleumderischen Aussagen über den Gott, der den Himmel erschaffen hat, sowohl durch die beieinander stehenden widersprüchlichen Aussagen entkräftet als auch durch die Schöpfung widerlegt. Sie wurden nämlich nicht von prophetischer Hand geschrieben. Deshalb stehen sie in offenkundigem Gegensatz zur Hand Gottes, der alles erschaffen hat."

Da fragte Simon: „Wie kannst du das beweisen?" 47,1. Darauf Petrus: „Das Gesetz Gottes wurde von Mose siebzig weisen Männern ungeschrieben zur Überlieferung anvertraut[93], damit man auch in den folgenden Generationen einen guten Lebenswandel führen könne. Nach Moses Aufnahme[94] aber wurde es von jemandem aufgeschrieben, aber gewiss nicht von Mose. 47,2. Denn im Gesetz selbst steht geschrieben: ‚Und Mose starb, und man begrub ihn in der Nähe des Hauses Phogor, und niemand kennt sein Grab bis auf den heutigen Tag.' (Dtn 34,5–6) 47,3. Hätte Mose nach seinem Tod schreiben können: ‚Mose starb'? Erst in der Zeit nach Mose – ungefähr 500 Jahre oder noch später – wurde das Gesetz im inzwischen erbauten Tempel aufgefunden (2. Kön 22,8), und nach weiteren rund 500 Jahren wurde es entführt; zur Zeit Nebukadnezars geriet es dann in Brand und wurde vernichtet. 47,4. Und obwohl es erst nach Mose aufgeschrieben wurde und oft verlorenging, bezeugt es auch auf diese Weise das Vorherwissen des Mose, denn weil er die Vernichtung des Gesetzes vorhersah, schrieb er es nicht auf. Die es aber aufschrieben waren keine Propheten, denn dadurch, dass sie seine Vernichtung nicht vorhersahen, sind sie der Unkenntnis überführt."

48,1. Darauf Simon: „Die Eigenschaften Gottes kann man, wie du sagst, durch ihren Vergleich mit der Schöpfung erkennen. Wie ist es denn möglich, die übrigen Dinge im Gesetz zu erkennen, die aus der Überlieferung des Mose stammen und wahr sind, aber mit diesen Lügen vermischt wurden?" 48,2. Da sprach Petrus: „*Ein* Abschnitt im geschriebenen Gesetz blieb nach der Vorsehung Gottes fehlerlos erhalten, sodass man genau zeigen kann, was von dem Geschriebenen wahr ist und was falsch." Darauf Simon: „Verrate uns, welcher das ist!" 49,1. Da sprach Petrus: „Ich will es augenblicklich sagen! Im ersten Buch des Gesetzes steht gegen Ende geschrieben: ‚Mit einem Herrscher aus Juda wird es kein Ende nehmen noch mit einem Anführer aus seinen Lenden, bis der kommt, dem es[95] gehört. Und er ist die Hoffnung der Heiden.' (Gen 49,10) 49,2. Wer nun denjenigen, der nach dem Ende eines Herrschers und Anführers aus Juda[96]

93 Vgl. EpP 1,2.

94 Weil das Grab des Mose unbekannt ist (vgl. Dtn 34,6), entstand die Überlieferung, dass er in den Himmel aufgenommen worden sei.

95 Nämlich das Land und die Herrschaft darüber; nach der griechischen Übersetzung von Gen 49,10 ist dies für ihn „aufbewahrt worden".

96 Gemeint ist Herodes der Große, der bis 4 v. Chr. über Judäa regierte.

gekommen ist und die Hoffnung der Heiden sein wird, sehen kann, der wird aufgrund der Erfüllung dieses Verses erkennen, wer der Gekommene in Wahrheit ist.[97] Und wenn er dessen Lehre Glauben schenkt, wird er wissen, was von den Schriften wahr ist und was falsch." 49,3. Darauf Simon: „Ich begreife, dass du von eurem Jesus sprichst, weil angeblich er von der Schrift geweissagt wurde. So sei denn eingeräumt, dass es sich so verhält. Sag nun aber, wie er euch die Schriften zu unterscheiden gelehrt hat!" 50,1. Darauf Petrus: „Was die Vermischung der Wahrheit mit dem Irrtum betrifft, erinnere ich mich, dass er irgendwann die Sadduzäer tadelte und sagte: ‚Darum irrt ihr, weil ihr das Wahre in den Schriften nicht kennt, deshalb kennt ihr die Macht Gottes nicht.'[98] Wenn er ihnen aber vorgehalten hat, das Wahre in den Schriften nicht zu kennen, ist offenbar, dass es Irrtümer darin gibt. 50,2. Aber auch wenn er sagt: ‚Werdet verlässliche Wechsler!'[99], ist offenbar, dass es verlässliche und trügerische Worte gibt. Und wenn er sagt: ‚Warum achtet ihr nicht auf das Vernünftige in den Schriften?'[100], stärkt er den Verstand dessen, der aus eigenem Antrieb um Einsicht bemüht ist. 51,1. Auch ist offenkundig, dass man, obwohl die Schriften vor aller Augen liegen, nach den Schriftgelehrten und Lehrern schickt in der Erwartung, dass sie das Wahre im vorhandenen Gesetz kennen (vgl. Mt 23,2–3). 51,2. Auch dass er sagt: ‚Ich bin nicht gekommen, um das Gesetz aufzulösen' (Mt 5,17), während er es offensichtlich auflöst, geschah, um zu zeigen, dass das, was er auflöste, nicht zum Gesetz gehörte. 51,3. Auch sein Wort: ‚Der Himmel und die Erde werden vergehen, ein Jota oder ein Häkchen vom Gesetz vergeht gewiss nicht' (Mk 13,31/Mt 5,18), gab zu verstehen, dass das, was vor Himmel und Erde vergeht, nicht zum wirklichen Gesetz gehört. 52,1. Während nun Himmel und Erde noch bestehen, sind Opfer, Königreiche, die Weissagungen bei denen, die von Frauen geboren sind (vgl. Mt 11,11), und dergleichen mehr vergangen, weil sie nicht auf Anordnung Gottes da waren; so sagt er zum Beispiel: ‚Jede Pflanze, die der himmlische Vater nicht

97 Der verdorbene griechische Wortlaut der zweiten Satzhälfte kann nur sinngemäß wiedergegeben werden.

98 Zu diesem Jesuswort vgl. 2.51,2.

99 Dazu vgl. 2.51,1; 18.20,4.

100 Ein sonst unbekanntes Jesuswort.

gepflanzt hat, wird ausgerissen werden.‘ (Mt 15,13) 52,2. Deshalb sprach er als wahrer Prophet: ‚Ich bin die Tür des Lebens; wer durch mich eintritt, tritt in das Leben ein‘ (vgl. Joh 10,9), in der Gewissheit, dass es keine andere Lehre gibt, die retten kann. 52,3. Deshalb rief er auch mit den Worten: ‚Kommt zu mir alle, die ihr euch abmüht‘ (Mt 11,28), das heißt: ihr, die ihr die Wahrheit sucht und sie nicht findet. Und wiederum: ‚Meine Schafe hören meine Stimme.‘ (Joh 10,27) Und ein anderes Mal: ‚Suchet und findet!‘ (Mt 7,7), in der Gewissheit, dass die Wahrheit nicht offen vor Augen liegt. 53,1. Aber auch aus den Himmeln hörte man, wie eine Stimme das Zeugnis ablegte: ‚Dies ist mein geliebter Sohn, an dem ich Wohlgefallen habe, auf ihn hört!‘ (Mt 17,5) 53,2. Außerdem wollte er vor allem die Propheten des Irrtums überführen, weil man versicherte, von ihnen schon belehrt worden zu sein. Er erklärte, die Propheten hätten sich nach der Wahrheit gesehnt, doch seien sie gestorben, ohne darüber belehrt worden zu sein; er sagte: ‚Viele Propheten und Könige haben ersehnt zu sehen, was ihr seht, und zu hören, was ihr hört, doch wahrlich, ich sage euch, weder sahen noch hörten sie es.‘ (Mt 13,17) 53,3. Ferner sagte er: ‚Ich bin der, über den Mose geweissagt hat: Der Herr, unser Gott, wird euch aus euren Brüdern einen Propheten erwecken wie mich. Auf ihn hört in allen Dingen! Wer aber nicht auf jenen Propheten hört, wird sterben.‘ (Apg 3,22–23; Dtn 18,15–19) 54,1. Daher ist es unmöglich, sich ohne dessen Lehre der rettenden Wahrheit zu nähern, selbst wenn man auf ewig sucht, wo das Gesuchte nicht ist, denn sie war und ist im Wort unseres Jesus. 54,2. Weil er das Wahre im Gesetz kannte, sagte er übrigens zu den Sadduzäern, als sie fragten, aus welchem Grund Mose es erlaubt hatte, sieben Männer zu heiraten (vgl. Mt 22,23–28): ‚Mose gestattete es euch wegen eurer Hartherzigkeit; denn am Anfang war es nicht so. Denn der, der am Anfang den Menschen schuf, machte ihn männlich und weiblich.‘ (Mt 19,8.4)

55,1. Und denen, die, wie die Schriften lehren (vgl. Ps 89,36), der Meinung sind, dass Gott schwört, sagte er: ‚Euer Ja soll ein Ja sein, euer Nein ein Nein; denn was darüber hinausgeht, ist vom Bösen.‘ (Mt 5,37) 55,2. Und denen, die behaupten, dass Abraham und Isaak und Jakob gestorben sind, sagte er: ‚Er ist kein Gott der Toten, sondern der Lebenden.‘ (Mt 22,32) Und denen, die annehmen, dass Gott in Versuchung führt, wie die Schriften behaupten (vgl. Gen 22,1), sagte er: ‚Der Böse ist der Versucher‘[101], der sogar ihn in Versuchung geführt hat (vgl. Mt 4,1–11). 55,3. Und denen, die unterstellen, dass Gott kein Vorherwissen hat, sagte er: ‚Euer himmlischer Vater weiß ja, dass ihr all diese Dinge braucht, bevor ihr ihn darum bittet.‘ (Mt 6,8.32) 55,4. Und denen, die glauben, dass er, wie die Schriften behaupten, nicht alles sieht, sagte er: ‚Betet im Verborgenen! Und euer Vater, der das Verborgene sieht, wird es euch vergelten.‘ (Mt 6,6) 56,1. Und denen, die annehmen, dass Gott nicht gut ist, wie die Schriften behaupten, sagte er: ‚Wer von euch, dessen Sohn um Brot bittet, wird ihm einen Stein geben? Oder, wenn er um einen Fisch bittet, ihm eine Schlange geben? 56,2. Wenn nun ihr, obwohl ihr böse seid, euren Kindern gute Gaben zu geben wisst, um wie viel mehr wird euer himmlischer Vater denjenigen Gutes erweisen, die ihn bitten und seinen Willen tun?‘ (Mt 7,9–11/Lk 11,11–13) 56,3. Und denen, die behaupten, dass er im Tempel sei, sagte er: ‚Ihr sollt nicht beim Himmel schwören, weil er Gottes Thron ist, noch bei der Erde, weil sie der Schemel seiner Füße ist!‘ (Mt 5,34–35) 56,4. Und denen, die sich vorstellen, dass Gott nach Opfern verlangt, sagte er: ‚Gott will Erbarmen und nicht Opfer, Erkenntnis seiner selbst und nicht Brandopfer.‘ (Mt 9,13; 12,7; Hos 6,6) 57. Und denen, die überzeugt sind, dass er böse ist, wie die Schriften behaupten, sagte er: ‚Nenne nicht mich gut, denn nur einer ist der Gute.‘ (Mk 10,18/Mt 19,17) Und wiederum: ‚Werdet gut und barmherzig wie der Vater im Himmel, der die Sonne über Guten und Bösen aufgehen lässt und den Regen über Gerechte und Ungerechte bringt.‘ (Lk 6,36/Mt 5,45) Und denen, die sich zur Auffassung haben verleiten lassen, dass es viele Götter gibt, wie die Schriften behaupten, sagte er: ‚Höre Israel, der Herr, euer Gott, ist *ein* Herr!‘ (Mk 12,29; Dtn 6,4).“

58,1. Sobald Simon erkannte, dass Petrus ihn nötigte, mit den Schriften so umzugehen, wie Jesus es gelehrt hatte, wollte er nicht, dass eine Untersuchung über die Gotteslehre stattfand, obwohl Petrus auf Simons Forderung hin eingewilligt hatte, dass die Untersuchung in Form von Frage und Antwort vor sich gehen solle. 58,2. Trotzdem nahm das Streitgespräch drei Tage in Anspruch. Als der vierte

101 Ein weiteres sonst unbekanntes Jesuswort (vgl. 1. Thess 3,5).

anbrach, enteilte Simon bei Dunkelheit in das phönizische Tyrus. 58,3. Und nach wenigen Tagen kamen einige der Vorboten[102] und meldeten Petrus: „Simon hat große Wunder in Tyrus getan, viele der dortigen Bewohner in Aufregung versetzt und dich durch viele Verleumdungen verhasst gemacht."

## Die Einsetzung des Zachäus zum Bischof von Cäsarea[103]

59,1. Nachdem Petrus dies erfahren hatte, ließ er in der folgenden Nacht die Schar seiner Hörer zusammenkommen. 59,2. Sobald sie sich versammelte hatten, sagte er: „Ich bin im Aufbruch zu den Heiden, die viele Götter anrufen, um ihnen zu verkünden und sie zu lehren, dass es nur einen Gott gibt, der Himmel und Erde und alles darin erschaffen hat (vgl. Ex 20,11), damit sie ihn liebgewinnen und gerettet werden können. Deshalb ist mir die Bosheit nach dem Gesetz der Syzygie[104] zuvorgekommen und hat Simon vorausgeschickt, 59,3. damit die Menschen, wenn sie aufhören, viele Götter anzurufen, und die verwerfen, die auf Erden so genannt werden, nun annehmen, dass es im Himmel viele Götter gebe. So sollen sie das hohe Gut der Alleinherrschaft Gottes niemals schätzen lernen und nach ihrer Bestrafung ganz und gar zugrunde gehen. 59,4. Und was das Schlimmste ist: Weil die wahre Lehre unvergleichliche Kraft besitzt, kommt er mir mit seinen Verleumdungen zuvor und will sie dazu überreden, mich keinesfalls zu empfangen, damit nicht der Verleumder selbst als wirklicher Teufel überführt wird, und die wahre Lehre angenommen und geglaubt werden kann. 59,5. Ich muss ihn daher rasch einholen, damit die Verleumdung keine Zeit findet, sich aller ganz und gar zu bemächtigen. 60,1. Wir müssen also jemanden als Ersatz für mich bestimmen, der meinen Platz ausfüllt. Darum lasst uns alle einmütig Gott bitten, dass er den Geeignetsten unter uns offenbare, damit er auf der Kathedra Christi Platz nehme und dessen Gemeinde gottesfürchtig verwalte. Wer also soll bestimmt werden? 60,2. Nach Gottes Ratschluss wird ja jener Mensch selig-

102 Zu Spionen des Petrus im Lager Simons vgl. 2.37,1–2.
103 Zu diesem Abschnitt vgl. die z. T. ähnlichen Ausführungen in EpCl.
104 Vgl. dazu 2.15,1–18,2.

gepriesen, den sein Herr zum Dienst an seinen Mitknechten einsetzen wird, damit er ihnen zur rechten Zeit ihre Nahrung gibt, ohne in seinem Herzen zu überlegen und zu sagen: ‚Mein Herr lässt sich Zeit zu kommen.' 60,3. Doch wenn er anfängt, seine Mitknechte zu schlagen, und mit Huren und Säufern isst und trinkt, dann wird der Herr jenes Knechtes zu einer Stunde kommen, in der er es nicht erwartet, und an einem Tag, den er nicht kennt, und er wird ihn in zwei Teile zerhauen und ihm seinen ungläubigen Platz unter den Heuchlern anweisen (Mt 24,45–51/Lk 12,42–46). 61,1. Wenn aber einer der Anwesenden den Unverstand der Menschen zu regieren vermag und davor zurückscheut, weil er nur um seine eigene Ruhe besorgt ist, soll er damit rechnen, dass er zu hören bekommt: ‚Du schlechter und träger Knecht! Du hättest mein Geld den Wechslern hinbringen sollen; dann hätte ich bei meinem Kommen eingefordert, was mir gehört. Werft den unnützen Knecht hinaus in die äußerste Finsternis!' (Mt 25,26–27.30/Lk 19,22–23) 61,2. Und das mit gutem Grund! ‚Denn', so sagt er, ‚deine Pflicht ist es, Mensch, meine Worte wie Silber zu den Wechslern zu bringen und sie wie Geld zu prüfen.'[105] 61,3. Die Menge der Gläubigen muss ja jemandem gehorchen, damit sie so in Eintracht zum Ziel gelangen kann. 61,4. Denn wo es nach dem Bild der Alleinherrschaft Gottes zur Herrschaft einer einzigen Macht[106] kommt, verschafft sie denen, die sich fügen, aufgrund ihres Gehorsams den Genuss des Friedens. Wenn jedoch alle zur Herrschaft streben und sich nicht einem einzigen fügen wollen, müssen sie aufgrund von Uneinigkeit vollständig umkommen. 62,1. Im Übrigen soll euch überzeugen, was vor aller Augen geschieht: wie jetzt unablässig Kriege stattfinden, weil es über die ganze Erde hin viele Könige gibt. Denn jeder nimmt die Herrschaft des anderen als Vorwand zum Krieg. 62,2. Wenn aber nur einer Fürst über alles wäre, gäbe es nichts, weshalb er Krieg führen sollte, und er hätte ewigen Frieden. 62,3. So setzt schließlich Gott für diejenigen, die des ewigen Lebens für würdig erachtet werden,

---

105 Ein sonst unbekanntes, wohl aufgrund des Zitats in 3.61,1. gebildetes Jesuswort: Jesu Worte sollen so gewissenhaft auf ihre Wahrheit hin geprüft werden, wie man Silber und Geld bei den Wechslern auf Echtheit hin prüfen lässt.

106 Gemeint ist die Einsetzung eines Bischofs.

im kommenden Zeitalter nur einen als König über alles ein, damit aufgrund dieser Alleinherrschaft unveränderlicher Friede entstehe. 62,4. Daher sollen alle nur einem als Anführer folgen und ihn als Bild Gottes ehren, und dieser Anführer soll mit dem Weg vertraut sein, der in die heilige Stadt führt[107].

63,1. Doch wen sonst von den Anwesenden soll ich wählen als Zachäus, bei dem sogar unser Herr eintrat und ausruhte, weil er ihn für würdig hielt, gerettet zu werden (Lk 19,5.9)?" Und bei diesen Worten legte er Zachäus, der neben ihm stand, die Hand auf und drängte ihn, auf seiner Kathedra[108] Platz zu nehmen. 63,2. Zachäus aber fiel vor seinen Füßen nieder und bat, dass er ihm die Herrschaft erlasse; dabei gab er das Versprechen: „Was auch immer ein Herrscher tun muss, werde ich tun; nur erweise mir die Gnade, nicht diesen Titel zu tragen. Ich fürchte mich nämlich, mit der Würde der Herrschaft bekleidet zu werden, denn sie birgt bitteren Neid und Gefahr." 64,1. Da sprach Petrus: „Wenn du dich davor fürchtest, sollst du nicht Herrscher genannt werden, sondern ‚der Eingesetzte', denn der Herr hat diese Bezeichnung erlaubt, als er sagte: „Selig ist jener Mensch, den sein Herr zum Dienst an seinen Mitknechten einsetzen wird." (Mt 24,45–46/Lk 12,42–43) 64,2. Wenn du aber ganz und gar nicht zu erkennen geben willst, dass du die Macht der Verwaltung innehast, scheinst du mir nicht zu wissen, dass die anerkannte Macht des Vorstehers[109] großen Einfluss auf den Respekt der Menge hat. Denn dem, der die Macht empfangen hat, gehorcht ein jeder, weil sein Gewissen ihn dazu streng verpflichtet. 64,3. Und weiter! Weißt du nicht ganz genau, dass du nicht wie die Herrscher der Heiden herrschen sollst? Diene ihnen vielmehr wie ein Knecht (vgl. Mt 20,25–27), sei für die, die Unrecht erleiden, wie ein Vater, sieh nach ihnen wie ein Arzt, behüte sie wie ein Hirte – kurz gesagt: Trage alle Fürsorge für ihre Rettung! Glaubst du etwa, ich weiß nicht, welche Strapazen zu ertragen ich dich dränge, wenn ich verlange, dass du dich dem Urteil der Menge aussetzt, der zu gefallen niemand imstande ist? Sehr wohl möglich aber ist es, Gott zufrie-

107 Der Ort der endzeitlichen Kirche im kommenden Zeitalter; vgl. EpCl 13,3–14,1; 14,6.

108 S. Anm. 1.

109 Gemeint ist der Bischof.

denzustellen, wenn man recht handelt. 64,4. Darum bitte ich, dies bereitwillig auf dich zu nehmen, um Gottes willen, um Christi willen, zur Rettung der Brüder, zu ihrer Leitung und zu deinem eigenen Nutzen. 65,1. Bedenke aber auch dies andere: In dem Maße, wie die Leitung der Gemeinde Christi Mühe und Gefahr mit sich bringt, ist der Lohn umso größer. Umgekehrt ist auch die Strafe für denjenigen größer, der (zur Leitung) fähig ist, sich aber nicht bereiterklären will. 65,2. Ich weiß, dass du der am besten Unterwiesene unter den Anwesenden bist. Deshalb will ich, dass du mit den guten Erkenntnissen wucherst, die dir vom Herrn anvertraut worden sind, damit du die Worte hörst: ‚Schön, du guter und treuer Knecht!' (Mt 25,21), und nicht wie der, der das eine Talent verbarg, angeklagt wirst und Strafe zu verdienen erscheinst (Mt 25,26–30). 65,3. Wenn du aber nicht als guter Wächter der Gemeinde eingesetzt werden willst, zeige uns anstelle von dir einen anderen, der besser unterwiesen und treuer ist als du. 65,4. Aber das wirst du nicht können, denn du warst mit dem Herrn zusammen und hast seine wunderbaren Taten erlebt und hast Kenntnis von der Leitung der Gemeinde. 66,1. So ist es deine Aufgabe anzuordnen, was nötig ist, und die der Brüder, sich unterzuordnen und nicht ungehorsam zu sein. Wenn sie sich nun unterordnen, werden sie gerettet werden, wenn sie aber ungehorsam sind, werden sie von Christus bestraft werden, denn dem Vorsteher ist der Platz Christi anvertraut. 66,2. Aus diesem Grund wird die Ehrerbietung oder Verachtung gegenüber dem Vorsteher auf Christus übertragen und von Christus auf Gott. 66,3. Das aber habe ich gesagt, damit auch die Brüder selbst die Gefahr genau kennen, in die sie bei Ungehorsam gegen dich geraten. Denn wer immer deinem Befehl ungehorsam ist, ist Christus ungehorsam, und wer Christus ungehorsam ist, erzürnt Gott (vgl. Lk 10,16).

67,1. Folglich ist es nötig, dass die Gemeinde wie eine Stadt, die auf einer Anhöhe erbaut ist (vgl. Mt 5,14), eine gottgefällige Ordnung hat und eine gute Leitung.[110] Vor allem soll man dem Bischof als dem Herrscher in allem, was er sagt, gehorchen. 67,2. Die Ältesten sollen dafür Sorge tragen, dass geschieht, was angeordnet wird. Die Diakone sollen umhergehen, sich um die Leiber und Seelen der

110 Dieser Abschnitt knüpft an die Gemeindeordnung in EpCl 5–13 an.

Brüder kümmern und dem Bischof Bericht erstatten. 67,3. Alle übrigen Brüder sollen es auf sich nehmen, Unrecht zu erleiden. Wenn sie aber wegen des Unrechts, das sie erleiden, vor Gericht ziehen wollen, sollen sie vor den Ältesten zum Vergleich bewogen werden. Den Vergleich aber sollen die Ältesten auch dem Bischof vorlegen. 68,1. Sie sollen aber nicht nur die jungen Leute zur Ehe drängen, sondern auch die im fortgeschrittenen Alter, damit nicht die Begierde entbrennt und aufgrund von Unzucht oder Ehebruch eine Seuche über die Gemeinde bringt. 68,2. Denn mehr als jede andere Sünde ist Gott der Frevel des Ehebruchs verhasst, weil er nicht nur den Sünder selbst zugrunde richtet, sondern auch diejenigen, die mit ihm essen und mit ihm Umgang haben. Er gleicht nämlich der Tollwut, weil er die Eigenschaft hat, den eigenen Wahnsinn auf andere zu übertragen. 68,3. Um der Tugendhaftigkeit willen sollen folglich nicht nur die Ältesten eilends die Ehe schließen, sondern auch alle (anderen). Die Sünde des Ehebrechers fällt nämlich zwangsläufig auf alle zurück. 68,4. Die Sorge dafür, dass die Brüder tugendhaft leben, ist deshalb das wichtigste Werk der Barmherzigkeit, weil es eine Wohltat für die Seele ist. Die Nahrung ist ja nur Erquickung für den Körper. 69,1. Wenn ihr eure Brüder liebt, sollt ihr ihnen trotzdem nichts vorenthalten, sondern ihnen abgeben von dem, was ihr habt! Speist die Hungernden, reicht den Durstigen einen Trank, kleidet die Nackten, kümmert euch um die Kranken, helft denen im Gefängnis, so gut ihr könnt, nehmt Fremde bereitwillig in eure eigenen Wohnungen auf (vgl. Mt 25,35–36), hasst niemanden! 69,2. Wie man aber gottesfürchtig handeln muss, wird euch, wenn ihr einsichtig seid, euer eigener Verstand lehren. Vor allem aber – wenn es überhaupt nötig ist, euch das zu sagen – kommt sehr oft zusammen, am besten stündlich, zumindest an den üblichen Versammlungstagen. 69,3. Denn wenn ihr das tut, befindet ihr euch innerhalb sicherer Mauern. Absonderung ist nämlich der Beginn des Verderbens. 69,4. Wegen der Verstimmung mit einem Bruder soll es daher niemand unterlassen, zur Versammlung zu kommen. Denn wenn einer von euch der Zusammenkunft fernbleibt, wird er zu denjenigen gerechnet werden, die die Gemeinde Christi zerstreuen (vgl. Mt 12,30), und er wird als Anstifter von Umtrieben bestraft werden, die gegen die Schüler Christi gerichtet sind. 69,5. Zusammen mit den Ehebrechern wird er verworfen werden. Denn wie ein Ehebrecher hat er sich durch den ihm innewohnenden Geist aus irgendeinem Grund selbst abgesondert und dem Bösen zum eigenen Nachteil Gelegenheit gegeben, ein Schaf zu rauben, weil es außerhalb der Herde angetroffen wurde.

70,1. Im Übrigen hört auf euren Bischof und werdet nicht müde, ihm alle Ehre zu erweisen! Ihr wisst ja: Was scheinbar ihm erwiesen wird, wird auf Christus übertragen und von Christus auf Gott, und dem, der ihm etwas darbringt, wird es vielfach vergolten. 70,2. Ehrt also den Thron Christi! Denn sogar die Kathedra des Mose zu ehren hat man euch befohlen, obwohl die, die darauf sitzen, als Sünder gelten (Mt 23,2–3). 70,3. Damit habe ich euch alles Nötige gesagt. Zachäus aber zu erklären, wie man untadelig lebt, halte ich für überflüssig, denn er ist ein erprobter Schüler dessen, der auch mich unterwiesen hat. 71,1. Im Übrigen, liebe Brüder, dürft ihr bei manchen Dingen nicht erwarten, dass man sie euch sagt, sondern müsst von selbst erkennen, was vernünftig ist. Zachäus hat sich als einziger dafür hingegeben, sich ganz und gar euch zu widmen. Er hat einen Magen, doch keine Zeit für sich selbst – wie kann er sich die notwendige Nahrung beschaffen? 71,2. Ist es da nicht vernünftig, dass ihr allesamt Sorge für seinen Lebensunterhalt tragt und nicht wartet, dass er euch darum bittet? So handelt ja ein Bettler! Lieber wird er vor Hunger sterben als sich zu erniedrigen, das zu tun. 71,3. Wie wollt ihr der Strafe entgehen, wenn ihr nicht bedenkt, dass der Arbeiter seines Lohnes wert ist (Lk 10,7)? Und niemand soll sagen: ‚Wird nun das Wort verkauft, das umsonst angeboten wurde (vgl. Mt 10,8)?' Auf keinen Fall! 71,4. Denn wer hat, wovon er leben kann, und lässt sich etwas geben, der verkauft das Wort; wer aber nichts hat und sich für seinen Lebensunterhalt Nahrung geben lässt – wie auch der Herr sich bei Gastmählern und von Freunden geben ließ, weil er nichts hatte, obwohl er in Zukunft alles haben wird –, der sündigt nicht. 71,5. Dementsprechend ehrt nun die Ältesten, die Katecheten, die tüchtigen Diakone, die Witwen, die einen guten Lebenswandel führen, die Waisen als die Kinder der Gemeinde! Doch wann immer Mittel bei einer Notlage erforderlich werden, sollt ihr alle sie gemeinsam zusammentragen! 71,6. Übt Gottesfurcht aneinander und zögert nicht, alles für eure Rettung auf euch zu nehmen!“

72,1. Als er dies gesagt hatte, legte er Zachäus die Hand auf und sprach: „Herrscher und Herr des Alls, Vater und Gott, bewahre du den Hirten samt der Herde! Du bist der Grund, du bist die Kraft. 72,2. Wir sind Hilfsempfänger, du bist der Helfer, der Arzt, der Retter, das Bollwerk, das Leben, die Hoffnung, die Zuflucht, die Freude, die Erwartung, die Ruhe – kurz gesagt: Du bist alles für uns! Zum ewigen Besitz des Heils verhilf uns, beschütze uns, bewahre uns! 72,3. Alles vermagst du, denn du bist der Fürst über die Fürsten, der Herr über die Herren, der Herrscher über die Könige. 72,4. Gib du dem Vorsteher die Macht zu lösen, was gelöst werden muss, und zu binden, was gebunden werden muss (vgl. Mt 16,19; 18,18), mach du ihn weise! Wie durch ein Werkzeug bewahre du durch ihn die Gemeinde deines Christus wie eine schöne Braut. 72,5. Denn dein ist die ewige Herrlichkeit! Lob sei dem Vater und dem Sohn und dem Heiligen Geist bis in alle Ewigkeit. Amen." 73,1. Und als er dies gesagt hatte, fügte er noch hinzu: „Alle, die ihr getauft werden wollt, beginnt von morgen an zu fasten und lasst euch täglich die Hände auflegen und fragt, wonach ihr wollt! Denn ich will noch zehn Tage bei euch bleiben."

## Die Entsendung von Klemens, Aquila und Niceta nach Tyrus

73,2. Und als er nach drei Tagen zu taufen begann, rief er mich, Aquila und Niceta und sagte: „Da ich erst in sieben Tagen nach Tyrus aufbrechen werde, will ich, dass ihr sogleich fortgeht und euch bei der Kanaanäerin Bernike, der Tochter Justas, heimlich aufnehmen lasst. Erkundigt euch genau bei ihr, was Simon tut, und schreibt es mir! 73,3. Denn es nützt mir sehr, dass ich mich darauf einstellen kann. Darum geht sogleich in Frieden!" Da ließen wir ihn taufend zurück und eilten ihm nach Tyrus in Phönizien voraus, wie er es befohlen hatte.

# Buch 4

## Die Ankunft der Brüder in Tyrus

1,1. Nach der Abreise aus Cäsarea Stratonis gelangten wir – ich, Klemens, samt Niceta und Aquila – zu dem in Phönizien gelegenen Tyrus. Auf die Weisung des Petrus hin, der uns entsandt hatte, nahmen wir Quartier bei Bernike, der Tochter der Kanaanäerin Justa. 1,2. Die empfing uns hoch erfreut. Mir erwies sie viel Ehre, Aquila und Niceta aber große Zuneigung. Vor Freude redete sie wie eine Vertraute ganz offen, behandelte uns liebevoll und drängte uns höflich zu körperlicher Erholung. 1,3. Als ich erkannte, dass sie versuchte, uns zu einer kurzen Ruhepause zu bewegen, sagte ich: „Recht tust du daran, dich um die Erfüllung der Liebespflichten zu bemühen. 1,4. Höher als diese Liebe ist aber die Furcht vor unserem Gott zu achten. Denn weil wir den Kampf um viele Seelen führen, scheuen wir davor zurück, unserer Ruhe Vorrang vor ihrer Rettung zu geben. 2,1. Wir haben nämlich erfahren, dass der Zauberer Simon nach seiner Niederlage bei dem Streitgespräch mit unserem Herrn Petrus in Cäsarea und seiner umgehenden Flucht nun hier viel Böses bewirkt. 2,2. Denn bei allen, auf die er trifft, lästert er Petrus, der Wahrheit zuwider, und raubt die Seelen der Menge. 2,3. Obwohl er selbst ein Zauberer ist, nennt er Petrus einen Zauberer, und obwohl er selbst ein Verführer ist, bezeichnet er jenen öffentlich als Verführer. Obwohl er bei den Streitgesprächen in jeder Hinsicht den Kürzeren gezogen hat und geflohen ist, behauptet er, selbst der Sieger gewesen zu sein. Er dringt nachdrücklich darauf, dass man Petrus nicht zuhören solle, und zwar in der angeblichen Sorge, dass man sonst von diesem üblen Zauberer verhext würde. 3,1. Nachdem unser Herr Petrus das erfahren hatte, schickte er uns zur Überprüfung dieses Berichtes voraus. Falls es sich so verhielte, wollte er, durch einen Brief von uns in Kenntnis gesetzt, herkommen und ihn in Gegenwart derjenigen widerlegen, bei denen er Petrus verleumdet hatte. 3,2. Weil wir uns nun die Gefahr für viele Seelen vor Augen steht, darum verzichten wir für eine Weile auf körperliche Ruhe und wollen von dir, da du hier lebst, zuverlässig erfahren, ob wahr ist, was wir gehört haben. Du wirst uns ja gewiss alles sagen können."

4,1. Auf diese Bitte hin sagte Bernike: „Es verhält sich so, wie ihr gehört habt. Doch sollt ihr auch alles andere über diesen Simon erfahren, was euch vielleicht noch unbekannt ist! 4,2. Gestalten und Trugbilder lässt er den ganzen Tag über mitten auf der Agora erscheinen und stürzt dadurch die gesamte Stadt in Verwirrung. Wenn er aus dem Haus tritt, bewegen sich Standbilder, und viele Schatten ziehen vor ihm her, von denen er behauptet, es seien die Seelen von Toten. 4,3. Viele, die ihn als Zauberer zu überführen suchten, zog er auf seine Seite. Später aber, als er anlässlich eines Gastmahls einen Ochsen schlachtete und sie bewirtete, schlug er sie mit verschiedenen Krankheiten und unterwarf sie den Dämonen. Doch ich will mich kurz fassen: Obwohl er vielen Böses angetan hat, hält man ihn für einen Gott, und trotz seiner Gefährlichkeit wird ihm sogar Ehre erwiesen (vgl. Apg 8,9–11). 5,1. Deshalb glaube ich nicht, dass jemand ein derart großes Feuer, das da entbrannt ist, löschen kann. Denn niemand bezweifelt, was er verspricht, ein jeder versichert vielmehr, dass es sich so verhält. 5,2. Damit ihr nicht in Gefahr geratet, bitte ich euch daher, nichts gegen ihn zu unternehmen, bis Petrus kommt. Nur er wird in der Lage sein, einer derartigen Macht entgegenzutreten, weil er der tüchtigste Jünger unseres Herrn Jesus Christus ist. 5,3. Denn ich fürchte diesen Simon sehr! Wüsste ich nicht von seiner Niederlage in einem früheren Streitgespräch mit meinem Herrn Petrus, hätte ich euch geraten, auch Petrus zu überzeugen, nicht den Versuch zu wagen, Simon entgegenzutreten." 6,1. Da sagte ich: „Wenn unser Herr Petrus nicht wüsste, dass nur er dessen Macht überwinden kann, hätte er uns nicht vorausgeschickt und aufgetragen, ihm heimlich zu schreiben, was wir über Simon herausgefunden haben." – Weil inzwischen der Abend hereingebrochen war, nahmen wir Nahrung[111] zu uns und gingen schlafen.

111 Wörtlich: „Salze".

## Klemens’ Zusammentreffen mit Appion

6,2. Bei Tagesanbruch kam ein Bekannter zu Bernike und sagte, dass Simon nach Sidon abgesegelt sei. Von seinen Schülern aber habe er Appion Pleistonikes[112] zurückgelassen, einen Alexandriner, von Beruf Elementarlehrer – ich kannte ihn gut, weil er mir vom Vater her befreundet war –, sowie Annubion, den Diospoliten[113], einen Astrologen, und Athenodor, den Athener, einen Anhänger der Lehre Epikurs. 6,3. Nachdem wir diese Dinge über Simon erfahren hatten, schrieben wir bei Tagesanbruch alles auf, schickten es an Petrus und unternahmen einen Spaziergang. 7,1. Da begegnete uns Appion, nicht nur mit den beiden zuvor genannten Freunden, sondern mit noch ungefähr dreißig weiteren Männern. 7,2. Kaum hatte er mich gesehen, begrüßte er mich, küsste mich und sagte: „Dies ist Klemens, von dessen vornehmer Herkunft und edlem Charakter ich euch ausführlich erzählt habe. Obwohl er ein Mann aus dem Geschlecht des Kaisers Tiberius ist und mit der gesamten griechischen Bildung vertraut, wurde er von einem Barbaren mit Namen Petrus verführt, wie die Juden zu handeln und zu reden. 7,3. Darum bitte ich euch, mit mir zu kämpfen, um ihm den Kopf wieder zurechtzurücken. In eurer Gegenwart will ich ihn befragen. Weil er glaubt, sich einem gottesfürchtigen Leben hingegeben zu haben, soll er mir sagen, ob nicht der im höchsten Maße frevelt, der die väterlichen Bräuche aufgibt und sich barbarischen Sitten zuwendet!“ 8,1 Da antwortete ich: „Ich erkenne deine edle Absicht mir gegenüber an, weise aber deinen Mangel an Wissen von mir. Denn deine Absicht ist edel: Du willst, dass ich in dem bleibe, was du für gut hältst. Dein mangelhaftes Wissen aber zielt darauf, mich unter dem Vorwand von Freundschaft in die Irre zu leiten.“ 8,2. Da sagte Appion: „Hältst du es für mangelnde Einsicht, die väterlichen Sitten zu bewahren und

112 Der Beiname charakterisiert Appion als jemanden, der „viele Siege“ errungen hat. Der historische Appion oder Apion, ein Gelehrter aus Alexandrien, lebte in der ersten Hälfte des 1. Jahrhunderts n. Chr. und wurde vor allem durch seine antijüdische Polemik bekannt (vgl. 5.2,4). Der jüdische Historiker Flavius Josephus hat sich in einer Streitschrift mit ihm auseinandergesetzt.

113 D. h., er stammt aus der ägyptischen Stadt Diospolis.

auf griechische Art zu denken?“ 8,3. Da antwortete ich: „Wer ein gottesfürchtiges Leben vorzieht, muss die väterlichen Sitten nicht bedingungslos bewahren. Er muss sie bewahren, wenn sie gottesfürchtig sind, sie aber ablehnen, wenn sie gottlos sind. Es ist ja möglich, dass jemand, der von einem gottlosen Vater abstammt und gottesfürchtig leben möchte, dem Vorbild des Vaters nicht folgen will.“ 8,4. Da antwortete Appion: „Was denn? Du behauptest, dein Vater habe ein schlechtes Leben geführt?“ Da sagte ich: „Nicht sein Leben war schlecht, wohl aber seine Ansichten.“ 8,5. Darauf Appion: „Ich will erfahren, worin seine falsche Auffassung bestand.“ Da sagte ich: „Dass er den erlogenen, schändlichen Mythen der Griechen Glauben schenkte.“ 8,6. Da fragte Appion: „Welche sind diese erlogenen und schändlichen Mythen der Griechen?“ Da sagte ich: „Es geht um ihre unrichtigen Meinung über die Götter, die du, wenn du Geduld hast, zusammen mit den Wissbegierigen erfahren wirst. 9,1. Doch wollen wir uns vor diesen Gesprächen erst an einen ruhigeren Platz zurückziehen; dort will ich mit euch diskutieren. Der Grund, warum ich mich nicht in der Öffentlichkeit unterhalten will, ist folgender: Weder die große Menge noch sämtliche Philosophen gehen richtig an die Untersuchung der Dinge heran. 9,2. Denn unter denen, die sich mit ihrer Philosophie brüsten, kennen wir viele, die nach nichtigem Ruhm trachten oder wegen des Geldes den Philosophenmantel tragen und nicht um der Tugend selbst willen. Und wenn sie nicht herausfinden, wozu man Philosophie treibt, wenden sie sich dem Spott zu. Wegen solcher Leute wollen wir uns einen Platz aussuchen, der zum Alleinsein geeignet ist.“ 10,1. Da sagte ein reicher Mann unter ihnen[114], der Besitzer eines Landguts mit immergrünen Laubbäumen: „Da die Sommerhitze heftig glüht, wollen wir uns in meine Gärten nahe der Stadt zurückziehen.“ 10,2. Da gingen sie voraus und ließen sich nieder, wo es reine Ströme aus kühlen Quellen und ein grünes Dach aus verschiedenartigen Bäumen gab. 10,3. Dort setzte ich mich erfreut nieder und die anderen um mich herum. Statt mich durch Worte zu bitten, schwiegen sie und machten durch ihre auf mich gerichteten Blicke deutlich, dass sie die Erfüllung meines Versprechens erwarteten. Da begann ich mit folgenden Worten:

114 Gemeint sind die in 4.7,1 erwähnten Begleiter Appions.

## Die Rede des Klemens über die Götter der Griechen und den Gott der Juden

11,1. „Ein großer Unterschied, ihr Griechen, besteht zwischen Wahrheit und Gewohnheit. Denn die Wahrheit findet man, wenn man sie auf die richtige Weise sucht. Aber das Herkömmliche, was auch immer übernommen wird, sei es richtig oder falsch, wird endlos durch sich selbst verstärkt, und weder freut sich der, der es übernimmt, darüber, wenn es richtig ist, noch ärgert er sich, wenn es falsch ist. 11,2. Denn nicht auf ein Urteil, sondern auf ein Vorurteil verlässt sich der, weil er auf gut Glück seine eigenen Hoffnungen von der Meinung seiner Vorfahren abhängig macht. Und es ist nicht leicht, die väterliche Tracht abzulegen, auch wenn sie sich uns als vollkommen dumm und lächerlich erweist. 12,1. Zum Beispiel halte ich die gesamte Bildung der Griechen für das übelste Werk eines bösen Dämons. 12,2. Denn manche von ihnen haben gelehrt, es gebe viele Götter, und zwar böse, allen Leidenschaften unterworfene Götter. So soll der, der das Gleiche tun will, keine Scham empfinden – was zum Wesen des Menschen gehört –, weil er ein Vorbild hat an der schlechten, würdelosen Lebensweise der Götter, von denen die Mythen erzählen. 12,3. Weil er aber keine Scham empfindet, hat ein solcher Mensch auch keine Hoffnung auf Umkehr. Andere aber haben gelehrt, es gebe ein Schicksal, die sogenannte Genesis[115], im Widerspruch zu der niemand etwas erleiden oder vollbringen kann. 12,4. Das ist nun genau dasselbe wie das erste, denn wenn man annimmt, dass niemand erleiden oder vollbringen kann, was der Genesis widerspricht, verfällt man leicht der Sünde. Und wenn man gesündigt hat, bereut man die Freveltaten nicht, sondern führt als Entschuldigung an, von der Genesis dazu gezwungen worden zu sein. Und weil man die Genesis nicht ändern kann, empfindet man nicht einmal Scham über seine Sünden. 13,1. Wieder andere haben den unvorhersehbaren Lauf der Dinge gelehrt, weil sich das All von selbst bewege ohne die Lenkung eines Herrschers. Anzu-

115 Wörtlich: „Geburt(sumstände)“; Bezeichnung für die das Schicksal bestimmende Gestirnkonstellation zum Zeitpunkt der Geburt bzw. für die „Wissenschaft von der Astrologie“ (14.5,2). Vgl. dazu 14.3–11.

nehmen, dass es sich so verhält, ist, wie wir gesagt haben[116], die schlimmste aller Lehrmeinungen. 13,2. Denn wenn niemand regiert und sich kümmert und einem jeden vergilt, wie er es verdient, tun diese Leute aufgrund von mangelnder Furcht bereitwillig alles, wozu sie imstande sind. Darum gelangen die, die so gesinnt sind, nur mit Mühe oder vielleicht auch gar nicht zur Tugendhaftigkeit. Sie ahnen ja nicht, welche Gefahr ihnen droht.

13,3. Die Lehre der, wie ihr behauptet, barbarischen Juden ist hingegen in höchstem Maße gottesfürchtig. Sie kennt nur einen Vater und Schöpfer dieses Alls, der seiner Natur nach gut und gerecht ist – gut, weil er denen, die bereuen, die Sünden vergibt, und gerecht, weil er jeden, der nicht Buße tut, bestraft, wie es seine Taten verdienen. 14,1. Selbst wenn diese Lehre nur ein Mythos wäre, würde sie, weil sie gottesfürchtig ist, nicht ohne Nutzen für das Leben sein. Denn in der Erwartung, von dem Gott, der alles sieht, gerichtet zu werden, entwickelt ein jeder umso größeren Eifer, tugendhaft zu leben. 14,2. Und wenn diese Lehre sogar wahr wäre, könnte sie den, der ein tugendhaftes Leben geführt hat, von der ewigen Strafe erlösen und ihm die von Gott bereiteten ewigen, unbeschreiblichen Wohltaten verschaffen.

15,1. Doch will ich auf die bekannteste Lehrmeinung der Griechen zurückkommen, die in Mythen erzählt, dass es viele Götter gibt, die allen Leidenschaften unterworfen sind. 15,2. Ich will nicht viel Zeit auf Bekanntes verschwenden und die frevelhaften Taten eines jeden dieser sogenannten Götter anführen. All ihre Liebschaften möchte ich unerwähnt lassen[117]: die des Zeus und des Poseidon, des Pluton und des Apollon, des Dionysus und des Herakles und die all der anderen. Ihr kennt sie gut, weil ihr griechische Bildung genossen habt. In ihren Lebensbeschreibungen seid ihr unterwiesen worden, damit ihr als Bewunderer der Götter das Gleiche tut. 16,1. Beim allerköniglichsten Zeus will ich beginnen, dessen Vater Kronos, wie ihr erzählt, seine eigenen Kinder verschlungen und mit einer Sichel aus Stahl die Geschlechtsteile seines Vaters Uranos abgeschnitten hat. So gab er allen, die die Mysterien der Götter bewundern, ein Vor-

116 Davon war bisher keine Rede.

117 Eine umfangreiche Liste dieser Liebschaften findet sich in 5.12–15.

bild an Frömmigkeit gegenüber den Eltern und an Liebe zu den Kindern. 16,2. Zeus wiederum fesselte seinen Vater, sperrte ihn in den Tartarus und bestrafte die anderen Götter. Und als Vorbild für diejenigen, die Abscheuliches tun wollen, brachte er Metis hervor und verschlang sie. Metis aber war Samen, denn einen Säugling zu verschlingen ist unmöglich. 16,3. Und zur Rechtfertigung der Knabenschänder raubte er Ganymed. Und um Ehebrechern beim Ehebruch beizustehen, wurde er selbst oft als Ehebrecher ertappt. Und zur Verführung von Schwestern ermunterte er, indem er seinen Schwestern Hera, Demeter und der himmlischen Aphrodite, die einige Dodona[118] nennen, beiwohnte. 16,4. Und denjenigen, die mit ihren Töchtern verkehren wollen, gab er den Mythen zufolge ein schlechtes Beispiel, weil er Persephone beigewohnt hat. Und unzählige andere Frevel hat er begangen, sodass die Gottlosen wegen seiner alles übertreffenden Zügellosigkeit dem Mythos Glauben schenkten, er sei ein Gott. 17,1. Bei Ungebildeten mag man es für begreiflich halten, dass sie über solche Vorstellungen wenig empört sind, was aber soll man bei denen sagen, die Bildung genossen haben? Manche von ihnen, die sich für Lehrer und Sophisten halten, beteuern, dass solche Taten der Götter würdig sind. 17,2. Weil sie selbst zügellos sind, greifen sie zu diesem mythischen Vorwand und sagen in aller Offenheit, dass sie als Nachahmer der Unübertrefflichen[119] Schändliches vollbringen. 18,1. Deshalb sündigen die, die auf dem Land leben, viel weniger als jene, weil sie nicht den schädlichen Unterricht erhalten, wie ihn diejenigen erhalten haben, die diese Dinge wagen, denn aufgrund schlechter Erziehung lernten sie zu freveln. 18,2. Bei denjenigen, die von Kindesbeinen an anhand solcher Mythen Elementarunterricht erhalten, prägen sich nämlich die frevelhaften Taten der sogenannten Götter dem eigenen Willen ein, weil ihre Seelen noch zart sind. 18,3. Deshalb bringen sie mit zunehmendem Alter die Früchte der schlechten Saat, die in ihre Seele geworfen wurde. Und das Schlimmste von allem ist, dass die eingewurzelten Frevel nicht leicht ausgejätet werden können, wenn man als Erwachsener ihre

118 Wohl fehlerhaft für Dione oder Didone (nach Homer Mutter der Aphrodite), die in Dodona (Epirus) verehrt wurde. Dodona erscheint auch in 5.13,1 als Beiname der Kypris (= Aphrodite).

119 D.h., der Götter.

Schädlichkeit erkennt. 18,4. Denn woran ein jeder von Kindesbeinen an gewöhnt ist, dabei bleibt er gern. Weil folglich die Gewohnheit nicht viel weniger vermag als die Natur, sind sie schwer auf das Gute hin zu verändern, das ihnen nicht von Anfang an in die Seele gelegt wurde. 19,1. Darum sollen die jungen Leute nicht in diesen verderblichen Lehren unterrichtet werden, und die, die in der Blüte des Lebens stehen, sorgfältig vermeiden, die Mythologien der Griechen anzuhören. 19,2. Denn viel schlimmer als Unwissenheit sind die bei ihnen verbreiteten Lehren, wie wir anhand der Landbevölkerung bewiesen haben, die weniger frevelt, weil man sie nicht in den Mythen der Griechen unterrichtet hat. 19,3. Diese ihre Mythen sind also zu meiden und ihre Theater und ihre Bücher – wenn es möglich wäre, auch ihre Städte. Sie strotzen nämlich vor schlechten Lehren, und durch ihren Atem stecken sie ihre Mitmenschen wie mit Tollwut mit dem an, woran sie selbst leiden. 19,4. Das Schlimmste aber ist: Je mehr Unterricht jemand bei ihnen genossen hat, desto mehr wendet er sich vom natürlichen Menschenverstand ab. 20,1. Einige aber unter ihnen, die sogar Philosophen sein wollen, halten solche Sünden für belanglos und nennen diejenigen unvernünftig, die sich über solche Taten entrüsten. 20,2. Sie behaupten nämlich, dass solche Taten nicht von Natur aus Sünden sind. Erst durch Gesetze, die von den Weisen der frühesten Zeit erlassen wurden, seien sie in dem Wissen verboten worden, dass die Menschen wegen ihres erregbaren Gemüts sich über solche Taten mächtig empören und gegeneinander Krieg führen. Deshalb hätten die Weisen ein Gesetz erlassen und solche Taten als Sünden verboten. 20,3. Aber diese Annahme ist lächerlich. Wie kann denn etwas anderes die Ursache von Aufruhr, Mord und jeglicher Unordnung sein als Sünde? Entspringen denn etwa aus dem Ehebruch nicht Verkürzung des Lebens, Zerstörung von Familien, Zauberei, Hinterlist, Armut und andere Übel mehr? 21,1. ‚Aber warum', so sagt man, ‚ist der Mann, wenn er vom Ehebruch seiner Frau nichts weiß, nicht eifersüchtig, nicht wütend, nicht zu Aufruhr und Krieg geneigt? Folglich sind solche Taten nicht von Natur aus schlecht, sondern die unvernünftige Auffassung der Menschen ist es, die Abscheulichkeiten daraus macht.' 21,2. Ich aber behaupte: Selbst wenn diese abscheulichen Dinge nicht geschehen, ist es möglich, dass die Frau infolge des Umgangs mit einem Ehebrecher ihren Mann verlässt oder, auch wenn sie weiter mit ihm zusammenlebt, ihm zu schaden sucht oder das, was ihr Mann mühsam erworben hat, dem Ehebrecher überlässt. Möglich ist auch, dass sie während einer Abwesenheit ihres Mannes vom Ehebrecher schwanger wird, aus Furcht, überführt zu werden, ihre Leibesfrucht töten will und so zur Kindesmörderin wird oder bei der Abtreibung sogar mit umkommt. 21,3. Wenn sie aber, während ihr Mann mit ihr verkehrt, von einem Ehebrecher schwanger wird und gebiert, kennt das Kind, wenn es groß geworden ist, seinen Vater nicht, sondern hält den dafür, der es nicht ist. Und so hinterlässt der, der nicht der Vater ist, bei seinem Tod einem fremden Kind sein Vermögen. Und wie viele andere Übel pflegen naturgemäß aus dem Ehebruch hervorzugehen! 21,4. Gar nichts wissen wir von den verborgenen Übeln. Denn wie ein tollwütiger Hund diejenigen tötet, die er streift, weil er sie mit der ganz unsichtbaren Tollwut infiziert, so bewirkt auch das heimliche Übel des Ehebruchs, auch wenn es unerkannt bleibt, das jähe Ende der Generationenfolge. 22,1. Doch lassen wir das jetzt beiseite. Dies aber wissen wir alle: In der Regel werden die Ehemänner darüber maßlos zornig. Kriege sind deshalb entfacht, Familien vernichtet, Städte erobert und zahllose andere Taten begangen worden. 22,2. Deshalb habe ich zu dem heiligen Gott und Gesetz der Juden Zuflucht genommen und mich dem sicheren Urteil anvertraut, dass das Gesetz gemäß dem gerechten Urteil Gottes angeordnet worden ist und dass die Seele auf jeden Fall früher oder später empfängt, was ihre Taten verdienen."

## Klemens' Streitgespräch mit Appion

23,1. Nachdem ich dies gesagt hatte, erhob Appion Einwände gegen meine Rede und sprach: „Was denn – verbieten nicht auch die Gesetze der Griechen das Böse und bestrafen die Ehebrecher?" 23,2. Da sagte ich: „Folglich haben die Götter der Griechen wider die Gesetze gehandelt und verdienen Strafe. Aber wie werde ich mich selbst einem tugendhaften Leben hingeben können, wenn ich überzeugt bin, dass die Götter selbst als erste einschließlich Ehebruch alles Böse begangen haben und nicht dafür bestraft wurden? Sie hätten doch umso härter bestraft werden müssen, weil sie nicht Sklaven ihrer Begierde sind! Wenn sie ihr aber unterworfen wären, wie könnten sie dann Götter sein?" 23,3. Darauf Appion: „Unser Interesse soll nicht mehr den Göttern, sondern den Richtern gelten: Wenn wir unsern Blick auf sie richten, werden wir uns scheuen zu sündigen." 23,4. Da sagte ich: „Das ist nicht dasselbe, Appion. Denn wer einen Menschen vor Augen hat, wird in der Hoffnung, unentdeckt zu bleiben, zu sündigen wagen. Wer aber den alles sehenden Gott vor seine Seele stellt, weiß, dass er nicht unentdeckt bleiben kann, und wird sich hüten, auch nur heimlich zu sündigen." 24,1. Als Appion dies hörte, sagte er: „Seitdem ich gehört habe, dass du mit Juden verkehrst, wusste ich, dass du deine Meinung geändert hast. Denn man sagt zu Recht: ‚Schlechter Umgang verdirbt gute Sitten.'[120]" 24,2. Da sagte ich: „Folglich verbessert guter Umgang schlechte Sitten!" Da sagte Appion: „Heute war ich damit zufrieden, deine Einstellung kennenzulernen. Darum haben wir dir erlaubt, als erster zu reden. 24,3. Morgen aber will ich hier, wenn es dir recht ist, im Beisein derselben Freunde zeigen, dass unsere Götter weder Ehebrecher sind noch Mörder, noch Kinderschänder, noch mit Schwestern oder Töchtern Verkehr haben. Aber weil die Alten wollten, dass nur die Wissbegierigen die Geheimnisse kennen, verbargen sie diese in den Mythen, von denen du gesprochen hast. 24,4. Sie geben nämlich die naturphilosophische Erklärung, dass Zeus die kochende Substanz sei, Kronos die Zeit und Rhea die beständig fließende Natur des Wassers.[121] 24,5. Doch, wie versprochen: Morgen werde ich euch, wenn ihr bei Tagesanbruch zusammenkommt, jede einzelne Gestalt allegorisch auslegen und die Wahrheit der Dinge enthüllen." 24,6. Darauf erwiderte ich: „Wie du es versprochen hast, so tue es morgen! Vernimm aber schon jetzt Einwände gegen das, was du morgen zu sagen gedenkst. 25,1. Wenn die Taten der Götter gut waren, aber durch schlechte Mythen verschleiert wurden, beweist das die große Schlechtigkeit dessen, der sie verborgen hat. Denn er versteckte die erhabenen Dinge in schlechten Erzählungen, damit

120 Dieses auf Menander oder Euripides zurückgehende Sprichwort wird auch in 1. Kor 15,33 zitiert.

121 Volksetymologische Erklärung der drei Götternamen: Zeus wird von *zein* („kochen", „sieden"), Kronos von *chronos* („Zeit") und Rea von *rhein* („fließen") abgeleitet.

ihnen niemand nacheifere. 25,2. Wenn sie aber in Wahrheit Gottloses getan haben, hätte man es im Gegenteil durch gute Erzählungen überdecken müssen, damit die Menschen, die sich ja nach den Herrschern richten, nicht auf ähnliche Weise wie sie zu sündigen beginnen." 25,3. Als ich dies gesagt hatte, begannen die Anwesenden unverhohlen Sympathie für meinen Vortrag zu zeigen. Sie entfernten sich nämlich mit der wiederholten, nachdrücklichen Bitte an mich, unbedingt am nächsten Tag wiederzukommen.

# Buch 5

## Ein Rückblick auf Klemens' Bekanntschaft mit Appion

1,1. Als ich in Tyrus am folgenden Tag, wie wir verabredet hatten, zu dem friedlichen Ort kam, sah ich zwar die übrigen samt einigen anderen und begrüßte sie, Appion aber erblickte ich nicht. Ich erkundigte mich nach dem Grund seines Fernbleibens. 1,2. Da sagte jemand, dass er seit dem gestrigen Abend erkrankt sei. Ich erwiderte, dass es angemessen sei, sofort aufzubrechen, um ihn zu besuchen. Da baten mich fast alle, erst mit ihnen zu diskutieren; anschließend könne man ihn ja besuchen. Da sie alle einer Meinung waren, begann ich meine Rede:

2,1. „Nachdem ich gestern von hier fortgegangen war, liebe Freunde, konnte ich zugegebenermaßen keinen Schlaf finden, weil ich über das bevorstehende Streitgespräch mit Appion nachsann. Während ich wach lag, fiel mir ein Streich ein, den ich ihm in Rom gespielt hatte. 2,2. Es ging um Folgendes: Von Kindesbeinen an liebte ich, Klemens, die Wahrheit. Ich erforschte, was für die Seele nützlich ist, und vergeudete meine Zeit mit dem Verwerfen und Aufstellen von Thesen. Weil ich nichts Unumstößliches finden konnte, wurde ich vor Kummer krank.[122] 2,3. Als ich daniederlag, kam Appion nach Rom. Er war mir vom Vater her befreundet und wurde von mir gastlich aufgenommen. Als er erfuhr, dass ich bettlägerig sei, kam er zu mir herein, und weil er in der Heilkunst nicht unbewandert war, erkundigte er sich nach der Ursache meines Krankenlagers. 2,4. Ich wusste aber sehr wohl, dass dieser Mann den Juden äußerst feindlich gesinnt war, sodass er schon viele Bücher gegen sie geschrieben hatte. Auch Simon hatte er jetzt nicht in seinen Freundeskreis aufgenommen, weil er ihn gern kennenlernen wollte,

122 Dazu ausführlich Buch 1.1–3.

sondern weil er wusste, dass dieser als Samaritaner und Judenhasser öffentlich gegen die Juden aufgetreten war. Deshalb hatte er seine Nähe gesucht, damit er von ihm etwas lernen könne, was sich gegen die Juden richtet. 3,1. Weil ich dies bereits über Appion wusste, gab ich, als er nach der Ursache meiner Krankheit fragte, zum Schein die Antwort, dass ich das Leid der Jugend durchmachte und Seelenqualen litt. 3,2. Darauf erwiderte er: ‚Mein Sohn, sprich offen wie mit einem Vater! Woran ist deine Seele erkrankt?' Als ich wiederum zum Schein aufseufzte, als schämte ich mich, über die Liebe zu sprechen, lenkte ich durch mein Schweigen und meinen gesenkten Blick seinen Verdacht auf das, was ich vortäuschen wollte. 3,3. Da war er überzeugt, dass ich wirklich in eine Frau verliebt war, und sagte: ‚Es gibt nichts im Leben, dem man nicht abhelfen kann. Denn auch ich war jung und in eine sehr vornehme Frau verliebt. Ich glaubte nicht nur, dass es unmöglich sei, sie zu erobern, sondern gab mich nicht einmal der Hoffnung hin, je mit ihr zu sprechen. 3,4. Und trotzdem: Als ich einem Ägypter begegnete, der in den Zauberkünsten sehr bewandert war, und Freundschaft mit ihm geschlossen hatte, offenbarte ich ihm meine Liebe. Da stellte er sich mir nicht nur für alles, was ich wollte, zur Verfügung, sondern sah es mir gegenüber geradezu überschwänglich als Ehrensache an, mich ohne Zögern auch über das Zaubermittel aufzuklären, durch das ich sie erobern würde. 3,5. Überzeugt von der Uneigennützigkeit meines Lehrers, eroberte ich sie mittels seiner geheimen Anleitung einmal und wurde so von meiner Verliebtheit frei. 4,1. Wenn auch du dergleichen durchmachst, wie es der menschlichen Natur entspricht, dann verlass dich auf uns und sei unbesorgt! Denn ich werde dafür sorgen, dass du sie innerhalb von sieben Tagen eroberst.' 4,2. Als ich dies hörte, sagte ich mit Blick auf mein Ziel: ‚Verzeih mir, dass ich ganz und gar nicht an Zauberei glaube. Ich habe nämlich schon viele erlebt, die vieles versprochen und damit gelogen haben. 4,3. Dein Versprechen rührt mich trotzdem und macht mir Hoffnung. Doch wenn ich darüber nachdenke, fürchte ich, dass die Dämonen den Befehlen der Zauberer bisweilen nicht gehorchen.' 5,1. Da sagte Appion: ‚Erlaube mir, dass ich das besser weiß als du! Aber damit du nicht glaubst, dass du auf deinen Einwand nichts von mir zu hören bekommst, sollst du erfahren, warum die Dämonen notwendigerweise den Befehlen der Zauberer gehorchen müssen. 5,2. Denn wie es unmöglich ist, dass ein Soldat seinem Befehlshaber widerspricht und die Befehlshaber ihrerseits nicht dem König ungehorsam sein können – denn wer den Vorgesetzten widerspricht, verdient jedenfalls Strafe –, so ist es unmöglich, dass die Dämonen den Engeln, die den Befehl über sie haben, nicht zu Diensten sind. Wenn sie in ihrem Namen beschworen werden, fügen sie sich schaudernd, weil sie genau wissen, dass sie bei Ungehorsam jedenfalls bestraft werden. 5,3. Aber auch die Engel selbst gehorchen, wenn sie von den Zauberern im Namen des Mächtigsten beschworen werden, damit sie nicht wegen Ungehorsams verurteilt und vernichtet werden. 5,4. Denn wenn nicht alles, was beseelt ist und Vernunft hat, die Bestrafung durch den Mächtigsten vor Augen hätte, würde Aufruhr entstehen, weil sich alle gegeneinander empören.' 6,1. Da sagte ich: ,Treffen also die Behauptungen der Dichter und Philosophen zu, dass im Hades die Seelen der Gottlosen gerichtet und für ihre Dreistigkeiten bestraft werden, zum Beispiel die des Ixion, des Tantalos, des Tityos, des Sisyphos und die der Töchter des Danaos, und alle anderen, die jemals auf Erden gefrevelt haben? Und wie kann Zauberei Bestand haben, wenn sich dies so verhält[123]?' 6,2. Und als er sagte, dass die Dinge im Hades sich so verhielten, fragte ich: ,Warum hüten wir uns dann nicht vor der Zauberei, obwohl wir überzeugt sind, im Hades für Ehebruch bestraft zu werden? Denn ich lasse nicht gelten, dass es recht sei, der Widerstrebenden durch Zauberei Gewalt anzutun. Wenn sich aber jemand bereitfindet, sie zu überreden, bin ich damit einverstanden und werde ihm dankbar sein.' 7,1. Da sagte Appion: ,Meinst du nicht, dass es dasselbe ist, ob du sie durch Zauberei eroberst oder durch Worte gewinnst?' 7,2. Da sagte ich: ,Das ist keineswegs dasselbe, denn beide Dinge unterscheiden sich sehr voneinander. Wer nämlich eine widerstrebende Frau durch die Macht der Zauberei bezwingt, wird die schlimmste Strafe erleiden, weil er einer Tugendhaften nachstellt. Wer sie jedoch durch seine Rede gewinnt und die Entscheidung ihrer Freiheit und ihrem Willen überlässt, hat ihr keine Gewalt angetan. 7,3. So glaube

123 Die Handschriften lesen: „wenn sich dies nicht so verhält". Das Argument ist aber, dass Zauberei ein Frevel ist und folglich keinen Bestand hat, weil sie im Hades bestraft wird.

ich, dass der, der sie überredet, geringer bestraft werden wird als der, der ihr Gewalt antut. Wenn du sie also überreden kannst, werde ich dir dankbar sein, sobald ich sie erobert habe. Andernfalls werde ich lieber sterben, als die Widerstrebende gewaltsam zu zwingen.‘ 8,1. Da war Appion wirklich verlegen und sprach: ‚Was soll ich dir sagen? Denn mal flehst du, von Verlangen gequält, sie zu erobern, mal nimmst du, als liebtest du sie nicht, auf die Furcht größere Rücksicht als auf die Begierde. 8,2. Und du glaubst, wenn du sie überredest, als Sündloser unschuldig zu sein, wenn du sie aber durch die Macht der Zauberei eroberst, Strafe zu erleiden. Aber du verkennst, dass das Ergebnis einer jeden Tat beurteilt wird, was geschehen ist; es wird nicht untersucht, wie es geschehen ist. 8,3. Wirst du etwa bei Ehebruch als Frevler verurteilt, wenn er durch Zauberei gelang, und von der Sünde des Ehebruchs freigesprochen, wenn es durch Überredung geschah?‘ 8,4. Da sagte ich: ‚Wegen meines Verlangens liegt mir unter allen Umständen daran, die Geliebte zu erobern. Aber wenn ich eins von beiden wählen muss, werde ich, wenn möglich, lieber schmeicheln als zaubern. Doch ist es gar nicht leicht, sie durch Schmeichelei zu gewinnen, denn diese Frau ist philosophisch hoch gebildet.‘ 9,1. Da sagte Appion: ‚Umso zuversichtlicher bin ich, dass ich sie zu überreden vermag, wie du es wünschst, wenn wir uns nur mit ihr unterhalten können.‘ 9,2. Da antwortete ich: ‚Ausgeschlossen!‘ Da erkundigte sich Appion, ob es möglich sei, ihr einen Brief zu senden. Da sagte ich: ‚Das ist wohl möglich.‘ 9,3. Da sagte Appion: ‚Noch in dieser Nacht werde ich einen Brief schreiben, eine Lobrede auf den Ehebruch. Den wirst du von mir bekommen und ihr zuschicken. Ich hoffe, dass sie sich überreden lassen und einwilligen wird.‘ 9,4. Als Appion jenen Brief geschrieben hatte, gab er ihn mir. An den musste ich letzte Nacht denken, und ich erinnerte mich, dass ich ihn passenderweise zur Hand habe, zusammen mit anderen Briefen, die ich bei mir trage.“ 9,5. Als ich dies erzählt hatte, zeigte ich den Anwesenden den Brief, und weil sie ihn hören wollten, trug ich ihn vor. Als ich damit fertig war, sagte ich: „Dies, ihr Männer, ist die Erziehung der Griechen, die die edle Absicht verfolgt, ohne Scheu Sünden zu begehen.“ Der Brief aber lautete wie folgt:

## Appions Lobrede auf den Ehebruch

10,1. Der Liebende der Geliebten – anonym wegen der Gesetze der unverständigen Menschen – auf Geheiß des Eros, des Erstgeborenen von allen, zum Gruß!

10,2. Ich habe erfahren, dass du dich für Philosophie interessierst und um der Tugend willen nach dem Lebenswandel der Besten strebst. 10,3. Doch welche sollten die Besten sein, wenn nicht die Götter unter allen Wesen und die Philosophen unter den Menschen? Denn nur sie wissen, welche Werke von Natur aus schlecht oder gut sind, und welche durch Verordnung der Gesetze als schlecht oder gut gelten, obwohl sie es nicht sind. 10,4. So haben zum Beispiel einige den sogenannten Ehebruch als Übeltat aufgefasst, obwohl er in jeder Hinsicht gut ist. Er geschieht nämlich auf Geheiß des Eros zur Vermehrung des Lebens. Und Eros ist der älteste von allen Göttern. 10,5. Denn ohne Eros kann ja keine Vereinigung oder Erzeugung von Elementen, Göttern, Menschen, vernunftlosen Tieren und allem Übrigen geschehen. So sind wir nun alle Werkzeuge des Eros. 10,6. Er aber ist der durch uns wirkende Schöpfer, der Verstand, der in den Seelen aller Erzeugten wohnt. Darum begehren wir nicht aufgrund eigenen Willens, seinen Wunsch zu erfüllen, sondern wenn wir von ihm den Befehl erhalten. 10,7. Wenn wir aber aufgrund seines Willens begehren und um der sogenannten Tugendhaftigkeit willen die Begierde zu beherrschen suchen – freveln wir da nicht im höchsten Maße, weil wir uns dem ältesten aller Wesen, Göttern wie Menschen, widersetzen? 11,1. Vielmehr sollen sich ihm alle Türen öffnen, und alle lästigen, verordneten Gesetze sollen aufgehoben werden! Sie sind von eifersüchtigen Menschen aufgestellt, die von Unverstand beherrscht werden, das Einleuchtende nicht bedenken wollen und obendrein die sogenannten Ehebrecher mit Argwohn betrachten. Sie werden durch die Gesetze lächerlich gemacht, die aus gutem Grund von Zeus selbst durch Minos und Rhadamanthys erlassen wurden. 11,2. Denn Eros, der in unseren Seelen wohnt, ist nicht zu bremsen; die Leidenschaft der Verliebten entsteht ja nicht aus eigenem Willen. 11,3. So hatte beispielsweise Zeus, der diese Gesetze erlassen hat, mit zahllosen Frauen Verkehr, und von manchen weisen Männern wurde er als Förderer der Kinderzeugung betrachtet, weil er Menschen den Geschlechtsverkehr mit sich gewährte. Doch in Gegenwart derer, die seiner Gunst misstrauten, ließ er sich nicht erkennen und verwandelte seine Gestalt, damit er sie weder verärgere noch im Ruf stehe, den von ihm erlassenen Gesetzen zuwiderzuhandeln. 11,4. Also muss diejenige, die um eines guten Lebenswandels willen ihr Augenmerk auf die Philosophie richtet, jene nachahmen, die allgemein als unübertrefflich gelten und deren sexuelle Vereinigungen zahllos sind.

12,1. Um die Zeit nicht unnütz mit allzu vielen Beweisen zu verschwenden, will ich nur einige Liebschaften von Zeus selbst, dem Vater der Götter und Menschen, anführen. Denn alle in Erinnerung zu rufen, ist wegen ihrer Zahl unmöglich. 12,2. Schenke also den Liebschaften des großen Zeus Gehör, die, mit Rücksicht auf die Eifersucht unverständiger Männer, infolge der Verwandlung seiner Gestalt verborgen blieben! 12,3. Als er zu heiraten beabsichtigte, wollte er zuallererst die Sünde wahllosen Geschlechtsverkehrs, die von den Weisen als Ehebruch beargwöhnt wird, abschaffen. Und weil er nach seinem ersten Beischlaf[124] erkannte, dass er nach Meinung der Leute nicht zum Ehebrecher geworden war, verschaffte er sich durch seine, wie ich sagte, nur scheinbare Sünde eine sündlose Ehe. 12,4. Er heiratete nämlich Hera, die seine Schwester war, nachdem er einem Kuckucksvogel gleich geworden war. Von ihr wurden Hebe und Eileithyia geboren. Metis brachte er ja ohne Geschlechtsverkehr mit jemandem zur Welt, wie auch Hera den Hephaistos. 13,1. Ferner hatte er mit einer Schwester Verkehr, die ihm von Uranos und Thalassa nach dessen Entmannung durch Kronos geboren worden war, Kypris, die man auch Dodona[125] nennt; von ihr wurde Eros geboren.[126] 13,2. Auch mit Antiope, der Tochter des Nykteus hatte er in Gestalt eines Satyrs Verkehr. Von ihr wurden Amphion und Zethos geboren. Auch Alkmene, der Frau des Amphitryon, wohnte er in Gestalt ihres Gemahls Amphitryon bei. Von ihr wurde Herakles geboren. 13,3. Und mit Aigina, der Tochter des Asopos, ver-

124 Gemeint ist der außereheliche Verkehr des Zeus; der Sinn des Satzes ist undeutlich.

125 S. Anm. 118.

126 Der griechische Wortlaut des Satzes ist durcheinandergeraten und muss sinngemäß umgestellt werden.

kehrte er, nachdem er sich in einen Adler verwandelt hatte. Von ihr wurde Aiakos geboren. Und mit Amaltheia, der Tochter des Phokos, schlief er in Gestalt eines Bären. Von ihr wurde Arkas geboren.[127] 13,4. Und Danaë, die Tochter des Akrisios, überströmte er als goldener Regen. Aus ihr schwang sich Perseus empor. Bei Kallisto, der Tochter des Lykaon, wurde er zum wilden Löwen und zeugte den anderen Arkas. 13,5. Europa, der Tochter des Phoinix, wohnte er als Stier bei. Von ihr wurden Minos, Rhadamanthys und Sarpedon geboren. Eurymedusa, der Tochter des Acheloos, wohnte er als Ameise bei. Aus ihr ging Myrmidon hervor. Einer Nymphe des Hersaios[128] wohnte er als Geier bei. Von ihr stammen die alten Weisen[129] auf Sizilien ab. 13,6. Mit Himalia[130], der Erdgeborenen, hatte er auf Rhodos als Platzregen Verkehr. Aus ihr gingen Spartaios[131], Kronios und Kytos hervor. Kassiepeia[132] nahm er sich zur Braut, nachdem er die Gestalt ihres Gemahls Phoinix angenommen hatte. Von ihr wurde ihm Anchinoos geboren. 13,7. Mit Nemesis, der Tochter des Thestios, die auch als Leda bezeichnet wird, zeugte er, zum Schwan oder zur Gans verwandelt, Helena, und ein andermal brachte er, zum Stern verwandelt, Kastor und Polydeukes ans Licht. Für Lamia verwandelte er sich zum Wiedehopf. 14,1. Mnemosyne machte er in Gestalt eines Hirten zur Mutter der Musen. Semele, die Tochter des Kadmos, freite er, indem er sich in Feuer verwandelte; durch sie brachte er Dionysos zustande. 14,2. In Gestalt eines Drachen schändete er seine Tochter Persephone, die auch für die Frau seines Bruders Pluton gehalten wird. 14,3. Und mit vielen anderen Frauen hatte er auch ohne Verwandlung Verkehr. Ihre Ehemänner waren deshalb nicht eifersüchtig, als sei dies eine Sünde. Sie wussten viel-

---

127 Dieser Satz findet sich nur in den Rekognitionen, wird aber auch im folgenden Vers der vorliegenden Romanfassung vorausgesetzt („der andere Arkas").

128 Der Text ist offensichtlich fehlerhaft; gemeint ist Thalia, die Tochter des Hephaistos, die auch Aitne (Aetna) genannt wird.

129 Die „alten Weisen" (*palai sophoi*) sind vermutlich fälschlich aus *Palikoi*, sizilischen Zwillingsgottheiten, entstanden.

130 In diesen Namen dürfte das unverständliche *eima* des griechischen Textes zu verbessern sein.

131 Der griechische Text liest irriges *pargaios*.

132 Die Handschriften bieten sinnloses *kai spian*.

mehr genau, dass er Kinder zeugte, wenn er ausgiebig mit ihren Frauen verkehrte. Und so schenkte er ihnen die Hermesse, Apollons, Dionysosse, Endymions und all die anderen, die wir erwähnt haben, die aufgrund seiner Zeugung von herausragender Schönheit sind. 15,1. Doch damit ich die Zeit nicht mit einem endlosen Bericht verschwende: Du wirst zahllose Liebschaften aller Götter im Verein mit Zeus entdecken. Die Unverständigen nennen das Ehebruch, während sich die Götter nicht einmal vor Geschlechtsverkehr mit Männern als etwas Schändlichem hüteten; sie gaben sich vielmehr auch dem als etwas Anständigem hin. 15,2. Zeus selbst zum Beispiel war in Ganymedes verliebt, Poseidon in Pelops, Apollon in Kinyras, Zakynthos, Hyakinthos, Phorbas, Hylas, Admetos, Kyparissos, Amyklas, Troilos, Branchos, Tymnaios[133], Paros, Potnieus und Orpheus, Dionysos aber in Adonis[134], Ampelos, Hymenaios, Hermaphroditos und Achilleus, 15,3. Asklepios aber in Hippolytos, und Hephaistos in Peleus, Pan aber in Daphnis, Hermes aber in Perseus, Chrysas, Thersos[135] und Odrysos, Herakles aber in Abderos, Dryops, Iokastos, Philoktetes, Hylas, Polyphemos, Haimon, Chonos und Eurystheus.

16,1. Die Liebschaften aller höchst ruhmreichen Götter habe ich dir nun zum Teil dargelegt, Liebste, damit du erkennst, dass nur unverständige Menschen deshalb von Eifersucht ergriffen werden. 16,2. Darum sind sie auch sterblich und verbringen ihr Leben mit Unlust, weil sie das, was die Götter für gut befinden, wegen ihrer Eifersucht für schlecht erklären. Du wirst also fortan glücklich sein, wenn du die Götter und nicht die Menschen nachahmst. 16,3. Denn wenn die Menschen sehen, dass du an der überkommenen Tugendhaftigkeit festhältst, loben sie dich zwar eingedenk ihrer eigenen Leidenschaft, sind dir keine Hilfe. Wenn aber die Götter sehen, dass du sie nachahmst, werden sie dich loben und dir helfen. 17,1. Bedenke doch, wie viele Geliebte sie belohnt haben! Die einen haben sie unter die Sterne versetzt, bei anderen haben sie sowohl den Kindern Wohltaten erwiesen als auch ihren Gehilfen. 17,2. Beispielsweise hat Zeus

133 Vermutlich ist *Atymnios* zu lesen.

134 Die Handschriften lesen fehlerhaftes *laonidos*.

135 Ein unbekannter Name; vielleicht ist *Theseus* zu lesen.

Kallisto unter die Sterne versetzt, als sogenannte Kleine Bärin[136], die einige auch als Hundeschwanz bezeichnen. Poseidon hat um der Aphrodite willen den Delphin an den Himmel gesetzt. Auch Orion, den Sohn der Euryale, Minos' Tochter, hielt er um seiner Mutter Euryale willen für würdig, zu den Gestirnen zu gehören. 17,3. Dionysos hat die Krone der Ariadne zum Sternbild gemacht. Zeus hat den Adler, der ihm beim Raub des Ganymed geholfen hatte, und Ganymed selbst in die Würde des Wassermanns eingesetzt[137], und den Stier ehrte er um der Europa willen. 17,4. Aber auch Kastor, Polydeukes und Helena hat er als Geschenk für Leda zu Gestirnen gemacht, auch Perseus um Danaës willen und Arkas um Kallistos willen, ferner die Jungfrau, die auch Dike genannt wird, um Themis' willen und Herakles um Alkmenes willen. 17,5. Doch will ich das nicht in die Länge ziehen. Es würde zu weit führen, in allen Einzelheiten zu erzählen, wie viele andere die Götter wegen ihrer vielen Geliebten belohnt haben – aufgrund ihrer Liebschaften mit Menschen, die die Unverständigen als Übeltaten verboten haben, weil sie nicht wussten, dass die sinnliche Begierde der höchste Genuss bei den Menschen ist.

18,1. Aber weiter! Legten nicht auch die berühmten Weisen größten Wert auf die sinnliche Begierde und verkehrten sie nicht mit welchen Frauen sie wollten? Der erste von ihnen war der Lehrer Griechenlands, über den schon Phoibos sagte: ‚Von allen Menschen ist Sokrates der weiseste.'[138] Schlug der nicht vor, dass in dem am besten geordneten Staat, im lakedaimonischen, die Frauen Gemeinbesitz sein sollen?[139] Und verbarg er nicht den schönen Alkibiades unter seinem Philosophenmantel? 18,2. Und der Sokratiker Antisthenes schrieb, dass man den sogenannten Ehebruch nicht abschaffen dürfe. 18,3. Verkehrte denn nicht auch dessen Schüler Diogenes

136 Nach Ovid wurde Kallisto in die Große Bärin verwandelt und ihr Sohn Arkas in die Kleine Bärin; vgl. 5.17,4.

137 Üblicherweise werden die benachbarten Sternbilder des Adlers und des Wassermanns unterschieden.

138 Nach Diogenes Laertios ein Ausspruch der Pythia, der prophetischen Priesterin des Apollon (= Phoibos), über Sokrates.

139 Anspielung auf Platos „Politeiea". Der dort beschriebene Idealstaat hat allerdings nichts mit Lakedaimon (= Sparta) zu tun.

vor aller Augen öffentlich mit Lais als Belohnung dafür, dass er sie auf den Schultern getragen hatte? 18,4. Legte nicht Epikur größten Wert auf die sinnliche Begierde? Hat sich nicht Aristippos gesalbt und sich ganz der Aphrodite hingegeben? 18,5. Hat nicht Zenon Gleichgültigkeit erkennen lassen, wenn er sagt, dass das Göttliche überall sei, damit den Verständigen deutlich werde, dass, mit wem auch immer jemand Verkehr hat, er gleichsam mit sich selbst Verkehr hat, sodass es überflüssig sei, die sogenannten Ehebrüche oder den Geschlechtsverkehr mit Mutter, Tochter, Schwester oder Kindern zu verbieten? 18,6. Und Chrysippos erinnert in seinen Liebesbriefen auch an das Standbild in Argos, das Heras Gesicht an die Schamglieder des Zeus führt. 19,1. Ich weiß, dass dies denjenigen, die in die Wahrheit nicht eingeweiht sind, furchtbar und höchst unanständig erscheint, doch nicht so den Göttern und Philosophen der Griechen, nicht den Mysten des Dionysos und der Demeter. 19,2. Doch damit ich die Zeit nicht mit den Lebensbeschreibungen aller Götter und Philosophen vergeude, sollen dir nach alledem zwei die größten Vorbilder sein: Zeus unter den Göttern und Sokrates unter den philosophisch gebildeten Menschen. 19,3. Das übrige aber, woran ich dich mit diesem Brief erinnert habe, begreife und beherzige, damit du deinen Verehrer nicht betrübst! Denn wenn du den Göttern und Verliebten zuwiderhandelst, wirst du als gottlos verurteilt werden und die gebührende Strafe erleiden müssen. Wenn du dich aber jedem Verehrer hingibst, wirst du als Nachahmerin der Götter an ihren Wohltaten Anteil haben. 19,4. Und nun, Liebste, denke an die Geheimnisse, die ich dir enthüllt habe, und teile mir deinen Entschluss schriftlich mit. Lebe wohl!

## Klemens' Antwortbrief an Appion

20. „Ich nahm also diesen Brief von Appion in Empfang und tat so, als schickte ich ihn tatsächlich der Geliebten. Dann erdichtete ich eine scheinbar von ihr verfasste Antwort darauf, und als Appion am nächsten Tage kam, gab ich ihm den angeblich von ihr stammenden Antwortbrief. Er lautete wie folgt:

21,1. Antwortbrief an Appion, angeblich von der Geliebten[140]

Ich wundere mich, wieso du mich erst für meine Klugheit lobst und mir dann wie einem Dummkopf schreibst. 21,2. Denn in der Absicht, mich deiner Begierde willfährig zu machen, hast du deine Beispiele aus den Göttermythen gewählt und dich nicht gescheut, Eros, der – wie du behauptetest – als ältester von allen über allen Göttern und Menschen steht, zu lästern, um meine Seele zu verderben und meinen Leib zu besudeln. 21,3. Denn Eros, der sich in den Begierden zeigt, ist nicht das Oberhaupt der Götter. Wenn er nämlich willentlich begehrt, ist er seine eigene Leidenschaft und Qual, und wer willentlich leidet, wird wohl kein Gott sein. 21,4. Wenn er aber gegen seinen Willen nach Geschlechtsverkehr verlangt, unsere Seelen durchdringt und gleichsam durch die Organe unserer Körper zum Verkehr mit allen erdenklichen Lebewesen hingerissen wird, dann ist derjenige, der sein Verlangen bewirkt und ihn dazu hinreißt, mächtiger als er. 21,5. Und wenn derjenige, der ihn dazu hinreißt, seinerseits durch ein anderes Verlangen hingerissen wird, so stellt sich wiederum ein anderer, der jenen hinreißt, als mächtiger heraus. So kann man die Reihe der Verlangenden ins Unendliche zurückverfolgen, was unmöglich ist. 21,6. Folglich gibt es weder einen, der hinreißt, noch einen, der hingerissen wird, sondern die begehrliche Leidenschaft, die durch Hoffnung wächst und durch Verzweiflung abnimmt, ist dem Liebenden selbst zu Eigen. 22,1. Diejenigen aber, die ihre schändlichen Begierden nicht beherrschen wollen, reden Unwahres über die Götter. Sie unterstellen, dass das, was sie tun, die Götter schon früher vollbracht hätten, und wollen sich so dem Tadel entziehen. 22,2. Denn wenn die sogenannten Götter ihre Ehebrüche um der Kinderzeugung willen und nicht aus Zügellosigkeit betrieben, warum hatten sie dann auch mit Männern Verkehr? Und um ihren Geliebten eine Gunst zu erweisen, versetzten sie sie, wie es heißt, unter die Sterne. 22,3. Gab es also noch keine Sterne, ehe aufgrund von Zügellosigkeit der Himmel durch Ehebrecher mit Sternen geschmückt wurde? 22,4. Und wieso werden die Nachkommen der unter die Sterne versetzten Frauen im Hades bestraft? Atlas werden Lasten aufgebürdet, Tantalos wird von Durst gequält, Sisyphos

140 Diese Zwischenüberschrift ist offenbar nachträglich eingefügt worden.

wälzt einen Stein, Tityos werden die Eingeweide abgetrennt, und Ixion wird auf einem Rad unaufhörlich herumgedreht. 22,5. Und wieso versetzten die Liebhaber, die ja Götter waren, diejenigen, die sie geschändet hatten, unter die Sterne, und taten sich selbst diesen Gefallen nicht? 23,1. Folglich waren sie keine Götter, sondern rätselhafte Tyrannen. In den kaukasischen Bergen – nicht im Himmel, sondern auf Erden – zeigt man nämlich ein Grab des Kronos, eines wilden, Kinder fressenden Mannes. 23,2. Aber auch vom zügellosen Zeus der Mythen, der in gleicher Weise seine Tochter Metis verschlang, kann man auf Kreta das Grab besichtigen. 23,3. Und das Grab des Pluton im Acherusischen See, das des Poseidon auf Tenos[141], das des Helios in Hatra[142], das der Selene in Karrhai[143], das des Hermes in Hermopolis[144], das des Ares in Thrakien, das der Aphrodite auf Zypern, das des Dionysos in Theben und die Gräber der anderen Götter an anderen Orten. 23,4. Die Gräber der sogenannten Götter liegen doch vor aller Augen! Denn sie waren Menschen, und zwar Halunken und Zauberer. Denn auf andere Weise wären sie nicht zu Despoten geworden – den Zeus der Mythen meine ich und Dionysos –, wenn sie nicht durch Verwandlung diejenigen, die sie begehrten, zu dem gezwungen hätten, was sie wollten.

24,1. Wenn wir aber deren Lebensweise nacheifern sollen, dann lasst uns nicht nur ihre Ehebrüche, sondern auch ihre Mahlzeiten nachahmen! Denn Kronos verschlang seine eigenen Kinder und Zeus desgleichen seine eigene Tochter. 24,2. Was soll man dazu sagen? Pelops diente als Mahlzeit für alle Götter. Deshalb lasst auch uns vor den ruchlosen Vermählungen ein Mahl einnehmen, das dem der Götter gleicht! 24,3. So würde nämlich das Mahl den Vermählungen entsprechen. Doch das würdest du niemals über dich bringen, ebenso wenig wie ich, die Ehe zu brechen. 24,4. Darüber hinaus aber drohst du mir mit dem Zorn des Eros, als sei er

141 Die Angabe „auf Tenos" fehlt in den Handschriften; nach deren Wortlaut befindet sich das Grab des Poseidon irrigerweise ebenfalls im Acherusischen See.

142 Stadt in Mesopotamien.

143 Griechischer Name von Harran (Nordmesopotamien).

144 Die Stadt des altägyptischen Gottes Thot, den die Griechen mit Hermes gleichsetzten.

ein mächtiger Gott. 24,5. ‚Eros' ist aber nicht, wie es den Anschein hat, ein Gott, sondern eine Begierde, die aus der Wesensart des Geschöpfs zur Fortpflanzung des Lebens nach der Vorsehung dessen, der alles bewirkt hat, entsteht. So soll eine jede Art niemals aussterben, sondern mittels der sinnlichen Begierde soll aus der Substanz dessen, der sterben muss, wieder ein anderer entstehen, der Spross einer rechtmäßigen Ehe, damit er seinen Vater im Alter zu ernähren weiß. 24,6. Und das würden die, die durch Ehebruch gezeugt sind, nicht tun können, weil sie nicht das natürliche Gefühl der Liebe zu ihren Eltern haben. 25,1. Die Begierde entsteht also, wie ich sagte, um der Fortpflanzung und der rechtmäßigen Vermehrung willen. Deshalb müssen die Eltern auf die Tugendhaftigkeit ihrer Kinder bedacht sein und sie vor dem Erwachen der Begierde durch Bücher, die zur Tugendhaftigkeit anleiten, erziehen und sie durch vortreffliche Belehrungen zeitig daran gewöhnen, denn die Gewohnheit ist eine zweite Natur. 25,2. Darüber hinaus aber müssen sie sie nachdrücklich an die Strafen erinnern, die von den Gesetzen angedroht werden, damit sie mit der Furcht als Zügel den törichten Begierden nicht anheimfallen. 25,3. Es geziemt sich aber auch, dass man, bevor die Begierde ihre größte Macht erreicht, die natürliche Leidenschaft der Jugend durch eine Heirat befriedigt und man die Kinder vorher überzeugt, für die Schönheit einer anderen Frau kein Auge zu haben. 26,1. Denn wenn unser Verstand sich erst einmal die Schönheit der Geliebten wonnevoll eingeprägt hat, wird er, als betrachtete er ihre Gestalt beständig in einem Spiegel, von der Erinnerung gequält. 26,2. Und wenn er seine Begierde nicht befriedigen kann, ersinnt er Wege zum Erreichen seines Ziels. Und wenn er es erreicht, wird seine Begierde noch größer, wie ein Feuer, das reichlich Brennstoff hat, und zwar insbesondere dann, wenn der Seele des Liebenden nicht vor dem Entstehen der Leidenschaft Furcht eingeflößt worden ist. 26,3. Denn wie Wasser Feuer löscht, so ist Furcht ein Löschmittel für die unvernünftige Begierde. Ich habe von einem Juden gelernt, zu bedenken und zu tun, was Gott gefällt. Darum werde ich nicht durch falsche Mythen zum Ehebruch verleitet. 26,4. Wenn du aber tugendhaft leben willst und dich eifrig darum bemühst, möge Gott deiner in Liebe entflammten Seele helfen und ihr Heilung verschaffen.

## Reaktionen auf den Antwortbrief

27. Als Appion den fingierten Antwortbrief zur Kenntnis genommen hatte, sagte er: ‚Hasse ich die Juden etwa ohne Grund? Immerhin begreife ich jetzt: Ihr ist irgendein Jude begegnet, hat sie zu seiner Religion bekehrt und sie überredet, tugendhaft zu leben. So ist ausgeschlossen, dass sie fortan zum Geschlechtsverkehr mit irgendeinem anderen zusammenkommt. Denn diese Leute stellen sich Gott so vor, dass er alle Dinge sieht, und halten an einem tugendhaften Leben fest, weil sie nichts vor ihm verbergen können.'

28,1. Als ich dies gehört hatte, sagte ich zu Appion: ‚Nun will ich dir die Wahrheit bekennen. Ich bin weder in diese Frau verliebt noch in irgendeinen anderen Menschen, denn meine Seele verzehrt sich ganz in anderen Begierden, nämlich im Auffinden wahrer Lehren. 28,2. Bis jetzt habe ich viele Auffassungen der Philosophen geprüft, doch habe ich mich keiner von ihnen zugeneigt, außer allein der Lehre der Juden. Einer von ihnen, ein Händler, der Leinwand verkaufte und sich hier in Rom aufhielt, hat mir aufgrund einer glücklichen Fügung ganz schlicht die monarchische Lehre[145] auseinandergesetzt.' 29,1. Als er die Wahrheit von mir gehört hatte, verschwand Appion, der ohne Grund die (Lehre) der Juden hasst und weder weiß noch wissen will, was denn eigentlich ihr Glaube sei, maßlos erzürnt und in aller Stille unverzüglich aus Rom. Seit damals begegne ich ihm jetzt zum ersten Mal wieder und vermute begreiflicherweise, dass er seit jener Zeit zornig ist. 29,2. Doch will ich ihn in eurer Gegenwart befragen, was er über die sogenannten Götter zu sagen hat, deren Leben, wie die Mythen erzählen, allen Leidenschaften unterworfen ist. Man besingt es mit Absicht öffentlich, damit dergleichen nachgeahmt werde, und man führt zusätzlich zu ihren menschlichen Leidenschaften, wie ich sagte, auch überall ihre Gräber vor."

145 Gemeint ist die Lehre von der Alleinherrschaft Gottes; vgl. EpP 1,3; Buch 2.42,2; 3.3,2; 7.12,2.

## Ein Besuch bei Appion

30,1. Als die anderen dies von mir gehört hatten und begierig waren, mehr darüber zu erfahren, gingen sie mit mir, um Appion zu besuchen. 30,2. Wir fanden ihn frisch gebadet am gedeckten Tisch. Darum widmeten wir uns nur kurz dem Gespräch über die Götter. 30,3. Er aber, so glaube ich, begriff unseren Wunsch und versprach, dass er am nächsten Tag etwas über die Götter werde sagen können. Er bezeichnete uns denselben Platz, um dort mit uns zu diskutieren. 30,4. Auf dieses Versprechen hin und nachdem wir ihm gedankt hatten, begab sich ein jeder von uns nach Hause.

# Buch 6

## Appions Rede über die griechischen Mythen und deren allegorische Deutung

1,1. Als ich am dritten Tag mit meinen engsten Freunden zu dem vorherbestimmten Platz in Tyrus kam, traf ich Appion an, der zwischen Annubion und Athenodor saß, und mit ihnen viele andere gebildete Männer, die auf uns warteten. 1,2. Trotzdem grüßte ich ganz unerschrocken und setzte mich Appion gegenüber. Der begann nach kurzer Zeit zu sprechen: „Indem ich als erster das Wort ergreife, will ich unverzüglich auf die Streitfrage zu sprechen kommen. 1,3. Bevor du, mein Sohn Klemens, bei uns warst, haben mir Annubion und Athenodor, die dir gestern mit den anderen bei deinem Vortrag zuhörten, berichtet, wie ich in Rom mit dir zusammengetroffen bin und dir in der Meinung, du seist verliebt, viel Unwahres über die Götter erzählt habe: Sie seien Knabenschänder, Wollüstige, hätten Geschlechtsverkehr mit Müttern, Schwestern, Töchtern und seien mit unzähligen Ehebrüchen behaftet. 1,4. Doch solltest du wissen, mein Sohn, dass ich das nicht schrieb, weil ich so über die Götter denke. Vielmehr vermied ich aus Liebe zu dir, die Wahrheit zu sagen, die du, wenn du willst, jetzt von mir hören sollst.

2,1. Die weisesten der einst lebenden Männer, die durch harte Arbeit die ganze Wahrheit in Erfahrung gebracht hatten, verheimlichten ihr Wissen vor denen, die der göttlichen Lehren unwürdig sind und nicht danach streben. 2,2. Denn von Uranos und seiner Mutter Ge stammen keineswegs zwölf Kinder ab, wie sie der Mythos aufzählt, nämlich die männlichen Okeanos, Koios, Krios, Hyperion, Iapetos und Kronos und die weiblichen Theia, Themis, Mnemosyne, Demeter, Tethys und Rhea; noch schnitt Kronos mit einer Sichel aus Stahl seinem Vater Uranos die Geschlechtsteile ab, wie ihr sagt[146], und warf sie ins Meer. 2,3. Ebenso wenig entstand Aphrodite durch Tropfen des bei der Entmannung des Uranos fließenden Blutes, noch hatte auch Kronos Verkehr mit Rhea und verschlang den Pluton, den er als ersten gezeugt hatte, weil er aufgrund einer Voraussage des Prometheus fürchtete, dass ein von ihm gezeugtes Kind stärker als er werden und ihm die Herrschaft entreißen würde. 2,4. Auch Poseidon verschlang er nicht, nachdem er ihn als zweiten gezeugt hatte. Weder ist Zeus, der nach ihnen gezeugt wurde, von seiner Mutter Rhea versteckt worden, noch gab sie Kronos, als er ihn haben und verschlingen wollte, statt seiner einen Stein. Noch drängte der Stein nach seinem Verschlingen die zuvor Verschlungenen hinaus, sodass als erster der zuerst verschlungene Pluton hervorkam, nach ihm Poseidon und als dritter Zeus[147]. 2,5. Auch stieg Zeus nicht, wie man erzählt, nach der Rettung durch die Klugheit seiner Mutter zum Himmel empor und entriss seinem Vater die Herrschaft. Noch hat er die Brüder seines Vaters bestraft. 2,6. Noch kam er aus Verlangen nach sterblichen Frauen herab. Weder mit Schwestern oder Töchtern noch mit den Frauen seiner Brüder noch mit Kindern hatte er schändlichen Umgang. 2,7. Auch Metis verschlang er nicht, nachdem er sie hervorgebracht hatte, damit er durch Metis aus seinem Gehirn die Athene hervorwachsen lasse und aus seinem Schenkel den Dionysos gebäre[148], der von den Titanen zerrissen worden sein soll. 2,8. Weder richtete er ein Festmahl bei der Hochzeit von Thetis und Peleus aus, noch schloss er Eris von der Hochzeit aus. Noch sann Eris wegen dieser Beleidigung ihrerseits auf Streit und Zwietracht unter den Gästen, noch hat sie einen goldenen Apfel aus den Gärten der Hesperiden genommen und darauf geschrieben: ‚Ein Geschenk für die Schönste.' 2,9. Dann erzählt man im Mythos, dass Hera und Athene und Aphrodite den Apfel fanden und im Streit darüber zu Zeus gingen, der keine Entscheidung unter ihnen traf, sondern sie mittels Hermes zum Hirten Paris schickte, um ein Urteil über ihre Schönheit fällen zu lassen. 2,10. Doch weder

146 Vgl. 4.16,1.

147 Diese unpassende Bemerkung (Kronos hatte nicht Zeus, sondern einen Stein verschlungen) sollte nicht korrigiert werden, da im Folgenden weiter von Zeus die Rede ist.

148 Dionysos gilt sonst als Sohn der Semele; vgl. 5.14,1.

wurde ein Urteil über die Göttinnen gefällt, noch übergab Paris der Aphrodite den Apfel, noch ehrte ihn Aphrodite nach dieser Ehrung im Gegenzug durch die Vermählung mit Helena. 2,11. Denn durch diese Ehrung seitens der Göttin hätte es keinen Anlass für einen Krieg unter allen Völkern gegeben, und schon gar kein Anlass zur Vernichtung dessen, der diese Ehrung empfangen hatte und dem Geschlecht der Aphrodite sehr nahestand. 2,12. Doch, wie ich schon sagte, mein Sohn, haben solche Mythen eine eigentümliche philosophische Bedeutung. Sie kann durch Allegorese erschlossen werden, sodass du staunen wirst, wenn du sie vernimmst." 2,13. Da sagte ich: „Bitte, quäle mich nicht, indem du mich hinhältst!" Da sagte er: „Keine Angst! Ich werde die Erklärung nicht hinausschieben, sondern sofort damit beginnen:

3,1. Es war einmal eine Zeit, als es nichts gab außer Chaos und einer ungeschiedenen Mischung aus noch ungeordneten, zusammengeworfenen Elementen. Davon legt nicht nur die Natur Zeugnis ab, auch die bedeutenden Männer haben erkannt, dass es sich so verhält. 3,2. Als Zeugen will ich dir den bedeutendsten unter den bedeutenden Weisen, Homer selbst, anführen. Er sagt über diese ursprüngliche Mischung: ‚Doch ihr sollt alle zu Wasser und Erde werden' (Ilias VII 99), in der Meinung, dass daraus alle Dinge ihren Ursprung haben und dass sie nach Auflösung ihrer wässrig-irdenen Substanz wieder in ihre erste Natur, nämlich ins Chaos, zurückfallen werden. 3,3. Hesiod aber sagt in der Theogonia: ‚Gewiss entstand als allererstes das Chaos.' (Theogonia 116) Mit ‚entstand' aber meint er offensichtlich, dass es als Geschaffenes entstanden ist, und nicht, dass es als Ungeschaffenes immer da war. 3,4. Orpheus aber vergleicht das Chaos mit einem Ei, in dem sich die Mischung der ersten Elemente befand. Hesiod nimmt an, dass dieses Chaos, das Orpheus als Ei bezeichnet, geschaffen, aus unendlicher Materie hervorgebracht und folgendermaßen entstanden sei: 4,1. Die Materie, die von vierfacher Art ist, war lebendig, und ein völlig grenzenloses Meer war in beständigem Fluss und in unaufhörlicher Bewegung. Es zerfloss bald hier, bald dort in unzählige unvollkommene Mischungen und löste sie wegen ihrer mangelhaften Ordnung wieder auf. Es war begierig, zur Erzeugung eines Lebewesens zusammengefügt zu werden, aber nicht dazu in der Lage. 4,2. Einmal geschah es, dass eben dieses grenzenlose Meer, das infolge seiner eigenen Natur umhergetrieben wurde, durch eine natürliche Bewegung wohlgeordnet von einem Ort zu demselben Ort strömte wie ein Strudel und die Substanzen mischte. Infolgedessen strömte aus jedem Teil des Ganzen das Reifste, was zur Erzeugung eines Lebewesens am geeignetsten war, wie in einem Trichter zur Mitte des Ganzen. Und durch den alles fortreißenden Strudel gelangte es in die Tiefe und zog den ringsumher befindlichen Geist an sich heran. Und weil es zu höchster Fruchtbarkeit zusammengedrängt wurde, bildete es eine unterscheidbare Struktur. 4,3. Denn so, wie eine Blase im Wasser zu entstehen pflegt, so wurde der kugelförmige Hohlraum von allen Seiten her zusammengedrängt. Dann, nachdem er in sich selbst befruchtet und von dem ihn umschließenden göttlichen Geist emporgetragen worden war, erblickte er als großartigstes je Geborenes das Licht – ein lebendiges Geschöpf aus der unendlichsten Tiefe geboren, in seiner runden Form dem Ei gleichend und in seiner Schnelligkeit dem Vogelflug. 5,1. Stell dir nun Kronos als die Zeit vor und Rhea als das Fließen der wässrigen Substanz[149], denn, von der Zeit in Bewegung versetzt, hat die gesamte Materie den alles umschließenden kugelförmigen Himmel wie ein Ei geboren. 5,2. Dieses Ei war anfangs voll von fruchtbarem Mark, sodass es Elemente und Farben aller Art erzeugen konnte. Und dennoch hat es die mannigfaltigen Erscheinungen aus nur einer Substanz und einer Farbe hervorgebracht. 5,3. Denn gleichwie im Gelege des Pfaus die Farbe des Eies nur eine zu sein scheint, es aber potentiell unzählige Farben für das sich daraus entwickelnde Wesen enthält, so bringt auch das aus unendlicher Materie geborene lebendige Ei, von der darunter liegenden, beständig fließenden Materie in Bewegung versetzt, mannigfaltige Veränderungen hervor. 5,4. Denn innerhalb der runden Form wurde ein männlich-weibliches Lebewesen aufgrund der Vorsehung des ihm innewohnenden göttlichen Geistes gebildet. Orpheus nennt es Phanes, weil, als es erschien[150], das All dadurch erglänzte, nämlich durch den Schein des hervorstechendsten Elements, des

149 Volksetymologisch wird Kronos von *chronos* („Zeit") und Rhea von *rhein* („fließen") abgeleitet; vgl. Anm. 121.

150 Phanes wird volksetymologisch auf das Verb *phainein* („[er]scheinen") zurückgeführt.

Feuers, das im Feuchten zur Vollendung kommt. 5,5. Das ist nicht unglaubwürdig, denn beispielsweise auch bei den Leuchttieren gibt uns die Natur ein feuchtes Licht zu sehen.[151] 6,1. Das als erstes gebildete Ei nun wurde allmählich erwärmt und von dem darin befindlichen Lebewesen zerbrochen. Daraufhin nahm es Gestalt an und kam hervor, wie auch Orpheus sagt: ‚Nachdem die Spitze des weiträumigen Eies geborsten war.' 6,2. Anschließend, durch die gewaltige Kraft des hervorgekommenen glänzenden Wesens, erlangte der Hohlraum sein Ebenmaß und erhielt seine Ordnung, während es selbst gleichsam auf dem Gipfel des Himmels den Vorsitz einnahm und auf unaussprechliche Weise die unendliche Welt ringsum mit Licht erfüllte. 6,3. Die innerhalb des Hohlraums verbliebene fruchtbare Materie aber sonderte die Substanzen aller Dinge ab, weil die Hitze sie im Lauf der Zeit durch die natürliche Bewegung allmählich siedete[152]. 6,4. Zuerst hat sich nämlich ihr Unterstes wie eine Ablagerung wegen seines Gewichts nach unten abgesetzt. Das nannte man wegen seiner Schwere und wegen seiner gewichtigen, großen Menge an Substanz, aus der es besteht, Pluton[153] und machte daraus den König des Hades und der Toten. 7,1. Man erzählt nun, dass diese erste, große, schmutzige und harte Substanz von Kronos, der Zeit, verschlungen wurde – der Natur entsprechend, weil sie nach unten sank. 7,2. Das Wasser, das nach dieser ersten Ablagerung zusammenfloss und die erste Substanz überflutete, nannte man Poseidon. 7,3. Das noch verbleibende Dritte aber, das Reinste und Erhabenste, weil es ja leuchtendes Feuer war, nannte man Zeus[154] wegen seiner siedenden Natur. 7,4. Weil das Feuer nach oben strebt, fort von dem, was unten ist, wurde es von der Zeit, also von Kronos, nicht verschlungen. Weil die feurige Substanz, wie ich sagte, lebendig ist und nach oben strebt, stieg sie vielmehr in die Luft empor, die aufgrund ihrer Reinheit auch mit höchster Vernunft begabt ist. 7,5. Folglich zieht Zeus, das heißt die siedende Substanz, durch seine eigene Hitze den sehr mächtigen göttlichen Geist zu sich empor, der in der

151 Gemeint ist wohl das von Organismen erzeugte Meeresleuchten.

152 Verbesserungsversuch des fehlerhaften griechischen Textes.

153 Pluton wird hier volksetymologisch von *poly plēthos* („große Menge") abgeleitet.

154 Zeus wird vom Verb *zein* („sieden", „kochen") abgeleitet; vgl. Anm. 121.

darunterliegenden feuchten Sphäre zurückgeblieben war. Man nannte ihn Metis. 8,1. Nachdem er an den höchsten Punkt des Äthers gelangt und von ihm aufgesogen worden war, wie Feuchtes, das sich mit Hitze vermischt, brachte er eine unaufhörliche Vibration hervor und gebar die Klugheit, die man wegen ihres Vibrierens auch Pallas nennt[155]. Sie ist die höchst künstlerische Intelligenz, deren sich der ätherische Künstler bediente und die ganze Welt kunstvoll erschuf. 8,2. Und von dem alles durchdringenden Zeus, dem heißesten Äther, breitet sich bis zu den hiesigen Orten die Luft aus, die man Hera nennt[156]. Weil sie der reinsten Substanz des Äthers unterlegen ist – wie eine Frau hinsichtlich ihrer Reinheit im Vergleich zu ihrem Herrn –, hielt man sie zu Recht für die Schwester des Zeus, da sie aus derselben Substanz entstanden ist, und für seine Gemahlin, da sie ihm als Frau untergeordnet ist. 9,1. Man nimmt aber an, dass Hera für mildes Klima sorgt, weshalb sie sehr fruchtbar ist. Athene aber, die man auch Pallas nennt, hielt man für eine Jungfrau, weil sie wegen ihrer starken Hitze kein Leben hervorbringen kann. 9,2. Ähnlich wird auch Artemis gedeutet, die man für die unterste Luftschicht hält. Weil sie wegen ihrer extremen Kälte unfruchtbar ist, hat man sie ebenfalls Jungfrau genannt. 9,3. Und Dionysos, der die Sinne benebelt, nennt man das trübe, trunkene Gebilde, das aus den Dämpfen in der Höhe und in der Tiefe entsteht. 9,4. Das unter der Erde befindliche Wasser aber, das seiner Natur nach nur eines ist, aber aus allen durchlässigen Stellen des Festlandes hervordringt und sich vielfach teilt, als würde es in Stücke gehauen[157], nannte man Osiris. 9,5. Und unter Adonis stellt man sich reife Früchte vor, unter Aphrodite Geschlechtsverkehr und Zeugung, unter Demeter die Erde, unter Kore das Saatgut und unter Dionysos manchmal den Weinstock. 10,1. Und ich bitte dich zu bedenken, dass auch alles andere von dieser Art eine solche allegorische Bedeutung hat. So betrachte Apollon als die umlaufende Sonne[158]. Er ist ein Sprössling des Zeus und wurde auch Mithras genannt, weil er den Jahreskreis-

155 Pallas wird auf das Verb *pallesthai* („vibrieren") zurückgeführt.
156 Hera wird von *aēr* („Luft") abgeleitet.
157 Eine Anspielung auf den Osiris-Mythos.
158 Apollon wird mit dem Verb *peripolein* („umlaufen") in Verbindung gebracht.

lauf vollkommen ausfüllt[159]. 10,2. Und die besagten Verwandlungen des alles durchdringenden Zeus mögest du als die vielen jahreszeitlichen Veränderungen verstehen, seine zahllosen Frauen aber fasse als die Jahre oder die Generationen auf. 10,3. Denn die Kraft, die vom Äther her die Luft durchdringt, vermählt sich mit jedem Jahr und jeder Generation. Sie verändert die Luft auf unterschiedliche Weise und lässt so die jahreszeitlichen Früchte wachsen oder verkommen. Daher nennt man die reifen Früchte seine Kinder und die Unfruchtbarkeit zu manchen Zeiten seinen Geschlechtsverkehr mit Männern."

## Die Gegenrede des Klemens

11,1. Während Appion diese allegorischen Deutungen vortrug, versank ich in Gedanken und schien seinen Worten nicht zu folgen. Daher unterbrach er seine Rede und sagte zu mir: „Wenn du meinen Worten nicht folgst, warum rede ich dann überhaupt?" 11,2. Da antwortete ich: „Denke nicht, dass mir deine Ausführungen gleichgültig sind. Ich begreife sie vollkommen, zumal ich nicht das erste Mal von diesen Dingen höre. 11,3. Damit du aber weißt, dass ich nicht in Unkenntnis über die Dinge bin, von denen du sprichst, will ich deine Ausführungen zusammenfassen und dann die allegorischen Deutungen der von dir übergangenen Dinge in der Reihenfolge ergänzen, wie ich sie von anderen gehört habe." Da sagte Appion: „Mache es so, wie du sagst!"

12,1. Da antwortete ich: „Ich sehe jetzt davon ab, eingehend über das lebendige Ei zu sprechen, das aus der unendlichen Materie infolge einer glücklichen Mischung geboren wurde und aus dem nach seinem Zerbrechen, wie manche sagen, der männlich-weibliche Phanes entsprang. 12,2. All das kürze ich ab, bis der zerbrochene Hohlraum sein Ebenmaß empfing, weil in ihm markähnliche Materie zurückgeblieben war, und wende mich in meiner Rede den aus der Materie innerhalb des Hohlraums hervorgegangenen Dingen in ihren Hauptpunkten und Konsequenzen zu. 12,3. Wie du behaup-

159 In der Schreibweise *Meithras* haben die griechischen Buchstaben zusammen den Zahlenwert 365.

test, wurde von Kronos und Rhea, also von der Zeit und der Materie, zuerst Pluton gezeugt als der nach unten weichende Bodensatz, zweitens aber Poseidon, der die wässrige Substanz in der Mitte ist und die nach unten gewichene schwerste Kreatur überflutet. 12,4. Und die dritte Substanz ist die oberste, nämlich der Äther, der Zeus ist. Sie wurde nicht verschlungen, sondern flog, weil sie als eine heiße Kraft von Natur aus nach oben steigt, in Windeseile zum hohen, alles beherrschenden Äther empor. 13,1. Und die Fesseln des Kronos sind nach den Allegorien, die ich von anderen hörte, die Verbindung von Himmel und Erde. Und das Abschneiden der Geschlechtsteile des Uranos meint die Trennung und Unterscheidung der Elemente, denn alle wurden aufgrund ihrer je eigenen Natur abgesondert und getrennt, sodass jedes einzelne seinen besonderen Platz erhielt. Und die Zeit bringt nichts mehr hervor, sondern das, was von ihr hervorgebracht wurde, schafft sich einem Naturgesetz zufolge seine Nachkommen selbst. 13,2. Die aus dem Meer auftauchende Aphrodite aber ist die fruchtbare Substanz, die aus dem Feuchten stammt. Und wenn sich der heiße Wind mit ihr vermischt, ruft er das Verlangen nach Geschlechtsverkehr hervor und vollendet so die Schönheit der Welt. 14,1. Und die Hochzeitstafel, wo Zeus das Mahl für die Nereide Thetis und den schönen Peleus ausrichtete, hat folgende allegorische Bedeutung – damit du weißt, Appion, dass wir dergleichen auch ohne dich in Erfahrung gebracht haben: 14,2. Das Festmahl ist die Welt, und die zwölf Gäste sind die ringsum befestigten Himmelskörper, die das Schicksal bestimmen[160] und Tierkreis genannt werden. Prometheus ist die Umsicht[161], mit der das All entstand, Peleus ist der Lehm[162], der von der Erde zur Hervorbringung des Menschen erdacht und mit der Nereide, das heißt mit dem Wasser, vermischt wurde. 14,3. Infolge der Vermischung dieser beiden, des Wassers und der Erde, wurde der erste Mensch nicht gezeugt, sondern als Erwachsener geformt, und weil er seine Lippen nie einer Brust genä-

160 Andere Übersetzungsmöglichkeit: „die (…) Himmelskörper für die Himmelsregionen“. Da der Roman an astrologischen Fragen sehr interessiert ist (s. besonders Buch 14), ist die oben vorgeschlagene Übersetzung vorzuziehen.

161 Prometheus wird zutreffend von *promētheia* („Umsicht“) abgeleitet.

162 Peleus wird auf das ähnlich klingende *pēlos* („Lehm“) zurückgeführt.

hert hat, wurde er Achilleus genannt[163]. 14,4. Er gilt aber auch als die Blüte der Jugend, die, wenn sie nach Begierde lechzt – das heißt nach Polyxene als derjenigen, die der Wahrheit abgeneigt und fremd ist[164] –, durch Schlangengift getötet wird, denn durch einen Pfeil in Ferse und Fuß drang der Tod in ihn ein. 15,1. Hera nun und Athene und Aphrodite und Eris und der Apfel und Hermes und das Urteil und der Hirte deuten folgenden tieferen Sinn an: 15,2. Hera ist die Ehrbarkeit, Athene die Tapferkeit, Aphrodite die Lust, Hermes das erklärende Wort[165], der Hirte Paris das unvernünftige, ungebändigte Verlangen. 15,3. Wenn nun in der Blüte der Jugend die Vernunft, die Hirtin der Seele, ungebändigt ist und das Nützliche vernachlässigt, Tapferkeit und Tugendhaftigkeit verschmäht, nur den Lüsten frönt und nur der Begierde die Oberhand lässt im Glauben, von ihr Vergnügen dafür zu erlangen – wer zu diesem irrigen Urteil kommt, wird zu seinem eigenen Verderben und zu dem der Seinen diesen Genuss empfangen. 15,4. Eris aber ist die streitlustige Bosheit. Und der goldene Apfel der Hesperiden dürfte der Reichtum sein, der manchmal sogar die Tugendhaften, also Hera, zum Leichtsinn verführen kann und die Tapferen, also Athene, sehr eifersüchtig macht auf Dinge, die ihnen nicht zustehen, und der die Schönheit der Seele, also Aphrodite, infolge von Schwelgerei vernichtet. Um es kurz zu sagen: Der Reichtum verleitet alle zu böser Zwietracht. 16,1. Und Herakles, der die Schlange, die Herrscherin und Wächterin über den Reichtum, tötete, ist der wahre philosophische Verstand, der, von jeder Bosheit frei, die Welt durchwandert. Er kehrt in die Seelen ein und leitet die, auf die er trifft, zur Tugendhaftigkeit an, nämlich Menschen, die kühnen Löwen gleichen oder furchtsamen Hirschen oder wilden Keilern oder listigen Wasserschlangen. 16,2. Und ebenso sind auch alle anderen Aufgaben, an denen sich Herakles abgemüht haben soll, Anspielungen auf vernünftige Tugen-

163 Der Name Achilleus wird als Zusammensetzung aus dem Präfix *a-* (das die fehlende Beteiligung des Folgenden bezeichnet) und *cheilē* („Lippen“) gedeutet.

164 Der Name der Königstochter Polyxene wird von *poly* („sehr“; nicht im Text) und *xenē* („fremd“) abgeleitet.

165 Hermes wird auf das Adjektiv *hermēneutikos* („die Erklärung betreffend“) zurückgeführt.

den. Doch das Gesagte soll im Moment genügen, denn all unsere Zeit würde nicht ausreichen, um über jede Einzelheit zu sprechen.

17,1. Da diese Dinge klar, ehrfürchtig und nutzbringend auf unverhüllte Weise dargelegt werden können, wundere ich mich, warum diejenigen, die sie in zweideutigen Rätselreden verborgen und in schändliche Mythen gehüllt haben, von dir als klug und weise bezeichnet werden, Leute, die, wie von einem bösen Dämon getrieben, nahezu allen Menschen eine Falle gestellt haben. 17,2. Denn entweder handelt es sich nicht um Rätselreden, sondern um wirkliche Verfehlungen der Götter. Dann hätte man sie nicht bloßstellen müssen und ihre Taten keinesfalls den Menschen zur Nachahmung unterbreiten dürfen. Oder es werden erlogene Taten der Götter in Form von Rätselreden erzählt. 17,3. Dann haben die, die du, Appion, weise nennst, gesündigt, weil sie die Menschen zur Sünde anstachelten, indem sie Erhabenes in unwürdigen Mythen verbargen, und noch dazu die beleidigten, die sie für Götter hielten. 18,1. Betrachte daher solche Leute nicht als Weise, sondern als üble Dämonen, die schlechte Absichten als gute Werke tarnen, damit diejenigen, die Nachahmer der Unübertrefflichen werden wollten, den Taten der sogenannten Götter nacheifern. Diese Taten habe ich in meiner Rede am gestrigen Tag[166] nicht verschwiegen, nämlich Vatermorde, Kindermorde, frevelhafter Geschlechtsverkehr mit Müttern, Töchtern und Brüdern, schamlose Ehebrüche, Homosexualität und abscheuliche Perversionen nebst zahllosen anderen ruchlosen sexuellen Vereinigungen dieser Art. 18,2. Und die schlimmsten Frevler unter diesen Leuten sind jene, die wollen, dass man diese Dinge für wahr hält, damit sie sich nicht schämen müssen, wenn sie das Gleiche tun. 18,3. Wie ich eben gesagt habe: Wenn sie gottesfürchtig sein wollten, müssten sie, selbst wenn die Götter die Übeltaten, die in den Liedern besungen werden, tatsächlich begangen hätten, aus Ehrfurcht vor den Göttern das Unschickliche mit anständigeren Mythen bedecken und dürften nicht umgekehrt, wie ihr erklärt, ihre guten Taten in schlechte, unschickliche Formen kleiden. Und wenn sie allegorisch erklärt werden, kann man sie auch unter Anstrengungen kaum begreifen. Und wenn einige sie begriffen haben, war es jenen wegen

166 Tatsächlich vor zwei Tagen; s. 4.16.

ihrer großen Mühe vergönnt, nicht getäuscht zu werden, obwohl dies ohne Mühe möglich gewesen wäre; diejenigen aber, die sich von ihnen in die Irre führen ließen, wurden ganz und gar verdorben. 18,4. Ich bin jedoch mit denen einverstanden, die sie auf erhabenste Weise allegorisch auslegen, zum Beispiel mit denjenigen, die andeuten, dass aus dem Haupt des Zeus die Intelligenz entsprungen sei. 18,5. Jedenfalls ist es für mich das Wahrscheinlichste, dass man jene Frevel gewagt hat, weil nichtswürdige Männer die Ehre der Götter rauben wollten. 19,1. Wir finden jedoch, dass die allegorische Deutung all der Götter durch die Dichter nicht widerspruchsfrei ist. Bei der Ordnung des Alls beispielsweise behaupten die Dichter erst, dass die Natur, und dann, dass der Verstand Urheber der ganzen Schöpfung gewesen sei. 19,2. Aus der Natur sei nämlich die erste Bewegung und Vermischung der Elemente entstanden, ihre Ordnung aber hätten sie durch die Voraussicht des Verstandes erhalten. 19,3. Sie behaupten zwar, dass das All von der Natur hervorgebracht worden sei, können das aber wegen der kunstvollen Charakters der Schöpfung nicht sicher beweisen und flechten deshalb die Voraussicht des Verstandes ein, um auch die ganz Weisen für sich einnehmen zu können. 19,4. Wir aber antworten ihnen: Wenn die Welt durch die von selbst wirkende Natur entstanden ist, wie hat sie dann Ebenmaß und Ordnung empfangen? Das kann doch nur durch einen überragenden Verstand geschehen und nur von einem Wissen bewältigt werden, die dies genau auszuführen in der Lage ist. 19,5. Wenn aber das All seine Zusammensetzung und Ordnung durch einen Verstand erhalten hat – was zwangsläufig nicht anders sein kann –, wie kann es dann sein, dass es von selbst entstanden ist? 20,1. Folglich sind diejenigen, die das Göttliche auf ganz untaugliche Weise allegorisch erklären wollen – zum Beispiel, dass Metis von Zeus verschlungen wurde –, in ein Dilemma geraten. Sie merken nämlich nicht, dass diejenigen, welche auf gewundene Weise naturphilosophisch über die Götter reden, die Existenz dieser Götter beseitigen, indem sie ihre Gestalt durch allegorische Deutung in die Substanzen der Welt auflösen. 20,2. Wahrscheinlicher ist daher die Behauptung, dass die von ihnen besungenen Götter einige üble Magier gewesen sind, nichtswürdige Menschen, die durch Zauberei sich verwandelten, Ehen zerstörten und Leben vernichteten, aber von den Alten, die nicht wussten, was Zauberei ist, aufgrund ihrer Taten für Götter gehalten wurden. Ihre Schicksale und Gräber begegnen Stadt für Stadt. 21,1. Zum Beispiel zeigt man – wie ich schon in anderem Zusammenhang sagte[167] – in den kaukasischen Bergen das Grabmal eines Menschen namens Kronos, eines wilden, Kinder mordenden Tyrannen. 21,2. Und dessen Sohn namens Zeus war noch schlimmer. Durch seine Zauberkraft erschien er als Herrscher der Welt, zerstörte viele Ehen und züchtigte seinen Vater samt seinen Onkeln. Dann starb er, und die Kreter zeigen sein Grab. 21,3. In Mesopotamien aber liegen ein gewisser Helios in Hatra und eine gewisse Selene in Karrhai. Ein Mensch namens Hermes liegt in Ägypten begraben, Ares in Thrakien, Aphrodite auf Zypern, Asklepios in Epidauros. Auch die Gräber vieler anderer solcher Leute werden gezeigt. 22,1. So ist für den normal Denkenden klar, dass sie offenkundig Menschen gewesen sind. Auch ihre Zeitgenossen bemerkten, dass sie sterblich waren, und schenkten ihnen nach ihrem Tod kaum noch Beachtung. Erst im Laufe der Zeit umgab sie der Nimbus, Götter zu sein. 22,2. Und wundere dich nicht, dass die Menschen zur Zeit des Asklepios und des Herakles oder zur Zeit des Dionysos oder irgendeines anderen der Vorfahren sich gründlich täuschen ließen, wenn die Bewohner von Ilion Hektor verehren und die von der Insel Leuke Achilleus und die Pontier[168] Patroklos und die Rhodier den Makedonen Alexander. 23,1. Ja, bei den Ägyptern wird sogar heute noch ein Mensch vor seinem Tod als Gott verehrt. Und das ist noch ein kleiner Frevel, dass die Ägypter einem lebenden Menschen göttliche Ehren erweisen. Das Lächerlichste von allem ist vielmehr, dass sie auch Vögel und Schlangen und alle anderen Tiere verehren. Denn die meisten Menschen bedenken oder tun nichts mit Verstand. 23,2. Und nun betrachte, was für mich Schändlichste von allem ist: Zeus selbst, den sie den Vater der Götter und der Menschen nennen, malen sie, wie er sich für Leda in die Form einer Gans verwandelt hat, und stellen das als Bild öffentlich aus. 23,3. Zur Strafe für diesen Frevel wünschte ich, sie malten ihren gegenwärtigen König bei einer schändlichen Umarmung, so wie sie es bei Zeus zu tun gewagt haben,

167 Das Folgende findet sich bereits in Buch 5.23,1–3.

168 Statt obskurem *Opountioi* (so die Handschriften) dürfte *Pontioi* (Bewohner der kleinasiatischen Landschaft Pontos) zu lesen sein.

und stellten das, nachdem sie es getan haben, öffentlich aus, damit sie schon durch den Zorn dieses vergänglichen Königs, der ja nur ein Mensch ist, unter Züchtigungen lernen, wie man die schuldige Ehre erweisen muss! 23,4. Dies sage ich dir nicht, weil ich den wirklichen Gott bereits erkannt hätte, aber aufgrund von Einsicht bekenne ich: Wenn ich auch nicht weiß, *was* Gott ist, meine ich doch wenigstens sicher zu wissen, *dass* Gott ist. 24,1. So können zum Beispiel weder die ersten vier Elemente, die von einem anderen erzeugt wurden, Gott sein, noch deren Mischung und Verbindung, noch deren Erzeugung, noch der alles Sichtbare umschließende Hohlraum, noch der im Hades zusammenfließende Bodensatz, noch das ihn überflutende Wasser, noch die siedende Substanz, noch die von ihr bis in unsere Regionen dringende Luft. 24,2. Wenn nämlich die vier Elemente voneinander getrennt waren, konnten sie nicht ohne einen großen Künstler vermischt werden, um ein Lebewesen zu erzeugen. Und wenn sie immer miteinander verbunden waren, werden sie auch dann durch das Genie eines Künstlers zu den charakteristischen Gliedern und Teilen des Lebewesens zusammengefügt, damit es die Proportionen der Teile untereinander bewahren kann, seine genau bestimmte Körperform erhält und sein ganzes Inneres die angemessene Harmonie erlangt. Ebenso legt das Genie des Künstlers für jedes Wesen auch die geeigneten Lebensräume mit all ihrer Schönheit genau fest. 24,3. Kurz gesagt: Auch an allem anderen, was ein Lebewesen haben muss – an nichts mangelt es selbst dem größten Lebewesen des ganzen Erdkreises. 25,1. So existiert zwangsläufig ein ungeschaffenes Genie, ein Künstler, der die Elemente entweder zusammenfügte, weil sie getrennt waren, oder sie, weil sie miteinander verbunden waren, zur Erzeugung eines Lebewesens kunstvoll vermischte und so aus allen Elementen *ein* Werk vollendete. Es ist ja unmöglich, dass ohne ein überlegenes Genie ein vollkommen weises Werk vollbracht werden kann. 25,2. Auch Eros, das sexuelle Verlangen, kann nicht der Urheber aller Dinge sein[169], nicht die Begierde, nicht die Kraft, nichts anderes von dieser Art, das dem Wandel unterworfen ist und in dessen Natur es liegt, zu kommen und zu gehen. Aber auch das, was von einem anderen in

169 Ein Rückbezug auf Appions These in 5.10,5–6.

Bewegung versetzt wird, kann nicht Gott sein und erst recht nicht das, was durch die Zeit oder die Natur verändert und aufgelöst wird, sodass es nicht mehr existiert."

## Die Ankunft des Petrus in Tyrus

26,1. Während ich Appion diese Dinge auseinandersetzte, traf Petrus aus Cäsarea ein. Da strömten in Tyrus die Scharen zusammen und eilten, ihm entgegenzugehen und ihm Dank für seinen Besuch zu bekunden. 26,2. Da zog sich Appion nur in Begleitung von Annubion und Athenodor zurück. Wir anderen aber machten uns allesamt auf, um mit Petrus zusammenzutreffen. Als erster aber empfing ich ihn vor den Toren und führte ihn zur Herberge. 26,3. Dort angekommen, entließen wir die Menge. Als er mich zu erzählen bat, was geschehen war, enthielt ich ihm nichts vor, sondern erstattete ihm Bericht über Simons Verleumdungen und die wunderlichen Erscheinungen, die von ihm hervorgebracht worden waren, sowie über alle Krankheiten, die er im Anschluss an das Gastmahl nach dem Rinderopfer ausgebreitet hatte.[170] Auch berichtete ich ihm, dass die Kranken sich teils hier in Tyrus aufhielten und teils, kaum dass ich angekommen war, mit Simon nach Sidon fortgezogen seien in der Hoffnung, von ihm geheilt zu werden, und dass ich erfahren hatte, dass niemand von ihnen Heilung durch ihn gefunden habe. 26,4. Auch die zwischen Appion und mir stattgefundene Diskussion schilderte ich Petrus eingehend. 26,5. Der aber beglückwünschte mich aus Liebe und zum Ansporn. Und nachdem er den Lobpreis gesprochen hatte, nahm er Essen zu sich und wandte sich dann der Erholung des Schlafes zu, die wegen der Anstrengungen der Reise höchst notwendig war.

170 Vgl. 4.3.

# Buch 7

## Der vierte Tag in Tyrus

1,1. Am vierten Tag unseres Aufenthalts in Tyrus ging Petrus bei Tagesanbruch hinaus. Da kamen ihm nicht wenige Bewohner aus der Umgebung entgegen und unzählige aus Tyrus selbst; sie jubelten ihm zu und riefen: „Durch dich erbarme sich Gott unser, durch dich heile er uns!“ 1,2. Petrus aber stellte sich auf einen hohen Stein, um von allen gesehen werden zu können. Und als er sie nach frommer Sitte begrüßt hatte, begann er folgendermaßen:

## Die Rede des Petrus an die Tyrer

2,1. „Gott, der den Himmel und die ganze Welt erschaffen hat, mangelt es nicht an Gelegenheit zur Rettung derer, die gerettet werden wollen. 2,2. Daher soll ihn niemand wegen der scheinbaren Übel aus Unbesonnenheit als nicht menschenfreundlich anklagen. Denn das Ende der Dinge, die dem Menschen widerfahren, ist den Menschen unbekannt und steht im Verdacht, dass es auf Böses hinausläuft, Gott aber weiß, dass es glücklich ausgehen wird. 2,3. So ist zum Beispiel Simon eine Kraft Gottes zur Linken[171], und weil er die Macht hat, denjenigen Böses zuzufügen, die Gott nicht kennen, konnte er euch mit Krankheiten schlagen. Diesen Krankheiten wurde aufgrund der guten Vorsehung Gottes erlaubt auszubrechen. Sie zwangen euch, als ihr den gesucht und gefunden habt, der euch heilen kann, bei der Heilung des Leibes den Ratschluss Gottes anzunehmen und darauf bedacht zu sein, ihm zu gehorchen. So sollt ihr zusammen mit euren geretteten Leibern auch Rettung für eure Seelen finden. 3,1. Ich höre nun, dass Simon ein Rind geopfert und euch mitten auf der Agora

171 D. h., eine negative, widergöttliche Macht; vgl. 7.3,3.5; 18.10,3.

bewirtet hat. Anschließend ließet ihr euch durch viel Wein hinreißen und habt mitsamt den bösen Dämonen auch ihren Fürsten freundlich aufgenommen. Infolgedessen sind die meisten unter euch von den Krankheiten ergriffen worden, weil ihr aus Unwissenheit das Schwert des Verderbens mit eigenen Händen gegen euch selbst gezückt habt. 3,2. Denn die Dämonen hätten keine Macht über euch gewonnen, wenn ihr nicht zuvor Tischgenossen ihres Fürsten geworden wäret. 3,3. Deshalb ist nämlich von Anfang an von Gott, der alles erschaffen hat, ein Gesetz über die beiden Fürsten, den zur Rechten und den zur Linken, beschlossen worden, dass keiner von beiden Vollmacht hat, jemandem Gutes oder Böses zu tun, wenn der nicht zuvor sein Tischgenosse geworden ist. 3,4. So, wie ihr nun von den Opfern gegessen habt, die den Dämonen hingegeben worden sind, und deshalb vom Fürsten der Bosheit unterjocht worden seid, so lasst euch gesagt sein, dass ihr dann, wenn ihr von diesen Opfern ablasst und durch den guten Fürsten zur Rechten eure Zuflucht zu Gott nehmt und durch Verehrung ohne Opfer tut, was er will, zusammen mit der Heilung des Leibes auch an den Seelen Genesung finden werdet. 3,5. Denn er allein kann durch seine Linke töten und durch seine Rechte lebendig machen, und ebenso (kann er) einen Toten sowohl schlagen als auch auferwecken (vgl. Dtn 32,39). 4,1. Folglich seid ihr erstens von meinem Vorläufer Simon in die Irre geführt worden, seid für Gott an euren Seelen gestorben und an euren Leibern geschlagen worden. Ebenso aber könnt ihr zweitens, wie ich gesagt habe, durch Umkehr auf euch nehmen, was Gott gefällt, und so eure Leiber stärken und eure Seelen wiederherstellen. 4,2. Die Dinge aber, die Gott gefallen, sind: zu ihm zu beten, ihn zu bitten, weil er alles nach einem redlichen Gesetz gibt, der Mahlzeit der Dämonen fernzubleiben (vgl. 1. Kor 10,21), totes Fleisch nicht zu genießen, Blut nicht anzurühren (vgl. Apg 15,20.29), von jeder Verunreinigung sich reinzuwaschen. 4,3. Das übrige aber sollt auch ihr alle in *einem* Wort hören, so wie es die Gott verehrenden Juden gehört haben, und, obwohl ihr viele Leiber habt, *eine* Überzeugung annehmen: Was ein jeder sich selbst Gutes wünscht, dasselbe soll er auch seinem Nächsten wünschen! (Vgl. Mt 7,12.) 4,4. So dürfte denn wohl jeder von euch das Gute erkennen, wenn er Folgendes bei sich bedenkt: Du willst nicht getötet werden, also töte keinen anderen!

Du willst nicht, dass deine Frau von einem anderen zum Ehebruch verführt wird, also verführe nicht die Frau eines anderen zum Ehebruch! Du willst nicht, dass etwas von deinem Besitz gestohlen wird, also stiehl nichts von einem anderen! 4,5. Und wenn ihr auf diese Weise von selbst begreift und tut, was vernünftig ist, und Gott lieb werdet, dann werdet ihr Heilung erlangen. Andernfalls werdet ihr im gegenwärtigen Äon an euren Leibern gepeinigt und im künftigen an euren Seelen bestraft werden."

5,1. Nachdem sie auf solche Weise in wenigen Tagen von Petrus unterwiesen und geheilt worden waren, wurden sie getauft. Und wegen seiner sonstigen Wundertaten setzten sich alle übrigen Tyrer in Massen mitten auf den Agoraen in Sack und Asche nieder und bekehrten sich von ihren früheren Sünden (vgl. Mt 11,21). 5,2. Als die Einwohner von Sidon das hörten, taten sie dasselbe und riefen Petrus um Hilfe, weil sie aufgrund ihrer Krankheiten nicht zu ihm kommen konnten. 5,3. Petrus aber hielt sich nur wenige Tage in Tyrus auf. Er unterwies alle Einwohner und erlöste sie von vielfältigen Leiden. Nachdem er eine Gemeinde gegründet und einen von den Ältesten, die ihn begleiteten, zum Bischof über sie eingesetzt hatte, machte er sich auf nach Sidon. Als Simon erfuhr, dass Petrus angekommen war, entfloh er mit Appion und seinen Gefährten nach Berytus.

## Petrus in Sidon

6,1. Als Petrus in Sidon eintraf, trug man viele Kranke auf Bahren herbei und legte sie vor ihm nieder. 6,2. Er aber sprach zu ihnen: „Ihr sollt nicht denken, dass ich etwas für eure Heilung tun kann. Ich bin ein sterblicher Mensch und kann selbst vielen Leiden zum Opfer fallen. Doch sträube ich mich nicht, euch die Art und Weise auseinanderzusetzen, wie ihr gerettet werden könnt. Ich habe nämlich vom Propheten der Wahrheit die Bestimmungen Gottes erfahren, die vor Erschaffung der Welt festgesetzt worden sind, 6,3. nämlich bei welchen schlechten Taten er angeordnet hat, dass die Menschen vom Fürsten der Bosheit misshandelt werden sollen, und ebenso bei welchen guten Taten er bestimmt hat, dass sie, wenn sie zuvor zum Glauben an ihn als ihren Arzt gekommen sind, an ihren Leibern gerettet und dann auch an ihren Seelen zur Unvergänglichkeit wiederhergestellt werden sollen. 7,1. Da ich also sowohl um diese guten als auch um diese schlechten Taten weiß, mache ich sie euch als zwei Wege bekannt und zeige euch, auf welchem Weg man zum Verderben wandelt und auf welchem man, von Gott geleitet, zur Rettung einhergeht (vgl. Mt 7,13–14). 7,2. Der Weg derer, die zugrunde gehen, ist breit und sehr eben, führt aber mühelos ins Verderben. Der Weg derer, die gerettet werden, ist hingegen eng und rau, führt aber diejenigen, die ihn mühselig zurückgelegt haben, am Ende zur Rettung. 7,3. Den Vorsitz über diese beiden Wege haben der Unglaube und der Glaube inne. Auf dem Weg des Unglaubens wandern diejenigen, die den Begierden den Vorzug geben, auf dem Weg des Glaubens hingegen diejenigen, die …[172]. Sie haben nicht sorgfältig darauf geachtet zu ergründen, was nützlich ist. 7,4. Sie wissen eben nicht, dass die Ratschlüsse Gottes den menschlichen nicht gleich sind (vgl. Jes 55,8). Denn vor allem kennt er die Absichten aller Menschen, und nicht nur für sein Tun wird ein jeder zur Rechenschaft gezogen, sondern auch für sein Trachten. 7,5. Viel weniger gottlos aber sind diejenigen, die sich bemühen, Gutes zu ersinnen, und scheitern, als diejenigen, die sich überhaupt nicht um das Gute bemühen. 7,6. Denn Gott selbst hat beschlossen, dass derjenige, der in der Erkenntnis des Guten aufgrund der menschlichen Fehlbarkeit irrt, nach maßvoller Bestrafung gerettet wird. 7,7. Anders ergeht es denen, die gänzlich vernachlässigen, das Bessere zu erkennen. Auch wenn sie unzählige andere gute Dinge tun, aber nicht der Gottesverehrung anhängen, die Gott selbst verordnet hat, werden sie sich den Vorwurf der Gleichgültigkeit zuziehen und unter höchster Pein ganz und gar ausgelöscht werden. 8,1. Die von ihm verordnete Religion aber ist diese: allein ihn zu verehren und allein dem Propheten der Wahrheit zu glauben und zur Vergebung der Sünden sich taufen zu lassen (vgl. Mk 1,4) und so, durch das heiligste Eintauchen, neu geboren zu werden für Gott durch das rettende Wasser (vgl. Joh 3,5–7), an der Mahlzeit der Dämonen nicht teilzunehmen (vgl. 1. Kor 10,21) – nämlich an Götzenopferfleisch, Totem, Ersticktem, von Raubtieren Gerissenem, Blut (vgl. Apg 15,20.29) –,

172 Die Aussage über die Glaubenden fehlt aufgrund eines Textverlustes in den Handschriften.

8,2. nicht unrein zu leben, sich nach dem Beischlaf mit einer Frau zu waschen, dass die Frauen aber auch die Menstruation[173] beachten und dass alle tugendhaft sind, Gutes erweisen, kein Unrecht tun und von dem Gott, der alles vermag, ewiges Leben erhoffen und es erlangen, wenn sie ihn durch Gebete und unablässige Bitten anrufen." 8,3. Auf diese Weise redete Petrus auch den Menschen in Sidon zu. Binnen weniger Tage taten dort viele Buße, kamen zum Glauben und wurden geheilt. Da gründete er eine Gemeinde, setzte einen der Ältesten, die ihn begleiteten, zum Bischof für sie ein und verließ Sidon.

## Petrus in Berytus

9,1. Kaum hatte er Berytus betreten, geschah ein Erdbeben. Da trat die Menge an Petrus heran und sprach: „Hilf uns! Denn wir haben Angst", so sagten sie, „dass wir alle ohne Ausnahme umkommen werden!" 9,2. Da erdreistete sich Simon, der in Begleitung von Appion, Annubion, Athenodor und seinen übrigen Gefährten war, und rief der Menge, gegen Petrus gewandt, öffentlich zu: 9,3. „Ihr Leute, flieht vor diesem Mann! Er ist ein Zauberer, glaubt es mir! Denn er selbst hat uns dieses Erdbeben bereitet, und er selbst hat die Krankheiten verursacht, um euch zu erschrecken, als sei er Gott selbst." 9,4. Und viele andere solche Dinge, als besäße Petrus übermenschliche Kraft, erdichteten die Begleiter Simons. 9,5. Als ihm die Menge Ruhe verschaffte, lächelte Petrus einen Moment und sprach dann mit erschreckender Offenheit: „Ihr Leute, ich gebe zu, dass ich fähig bin zu tun, was diese Männer sagen, wenn Gott es will. Außerdem bin ich bereit, eure ganze Stadt umzustürzen, wenn ihr meinen Worten nicht gehorcht." 10,1. Als die Menge in Furcht geriet und versprach, bereitwillig zu tun, was immer er ihnen befehlen würde, sagte Petrus: „Keiner von euch soll mit diesen Zauberern reden und sich ihnen zugesellen!" 10,2. Kaum hatte die Menge diesen kurzen Befehl gehört, ergriff sie Knüppel und verfolgte sie, bis sie sie vollständig aus der Stadt verjagt hatte.

10,3. Dann traten die Kranken und Besessenen unter ihnen herbei und warfen sich vor Petrus' Füßen nieder. Bei diesem Anblick wollte

173 Gemeint sind die Bestimmungen über die Menstruation in Lev 15,19–30.

er ihr Entsetzen beschwichtigen und sprach zu ihnen: 11,1. „Wenn ich die Macht hätte, ein Erdbeben herbeizuführen und alles andere, was ich will, dann, so versichere ich, würde ich nicht Simon samt seinen Gefährten ausrotten – ich bin nämlich nicht zur Vernichtung von Menschen gesandt –, sondern ich würde ihn mir zum Freund machen, damit er nicht meine wahre Predigt verleugnet und vielen den Weg zum Heil versperrt. 11,2. Wenn ihr *mir* glaubt, dann ist *er* ein Zauberer, *er* ein Teufel, *er* ein Diener der Bosheit an denjenigen, die die Wahrheit nicht kennen. Und deshalb kann er bei den Sündern Krankheiten verursachen, weil er in den Sündern Gehilfen jener Macht findet, die gegen sie selbst gerichtet ist. 11,3. Ich aber bin ein Diener des Gottes, der alles erschaffen hat, ein Schüler seines Propheten zur Rechten. Weil ich dessen Apostel bin, spreche ich die Wahrheit. 11,4. Und weil ich dem Guten diene, treibe ich auch Krankheiten aus. Ich bin nämlich als zweiter gesandt worden: Denn erst kommt die Krankheit, dann folgt die Heilung. Durch jenen verbrecherischen Zauberer seid ihr krank geworden, weil ihr Gott keinen Glauben geschenkt habt, durch mich aber werdet ihr geheilt werden, wenn ihr zum Glauben an ihn kommt. 11,5. Wenn ihr dadurch die Kenntnis seiner Macht erlangt und euch guten Taten zugewendet habt, werdet ihr auch die Rettung eurer Seelen finden können."
12,1. Nachdem er dies gesagt hatte, fielen alle vor seinen Füßen auf die Knie. Er aber hob seine Hände gen Himmel und betete zu Gott und heilte alle durch ein einziges Gebet. 12,2. Etliche Tage verbrachte bei den Berytiern, machte viele mit der monarchischen Gottesverehrung[174] vertraut und taufte sie. Dann setzte er einen der Ältesten, die ihn begleiteten, zum Bischof für sie ein und zog weiter nach Byblus.

## Petrus in Byblus

12,3. Als er dort ankam, erfuhr er, dass Simon nicht einmal einen Tag bei ihnen geblieben, sondern sogleich nach Tripolis aufgebrochen war. Daher hielt er sich nur wenige Tage bei ihnen auf, heilte viele, übte sie in die Schriften ein und reiste dann auf Simons Spuren nach Tripolis, entschlossen, ihn lieber zu verfolgen als ihm auszuweichen.

174 Gemeint ist die jüdisch-christliche Verehrung des einen Gottes.

# Buch 8

## Die Ankunft des Petrus in Tripolis

1,1. Als Petrus in Tripolis ankam, zogen die Lernbegierigen aus Tyrus und Sidon, Berytus und Byblus sowie aus den Nachbarorten zahlreich mit ihm hinein. Vor allem aber strömten aus der Stadt selbst die Scharen zusammen, weil sie ihn kennenlernen wollten. 1,2. In den Vorstädten trafen wir mit den Brüder zusammen, die Petrus ausgesandt hatte, um ihn genau über die Stadt und über die Taten Simons zu unterrichten, und nun waren sie gekommen, um uns den Weg zu zeigen. Nach dem Empfang führten sie ihn zum Haus des Maroones. 2,1. Als Petrus schon beim Tor der Herberge angelangt war, wandte er sich um und versprach der Menge, mit ihr am übernächsten Tag über die wahre Gottesverehrung zu reden. 2,2. Nachdem er hineingegangen war, besorgten die Vorboten Unterkünfte für die, die mit ihm gekommen waren. Und die Gastgeber und Wirte ließen es nicht an Bereitwilligkeit gegenüber den Bittstellern fehlen. 2,3. Petrus aber wusste nichts davon. Deshalb sagte er, nachdem wir ihn gebeten hatten, Nahrung zu sich zu nehmen, dass er selbst nicht eher zulangen werde, bis diejenigen, die mit ihm gekommen waren, Aufnahme gefunden hätten. 2,4. Da antworteten wir: „Das ist schon geschehen! Denn aus Liebe zu dir hat man sie alle unverzüglich aufgenommen, sodass jene, die niemanden haben, den sie bewirten könnten, außerordentlich betrübt sind." 2,5. Das hörte Petrus mit Freude und pries sie für diese entschlossene Menschenliebe. Dann ging er hinaus und badete sich im Meer. Anschließend kam er wieder herein und nahm mit den Vorboten Nahrung zu sich. Danach brach der Abend herein, und er ging er schlafen.

## Simons Flucht nach Syrien

3,1. Als er vom zweiten Hahnenschrei geweckt wurde, fand er uns wach. Mit ihm waren wir insgesamt sechzehn: Petrus, dazu ich, Klemens, sowie Niceta und Aquila und die zwölf, die vorausgereist waren. 3,2. Nachdem er uns begrüßt hatte, sprach er: „Heute haben wir füreinander Zeit, weil wir uns nicht mit denen, die draußen sind[175], beschäftigen. Darum will ich euch erzählen, was nach eurer Abreise aus Tyrus geschehen ist, und ihr werdet mir auf das genaueste berichten, was Simon hier angerichtet hat." 3,3. Als wir uns gegenseitig der Reihe nach Bericht erstatteten, trat einer der Vertrauten ein und meldete Petrus: „Simon hat erfahren, dass du angekommen bist, und hat sich auf den Weg nach Syrien gemacht. Der Volksmenge aber kam diese eine Nacht wie die Dauer eines Jahres vor. Weil sie nicht in der Lage ist, den von dir gesetzten Termin abzuwarten, steht sie in großen Scharen vor der Tür. Sie reden miteinander über Simons Schande, dass er, nachdem er sie in Erwartung versetzt und ihnen versprochen hatte, dich bei deiner Ankunft zahlreicher Übeltaten zu überführen, bei Nacht geflohen ist, als er von deinem Eintreffen erfuhr. 3,4. Außerdem sind sie begierig, dir zuzuhören; es hat sie – ich weiß nicht, woher – das Gerücht ereilt, du wollest heute zu ihnen sprechen. Du wirst selber wissen, was du tun musst, damit sie nicht wegen starker Ermüdung unnötigerweise davongehen."

## Lehrvortrag des Petrus über Glauben und gute Werke

4,1. Da staunte Petrus über den Eifer der Volksmenge und antwortete: „Seht, Brüder, wie die Worte unseres Herrn klar erfüllt werden. Ich erinnere mich nämlich, wie er sagte: ‚Viele werden kommen von Osten und Westen, von Norden und Süden, und werden sich lagern in den Schößen Abrahams und Isaaks und Jakobs.' (Mt 8,11/Lk 13,29) 4,2. Doch sagte er auch: ‚Viele sind gerufen, aber wenige auserwählt.' (Mt 22,14) Dass sie gerufen wurden und gekommen sind, ist in Erfüllung gegangen. 4,3. Weil das aber nicht ihr eigenes

175 Gemeint sind die Nichtchristen; vgl. Mk 4,11 sowie zu EpCl 18,4.

Werk ist, sondern dasjenige Gottes, der sie gerufen hat und kommen lässt, haben sie deshalb allein keinen Lohn – es ist ja nicht ihr eigenes Werk, sondern das Werk dessen, der dies bewirkt hat. 4,4. Wenn sie aber, nachdem sie gerufen wurden, Gutes tun, was ihr eigenes Werk ist, dann werden sie dafür Lohn empfangen. 5,1. Denn nicht einmal die Hebräer, die an Mose glauben, aber seine Worte nicht befolgen, werden gerettet, es sei denn, sie befolgen, was zu ihnen gesagt wurde. 5,2. Denn dass sie zum Glauben an Mose gekommen sind, lag ja nicht an ihrem Willen, sondern an dem des Gottes, der zu Mose sagte: ‚Siehe, ich komme zu dir in einer Wolkensäule, damit das Volk mich zu dir reden hört und sie dir glauben in Ewigkeit.' (Ex 19,9) 5,3. Weil es also den Hebräern und denen, die aus den Heiden berufen sind, von Gott gewährt wurde, den Lehrern der Wahrheit zu glauben, während die guten Werke einem jeden aufgrund eigener Entscheidung zu tun überlassen sind, wird der Lohn gerechterweise denen gegeben, die recht handeln. 5,4. Denn weder Moses noch Jesu Gegenwart wäre nötig gewesen, wenn die Menschen von sich aus erkennen wollten, was vernünftig ist.

Die Rettung widerfährt aber auch nicht dadurch, dass man an Lehrer glaubt und sie Herren nennt (vgl. Mt 7,21). 6,1. Aus diesem Grund wird nämlich vor den Hebräern, die Mose zum Lehrer erhalten haben, Jesus verhüllt und vor den Jesusgläubigen Mose verborgen. 6,2. Weil beider Lehre ein und dieselbe ist, nimmt Gott denjenigen an, der an einen von beiden glaubt. 6,3. Dass man an einen Lehrer glaubt, geschieht jedoch, damit man tut, was Gott sagt (vgl. Mt 7,21). 6,4. Dass es sich so verhält, sagt unser Herr selbst: ‚Ich bekenne dir, Vater des Himmels und der Erde, dass du das vor den Weisen und Alten verborgen und es unmündigen Säuglingen offenbart hast.' (Mt 11,25). 6,5. So war es Gott, der einen Lehrer vor den einen verbarg[176], weil sie schon wussten, was man tun muss, den anderen aber offenbarte er ihn, weil sie noch nicht wussten, was man tun soll. 7,1. Daher werden weder die Hebräer für ihre Unkenntnis Jesu verurteilt – weil Gott ihn verbarg –, wenn sie tun, was ihnen durch Mose gesagt wurde, und den nicht hassen, den sie nicht kennenlernten, 7,2. noch werden umgekehrt die Heiden, die Mose nicht

176 Nämlich Jesus vor den Juden.

kennenlernten, verurteilt – weil Gott ihn verhüllte –, wenn auch diese tun, was ihnen durch Jesus gesagt wurde, und den nicht hassen, den sie nicht kennenlernten. 7,3. Und es nützt nichts, wenn manche ihre Lehrer Herren nennen, ihre Pflichten als Diener aber nicht erfüllen. 7,4. Deshalb sagte nämlich unser Jesus zu einem, der ihn allzu häufig Herr nannte, aber nichts von dem tat, was er befohlen hatte: ‚Was nennst du mich: Herr, Herr, aber tust nicht, was ich sage?' (Lk 6,46) Nützen wird nämlich niemandem das Reden, sondern nur das Tun. 7,5. Unter allen Umständen bedarf es daher guter Werke. Wer jedoch für würdig befunden wurde zu erkennen, dass beide Lehrer ein und dieselbe Lehre verkünden, der ist als ein in Gott reicher Mensch anzusehen, weil er erkannt hat, dass das Alte letztlich neu und das Neue alt ist (vgl. Mt 13,52)."

## Die Rede des Petrus über die Dämonen (Anfang der ersten Tripolisrede)

8,1. Während Petrus dies sagte, kam die Volksmenge, wie von jemandem gerufen, herein – dorthin, wo Petrus war. 1,2. Als er aber die große Menge wie das lautlose Strömen eines Flusses sanft heranfluten sah, sprach er zu Maroones: „Wo hast du hier einen Platz, der besser geeignet ist, die Scharen aufzunehmen?" 8,3. Da ging Maroones zu seinem im Freien angelegten Garten voraus, und die Menge folgte ihm nach. 8,4. Petrus stellte sich auf den nicht sehr hohen Sockel einer Bildsäule. Kaum hatte er die Menge nach frommer Sitte begrüßt, wusste er, dass viele unter den Anwesenden seit langer Zeit von Dämonen und vielen Krankheiten gequält wurden, denn sie schrien unter Wehklage und fielen mit flehentlicher Bitte vor ihm nieder. Er wies sie zurecht, befahl ihnen, sich still zu verhalten, und versprach, sie nach seiner Rede zu heilen. Dann begann er folgendermaßen zu sprechen:

9,1. „Da ich meine Rede über die wahre Gottesverehrung Menschen zu halten beginne, die überhaupt nichts davon wissen und denen durch die Verleumdungen unseres Widersachers Simon der Verstand verdunkelt ist, halte ich es zunächst für nötig, darüber zu sprechen, dass der Gott, der das All geschaffen hat, nicht getadelt werden darf. 9,2. So beginne ich nirgendwo anders als bei dem nach

Gottes Vorsehung von Simon zur rechten Zeit geschaffenen Anlass, damit bekannt wird, dass die meisten zu Recht von vielen Dämonen besessen und von sonderbaren Krankheiten ergriffen worden sind, damit auch darin die Gerechtigkeit Gottes offenbar werde. 9,3. Und diejenigen, die Gott aus Unwissenheit tadeln und vielleicht jetzt lernen, wie man über ihn denken muss, werden sich ihre frühere Anklage bei guten Worten und Werken in Erinnerung rufen und als Grund für ihre üble Dreistigkeit ihr einstiges Unwissen anführen, um seine Vergebung zu erlangen. 10,1. Es verhält sich aber so: Der einzige, gute Gott hat alles wohl geschaffen und es dem nach seinem Bild entstandenen Menschen übergeben (Gen 1,26–27). Er, der von der Göttlichkeit seines Schöpfers den Atem hat (vgl. Gen 2,7), war ein wahrer Prophet und wusste alles – 10,2. zur Ehre des Vaters, der ihm alles geschenkt hat (vgl. Joh 13,3), und zur Rettung der von ihm abstammenden Söhne. Wie ein echter Vater bewahrte Adam seine Zuneigung zu den von ihm gezeugten Kindern, weil er wollte, dass sie zum eigenen Nutzen Gott lieben und von ihm geliebt werden. Er zeigte ihnen den Weg, der zu seiner Liebe führt, indem er sie lehrte, durch welche menschlichen Taten der einzige Gott und Herr aller Dinge erfreut wird. 10,3. Und indem er ihnen aufzeigte, was Gott gefällt, legte er für alle ein ewiges Gesetz fest, das weder durch Krieg in Brand geraten kann noch von einem Gottlosen verfälscht noch an einem einzigen Ort verborgen, sondern von allen gelesen werden kann. 10,4. Bei Gehorsam gegenüber diesem Gesetz würde ihnen alles im Überfluss gehören: die schönsten Früchte, die Fülle der Lebensjahre ohne Leiden und Krankheiten – bei äußerst mildem Klima würden sie, frei von Sorgen, damit beschenkt werden (vgl. Dtn 11,13–15). 11,1. Weil sie aber nicht zuerst die schlechten Dinge kennengelernt hatten, verhielten sie sich gegenüber dem Geschenk der guten Gaben gleichgültig und ließen sich durch das Übermaß an Nahrung und Schwelgerei[177] zur Undankbarkeit verleiten. 11,2. So glaubten sie, es gäbe auch keine Vorsehung, weil sie die guten Gaben nicht wegen ihres vorherigen Mühens um Gerechtigkeit als Lohn empfangen hatten. Keiner von ihnen war ja irgendeinem Leid oder einer Krank-

177 Das griechische Wortspiel *trophē* („Nahrung“) und *tryphē* („Schwelgerei“) lässt sich im Deutschen nicht wiedergeben.

heit oder irgendeiner anderen Not ausgesetzt. So mussten sie sich nicht – wie es bei Menschen üblich ist, die wegen ihrer Sünden von Plagen heimgesucht werden – nach dem Gott umsehen, der sie heilen kann. 11,3. Doch sogleich nach diesem Hochmut, der durch mangelnde Ehrfurcht und dreiste Schwelgerei entstanden war, traf sie – wie infolge eines sich daraus ergebenden angemessenen Ausgleichs – eine gerechte Strafe, die das Gute als schädlich verbannte und das Schlechte im Gegenzug als nützlich einführte. 12,1. Von den im Himmel wohnenden Geistern baten nämlich die Engel, die die unterste Region bewohnen, betrübt über die Undankbarkeit der Menschen gegen Gott, in den Lebensraum der Menschen gelangen zu dürfen. Zu wirklichen Menschen geworden, wollten sie durch stetiges Beisammensein diejenigen überführen, die gegen Gott undankbar gewesen waren, und einen jeden auf der Stelle der gebührenden Strafe unterziehen. 12,2. Sobald ihre Bitte erfüllt worden war, verwandelten sie sich in jedwede Gestalt. Da sie ja in ihrer Substanz Gott sehr ähnlich sind, konnten sie sich leicht in alles verwandeln. 12,3. So wurden sie zum Edelstein und zur kostbaren Perle, zum womöglich schönsten Purpur und zu herrlichem Gold und zu jedem anderen wertvollen Stoff. 12,4. Sie fielen den einen in die Hände, den anderen in den Schoß und ließen sich von ihnen freiwillig stehlen. Sie verwandelten sich auch in Vierfüßler und in Schlangen und in Fische und in Vögel und in alles, was immer sie wollten. 12,5. Das besingen, wie es ihnen beliebt, auch eure Dichter aufgrund ihrer mangelnden Ehrfurcht. Allerdings schreiben sie die vielen verschiedenen Taten aller einem einzigen[178] zu. 13,1. Als die Engel zu diesen Dingen geworden waren, überführten sie diejenigen, die sie gestohlen hatten, als habsüchtig. Nun verwandelten sie sich selbst in die menschliche Natur, damit sie – nachdem sie gottgefällig gelebt und die Möglichkeit dieses Lebenswandels unter Beweis gestellt hatten – den Undankbaren Strafen auferlegten. Weil sie tatsächlich ganz und gar Menschen geworden waren, besaßen sie auch die menschliche Begierde. Von dieser überwältigt, verfielen sie dem Geschlechtsverkehr mit Frauen (vgl. Gen 6,2.4). 13,2. Und weil sie mit ihnen schliefen und in Verunreinigung versanken und ihrer ursprünglichen Kraft ganz und gar

178 Gemeint ist Zeus.

beraubt wurden, vermochten sie ihre aus Feuer umgewandelten Glieder nicht mehr in die einstige Unbeflecktheit ihrer eigentlichen Natur zurückzuversetzen. 13,3. So begaben sie sich, als ihr Feuer unter dem Drang der Begierde zu Fleisch verkommen war, auf den gottlosen Weg nach unten. Durch die Bande des Fleisches gefangen, wurden sie bezwungen und stark gefesselt, weshalb sie nicht mehr in den Himmel hinaufsteigen konnten. 14,1. Als nämlich die Frauen nach dem Geschlechtsverkehr von ihnen verlangten, zu dem zu werden, was sie anfangs gewesen waren, da vermochten sie es nicht, weil sie sich nach ihrer Befleckung nicht mehr verwandeln konnten. Doch wollten sie ihren Geliebten gefallen und zeigten ihnen stattdessen das Innerste[179] der Erde, nämlich das Kostbarste aus den Bergwerken: Gold, Kupfer, Silber, Eisen und dergleichen sowie all die äußerst wertvollen Steine. 14,2. Zusammen mit diesen verzauberten Steinen gaben sie auch die Kenntnisse über die einzelnen Dinge preis, vermittelten Zauberkünste, lehrten Astronomie, die Kräfte der Wurzeln und alles, was der menschliche Verstand unmöglich von selbst herausfinden kann, außerdem das Schmelzen von Gold, Silber und dergleichen sowie das kunstvolle Färben der Kleidung. 14,3. Ja, einfach alle Dinge, die zum Schmuck und zur Freude der Frauen dienen, sind Erfindungen der ins Fleisch gefesselten Dämonen.

15,1. Infolge dieses unrechtmäßigen Geschlechtsverkehrs entstanden bastardische Menschen, der Statur nach um vieles größer als gewöhnliche Menschen. Die Späteren nannten sie Giganten (vgl. Gen 6,4). Sie waren nicht drachenfüßig und führten nicht Krieg gegen Gott, wie die gotteslästerlichen Mythen der Griechen sie besingen, sondern waren ihrem Charakter nach tierisch und ihrer Erscheinung nach größer als Menschen, da sie von Engeln abstammten, doch kleiner als Engel, da sie von Frauen geboren worden waren. 15,2. Weil Gott wusste, dass sie zu Tieren verwildert waren und dass die Welt zu ihrer Sättigung nicht ausreichte – sie war ja nach dem Maß der Menschen und zum menschlichen Gebrauch erschaffen worden –, 15,3. und damit sie sich nicht aus Mangel an Nahrung dem widernatürlichen Verzehr von Tieren zuwandten und dabei unschuldig zu sein schienen, weil sie sich aufgrund einer Notlage

179 Wörtlich: „das Mark“.

dazu erdreisteten, ließ der allmächtige Gott Manna von verschiedenstem Geschmack auf sie regnen. Da konnten sie alles genießen, was sie wollten. 15,4. Sie aber hatten aufgrund ihrer bastardischen Natur an der Reinheit dieser Nahrung kein Gefallen und trachteten allein nach dem Geschmack von Blut (vgl. Gen 9,3–4). Deshalb verzehrten sie auch als erste Fleisch. 16,1. Jetzt verlangte es die mit ihnen zusammenlebenden Menschen erstmals danach, das gleiche zu tun. Folglich werden wir weder als Gute noch als Schlechte geboren, sondern wir werden zu den einen oder anderen, und wenn wir uns daran gewöhnt haben, sind wir schwer davon abzubringen. 16,2. Als aber die vernunftlosen Tiere daraufhin knapp wurden, verzehrten die bastardischen Menschen auch menschliches Fleisch. Es lag ihnen nämlich nicht mehr fern, das eigene Fleisch zu töten, nachdem sie es zuvor in anderen Formen verzehrt hatten.

17,1. Infolge des vielen Blutvergießens wurde die reine Luft durch unreine Ausdünstungen verseucht und ungesund und machte diejenigen, die sie einatmeten, krank, sodass die Menschen fortan vorzeitig starben. 17,2. Die Erde wurde dadurch stark verseucht und brachte jetzt erstmals die giftigen und schädlichen Tiere hervor. 17,3. Weil sich wegen dieser tierischen Dämonen alles zum Schlimmeren wendete, entschied Gott, sie wie einen schlechten Sauerteig zu beseitigen (vgl. 1. Kor 5,7–8), damit nicht aufgrund schlechten Samens eine Generation nach der anderen der vorherigen gliche und, weil sie genauso gottlos sein würde, den zukünftigen Äon derjenigen Menschen beraubte, die gerettet werden sollen. 17,4. Deshalb kündigte er einem einzigen Gerechten an, dass er mit seinen drei Söhnen samt deren Frauen und zusammen mit der übrigen Kreatur in einem Kasten gerettet werden solle. Dann flutete er Wasser zur Sintflut, damit nach der Vernichtung aller anderen die gründlich gereinigt Welt ihm, dem im Kasten Geretteten, zu einem zweiten Lebensanfang rein übergeben werde. Und genauso geschah es (vgl. Gen 6,5–8,22). 18,1. Weil nun die Seelen der toten Giganten größer als die menschlichen Seelen waren – sie hatten ja auch die menschlichen Körper überragt –, erhielten sie als ein neues Geschlecht auch einen neuen Namen[180]. Über diese Neuankömmlinge in der Welt

180 Nämlich den der „Dämonen".

wurde von Gott durch einen Engel ein Gesetz angeordnet, wie sie zu leben hätten. 18,2. Weil sie ihrer Abstammung nach Bastarde waren, aus Feuer von Engeln und Blut von Frauen, und deshalb das Verlangen nach einem eigenen Geschlecht haben mochten, kam ihnen ein gerechtes Gesetz zuvor. Ein Engel wurde nämlich von Gott zu ihnen ausgesandt, der seinen Ratschluss kundtat und sprach:

19,1. ‚Dies beschließt der Gott, der alles sieht: Ihr sollt über keinen Menschen herrschen und auch niemanden belästigen, es sei denn, jemand unterwirft sich euch freiwillig, indem er euch anbetet und opfert und Trankopfer darbringt und an eurer Mahlzeit teilnimmt oder etwas anderes von dem vollbringt, was man nicht darf, sei es, dass er Blut vergießt oder von totem Fleisch isst oder vom Überrest eines Tieres oder von Abgetrenntem oder von Ersticktem oder sich mit irgendetwas anderem Unreinen sättigt (vgl. Apg 15,20.29). 19,2. Diejenigen aber, die bei meinem Gesetz Zuflucht nehmen, werdet ihr nicht nur nicht anrühren, sondern ihr werdet ihnen sogar Ehrerbietung erweisen und vor ihrem Angesicht fliehen. Denn was immer die, die gerecht sind, gegen euch beschließen, das werdet ihr erleiden müssen. 19,3. Wenn aber einige von denen, die mir ergeben sind, sich vergehen, indem sie Ehebruch oder Zauberei treiben oder unrein leben oder irgendetwas anderes tun, was mir nicht gefällt, dann werden sie auf meinen Befehl hin etwas durch euch oder durch andere erleiden müssen. 19,4. Und denen, die bereuen, werde ich, nachdem ich ihre Reue beurteilt habe, ob sie der Vergebung würdig ist oder nicht, das Urteil sprechen. Euch daran zu erinnern und zu halten, seid ihr verpflichtet, wohl wissend, dass nicht einmal eure Gedanken vor Gott werden verborgen bleiben können.‘

Nachdem ihnen der Engel diese Anweisungen gegeben hatte, entfernte er sich. 20,1. Ihr aber kennt dieses Gesetz noch nicht, dass jemand, der Dämonen anbetet oder ihnen opfert oder Tischgemeinschaft mit ihnen hält, ihnen untertan wird und, weil er schlechten Herren unterworfen ist, jede Strafe von ihnen empfangen wird. 20,2. Aufgrund dieser Unwissenheit seid ihr bei den Altären der Dämonen verdorben und von Dämonen erfüllt worden. Ihr seid unter ihre Macht geraten und wisst nicht, dass ihr an euren Leibern auf jede Art und Weise misshandelt werdet. 20,3. Ihr müsst aber wissen, dass die Dämonen über niemanden Macht haben, es sei denn, er war vorher ihr Tischgenosse, weil nicht einmal ihr Fürst etwas gegen das von Gott über sie angeordnete Gesetz zu tun vermag. 20,4. Darum hat er keine Macht über jemanden, der ihn nicht anbetet. Der kann von den Dämonen weder bekommen, was er haben will, noch auf irgendeine Weise Schaden erleiden, wie ihr aus Folgendem lernen könnt:

21,1. An unseren König der Gottesfurcht trat einmal der vergängliche König[181] heran, nicht indem er Gewalt gebrauchte – das vermochte er nämlich nicht –, sondern indem er ihn lockte und zu überreden versuchte, weil es in die Macht jedes einzelnen gelegt ist, sich überreden zu lassen. 21,2. Da er nun als König der gegenwärtigen Dinge an den König der zukünftigen Dinge herantrat, sagte er: ‚Alle Königreiche der jetzigen Welt sind mir untertan, ferner steht das Gold und das Silber und aller Luxus dieser Welt unter meiner Macht; falle also nieder und bete mich an, dann will ich dir all dies geben!‘ 21,3. Das sagte er, weil er wusste, dass er nach der Anbetung Macht über ihn haben würde und ihn dann der zukünftigen Herrlichkeit und Königsherrschaft berauben könnte. 21,4. Weil der das alles wusste, betete er ihn nicht nur nicht an, sondern wollte auch nichts von den Dingen nehmen, die ihm angebotenen worden waren. Andernfalls hätte er sich selbst und seinen Besitz dem Satan verpfändet, das heißt, es wäre ihm hinfort nicht mehr erlaubt gewesen, die Dinge, die ihm Gott übergeben hatte, auch nur zu berühren. 21,5. Darum antwortete er und sprach: ‚Es steht geschrieben: Den Herrn, deinen Gott, sollst du fürchten und ihm allein dienen.‘ 22,1. Nachdem der König der Gottlosen den König der Gotttesfürchtigen wiederholt zu seinem eigenen Plan zu verleiten versucht und es nicht vermocht hatte, gab er das Vorhaben auf, ihn für den Rest seines Lebens zu jagen.

22,2. Ihr aber, die ihr das einst beschlossene Gesetz nicht kennt, seid durch eure Übeltaten unter seine Macht geraten. Deshalb seid ihr an Leib und Seele beschmutzt und werdet in der Gegenwart von Krankheiten und Dämonen misshandelt und in der Zukunft Strafe an euren Seelen erleiden. 22,3. Das aber habt nicht nur ihr durch Unwissenheit erlitten, sondern auch einige aus unserem Volk[182], die

181 Gemeint ist der Satan; vgl. zum Folgenden Mt 4,1–11.

182 D.h., aus dem jüdischen Volk.

aufgrund ihrer Übeltaten vom Fürsten der Bosheit ergriffen worden waren und dann wie die Leute, die vom Vater, der seinem Sohn die Hochzeit ausrichtete, zum Mahl gerufen wurden, nicht gehorchten.[183] 22,4. Anstelle derer, die infolge ihrer Ergreifung ungehorsam waren, befahl der Vater, der seinem Sohn die Hochzeit ausrichtete, durch den Propheten der Wahrheit uns, an die Ausmündungen der Straßen zu gehen – das heißt zu euch –, euch ein reines Hochzeitsgewand überzuwerfen – das heißt eine Taufe, die zur Vergebung eurer Übeltaten erfolgt (vgl. Mk 1,4) – und die Guten nach ihrer Reue zu Gottes Mahl hereinzuführen, auch wenn sie anfangs vom Festschmaus ausgeschlossen waren. 23,1. Wenn ihr nun ein Gewand des göttlichen Geistes werden wollt, bemüht euch zuerst, euren schäbigen Mantel und befleckten Umhang – das heißt den unreinen Geist – abzulegen. Den aber könnt ihr nicht anders ablegen, als dass ihr euch zuvor zu guten Werken taufen lasst. Anschließend werdet ihr, an Leib und Seele rein geworden, in den Genuss des künftigen, ewigen Königreichs kommen. 23,2. Glaubt also weder den Götzen noch nehmt mit ihnen an der abscheulichen Mahlzeit teil! Tötet nicht, brecht nicht die Ehe, hasst nicht die, welche ihr nicht zu Recht hasst, stehlt nicht und trachtet überhaupt nicht nach irgendwelchen bösen Taten! 23,3. Denn sonst beraubt ihr euch der Hoffnung auf die zukünftigen Güter und werdet im gegenwärtigen Zeitalter von bösen Dämonen und schlimmen Krankheiten bedrängt, im kommenden Zeitalter aber mit ewigem Feuer bestraft werden. 23,4. Diese Rede mag für heute genügen. Im Übrigen sollen diejenigen unter euch, die von Krankheiten geplagt werden, zur Heilung dableiben, ihr anderen aber geht, wenn ihr wollt, in Frieden!"

## Heilungen in Tripolis

24,1. Nachdem er dies gesagt hatte, blieben alle da – die einen, um geheilt zu werden, die anderen, um diejenigen zu beobachten, die nach Heilung verlangten. 24,2. Petrus legte ihnen nur die Hände auf und heilte sie unter Gebet, sodass die einen sofort geheilt und über-

183 Der letzte Halbsatz und die beiden folgenden Verse beziehen sich auf das Gleichnis Mt 22,2–14.

aus froh wurden und die anderen, die es beobachteten, sich äußerst verwunderten, Gott priesen und mit festem Vertrauen glaubten. Mit den Geheilten kehrten sie zu ihren Häusern zurück, nachdem sie die Weisung erhalten hatten, am folgenden Tag sehr früh zusammenzukommen. 24,3. Als sie fortgegangen waren, blieb Petrus mit seinen Vertrauten dort, nahm Nahrung zu sich und erholte sich dann im Schlaf.

# Buch 9

## Die Rede des Petrus über die Dämonen (Abschluss der ersten Tripolisrede)

1,1. Am folgenden Tag ging Petrus mit seinen Gefährten hinaus und kam zu dem gestrigen Ort. Dort stellte er sich hin und begann zu sprechen:

„Gott vernichtete die früheren Menschen wegen ihrer Freveltaten sämtlich durch eine Flut. Weil er unter allen nur einen Gottesfürchtigen gefunden hatte, sorgte er dafür, dass der in einem Kasten samt seinen drei Söhnen und deren Frauen gerettet wurde (vgl. Gen 6,5–8,22). 1,2. Daran lässt sich erkennen, dass es Gottes Natur ist, sich um die Menge der Gottlosen nicht zu kümmern, die Rettung eines einzigen Gottesfürchtigen aber nicht zu vernachlässigen. Daher ist es die allergrößte Gottlosigkeit, den alleinigen Herrn aller Dinge zu verlassen und die vielen, die keine Götter sind, zu verehren, als wären sie welche. 2,1. Während ich euch erkläre und beweise, dass dies die größte Sünde ist, die euch alle zugrunde richten kann, mag euch in den Sinn kommen, dass ihr nicht zugrunde geht, weil ihr eine so große Menge seid. Da täuscht ihr euch! Ihr habt ja das Beispiel von der Welt, die einst überflutet wurde. 2,2. Die Sünde jener Menschen war jedoch viel geringer als die eure. Denn jene frevelten gegen ihresgleichen, indem sie mordeten oder die Ehe brachen, ihr aber versündigt euch gegen den Gott des Alls, indem ihr statt ihn oder sogar mit ihm leblose Götterbilder verehrt und seinen göttlichen Namen jeder empfindungslosen Materie aufdrückt. 2,3. Vor allem seid ihr gewiss verblendet, weil ihr den Unterschied zwischen Alleinherrschaft und Vielherrschaft nicht durchschaut habt, dass nämlich die Alleinherrschaft geeignet ist, Eintracht zu schaffen, während die Vielherrschaft Kriege hervorruft. Das Eine kämpft nämlich nicht gegen sich selbst, das Viele aber findet den Vorwand, den Kampf gegen einen anderen zu beginnen.

3,1. Zum Beispiel lebte Noah unmittelbar nach der Flut noch 300 Jahre (vgl. Gen 9,28) zusammen mit der Menge seiner Nachkommen in fortwährender Eintracht, weil er ein König nach dem Bild des alleinigen Gottes war. Nach seinem Tod aber trachteten viele seiner Nachkommen nach der Königsherrschaft, und weil sie alle danach strebten, König zu sein, sann ein jeder darauf, wie er es werden könnte: 3,2. der eine durch Krieg, der andere durch List, der dritte durch Überredung – der eine so, der andere so. Einer von ihnen kam aus dem Geschlecht Hams, der den Mestrem gezeugt hatte, von dem die Volksstämme der Ägypter, Babylonier und Perser abstammen (vgl. Gen 10,6–20). 4,1. Aus Hams Geschlecht ging in der Folge jemand mit Namen Nebrod hervor.[184] Der hatte Zauberkräfte empfangen und sich, wie ein Gigant, entschlossen, Gott feindliche Dinge zu ersinnen. Ihn nannten die Griechen Zoroaster. 4,2. Der begehrte nach der Flut die Königsherrschaft, und weil er ein mächtiger Zauberer war, wollte er mit Zauberkünsten den die Welt lenkenden Stern des jetzt als König herrschenden Bösen zur Übergabe seiner Herrschaft zwingen. 4,3. Der aber war wirklich ein Herrscher und hatte Vollmacht über den Gewalttäter. So goss er im Zorn das Feuer seiner Königsherrschaft aus, damit er sowohl der Beschwörung gehorchte als auch an dem sich rächte, der ihm zunächst Zwang auferlegt hatte. 5,1. Durch diesen Blitz, der vom Himmel zur Erde fiel, wurde der Zauberer Nebrod getötet. Aufgrund dieses Ereignisses ist er in Zoroaster umbenannt worden, weil der lebendige Strom des Sterns sich auf ihn ergossen hatte.[185] 5,2. Weil aber die Unverständigen unter den damaligen Menschen meinten, seine Seele sei wegen seiner Liebe zu Gott durch einen Blitz hinaufgeholt worden, begruben sie die Überreste seines Leibes und ehrten sein Grab mit einem Tempel bei den Persern, wo das Feuer herabgestürzt war, und verehrten ihn wie einen Gott. 5,3. Nach diesem Vorbild begruben dort auch alle anderen die vom Blitz Getöteten wie von Gott Geliebte, ehrten sie mit Tempeln und stellten Statuen in genauer Gestalt der Verstorbenen auf. 5,4. Von da an eiferten die Machthaber an allen Orten dem in gleicher Weise nach. Die meisten von ihnen ehrten die

184 Nach Gen 10,8 wurde Nebrod (Nimrod) von Hams Sohn Kusch gezeugt.
185 Diese Namenserklärung ist aus den Anfangsbuchstaben des Ausdrucks *hē* ***zō****sa* ***rho****ē tou* ***aster****os* („der lebendige Strom des Sterns“) gewonnen.

Gräber der von ihnen Geliebten, auch wenn sie nicht durch einen Blitz gestorben waren, mit Tempeln und hölzernen Bildern, entzündeten Altäre und befahlen, sie wie Götter zu verehren. 5,5. Viel später aber, nach langer Zeit, wurde von den Nachkommen angenommen, sie seien wirklich Götter.

6,1. Die vielen Aufteilungen der ursprünglich einen Königsherrschaft geschahen jedoch auf folgende Weise: Die Perser hatten als erste glühende Kohlen des vom Himmel gefallenen Blitzes genommen und die Glut durch geeigneten Brennstoff sorgfältig bewahrt. Und weil sie das Feuer als einen himmlischen Gott besonders verehrten, wurden sie, weil sie es als erste angebetet hatten, vom Feuer selbst als erste mit der Königsherrschaft belohnt. 6,2. Nach ihnen stahlen die Babylonier Kohlen vom dortigen Feuer, brachten es glücklich in ihre Heimat, beteten es an und gelangten folgerichtig selbst zur Herrschaft. Und die Ägypter handelten genauso und nannten das Feuer in ihrer Sprache Phthaë, was mit Hephaistos übersetzt wird. Und diesen Namen gab man auch ihrem ersten König. 6,3. Auf dieselbe Weise verfuhren auch die, die allerorts zu Königen wurden. Sie schufen ein Götterbild und entzündeten Altäre zu Ehren des Feuers, doch erlosch die Königsherrschaft der meisten von ihnen. 7,1. Sie hörten aber nicht auf, die geschnitzten Bilder zu verehren, wegen der bösen List der Zauberer, die Gründe ersonnen hatten, die die Menschen zur nichtigen Götzenverehrung zwingen konnten. 7,2. Denn nachdem sie die Götterbilder mit magischen Riten aufgestellt hatten, setzten sie Festtage für sie ein mit Opfern, Trankopfern, Flötenspiel und Getrommel. Obwohl ihnen die Königsherrschaft entrissen worden war, trennten sich die Unverständigen und Irregeleiteten wegen dieser Feste nicht von den überkommenen Kulten – 7,3. so sehr zogen sie um der Schwelgerei willen den Irrtum der Wahrheit vor. Doch nach dem Trinkgelage am Altar schreien sie auf, weil ihnen ihre Seele aus der Tiefe wie in Träumen die zukünftige Strafe für solche Taten ankündigt.

8,1. Nachdem viele Kulte in der Welt vergangen sind, kommen wir und bringen euch als gute Kaufleute (vgl. Mt 13,45) die Religion, die uns von unseren Vorfahren übergeben wurde und aufbewahrt worden ist wie Pflanzensamen. Die wollen wir euch zeigen und eurem freien Urteil unterbreiten. 8,2. Was euch gefällt, wählt aus! Wenn ihr unser Angebot annehmt, könnt ihr nicht nur den Dämonen und den von Dämonen verursachten Krankheiten entkommen. Ihr werdet sie vielmehr in die Flucht schlagen und von ihnen angefleht werden, und ihr werdet die ewigen zukünftigen Wohltaten genießen. 9,1. Wenn ihr es ausschlagt, werdet ihr umgekehrt im gegenwärtigen Leben von den Dämonen mit widerlichen Krankheiten misshandelt und an euren Seelen gleich nach ihrer Trennung vom Leib für immer bestraft werden – wahrlich nicht, weil Gott euch verurteilt, sondern weil schlechte Taten zu einem solchen Urteil führen. 9,2. Denn die Dämonen, die ihre Macht aus der ihnen angebotenen Nahrung ziehen, werden von euch selbst in eure Körper eingelassen. Nachdem sie sich im Innersten versteckt gehalten haben, vermischen sie sich im Laufe der Zeit mit eurer Seele. 9,3. Infolge der Sorglosigkeit derer, die nicht daran denken, sich selbst zu helfen, oder es gar nicht wollen, wird deren Seele, die mit dem Dämon vereinigt ist, bei ihrer Trennung vom Leib zwangsläufig an die von ihm gewünschten Orte gebracht. 9,4. Das Schlimmste aber von allem ist, wenn der Dämon bei der Vollendung der Welt erstmals dem reinigenden Feuer übergeben wird. Dann wird die mit ihm vermischte Seele zwangsläufig unbeschreiblich bestraft, während der Dämon sich freut. 9,5. Denn die aus Licht bestehende Seele wird gequält, weil sie die andersartige Flamme des Feuers nicht erträgt, der Dämon aber, der sich in seinem eigenen Element befindet, freut sich sehr, weil er zur unzerreißbaren Fessel der von ihm verschlungenen Seele geworden ist.

10,1. Dass die Dämonen danach trachten, in die Körper der Menschen einzudringen, hat folgende Ursache: 10,2. Weil sie Geister sind und die Begierde nach Speisen und Getränken und Geschlechtsverkehr haben, all das aber nicht bekommen können, weil sie Geister sind und ihnen die zur Verrichtung geeigneten Organe fehlen, gehen sie in die Körper von Menschen hinein, damit sie gleichsam willfährige Organe erhalten und in der Lage sind, sich die Dinge zu verschaffen, die sie haben wollen, seien es Speisen durch die Zähne eines Menschen, sei es Geschlechtsverkehr durch seine Schamglieder. 10,3. Daher ist zur Verbannung der Dämonen die Armut, das Fasten und das Elend das zweckmäßigste Hilfsmittel (vgl. Mt 17,21). 10,4. Wenn sie nämlich in den menschlichen Körper hineingehen, um etwas zu erlangen, ist klar, dass sie durch Elend in die Flucht geschlagen werden. 10,5. Weil es jedoch einige sehr schlimme Geister gibt, die hartnäckig im Körper ausharren, obwohl sie zusammen mit dem bestraften Körper bestraft werden, ist es nötig, durch Gebete und Bitten Zuflucht zu Gott zu nehmen (vgl. Mt 17,21) und sich von jedem unreinen Bestreben fernzuhalten, damit Gottes Hand ihn zur Heilung berühren kann, weil er rein ist und glaubt. 11,1. Man muss auch in seinen Gebeten bekennen, dass man zu Gott Zuflucht genommen hat, und ihm nicht den Ungehorsam[186] des Dämons bezeugen, sondern dessen Trägheit.[187] Denn alles wird dem Gläubigen zuteil, dem Ungläubigen aber nichts. 11,2. Daher messen die Dämonen, die die Tiefe des Glaubens derjenigen kennen, die sie bezwingen, ihre Aufenthaltsdauer dementsprechend zu. Bei den Ungläubigen bleiben sie daher für immer, bei den Glaubensschwachen verweilen sie etliche Zeit, doch mit denen, die vollkommen glauben und Gutes tun, können sie nicht einmal einen Augenblick beisammen sein. 11,3. Denn die Seele, die durch den Glauben an Gott gleichsam in die Natur des Wassers verwandelt worden ist, löscht den Dämon wie einen Feuerfunken aus.

11,4. Die Aufgabe eines jeden besteht also darin, auf die Vertreibung des in ihm befindlichen Dämons bedacht zu sein. Weil sie nämlich mit den Seelen vermischt sind, flüstern sie dem Verstand eines jeden, damit er seine Rettung vernachlässige, Gedanken an diejenigen Dinge ein, die sie gerne hätten. 12,1. Daher stimmen viele, ohne zu wissen, woher sie beeinflusst werden, den von den Dämonen eingeflüsterten üblen Plänen zu, als seien sie die Erwägung ihrer eigenen Seele. 12,2. Deshalb werden diese Menschen sehr zögerlich, zu denjenigen zu kommen, die sie retten können, und wissen nicht, dass sie von diesen betörenden Dämonen vernichtet werden. 12,3. Von den in ihren Seelen lauernden Dämonen wird ihnen ja eingegeben zu erwägen, dass nicht ein Dämon sie belästigt, sondern eine körperliche Krankheit – zum Beispiel ein beißender Stoff oder Galle oder Brand oder ein Übermaß an Blut oder die Entzündung eines Häutchens oder irgendetwas anderes. Doch selbst wenn dem so wäre, änderte sich nichts daran, dass es die Erscheinungsform

186 Eine Handschrift liest: „die Gefühllosigkeit".

187 Der Sinn dieses Halbsatzes ist dunkel.

eines Dämons ist. 12,4. Denn die allgemeine, irdene Seele, die mittels aller Speisen in den Menschen eindringt und durch übermäßige Nahrung immer mehr aufgenommen wird, die wird mit dem Geist, der die Seele des Menschen ist, wie mit einem Verwandten vereinigt. Der stoffliche Teil der Nahrung aber, der mit dem Körper vereinigt worden ist, bleibt in ihm als gefährliches Gift zurück. Darum ist in jeder Hinsicht Genügsamkeit gut. 13,1. Einige der boshaften Dämonen betreiben ihre Täuschung auf andere Weise. Anfangs zeigen sie nicht einmal, dass sie da sind, damit keine Anstrengung gegen sie unternommen wird. Bei passender Gelegenheit jedoch, anlässlich von Zorn, Liebe oder etwas anderem, verletzten sie plötzlich den Körper, sei es durch ein Schwert oder eine Schlinge oder einen Abgrund oder irgendetwas anderes. Und am Ende sorgen sie dafür, dass die irregeführten Seelen derer, die sich mit ihnen vermischt haben, bestraft werden, indem sie sich, wie wir sagten, in das reinigende Feuer begeben. 13,2. Andere Menschen, die auf andere Weise betört werden, kommen nicht zu uns, weil sie durch die Gedanken der boshaften Dämonen zur Annahme verleitet werden, dass sie dies durch die Götter selbst erlitten wegen ihrer Gleichgültigkeit ihnen gegenüber und dass sie sie durch Opfer versöhnen könnten und dass es nicht nötig sei, zu uns zu kommen, sondern, im Gegenteil, uns zu meiden und zu hassen. Und so hassen und meiden sie die, die größtes Mitleid haben und ihnen zu ihrem Wohl nachlaufen. 14,1. Indem sie uns nun hassen und meiden, erliegen sie einer Täuschung, denn sie erfahren nicht, warum sie auf Dinge bedacht sind, die ihrer Rettung entgegenstehen. Denn weder können wir sie zwingen, sich um ihre Rettung zu kümmern, wenn sie nicht wollen, weil wir jetzt keine solche Vollmacht über sie haben, noch können sie von sich aus die üble Absicht des Dämons erkennen, denn sie wissen nicht, von wem ihnen das Trachten nach dem Bösen eingegeben wird. 14,2. Einige Menschen werden von den Dämonen geängstigt, indem sie ihnen in beliebigen Gestalten erscheinen. 14,3. Manchmal verschreiben sie auch den Kranken Kuren, und dann tragen sie bei denen, die sie zuvor getäuscht haben, den Ruhm von Göttern davon. Und sie machen die meisten vergessen, dass sie Dämonen sind, nicht aber uns, die wir ihr Geheimnis kennen, weshalb sie solche Dinge tun und sich bei denen, über die sie die Macht haben, im Traum verwandeln. 14,4. Die einen setzen sie in Furcht, den anderen geben sie Orakel, fordern Opfer und befehlen, mit ihnen davon zu essen, damit sie ihre Seelen verschlingen können. 15,1. Denn gleichwie die schrecklichen Schlangen durch ihren Atem die Spatzen an sich heranziehen, so ziehen sie die Teilnehmer an ihrer Mahlzeit – nachdem sie sich durch die Speisen und Getränke mit deren Verstand vermischt haben – in ihren eigenen Willen hinein. Im Traum verwandeln sie sich dann in die Gestalten der geschnitzten Götterbilder, damit sie den Irrtum der Menschen vergrößern. 15,2. Denn das Götterbild ist weder ein Lebewesen, noch hat es einen göttlichen Geist; der erscheinende Dämon missbraucht vielmehr dessen Gestalt. 15,3. Wie vielen sind sie im Traum auf gleiche Weise wie anderen erschienen? Doch wenn sie einander später im Wachen begegneten und die Traumbilder verglichen, stimmten sie nicht überein. 15,4. So ist jener Traum keineswegs eine wahre Erscheinung, sondern er ist entweder das Produkt eines Dämons oder einer Seele, die bedrängenden Ängsten und Begierden Gestalt verleiht. Wenn die Seele durch Furcht an ihrem Verstand geschlagen ist, bringt sie durch Träume solche Gestalten hervor. 15,5. Wenn ihr aber glaubt, dass die Götterbilder wie beseelte Wesen solche Dinge bewirken können, setzt sie auf eine Waage, deren Querbalken sich im Gleichgewicht befindet, legt das Gegengewicht auf die andere Waagschale und bittet sie, sich schwerer oder leichter zu machen. Wenn es dann geschieht, sind sie beseelt. 15,6. Aber es geschieht nicht, und falls es geschieht, ist solch ein Götterbild noch kein Gott. Denn das kann auch durch den Finger eines Dämons verursacht werden. Auch Würmer bewegen sich, doch Götter werden sie nicht genannt. 16,1. Dass aber die Seele eines jeden nach ihren eigenen Vorstellungen die Gestalten von Dämonen entwirft und dass ihr nicht die sogenannten Götter erscheinen, ist sicher, denn den Juden erscheinen sie nicht. 16,2. Aber man wird einwenden: ‚Wie können sie denn Orakel geben und die Zukunft vorhersagen?' 16,3. Auch das ist eine Lüge. Angenommen aber, es wäre wahr, dann ist solch ein Wesen noch kein Gott. Wenn nämlich etwas wahrsagt, ist es deshalb kein Gott. Denn auch Bauchredner weissagen, doch werden sie von uns wie Dämonen beschworen und in die Flucht geschlagen. 16,4. Aber man wird einwenden: ‚Für einige verordnen sie Kuren.' Das ist Lüge.

Angenommen aber, es wäre so, dann ist solch ein Wesen noch kein Gott. Denn auch die Ärzte heilen viele, sind aber keine Götter. 16,5. ‚Aber', sagt man, ‚die Ärzte heilen nicht all jene, um die sie sich kümmern, diese aber heilen sogar durch Orakel.' 16,6. Aber die Dämonen kennen die für jede Krankheit tatsächlich geeigneten Heilmittel. Darum sind sie verständige Ärzte, die heilen können, und zwar das, was von Menschen geheilt werden kann. Doch sind sie auch prophetisch begabt und wissen, wann jede Krankheit von selbst heilt. Dann verordnen sie die Kuren, damit sie sich die Heilung selbst zuschreiben können. 17,1. Warum sonst weissagen sie, dass die Heilungen nach langer Zeit eintreten werden? Wenn sie alles können, warum vollbringen sie die Heilung nicht, ohne dass sie etwas verabreichen? 17,2. Weshalb verordnen sie einigen auf ihr Flehen hin Kuren, und weshalb geben sie manchen, die ihnen womöglich sogar eng verwandt sind, kein Orakel? Wenn die Heilung von selbst eintreten will, dann verheißen sie sie, damit sie sie sich selbst zuschreiben können. 17,3. Andere, die krank waren und auf ihr Gebet hin von selbst gesund wurden, schrieben denen die Heilung zu, die sie angerufen hatten, und brachten ihnen Weihgeschenke. Wer allerdings nach dem Gebet gestorben ist, kann für seinen Misserfolg kein Weihgeschenk übergeben. 17,4. Wenn jedoch die Verwandten der Verstorbenen oder einige ihrer Nachkommen die Misserfolge untersucht hätten, würdet ihr sehen, dass die Misserfolge zahlreicher sind als die Erfolge. 17,5. Doch niemand, der von ihnen voreingenommen ist, will den Beweis gegen sie führen, weil er sich schämt oder fürchtet – ganz im Gegenteil: Man hält ihre erwiesene Unredlichkeit geheim. 18,1. Wie viele erdichten sogar Orakel und Heilungen, die von ihnen vollbracht worden sein sollen, und bekräftigen diese mit Eiden? 18,2. Und wie viele haben sich für Lohn hergegeben, mit einiger List ein Leiden auf sich genommen und dann ihre Krankheit ausposaunt? Nachdem sie durch ein Gegenmittel wiederhergestellt worden sind, behaupten sie, dass die Heilung geweissagt worden sei, damit man sie dem gefühllosen Kultbild zuschreiben kann. 18,3. Und wie viele dieser Dinge wurden von Anfang an durch magische Kunst vollbracht, damit man Träume deute und Orakel gebe? Und trotzdem hat auch dies nach langer Zeit ein Ende gefunden. 18,4. Wie viele würden heute gern solche Künste beherrschen, um die Leute zu betrügen? Doch wenn etwas weissagen oder heilen kann, ist das kein Gott. 19,1. Gott nämlich vermag alles (vgl. Mt 19,26). Denn er ist gut und gerecht, jetzt gegenüber allen langmütig, damit die Willigen über ihre Übeltaten Reue empfinden, einen guten Lebenswandel beginnen und am Tag, an dem die Welt gerichtet wird, bekommen, was sie verdienen.

19,2. Darum beginnt jetzt, aufgrund guter Erkenntnis, Gott zu gehorchen und euren schlechten Begierden und Gedanken zu widerstehen, damit ihr die der Menschheit ursprünglich übergebene, rettende Gottesverehrung zurückgewinnen könnt. 19,3. Auf diese Weise werden euch nämlich sogleich die Güter zufallen, nach deren Empfang ihr in Zukunft von der Versuchung durch das Böse frei sein werdet. Dem aber sagt Dank, der sie gegeben hat, denn gemeinsam mit dem König des Friedens werdet ihr für immer diese unbeschreiblichen Güter genießen! 19,4. In der Gegenwart aber, wenn ihr erst in einem nie versiegenden Fluss oder einer Quelle oder gegebenenfalls im Meer unter der dreimal-seligen Namensanrufung[188] abgewaschen worden seid, werdet ihr nicht nur die in eurem Innern verborgenen Geister austreiben können. Wenn ihr nicht mehr sündigt und Gott unerschütterlich vertraut, werdet ihr vielmehr selbst die bösen Geister und üblen Dämonen anderer Leute samt ihren gefährlichen Krankheiten austreiben. 19,5. Manchmal werden sie fliehen, wenn ihr sie nur anseht; denn sie kennen diejenigen, die sich Gott hingegeben haben. Darum ehren sie sie und fliehen erschrocken, wie ihr es gestern gesehen habt. Als ich mich nach der Ansprache hinstellte, um für die Kranken zu beten, da schrien sie aus Ehrfurcht vor der wahren Religion laut auf, unfähig, das auch nur einen kurzen Augenblick zu ertragen. 20,1. Denkt nun nicht, dass wir von anderer Natur wären und uns deshalb nicht vor Dämonen fürchten. Wir haben nämlich dieselbe Natur wie ihr, aber nicht dieselbe Religion. 20,2. Weil wir euch nicht erheblich, sondern völlig überlegen sind, neiden wir es euch nicht, genauso zu werden. Ganz im Gegenteil – wir raten euch dazu, weil wir wissen, dass alle Dämonen diejenigen, die sich Gott angeschlossen haben, ehren und fürchten, ohne dass man es merkt. 21,1. Denn auf gleiche Weise wie die Soldaten, die

188 Gemeint ist die dreiteilige christliche Taufformel (vgl. Mt 28,19).

einem Obersten des Kaisers untergebenen sind, wegen der Macht dessen, der sie verleiht, ihren Empfänger zu ehren wissen – so sehr, dass die Vorgesetzten zu diesem sagen: ‚Komm!', und er kommt, und zu einem andern: ‚Geh!', und er geht (Mt 8,5.9) –, 21,2. so findet auch der Gläubige, der sich Gott hingegeben hat, Gehorsam, wenn er die Dämonen und Krankheiten nur anspricht. Dann weichen die Dämonen zurück, obwohl sie viel mächtiger sind als die, die ihnen befehlen. Denn mit unbeschreiblicher Macht unterwirft Gott demjenigen, dem er will, den Verstand eines jeden. 21,3. Denn so, wie viele Befehlshaber samt all ihren Heerlagern und Städten den Kaiser fürchten, der nur ein Mensch ist, weil das Herz eines jeden danach verlangt, das Abbild des Ganzen besonders zu ehren – nach Gottes Willen kennt nämlich alles, was der Ehrfurcht unterworfen ist, den Grund dafür nicht –, so ehren und meiden auch alle krankmachenden Geister denjenigen, der bei Gott Zuflucht nimmt und den rechten Glauben wie Gottes Bild in seinem Herzen trägt, weil sie auf natürliche Weise in Furcht versetzt werden. 22,1. Doch auch wenn alle Dämonen samt allen Krankheiten vor euch fliehen, darf man sich nicht allein darüber freuen, sondern mehr noch darüber, dass durch Gottes Wohlgefallen eure Namen im Himmel als die von ewig Lebenden aufgeschrieben sind (Lk 10,20). 22,2. Deshalb freut sich auch der göttliche, heilige Geist, weil ein Mensch den Tod besiegt hat; die Vertreibung der Dämonen geschieht ja zur Genesung eines anderen. 22,3. Dies sagen wir nicht, weil wir bestreiten, dass man andern helfen soll, sondern weil es nicht recht ist, wenn man dabei überheblich wird und sich selbst vernachlässigt.

22,4. Bisweilen fliehen Dämonen vor gewissen gesetzlosen Leuten, wenn die einen ehrwürdigen Namen[189] aussprechen (vgl. Mt 7,22–23). Doch erliegt sowohl derjenige, der sie austreibt, als auch derjenige, der das bezeugt, einer Täuschung: 22,5. der, der sie austreibt, in der Überzeugung, dass er wegen seiner Gerechtigkeit vom Dämon besonders geehrt werde, obwohl er die Bosheit des Dämons nicht kennt – der hat nämlich zugleich den Namen geehrt und den Gottlosen durch seine Flucht zum Glauben an die eigene Gerechtigkeit verleitet und ihn dadurch verführt, keine Buße zu tun –, und

189 Gemeint ist der Name Gottes oder der Name Jesu.

der, der das bezeugt, weil er mit dem Exorzisten in der Überzeugung Umgang hat, er sei gottesfürchtig, und nun nach dem gleichen Lebenswandel strebt. So geht der eine wie der andere zugrunde. 22,6. Manchmal heucheln die Dämonen auch, vor Beschwörungen ohne Anrufung Gottes zu fliehen, damit sie die Beschwörer täuschen und sie vernichten, wann sie wollen. 23,1. Das also wollen wir euch wissen lassen: Wenn jemand sich nicht freiwillig den Dämonen als Sklave ausliefert, hat der Dämon, wie ich gerade sagte, keine Macht über ihn. 23,2. Wenn ihr euch nun entscheidet, *einen* Gott zu verehren, und euch von der Mahlzeit der Dämonen fernhaltet (vgl. 1. Kor 10,21) und Tugendhaftigkeit samt Menschenliebe und Gerechtigkeit annehmt und unter der dreimal-seligen Namensanrufung zur Vergebung der Sünden getauft werdet (vgl. Mk 1,4), um euch, soweit ihr könnt, zur Vollendung der Reinheit hinzugeben, könnt ihr von immerwährender Strafe erlöst und zu Erben ewiger Güter eingesetzt werden."

## Weitere Heilungen in Tripolis

23,3. Nachdem er dies gesagt hatte, befahl er denen, die von Krankheiten gequält wurden, heranzutreten. Daraufhin kamen viele herbei, die sich aufgrund der Kunde von den gestern Geheilten zusammengefunden hatten. Petrus legte ihnen die Hände auf und betete, heilte sie sofort und trug ihnen und den anderen auf, sich sehr früh am Morgen erneut zu versammeln. Dann badete er, nahm Nahrung zu sich und ging schlafen.

# Buch 10

## Ein Morgengespräch des Petrus mit den Jüngern

1,1. Als Petrus in Tripolis am dritten Tag ganz früh am Morgen aus dem Schlaf erwachte, ging er in den Garten. Dort war ein großes Wasserbecken, in das beständig reichlich Wasser floss. 1,2. Nachdem er sich dort gewaschen und dann gebetet hatte, setzte er sich nieder. Weil er uns um ihn herumsitzen und gebannt zu ihm hinschauen sah, als wollten wir etwas hören, sagte er: 2,1. „Es scheint mir ein großer Unterschied zwischen den Unwissenden und den Irregeleiteten zu bestehen. Denn der Unwissende scheint mir einem Menschen zu gleichen, der sich zu einer gesegneten Stadt nicht aufmachen will, weil er die dortigen Schönheiten nicht kennt, der Irregeleitete aber einem, der die Schönheiten der Stadt kennt, aber vom Pfad abkommt, während er unterwegs ist, und deshalb in die Irre geht. 2,2. Ebenso scheint mir ein großer Unterschied zwischen denen zu bestehen, die Götzenbilder verehren, und denen, die in der wahren Gottesverehrung irren. Denn diejenigen, die Götzenbilder verehren, kennen das ewige Leben nicht. Deshalb verlangen sie auch nicht nach ihm; denn was sie nicht kennen, können sie nicht lieben. Diejenigen aber, die sich entschieden haben, den einen Gott zu verehren, und die das ewige Leben kennen, das den Guten gewährt wird, gleichen, wenn sie etwas glauben oder tun, was Gott missfällt, denjenigen, die die Stadt der Strafe verlassen haben, um in die blühende Stadt zu gehen, und vom rechten Weg abirren."

## Die Rede des Petrus über den Götterkult (Anfang der zweiten Tripolisrede)

3,1. Während er dies mit uns besprach, kam einer der Unsrigen herein. Der stellte sich hin, um ihm Folgendes mitzuteilen, und sagte: „Petrus, mein Herr, große Menschenmengen stehen vor den Toren." 3,2. Auf seine Erlaubnis hin kam eine große Schar herein. Da erhob er sich und stellte sich auf den gestrigen Sockel, grüßte nach frommer Sitte und sprach: 3,3. „Nachdem Gott den Himmel und die Erde geschaffen und alles, was darin ist, gemacht hatte – wie uns der wahre Prophet sagte –, wurde der Mensch, der nach Gottes Bild und Gleichheit entstanden war, eingesetzt, um zu herrschen und zu gebieten, nämlich über die Tiere in der Luft, auf der Erde und im Wasser (Gen 1,26–28). 3,4. Das lässt sich schon aufgrund der Tatsache erkennen, dass er mit Hilfe seines Verstandes die Tiere in der Luft herabholt, die in der Meerestiefe heraufzieht und die auf der Erde erjagt, obwohl sie ihm doch der Stärke nach weit überlegen sind, nämlich Elefanten, Löwen und dergleichen. 4,1. Damals, als der Mensch gerecht war, war er auch über alle Leiden erhaben, weil er in einem unsterblichen Leib die Erfahrung des Leidens nicht machen konnte. Als er aber zu sündigen begann, unterlag er – wie wir gestern und tags zuvor gezeigt haben – als Sklave der Sünde allen Leiden und büßte aufgrund eines gerechten Urteils alle Annehmlichkeiten ein. 4,2. Denn nachdem der Geber verlassen worden ist, wäre es nicht vernünftig gewesen, dass seine Gaben bei den Undankbaren verblieben. Darum sandte er aufgrund seiner unermesslichen Barmherzigkeit seinen Propheten, damit wir zugleich mit den ursprünglichen auch die zukünftigen ewigen Güter empfangen. 4,3. Der Prophet aber trug uns auf, euch zu sagen, was ihr denken und tun müsst. Sich dafür zu entscheiden liegt in eurer Macht!

4,4. Was man denken muss, ist dies: den Gott zu verehren, der alles geschaffen hat. Wenn ihr den durch Einsicht annehmt, werdet ihr zusammen mit den ursprünglichen Annehmlichkeiten auch die zukünftigen ewigen Güter empfangen. 5,1. Ihr werdet euch zum eigenen Nutzen selbst überzeugen können, wenn ihr der in eurem Herzen lauernden gefährlichen Schlange gleichwie Schlangenbeschwörer befehlt: ‚Gott den Herrn sollst du fürchten und ihm allein dienen!' (Dtn 6,13; Mt 4,10) 5,2. Aufgrund jeder Überlegung ist es von Nutzen, ihn allein zu fürchten – nicht als einen Ungerechten, sondern als einen Gerechten. 5,3. Denn bei einem Ungerechten fürchtet man, dass man zu Unrecht getötet wird, aber bei dem Gerechten, dass man Strafe empfängt, wenn man bei einer Sünde ertappt wird. So könnt ihr einzig durch die Furcht vor ihm von vielen bedrängenden Ängsten erlöst werden. 5,4. Denn wenn ihr den einen Herrn und Schöpfer aller Dinge nicht fürchtet, werdet ihr zu eurem eigenen Schaden Sklaven von allen Übeln sein, nämlich von Dämonen und von Leiden und von allem anderen, was auf irgendeine Weise schaden kann. 6,1. Schöpft nun Mut und wendet euch Gott zu, die ihr am Anfang geschaffen worden seid, um über alles zu herrschen und zu gebieten! Ihr habt ja mit eurem Körper sein Ebenbild[190], und ebenso habt ihr mit eurem Verstand die gleiche Denkweise. 6,2. Nachdem ihr getan habt, was vernunftlosen Tieren gleicht, und eure Menschenseele verloren habt, wurdet ihr, als wäret ihr Schweine geworden, zum Lustobjekt der Dämonen. Wenn ihr nun das Gesetz Gottes annehmt, werdet ihr wieder Menschen. 6,3. Denn zu vernunftlosen Tieren kann man nicht sagen: ‚Du sollst nicht töten, du sollst nicht ehebrechen, du sollst nicht stehlen!' (Ex 20,13–15; Dtn 5,17–19) und so weiter. Darum sollt ihr euch nicht weigern, in euren ursprünglichen Adel einzutreten, wenn man euch dazu auffordert. 6,4. Denn das ist möglich, wenn ihr Gott durch eure guten Taten gleich werdet. Und wenn ihr wegen dieser Gleichheit als dessen Söhne anerkannt worden seid, werdet ihr als Herren aller Dinge in euren früheren Stand zurückkehren können. 7,1. Beginnt also, eure bedrängenden Ängste vor den nichtigen Götzenbildern abzulegen, damit ihr der ungerechten Sklavenschaft entflieht! Denn jene sind eure Herren geworden, die selbst als Sklaven für euch nutzlos wären. 7,2. Ich rede aber vom Material dieser leblosen Götterbilder, die euch nicht einmal zum Sklavendienst nützlich sind. Denn weder hören sie, noch sehen sie, noch nehmen sie etwas wahr, ja sie können sich nicht einmal bewegen. 7,3. Oder will etwa jemand von euch so sehen, wie sie sehen, hören, wie sie hören, und empfinden und sich bewegen wie sie? Doch sei es fern, durch eine solche Beleidigung welchen Menschen auch immer zu beleidigen, der Gottes Ebenbild trägt, auch wenn er die Gleichheit mit ihm verloren hat (vgl. Gen 1,26). 8,1. Versetzt doch eure goldenen und silbernen oder aus einem anderen Material gefertigten Götter in ihren ursprünglichen Zustand zurück, nämlich in Schalen, Schüs-

190 Gemeint ist, dass die Gestalt des Menschen der Gestalt Gottes entspricht (zu dieser Theorie vgl. 16.10; 16.19; 17.3; 17.7–11).

seln und alles Übrige, was euch zum Gebrauch nützlich sein kann. So werden die euch anfangs gewährten Güter wiederhergestellt werden können. 8,2. Aber vielleicht sagt ihr: ‚Die Gesetze der Herrscher lassen nicht zu, dass wir dies tun.' Richtig, es sind Gesetze, aber es ist nicht die nicht-existierende Macht der nichtigen Kultbilder. 8,3. Wie habt ihr sie dann für Götter halten können, die von menschlichen Gesetzen verteidigt, von Hunden bewacht, durch Riegel geschützt werden? Und dies auch nur, wenn sie aus Gold, Silber oder Bronze sind; denn die aus Stein oder Ton werden durch ihre Wertlosigkeit geschützt, weil kein Mensch einen steinernen oder tönernen Gott zu stehlen begehrt. 8,4. Daher befinden sich eure aus kostbarerem Material gefertigten Götter in großer Gefahr. Wie können sie denn überhaupt Götter sein, wenn sie gestohlen, geschmolzen, gewogen und bewacht werden?

9,1. O ihr Gedanken elender Menschen, die fürchten, was toter ist als Tote! Denn nicht einmal tot kann ich das nennen, was niemals gelebt hat, es sei denn, es handelt sich um die Gräber früherer Menschen. 9,2. Denn manchmal gelangt jemand an unbekannte Orte und weiß nicht, ob die Tempel, die er sieht, Denkmäler für verstorbene Männer sind oder für die sogenannten Göttern. Und nachdem er gefragt und gehört hat, dass sie Göttern gewidmet sind, verehrt er sie, ohne sich dafür zu schämen. Denn wenn er das nicht durch Nachfrage erfahren hätte, wäre er, wegen der starken Ähnlichkeit, wie am Grabmal eines Toten vorübergegangen. 9,3. Für den Irrwitz solchen Aberglaubens muss ich wohl keinen großen Beweis liefern. Denn für den Willigen ist leicht zu begreifen, dass ein Götterbild ein Nichts ist, es sei denn, jemand sieht nicht, [191]was er sehen kann. Deshalb muss man dem Verehrer des Bildes entgegentreten und sagen: ‚Oh, du bist noch blinder als das, was du verehrst: Siehst du nicht, dass es nicht sehen kann? 9,4. Höre nun aber auch, dass es nicht hört, und begreife, dass es nicht begreift. Denn die Hände eines verstorbenen Menschen haben es geschaffen. 9,5. Wenn aber der starb, der es schuf, warum sollte das von ihm Geschaffene nicht zerstört werden? Warum betest du also das Werk eines Sterblichen an,

191 Der Rest des Verses fehlt in den griechischen Handschriften und ist nach der syrischen Übersetzung zu ergänzen.

das gänzlich empfindungslos ist? Wo doch die, die Vernunft haben, weder die Tiere anbeten noch die Elemente hofieren, die von Gott erschaffen sind, nämlich Himmel, Sonne, Mond, Sterne, Erde, Meer und alles, was darin ist, weil sie zu Recht beschließen, nicht das von ihm Erschaffene anzubeten, sondern Gott, den Schöpfer und Erhalter dieser Dinge, zu verehren.‘ 9,6. Darüber freut sich nämlich auch das Erschaffene, weil ihm niemand die Ehre des Schöpfers verliehen hat. 10,1. Denn ihm allein gehört der kostbare Ruhm des einzig Ungeschaffenen, weil alles Übrige erschaffen ist. Wie es also dem Ungeschaffenen vorbehalten ist, Gott zu sein, so ist jedes beliebige Erschaffene in Wirklichkeit nicht Gott.

10,2. Vor allem müsst ihr die betrügerische Absicht der betörenden Schlange, die in euch ist, bedenken. Sie betrügt euch listig mit dem Versprechen einer noch größeren Vernunft, während sie aus eurem Gehirn in das Rückenmark kriecht und den Betrug an euch für einen großen Gewinn hält. 11,1. Sie kennt nämlich das von Anfang an gültige Gesetz: Wenn sie euch zur Überzeugung welcher sogenannten Götter auch immer bringt, nur damit ihr gegen das Glück der Alleinherrschaft Gottes sündigt, wird euer Fall ihr Gewinn, und zwar aus folgendem Grund. 11,2. Weil sie dazu verurteilt ist, Erde zu fressen (vgl. Gen 3,14), hat sie die Macht, den aufgrund von Sünde zu Erde aufgelösten Menschen (vgl. Gen 3,19) zu fressen, wobei eure Seelen in ihren Feuerbauch wandern. Damit ihr dies erleidet, flüstert sie euch jeden Gedanken ein, der euch schaden kann. 12,1. Denn von ihr werden eurem Verstand alle betrügerischen Gedanken gegen Gottes Alleinherrschaft zu eurem Verderben eingeflößt. Zuerst täuscht sie euch unter dem Vorwand der Erkenntnis (vgl. Gen 3,5). Damit ihr die Reden über die wahre Gottesverehrung nicht hört und eure Unwissenheit als Grund der Übel austreibt, bedient sie sich vor allem der einen, gegen alles andere gerichteten Vorstellung, die besagt, man sei gut beraten zu meinen, dass man nicht dem Gericht verfällt (vgl. Mt 5,21), wenn man die Rede von der wahren Gottesverehrung nicht hört. 12,2. Deshalb wollen einige, die auf diese Weise betrogen werden, nichts hören, damit sie unwissend sind, ohne zu bedenken, dass schon das Unwissen an sich ein hinreichend tödliches Gift ist. Wer nämlich ein tödliches Gift unwissentlich zu sich nimmt, stirbt gewiss. 12,3. So vernichten naturgemäß die Sünden den Sünder, auch wenn er unwissentlich tut, was er nicht darf. 13,1. Wenn schon bei Verachtung dieser Reden eine Verurteilung erfolgt, wird Gott umso mehr diejenigen zugrunde richten, die sich weigern, seine Verehrung zu übernehmen. Wer nicht lernen will, damit er unschuldig sei, ist schon gerichtet, weil er davon weiß. 13,2. Er wusste ja, was er nicht hören will, sodass eine List zur Verteidigung vor dem herzenskundigen Gott nichts vermag. 13,3. Darum flieht vor dem verschlagenen Argument der Schlange, das eurem Verstand eingeflüstert wird! Wenn aber jemand das gegenwärtige Leben tatsächlich unwissend beendet, wird ihn die Anklage treffen, dass er trotz seines langen Lebens nicht wusste, wer sein Schöpfer[192] und Spender der ihm gewährten Speisen war, und er wird als ein gleichgültiger, undankbarer und höchst unwürdiger Diener vom Königreich Gottes ausgeschlossen.

14,1. Zum anderen flüstert euch die gefährliche Schlange die Auffassung ein, das zu denken und genau das zu sagen, was wohl die meisten unter euch sagen: ‚Auch wir wissen, dass der Herr über alle nur einer ist, doch auch diese sind Götter. 14,2. Denn in gleicher Weise ist nur einer der Kaiser, er hat aber unter sich die Regenten – Konsuln, Präfekten, Tribunen, Centurionen, Decurionen. Obwohl der große Gott gleichwie der Kaiser nur einer ist, sind auf dieselbe Weise auch sie, nach der Art von untergeordneten Mächten, Götter, denn sie sind zwar jenem untergeordnet, uns aber regieren sie.' 14,3. Hört zu, die ihr mit diesem Gedanken wie mit einem gefährlichen Gift – nämlich mit dem üblen Gedanken dieses Beispiels – von ihr angeschmiert worden seid, damit ihr erkennt, was gut und was schlecht ist! Denn das habt ihr noch nicht begriffen, weil ihr nicht einmal das durchschaut, was von euch vorgebracht wird. 15,1. Wenn ihr nämlich sagt, dass Gott nach Art des Kaisers seine untergeordneten Mächte, die sogenannten Götter, hat, dann folgt ihr nicht eurem Beispiel. 15,2. Wenn ihr ihm nämlich folgen würdet, müsstet ihr Folgendes wissen: Wie es nicht erlaubt ist, den Namen des Kaisers einem anderen zu geben – nämlich einem Konsul oder einem Präfekten oder einem Tribunen oder einem anderen –, weil der, der diesen Namen einem anderen gibt, nicht am Leben bleiben, und der, der

192 Dieses Wort ist nach der syrischen Übersetzung zu ergänzen.

ihn annimmt, getötet werden wird, so ist es aufgrund eures Beispiels auch nicht erlaubt, dass der Name Gottes einem anderen gegeben wird. 15,3. Denn wer versucht ist, ihn entweder anzunehmen oder ihn einem anderen zu geben, kommt um. 15,4. Wenn aber schon der Frevel an einem Menschen Strafe nach sich zieht, werden umso mehr diejenigen, die andere als Götter bezeichnen, ewiger Strafe unterworfen werden, weil sie gegen Gott gefrevelt haben. 15,5. Und das zu Recht, denn den Namen, der euch übergeben worden ist, um seine Alleinherrschaft zu ehren, habt ihr, sooft ihr konntet, jedem Frevel preisgegeben! 15,6. ‚Gott' ist allerdings nicht sein wirklicher Name, doch ihr habt den Namen, der euch gegeben wurde, seit seinem Empfang geschändet, sodass der Gebrauch, den ihr davon macht, auf seinen wirklichen Namen bezogen wird: Ihr aber habt ihn jedem Frevel preisgegeben. 16,1. Die Oberherren der Ägypter zum Beispiel, die sich der Lehre von den Himmelserscheinungen rühmen und sich anerbieten, die Natur der Sterne zu beurteilen, gaben diesen Namen infolge einer schlechten, in ihrem Innern verborgenen Vorstellung aller Entehrung preis, soweit sie es vermochten. 16,2. Denn einige von ihnen erlaubten, einen Stier, den sogenannten Apis, zu verehren, andere eine Ziege, andere eine Katze, andere eine Schlange, ja auch einen Fisch, Zwiebeln, Blähungen im Bauch, Gedärme[193], die Gliedmaßen vernunftloser Tiere samt unzähligen anderen höchst schändlichen Absurditäten."

17,1. Als Petrus dies gesagt hatte, begann die anwesende Menge zu lachen. Da sprach Petrus auf das Gelächter hin: „Ihr lacht über die Bräuche der anderen, weil ihr nicht wisst, dass ihr von jenen noch weit mehr ausgelacht werdet. 17,2. So lacht ihr gegenseitig über eure Bräuche! Denn auf eure eigenen Bräuche achtet ihr nicht, weil ihr durch schlechte Gewohnheit zum Irrtum verleitet worden seid. Dass ihr aber die Bräuche der Ägypter tatsächlich zu Recht auslacht, gebe ich zu, weil sie, obwohl sie mit Vernunft begabt sind, vernunftlose Wesen verehren, die zweifellos sterben. 17,3. Aber hört auch, wie jene reden, während sie euch auslachen. Sie sagen: ‚Wenn wir auch sterbliche Wesen verehren, so sind es doch solche, die einst gelebt haben. Ihr aber verehrt, was niemals gelebt hat.' 17,4. Darüber hinaus

193 Oder: „Kloaken".

sagen sie: ‚Wir wollen die Gestalt des *einen* Gottes ehren, doch weil wir nicht herausgefunden haben, wie sie beschaffen ist, zogen wir es vor, jede Gestalt zu ehren.' Und wenn sie solche Dinge sagen, meinen sie zugleich, richtiger zu denken als ihr.

18,1. Darum sollt ihr ihnen Folgendes antworten: ‚Ihr lügt! Ihr verehrt ihr sie ja nicht aus Ehrerbietung gegenüber dem tatsächlichen Gott; dann würdet ihr alle jegliche Gestalt verehren, was ihr nicht tut. 18,2. Die einen unter euch, die die Zwiebel als Gottheit ansehen, und die anderen, die die Blähungen des Bauches verehren, bekämpfen sich nämlich. Folglich setzt ihr alle auf gleiche Weise die Gottheiten der anderen herab, wenn ihr nur eine besonders verehrt.' 18,3. Aus unterschiedlichen Überzeugungen verehrt der eine dieses, der andere jenes Glied desselben Tieres. 18,4. Ferner bemühen sich diejenigen unter ihnen, die noch einen Hauch klaren Denkens besitzen und sich über ihre offenbare Schande schämen, diese Bräuche in Allegorien aufzulösen, weil sie durch eine andere List die Tödlichkeit ihres Irrtums absichern wollen. 18,5. Trotzdem würden wir auch diese Allegorien widerlegen, wenn wir dort[194] wären. Die törichte Begeisterung dafür hat so sehr die Oberhand gewonnen, dass sie dem Verstand schwersten Schaden zugefügt hat. Man soll ja das Pflaster nicht auf den gesunden Körperteil auftragen, sondern auf den leidenden! 18,6. Weil ihr nun die Bräuche der Ägypter auslacht, habt ihr gezeigt, dass ihr nicht an deren Krankheit leidet. Daher wäre es hinsichtlich eures Leids vernünftig, euch während meines Aufenthalts die Heilung von eurem Leiden zu verschaffen.

19,1. Wer Gott verehren will, muss vor allem wissen, was allein die Eigenart der Natur Gottes ist, was bei einem anderen unmöglich vorhanden sein kann. Wenn man auf Gottes Eigenart schaut und sie bei einem anderen nicht findet, wird man folglich nicht verleitet, einem anderen zuzuschreiben, Gott zu sein. 19,2. Es ist aber ist Gottes Eigenart, dass er als Schöpfer aller Dinge als einziger auch mächtiger ist als sie. An Macht ist das Erschaffende dem Erschaffenen überlegen, hinsichtlich der Größe das Unendliche dem Begrenzten, hinsichtlich der Erscheinung ist das am schönsten Gestaltete überlegen, hinsichtlich des Glücks das Seligste, hinsichtlich des Verstan-

194 Nämlich in Ägypten.

des das Vollkommenste. 19,3. Ebenso hat er auch in allen übrigen Dingen in unvergleichlicher Weise den Vorrang inne. 19,4. Weil es nun, wie ich sagte, Gottes Eigenart ist, allen Dingen überlegen zu sein – durch ihn entstand ja der alles umfassende Kosmos –, muss man zwangsläufig sagen, dass keines der von ihm erschaffenen Dinge den Vergleich mit ihm aushalten kann. 20,1. Wer aber keine Unvergleichlichkeit und Unübertrefflichkeit und völlige Bedürfnislosigkeit besitzt, der kann nicht Gott sein. Wenn aber der ganze Kosmos das nicht sein kann, weil er erschaffen ist, um wie viel mehr würde man dann zu Unrecht dessen Teile Gott nennen! 20,2. Mit Teilen aber meine ich die von euch so genannten Götter, die aus Gold und Silber und Bronze und Stein oder auch aus jedem beliebigen anderen Material gemacht und noch dazu von sterblicher Hand geschaffen sind.

20,3. Lasst uns trotzdem zusätzlich untersuchen, wie die gefährliche Schlange durch Menschenmund diejenigen betört, die sich durch ihre Spitzfindigkeiten täuschen lassen! 21,1. Denn die meisten behaupten: ‚Von unseren Kultbildern verehren wir nicht das Gold, auch nicht das Silber, noch auch Holz oder Stein – auch wir wissen ja, dass dies nichts als leblose Materie ist und die Kunst eines sterblichen Menschen –, doch den ihnen innewohnenden Geist, den nennen wir Gott.' Man beachte die Arglist derer, die dies sagen! 21,2. Weil nämlich beim Sichtbaren leicht zu beweisen ist, dass es nichts ist, nehmen sie ihre Zuflucht beim Unsichtbaren in der Überzeugung, bei etwas Verborgenem nicht widerlegt werden zu können. 21,3. Allerdings stimmen solche Leute mit uns insoweit überein, dass die Hälfte ihrer Götterbilder nicht Gott ist, sondern empfindungslose Materie. Sie müssen aber noch erklären, warum sie glauben, dass diese Bilder einen göttlichen Geist haben. 21,4. Doch können sie uns nicht beweisen, dass es so ist, weil es nicht so ist. Auch glauben wir ihnen nicht, dass sie ihn gesehen haben. Wir werden ihnen die Beweise liefern, dass diese Bilder keinen göttlichen Geist haben, damit die Wahrheitsliebenden sich von dieser wahnsinnigen Vorstellung abwenden, wenn sie die Widerlegung der Ansicht hören, sie seien lebendig.

22,1. Zunächst: Wenn ihr sie anbetet, weil sie beseelt seien, warum verehrt ihr auch Gräber von einstigen Menschen, die eingestandenermaßen keinen göttlichen Geist besaßen? So sagt ihr auch in diesem

Punkt nicht die Wahrheit. 22,2. Wenn jedoch eure Kultbilder tatsächlich lebendig wären, würden sie sich von selbst bewegen, dann hätten sie eine Stimme, würden sie die auf ihnen sitzende Spinne abschütteln, würden sie diejenigen, die Böses gegen sie im Schilde führen und sie stehlen wollen, wegstoßen, und diejenigen, die die Weihgeschenke plündern, würden sie mit Leichtigkeit festhalten. Doch jetzt tun sie nichts davon, sondern wie Verurteilte werden besonders die Kostbarsten von ihnen bewacht, wie wir schon anfangs gesagt haben. 22,3. Und weiter! Fordern nicht die Herrscher von euch Abgaben und Steuern für sie in der Meinung, dass ihr von den vorhandenen Bildern sehr profitiert? Und weiter! Wurden sie nicht oft von Feinden geraubt, zerschlagen und verteilt? 22,4. Entwenden nicht die Priester selbst – mehr noch als die, die draußen anbeten – viele der Weihgeschenke, weil sie sich über den nutzlosen Kult im Klaren sind? 23,1. ‚Ja', sagt man, ‚aber durch die Vorsehung der Götter wurden sie entlarvt.' Das ist Lüge! Denn wie viele von ihnen wurden nicht entlarvt? 23,2. Wenn man aber sagt, dass sie deswegen Macht haben, weil einige verhaftet wurden, befindet man sich im Irrtum. Denn auch von den Grabschändern werden einige ausfindig gemacht, andere aber bleiben verborgen. Und die, die verhaftet wurden, sind doch wohl nicht durch die Macht der Toten ertappt worden. 23,3. Das gleiche müssen wir auch bei denjenigen annehmen, die Götter stehlen und berauben. Die in ihnen befindlichen Götter kümmern sich jedoch, so sagt man, nicht um ihre geschnitzten Bilder. 23,4. Warum pflegt ihr sie dann, indem ihr sie putzt und wascht und reinigt, sie bekränzt und ihnen opfert? Genau hieran sollt ihr begreifen, dass ihr nicht aus richtiger Überlegung handelt! Denn wie ihr eure Toten beklagt, so opfert und spendet ihr auch euren Göttern. 24,1. Auch das passt nicht zum Beispiel vom Kaiser und den Mächten unter ihm, nämlich sie Regenten zu nennen; denn ihr seid es, die alle Sorgfalt auf sie verwendet, wie ich gerade sagte, und eure Götterbilder in jeder Hinsicht pflegt. 24,2. Denn sie können nichts und tun nichts. Daher sagt uns: Was regieren sie? Was tun sie so Bedeutendes wie die, die an allen Orten herrschen? 24,3. Und was vollbringen sie so Glänzendes wie die Sterne Gottes? Oder leuchten sie etwa wie die Sonne, denen ihr Lampen anzündet? Können etwa auch sie Schauer bringen, wie die Wolken Regen bringen, sie, die sich nicht einmal bewegen können, wenn nicht Menschen sie tragen? Oder bringen sie Früchte auf dieselbe Weise hervor wie die Erde, denen ihr Opfergaben besorgt? Folglich vermögen sie nichts! 25,1. Doch selbst wenn sie etwas tun könnten, würdet ihr sie zu Unrecht Götter nennen, weil es nicht erlaubt ist, die Elemente, die für die Wohltaten sorgen, Götter zu nennen. Sondern den, der als einziger die Elemente geordnet hat, damit sie alles zu unserem Nutzen vollbringen, und ihnen befohlen hat, dem Menschen zu dienen, nur den nennen wir aus gutem Grund Gott. Weil ihr dessen Wohltaten nicht erkennt, habt ihr die Elemente, die euch als Sklaven zugeteilt worden waren, zu Herrschern über euch ernannt. 25,2. Doch warum soll ich über die Elemente reden, wenn ihr sogar leblose Statuen hergestellt habt und sie nicht nur verehrt, sondern ihnen wie Sklaven in jeder Hinsicht gehorchen wollt? 25,3. Deshalb, durch euren Wahnsinn, seid ihr den Dämonen untertan geworden. Doch indem ihr Gott selbst erkennt, könnt ihr aufgrund von guten Taten wieder Herren werden, den Dämonen wie Sklaven befehlen und als Söhne Gottes zu Erben der ewigen Königsherrschaft eingesetzt werden."

## Weitere Heilungen in Tripolis

26,1. Nach dieser Rede befahl er, die Besessenen und von Krankheit Heimgesuchten zu ihm zu bringen. Den Herbeigebrachten legte er die Hände auf, betete und entließ sie dann geheilt. Dabei ermahnte er sie und die übrige Menge, sich an diesem Ort alle Tage aufzuhalten, an denen er während seines Aufenthalts Reden hielte. 26,2. Nachdem sich die anderen zurückgezogen hatten, wusch sich Petrus mit denen, die es wünschten, im dortigen Wasserbecken. Dann befahl er, auf der Erde Polster auszubreiten unter dem dichten Laub der Bäume, wegen des Schattens, und ließ dann einen jeden, seiner Würde entsprechend, sich niederlegen. Anschließend nahmen wir Nahrung zu uns. 26,3. Nachdem er den Lobpreis gesprochen und Gott für den Genuss des Mahls gedankt hatte, wie es der festen Gewohnheit der Hebräer entspricht, gestattete er uns, weil noch viel Zeit war, zu fragen, wonach wir wollten. 26,4. Und obwohl wir zwanzig waren, gab er der Reihe nach jedem Fragesteller Antwort. Nachdem schon der Abend hereingebrochen war, gingen wir alle mit ihm in das geräumigste Zimmer der Herberge und schliefen dort ein.

# Buch 11

## Die Rede des Petrus über den Götterkult (Abschluss der zweiten Tripolisrede)

1,1. Als Petrus am vierten Tag in Tripolis aufgestanden war und uns wach fand, grüßte er und ging zum Wasserbecken hinaus, um sich zu waschen und zu beten, und wir machten es infolgedessen genauso. 1,2. Nachdem wir mit ihm gebetet und uns dann vor ihn hingesetzt hatten, hielt er uns eine Rede darüber, dass man rein sein müsse. Und als es schließlich Tag geworden war, gestattete er der Menschenmenge einzutreten. Nachdem die große Schar hereingekommen war, grüßte er sie in gewohnter Weise und begann zu sprechen:

2,1. „Infolge der langen Vernachlässigung, die zu eurem Nachteil durch euch selbst geschehen ist, hat euer Verstand die vielen verderblichen Vorstellungen eurer Kulte hervorgebracht. Deshalb seid ihr wie Erde geworden, die infolge der Hilflosigkeit eines Bauern brachliegt. Ihr braucht viel Zeit zur Reinigung, damit euer Verstand die euch jetzt übergebene wahre Lehre wie eine gute Saat empfängt und sie nicht durch schädliche Sorgen erstickt und fruchtlos macht in Hinblick auf die Werke, die euch retten können (Mt 13,7.22). 2,2. Darum müssen diejenigen, die um ihre Rettung besorgt sind, noch eifriger zuhören, damit ihre seit langer Zeit angehäuften Gottlosigkeiten in der kurzen noch verbleibenden Zeit durch unablässiges Bemühen um Reinigung abgetragen werden können. 2,3. Weil nun einem jedem das Ende seiner Zeit unbekannt ist, beeilt euch, die vielen Dornen aus euren Herzen herauszureißen – aber nicht zögerlich: Dann werdet ihr nicht gereinigt werden können, weil ihr schon so lange brachgelegen habt. 3,1. Nicht anders wird es euch gelingen, euer großes Bemühen um Reinigung in Angriff zu nehmen: Ihr müsst über euch selbst zürnen und euch für die Dinge tadeln, von denen ihr euch wie unnütze Sklaven habt betören lassen, indem ihr euren schlechten Begierden nachgabt, sodass ihr euren gerechten Zorn dem Verstand entgegenschleudern könnt wie Feuer dem brachliegenden Land. 3,2. Wenn ihr allerdings kein gerechtes Feuer habt – ich meine Zorn gegen eure schlechten Begierden –, dann erfahrt, um welche Wohltaten ihr euch habt betrügen lassen, welche Strafe auf euch wartet und von wem ihr getäuscht worden seid! Wenn dann euer Verstand ernüchtert und durch die Lehre dessen, der uns gesandt hat, zum Zorn entzündet worden ist wie Feuer (vgl. Lk 12,49), kann er die Dornen der Begierde (vgl. Mt 13,7.22) vernichten. Glaubt mir: Wenn ihr wollt, werdet ihr alles wieder gutmachen können.

4,1. Ihr seid das Ebenbild des unsichtbaren Gottes (vgl. Gen 1,26–27; Kol 1,15). Deshalb sollen die, die gottesfürchtig leben wollen, nicht sagen, dass die Götzenbilder Ebenbilder Gottes seien und man sie daher verehren müsse. Gottes Ebenbild ist nämlich der Mensch. Wer Gott Ehrfurcht erweisen will, erweist den Menschen Gutes, weil der Leib des Menschen Gottes Bild trägt. Diese Gleichheit mit ihm aber haben noch nicht alle, sondern nur der reine Verstand einer guten Seele. 4,2. Weil wir jedoch wissen, dass der Mensch nach Gottes Bild und Gleichheit entstanden ist (Gen 1,26), sagen wir, dass ihr den Menschen gegenüber ehrfürchtig sein sollt, damit diese Freundlichkeit auf Gott, dessen Ebenbild der Mensch ist, bezogen wird. 4,3. Ehre muss man dem Ebenbild Gottes, das der Mensch ist, folgendermaßen erweisen: Einem Hungernden muss man zu essen geben, einem Durstigen zu trinken, einem Nackten Kleidung, einem Kranken Fürsorge, einem Fremden Obdach und einem Gefängnisinsassen Nähe (vgl. Mt 25,35–36) – man muss ihm soweit wie möglich helfen. 4,4. Und damit ich mich nicht in Einzelheiten verliere: Alle guten Dinge, die man für sich selbst will, soll man genauso einem anderen gewähren, der sie braucht (vgl. Mt 7,12), und dann kann dem, der dem Ebenbild Gottes Ehrfurcht erwiesen hat, guter Lohn zugerechnet werden. 4,5. Nach diesem Grundsatz wird man auch bestraft werden, wenn man es nicht auf sich nimmt, dies zu tun, weil man Gottes Ebenbild vernachlässigt hat.

5,1. Wie ist es überhaupt möglich zu behaupten, dass ihr aufgrund eurer Ehrfurcht gegenüber Gott jede Gestalt verehrt, während ihr den Menschen, der tatsächlich Gottes Ebenbild ist, in jeder wurden vernichtet.‘ Auch ich sage: Das wird zweifellos so sein, wenn alle Menschen ihre Zuneigung zu ihm erkennen lassen und dann eine Verwandlung der jetzigen Welt stattfinden wird. 6,2. Wenn ihr jedoch Gott so handeln lassen wolltet, dass keines von den angebeteten Dingen Bestand hätte, dann sagt uns, welches Ding ihr nicht verehrt habt. 6,3. Beten nicht einige von euch die Sonne an, andere den Mond, andere das Wasser, andere die Erde, andere die Berge, andere die Pflanzen, andere die Samen, andere, wie in Ägypten, sogar den Menschen? 6,4. Folglich dürfte Gott nichts übriglassen, nicht einmal uns, damit weder das Angebetete fortbestünde noch das, was anbetet. Dass dies tatsächlich geschieht, das will die in euch lauernde gefährliche Schlange, die nicht von euch ablässt! 6,5. Aber es wird nicht so geschehen. Denn was angebetet wird, begeht keine Sünde. Ihm widerfährt vielmehr durch den Gewalt, der es anbeten will. 6,6. Wenn auch von allen Menschen ein ungerechtes Urteil gefällt wird, so doch nicht von Gott. Denn es ist nicht gerecht, dass derjenige, der Gewalt erleidet, und derjenige, der sie ausübt, dieselbe Strafe empfangen, es sei denn, er[196] will mutwillig die Ehre dessen empfangen, dem allein höchste Ehre gebührt.

7,1. ‚Aber‘, so sagt man, ‚gerade die Verehrer der Götter müssten von dem wirklichen Gott getötet werden, damit andere das nicht mehr tun.‘ Du bist aber nicht weiser als Gott, dass du ihm als Klü-

195 Nämlich durch die Schlange; vgl. 10.5,1; 10.10,2–12,1.
196 Die syrische Übersetzung liest: „der Anbetende“; der Sinn des Halbsatzes ist dunkel.

gerer einen Rat geben könntest. 7,2. Er weiß, was er tut. Denn mit allen, die ohne Gottesfurcht sind, ist er langmütig wie ein barmherziger, die Menschen liebender Vater, der weiß, dass auch aus Gottlosen Gottesfürchtige werden. Denn viele Verehrer der abscheulichen, empfindungslosen Götter wurden ernüchtert und hörten auf, sie zu verehren und zu sündigen. Weil sie durch Gebete[197] Zuflucht zu dem wirklichen Gott nahmen, wurden auch Griechen gerettet. 8,1. ‚Aber Gott hätte uns am Anfang so erschaffen müssen, dass wir überhaupt nicht an solche Dinge denken!' Wenn ihr dies sagt, verkennt ihr, was der freie Wille ist, und wie es möglich ist, dass ihr wirklich gut seid: 8,2. Wer aus eigenem Entschluss gut ist, ist tatsächlich gut, wer aber durch Zwang eines anderen gut geworden ist, ist es in Wirklichkeit nicht, weil er nicht aus eigenem Entschluss ist, was er ist. 8,3. Weil nun die Freiheit eines jeden das wahrhaft Gute schafft und das wahrhaft Schlechte zustande bringt, richtete es Gott so ein, dass in jedem Menschen infolge seiner Vorsätze Feindschaft oder Freundschaft entsteht. 8,4. ‚Nein', so sagt man, ‚sondern alles, was wir erwägen, lässt er selbst uns denken.' Hört auf! Was wollt ihr noch mehr lästern, indem ihr das behauptet? 8,5. Wenn wir nämlich alles, was immer wir erwägen, auf seine Veranlassung hin tun, bezeichnet ihr ihn als Urheber von Unzucht, Zügellosigkeit, Habgier und jeder Lästerung. Hört auf, ihn zu beschimpfen, die ihr ihn zu rühmen und ihm jede Ehre zu erweisen schuldig seid! 8,6. Und sagt nicht: ‚Gott beansprucht keine Ehre.' Wenn er auch selbst nichts beansprucht, sollten doch wenigstens wir darauf achten, was recht ist, und dem, der uns in allem Gutes getan hat, mit dankbarer Stimme antworten. 9,1. ‚Aber', so sagt man, ‚wir tun besser daran, wenn wir zugleich ihm und allen anderen dankbar sind.' Wenn ihr dies sagt, erkennt ihr allerdings nicht die gegen euch ersonnene Hinterlist. 9,2. Das ist ja so, als versprechen viele Ärzte, einen Erkrankten zu heilen, obwohl sie nichts vermögen, und ein einziger, der ihn wirklich heilen kann, wendet sein Heilmittel nicht an, weil er überlegt, dass es anderen zugeschrieben würde, wenn er ihn heilt. So tut auch Gott nichts Gutes, wenn man ihn zusammen mit vielen ande-

197 Handschrift O weist anschließend eine Lücke auf; die syrische Übersetzung ergänzt: „und gute Werke".

ren, die nichts vermögen, bittet. 9,3. Und weiter! Man sagt: ‚Ist Gott darüber zornig, dass es einem anderen zugeschrieben wird, wenn er selbst heilt?' Ich sage: Obgleich er nicht zornig ist, will er doch gewiss nicht Komplize dieses Betrugs werden. 9,4. Denn obwohl er es war, der Gutes getan hat, traut man dem untätigen Götzenbild zu, als sei es dazu in der Lage. 9,5. Doch ich sage euch: Wenn der, der leidenschaftlich nach den empfindungslosen Götzenbildern verlangt, keinen physischen Schaden nähme[198], würde Gott vielleicht auch das ertragen. Bedenkt daher nüchtern, was in Hinblick auf eure Rettung vernünftig ist! 9,6. Denn Gott ist bedürfnislos; er braucht nichts und wird auch nicht geschädigt. Es ist vielmehr an uns, Nutzen zu haben oder geschädigt zu werden. Denn in gleicher Weise wird der Kaiser weder geschädigt, wenn er gelästert wird, noch hat er Nutzen, wenn ihm Dank gesagt wird, sondern dem, der Dank sagt, wird ein gefahrloses Leben zuteil, dem Lästerer aber Verderben. So nützen Gott diejenigen gar nicht, die ihn preisen, sie retten sich aber selbst, desgleichen schaden ihm auch die Lästerer nicht, sie stürzen sich aber selbst ins Verderben. 10,1. ‚Aber', so sagt man, ‚die Dinge verhalten sich bei Mensch und Gott nicht gleich.' Auch ich stimme zu, dass sie sich nicht gleich verhalten. Denn größer ist die Strafe für den, der sich gegen einen Größeren versündigt, geringer aber für den, der sich gegen den Geringeren verfehlt. 10,2. Weil Gott größer ist als alle anderen, wird derjenige größte Strafe erleiden, der gegen ihn frevelt, weil er sich gegen den Größten verfehlt – nicht, weil Gott sich mit eigener Hand rächt, sondern weil die ganze Schöpfung über ihn erzürnt ist und sich ihm von Natur aus entgegenstellt (vgl. Weish 5,17). 10,3. Dem Lästerer wird nämlich weder die Sonne ihr Licht, noch die Erde ihre Früchte, noch eine Quelle ihr Wasser, noch im Hades der dort eingesetzte Fürst seiner Seele Ruhe schenken, da schon jetzt, während der für diese Welt gesetzten Frist, die ganze Schöpfung über ihn erzürnt ist (vgl. Dtn 11,17). 10,4. Deshalb gewährt weder der Himmel ausreichend Regen noch die Erde ihre Früchte, weshalb die meisten verhungern. Aber auch die Luft selbst, von Zorn entflammt, verändert sich zu einer pestartigen Mischung. 10,5. Soweit wir trotzdem in den Genuss von Gütern

198 Was nicht der Fall ist; s. 11.10,2–4.

kommen, zwingt er durch seine Barmherzigkeit die Schöpfung zur Menschenliebe gegen uns. So grollt euch, die ihr den Schöpfer des Alls verachtet, die ganze Schöpfung. 11,1. Selbst wenn ihr euch durch die Auflösung eures Leibes der Bestrafung entzieht, wie werdet ihr durch die Verwesung vor eurer Seele fliehen können, die unzerstörbar ist? 11,2. Unsterblich ist ja auch die Seele der Gottlosen, und für jene wäre es besser, wenn die Seele nicht unvergänglich wäre. Denn weil sie von unauslöschlichem Feuer unter endlosen Qualen gepeinigt wird und nicht stirbt, kann sie kein Ende ihres Unglücks finden. Aber vielleicht will jemand von euch einwenden: ‚Du machst uns Angst, Petrus!' 11,3. Dann lehrt uns, wie wir schweigend sagen sollen, wie die Dinge sich verhalten! Denn anders können wir sie euch nicht mitteilen. 11,4. Wenn wir schweigen, lasst ihr euch von den schlechten Dingen infolge eurer Unwissenheit betören, und wenn wir reden, werden wir verdächtigt, als machten wir euch mit einer irrigen Annahme Angst. Wie also sollen wir die böse Schlange beschwören, die sich in eurem Herzen verbirgt und listig die Vorstellungen in euch ausstreut, die Gott verhasst sind? 11,5. Versöhnt euch mit euch selbst um der Liebe zu Gott willen! Denn wenn ihr mit guten Werken Zuflucht zu ihm nehmt, geschieht das zu eurer Rettung. Die unvernünftige Begierde in euch ist Gott feind, denn durch den Anschein von Klugheit verstärkt sie eure Unwissenheit.

12,1. Andere sagen: ‚Gott hat sich nicht um uns gekümmert.' Auch das ist eine Lüge! Denn kümmerte er sich tatsächlich nicht, ließe er auch seine Sonne nicht über Gute und Böse aufgehen und brächte er seinen Regen nicht über Gerechte und Ungerechte (vgl. Mt 5,45). 12,2. Wieder andere sagen: ‚Wir sind überaus gottesfürchtig, weil wir sowohl ihn als auch die Götterbilder verehren.' Ich glaube nicht, dass jemand, der so redet, zu einem König sagen wird: ‚Ich erweise dir dieselbe Ehre wie den Toten und dem weggeworfenen Dreck.' Ich glaube nicht, dass er heil davonkommen wird. 12,3. Aber jemand wird fragen: ‚Nennst du unsere Kultbilder Dreck?' Jawohl, sage ich. Ihr habt sie nämlich ohne Nutzen für euch gemacht, weil ihr sie zur Verehrung bestimmt habt, obwohl ihr Material vielleicht zu einem anderen Zweck als zu dem von Dreck nützlich gewesen wäre. 12,4. Jetzt ist es nicht einmal mehr dazu nütze, weil ihr es umgeformt habt und anbetet. Wie könnt ihr Gottlosesten von allen da sagen, im höchsten Maße gottesfürchtig zu sein? Für genau diese eine, unvergleichliche Sünde verdient ihr wahrhaftig die Vernichtung eurer Seele, wenn ihr dabei beharrt. 12,5. Das ist so, wie wenn ein Sohn, dem viel Gutes von seinem Vater erwiesen wird, einem anderen, der nicht sein Vater ist, die seinem Vater gebührende Ehre erweist; der wird jedenfalls enterbt. Wenn er aber nach dem Willen seines Vaters lebt und für dessen Wohltaten dankbar ist, wird er zu Recht dessen Erbe. 13,1. Andere behaupten: ‚Wir werden freveln, wenn wir die Kultbilder im Stich lassen, die uns von den Vätern vererbt worden sind. Das gleicht ja der Aufbewahrung eines anvertrauten Gutes.' Ist etwa nach diesem Grundsatz ein Sohn, auch wenn er einen Räuber oder Wüstling zum Vater hat, nicht verpflichtet, sich besonnen für ein besseres Leben zu entscheiden, sodass er nicht frevelt und nicht dadurch sündigt, das er das gleiche tut wie seine Eltern?

13,2. Wie dumm sind erst die, die sagen: ‚Diese Kultbilder verehren wir, damit wir nicht Gott belästigen.' Als ob Gott von denen belästigt wird, die ihn preisen, und nicht von denen, die undankbar sind und ihn lästern! 13,3. Was schaut ihr denn immer zum Himmel, wenn der Regen ausbleibt, und sendet Gebete und Bitten dorthin? Und wenn ihr ihn empfangt, vergesst ihr das ganz schnell? 13,4. Wenn ihr gemäht oder geerntet habt, lasst ihr ja sofort den nichtigen Götzenbildern die Erstlinge zukommen und vergesst ganz schnell den wohltätigen Gott. Und dann begebt ihr euch in Haine und in die Tempel, verrichtet Opfer und lasst es euch dort schmecken. 13,5. Deshalb sagen einige von euch: ‚Diese Dinge sind zur Freude und zum Wohlgenuss vortrefflich ausgedacht worden.' 14,1. Oh, ihr unvernünftigen Menschen! Werdet gerechte Richter über das, was ich sage! Wenn es nötig wäre, sich hier[199] leiblichen Genüssen hinzugeben – welches Mahl wäre vorzuziehen: das an Flüssen und in Wäldern und in heiligen Hainen, wo es Festessen, Trinkgelage und schattige Plätze gibt, 14,2. oder das, wo Dämonentollheit und Schnitte in die Arme[200] und Entmannung und Wutanfälle und Wahnsinn und aufgelöste Haare und Lärm und Verzückung

199 In der gegenwärtigen Welt.
200 Evtl. ist das Durchtrennen der Pulsadern gemeint.

und Heulen und all jene Schauspielereien sind, die zur Verwirrung der Unvernünftigen geschehen, sodass ihr sogar den Totesten der Toten die Gott[201] gebührenden Gebete und Danksagungen darbringt? 15,1. Und warum tut ihr dies mit Freuden? Weil die in euch lauernde Schlange, die euch diese nutzlose Begierde einflößt, es euch nicht sagen will, will ich es in Erinnerung rufen. 15,2. Es verhält sich nämlich so! In der wahren Religion wird Folgendes verkündet: besonnen und tugendhaft zu sein, den Zorn zu beherrschen, fremdes Eigentum nicht zu stehlen, ein gerechtes, anständiges, aufrichtiges, sanftmütiges Leben zu führen, sich lieber in der Armut einzuschränken als einem anderen aus Mangel etwas zu Unrecht wegzunehmen, um satt zu werden. 15,3. Bei den sogenannten Göttern aber geschieht das Gegenteil. Da wird manches zur Verwirrung der Gerechtigkeit angeordnet; obwohl ihr all diesen Anordnungen nachkommt, genügt schon euer Unwissen über Gott zu eurer Bestrafung. 15,4. Im Übrigen: Wenn ihr an den Orten zusammenkommt, die ihr diesen Göttern geweiht habt, betrinkt ihr euch gern und entzündet Altäre, und wenn sich deren Fettdampf verbreitet, führt er die blinden und tauben Geister durch seinen Geruch zum Ort ihrer Macht. 15,5. Dann werden manche der dort Anwesenden von Verzückungen erfüllt, andere von sonderbaren Speisen, wieder andere geben sich Ausschweifungen hin, noch andere Diebstählen und Morden. 15,6. Denn die Ausdünstung des dort vergossenen Blutes und das Trankopfer des Weins befriedigen gerade auch die unreinen Geister. Sie lauern in euch und bewirken, dass ihr an dem, was dort geschieht, Vergnügen habt. Und sie umgarnen euch in Träumen mit irreführenden Bildern und peinigen euch mit unzähligen Leiden. 15,7. Denn anlässlich der sogenannten heiligen Opfer werdet ihr von gefährlichen Dämonen erfüllt, die euch vernichten, während sie sich klug verborgen halten, damit ihr ihre bösen Absichten nicht bemerkt. 15,8. Anlässlich einer Kränkung oder einer Notlage oder einer Liebschaft oder eines Zorns oder eines Kummers bringen sie euch ums Leben, sei es durch Erhängen oder indem sie euch im Wasser ertränken oder von einem Abhang stürzen oder durch Selbstmord oder Schlaganfall oder durch irgendein anderes Leid.

201 Die Übersetzung folgt einer Verbesserung des griechischen Textes.

16,1. Von uns kann niemand etwas Derartiges erleiden. Sie werden vielmehr von uns bestraft, wenn sie in jemanden hineinfahren und uns bitten, erst später ausfahren zu dürfen (vgl. Mt 8,31–32). 16,2. Doch vielleicht wird jemand einwenden: ‚Solchen Leiden fallen auch einige der Gottesfürchtigen zum Opfer.' Ich erkläre, dass dies unmöglich ist. Denn der Gottesfürchtige, von dem ich rede, ist der, der wirklich gottesfürchtig ist, nicht, wer sich nur so nennen lässt. Wer es wirklich ist, erfüllt die Anordnungen des ihm übergebenen Gesetzes. 16,3. Wenn jemand gottlos handelt, ist er nicht gottesfürchtig. Folglich ist der Nichtjude, wenn er das Gesetz erfüllt, ein Jude, und wenn er es nicht erfüllt, ein Grieche (vgl. Röm 2,26–29). 16,4. Denn der Jude glaubt Gott und erfüllt das Gesetz. Durch diesen Glauben beseitigt er all seine Leiden, auch wenn sie Bergen gleichen und schwer auf ihm lasten (vgl. Mt 17,20; 21,21; 1. Kor 13,2). Wer aber das Gesetz nicht erfüllt, erweist sich als Abtrünniger, weil er Gott nicht glaubt. Darum wird er wie ein Nichtjude als Sünder infolge seiner Sünde von den Leiden überwältigt, die zur Bestrafung der Sünder angeordnet wurden – nach dem Ratschluss Gottes, der am Anfang in gerechter Weise gefasst worden ist. 16,5. So folgt auch bei denen, die ihn verehren, zur Vergeltung von Übertretungen die Strafe. Und das geschieht, damit sie[202] die Sünde durch diese Prüfung wie eine Geldschuld verrechnen und diejenigen, die umkehren, beim Gericht über die Welt als unschuldig erweisen kann. 16,6. Denn wie bei den Schlechten die hiesige Schwelgerei[203] zum Verlust der ewigen Güter führt, so werden den Juden, die sich verfehlen, die Strafen zur Begleichung ihrer Schuld gesandt, damit sie hier ihren Fehltritt büßen und dort[204] der ewigen Strafe entgehen.

17,1. Ihr könnt nicht so reden. Denn ihr glaubt nicht, dass es sich mit den jenseitigen Dingen so verhält, wie wir sie schildern, nämlich zu der Zeit, wenn alle die Vergeltung trifft. 17,2. Deshalb wisst ihr nicht, was euch nützt, und habt euch durch die vergänglichen Freuden betören lassen, die ewigen Güter nicht in Empfang zu nehmen. Darum versuchen wir aufzuzeigen, was euch nützt, damit ihr im sicheren Wissen um die Verheißungen der wahren Gottesvereh-

202 Nämlich die Strafe.
203 Gemeint ist das Wohlleben in der gegenwärtigen Welt.
204 Nämlich in der kommenden Welt.

rung durch gute Werke gemeinsam mit uns den Äon erben könnt, der frei von aller Sorge ist. 17,3. Bis ihr nun erkennt, dass wir die Wahrheit sagen, seid nicht ärgerlich über uns, als würden wir hinsichtlich des Glücks lügen, das wir für euch wollen! Was wir nämlich für wahr und gut halten – euch das zu verkünden, haben wir uns nicht gesträubt, sondern uns im Gegenteil bemüht, euch zu Miterben dessen zu machen, was wir für ewige Güter halten. 17,4. Denn so muss man zu den Ungläubigen reden! Dass wir aber bei dem, worüber wir sprechen, wirklich die Wahrheit sagen, werdet ihr nur dann erkennen können, wenn ihr uns vorher aus Liebe zur Wahrheit anhört. 18,1. Darum gilt jetzt: Auch wenn die in euch lauernde Schlange euch üble Gedanken und Bedenken einflüstert und auf tausenderlei Weise betören will, müsst ihr euch jetzt umso mehr gegen sie wehren und uns beharrlich zuhören. 18,2. Denn nachdem ihr so sehr getäuscht worden seid, müsst ihr Rat einholen, um zu wissen, wie man sie beschwören soll. Anders ist es nicht möglich. Mit Beschwören aber meine ich, sich ihren schlechten Ratschlägen mit der Vernunft zu widersetzen und daran zu denken, dass sie am Anfang durch ihr Versprechen der Erkenntnis den Tod in die Welt gebracht hat (vgl. Gen 3,4–5).

## Die Rede des Petrus über das Leben der Gottesfürchtigen (dritte Tripolisrede)

19,1. Der Prophet der Wahrheit wusste, dass sich die Welt in großem Irrtum befand, und sah, dass sie sich mit der Bosheit verbündet hatte. Daher liebte er den Frieden gegenüber der Welt nicht (vgl. Mt 10,34), weil er auf Irrtum beruht hätte. Bis zum Ende bringt er deswegen seinen Zorn über alle, die mit der Bosheit übereinstimmen. 19,2. Doch bietet er Erkenntnis statt Irrtum an. Den Besonnenen flößt er wie Feuer den Zorn gegen die betörende Schlange ein (vgl. Lk 12,49). Einem Schwert gleich zückt er das Wort (vgl. Mt 10,34) und tötet die Unwissenheit durch die Erkenntnis; er schneidet und trennt gleichsam die Lebenden von den Toten ab. 19,3. Während die Bosheit im Begriff war, durch die auf dem Gesetz gründende Erkenntnis besiegt zu werden, erfasste Krieg das All. Denn um der Rettung willen wurde ein folgsamer Sohn von seinem ungehorsamen Vater getrennt oder auch ein Vater von seinem Sohn oder eine Mutter von ihrer Tochter oder eine Tochter von ihrer Mutter und überhaupt Verwandte von Verwandten und Freunde von Gefährten (vgl. Mt 10,35). 20,1. Und niemand soll sagen: ‚Wie kann es gerecht sein, dass Eltern von ihren Kindern und Kinder von ihren Eltern getrennt werden?' Es ist gerecht, sehr sogar. Wenn sie nämlich mit ihnen zusammenblieben, würden sie, ohne ihnen von Nutzen zu sein, auch mit ihnen zugrunde gehen. Wie sollte es da nicht gerecht sein, dass der, der gerettet werden will, von dem getrennt wird, der das nicht will, sondern wünscht, zugrunde zu gehen und den anderen mit zugrunde zu richten? 20,2. Außerdem wollten diejenigen, die bessere Einsicht hatten, sich gar nicht selbst von den anderen trennen, sondern mit ihnen zusammenbleiben und ihnen durch Unterweisung in den besseren Dingen eine Hilfe sein. Weil die Ungehorsamen nicht auf sie hören wollten, führten sie Krieg gegen sie, indem sie sie ausgrenzten, verfolgten, hassten. 20,3. Doch diejenigen, die dies erlitten, hatten Mitleid mit denen, die von Unwissenheit betört wurden, und beteten aufgrund einer klugen Lehre für die, die ihnen Schlechtes zufügten, weil sie gelernt hatten, dass die Unwissenheit Grund der Sünde ist. 20,4. Denn der Lehrer selbst betete, nachdem man ihn angenagelt hatte, zum Vater, dass denen, die ihn töteten, die Sünde vergeben werde, indem er sagte: ‚Vater, vergib ihnen ihre Sünden, denn sie wissen nicht, was sie tun.' (Lk 23,34) 20,5. Als Nachahmer ihres Lehrers beteten daher auch jene in ihren Leiden für ihre Bedränger, wie sie es gelernt hatten (vgl. Apg 7,60). So wurden sie nicht aus Hass gegen die Eltern von ihnen getrennt, da sie sogar für diejenigen, die nicht ihre Eltern, sondern ihre Feinde waren, Gebete verrichteten und sie zu lieben versuchten, wie ihnen befohlen worden war (vgl. Mt 5,44). 21,1. Doch sagt mir: Wie liebt ihr eure Eltern? Falls so, dass ihr immer auf das bedacht seid, was gerecht ist, schließe ich mich euch an. Falls aber so, wie es der Zufall will, dann nicht; denn schon aus geringem Anlass könnt ihr deren Feinde werden. 21,2. Wenn ihr sie aber verständig liebt, sagt uns, was bedeutet ‚Eltern'? Ihr werdet sagen: ‚Urheber unserer Geburt'. Warum habt ihr dann nicht den Ursprung des Alls lieb, wenn ihr infolge gerechten Denkens jenes zu tun[205] auf euch genommen

205 Nämlich die Eltern zu lieben.

habt? 21,3. Aber auch jetzt noch werdet ihr behaupten: ‚Ihn haben wir nicht gesehen.' Warum schmeichelt ihr dann, ohne ihn gesucht zu haben, den empfindungslosen Götterbildern? 21,4. Aber weiter! Selbst wenn es schwierig für euch wäre zu erkennen, was Gott ist, könntet ihr zumindest wissen, was Gott nicht ist, damit ihr einseht, dass Gott weder Holz ist noch Stein noch Bronze noch irgendetwas anderes, das aus vergänglichem Material geschaffen ist. 22,1. Oder wurden sie etwa nicht aus Eisen geformt? Und wurde nicht das Eisen, das ihnen die Form gab, vom Feuer geschmolzen? Und wurde nicht das Feuer seinerseits vom Wasser gelöscht? Und empfängt nicht das Wasser vom Geist[206] seine Bewegung? Und hat nicht der Geist den Anfang seines Wirkens bei dem Gott, der das All geschaffen hat? 22,2. Denn so hat der Prophet Mose gesprochen: ‚Am Anfang schuf Gott den Himmel und die Erde. Die Erde aber war unsichtbar und leer, und Finsternis war über dem Abgrund, und Gottes Geist wurde herbeigebracht über das Wasser.' (Gen 1,1–2) 22,3. Und dieser Geist erschuf auf ein Wort Gottes hin alle Dinge, als sei er dessen Hand. Er trennte Licht von Finsternis und entfaltete nach dem unsichtbaren Himmel den sichtbaren, damit die Höhe von den Engeln des Lichts bewohnt werde, die Tiefe aber vom Menschen besiedelt werde mitsamt allen Kreaturen, die um seinetwillen entstanden. 23,1. Denn um deinetwillen, o Mensch, befahl Gott, dass das auf der Erdoberfläche befindliche Wasser zurückwich, damit dir die Erde Früchte liefern könne, und Wasseradern machte er, damit er dir Quellen verschaffe, Wasserläufe zum Vorschein kämen und Tiere hervorgebracht würden – kurz gesagt: damit dir alles zu Diensten stehen könne. 23,2. Oder geschieht es etwa nicht um deinetwillen, dass die Winde zur Vermehrung der Früchte wehen, die Regenschauer heraufziehen und die Jahreszeiten wechseln? So vollziehen zum Beispiel Sonne und Mond samt den anderen Sternen um deinetwillen ihre Auf- und Untergänge und dienen dir Flüsse und Seen samt den Meeren. 23,3. So, wie dir Empfindungslosem die größte Ehre gegeben wurde, so ist für dich Undankbaren auch die größte Strafe durchs Feuer vorbereitet, weil du den nicht hast erkennen wollen, den man vor allen Dingen erkennen muss.

206 Das griechische Wort *pneuma* („Geist“) hat die Grundbedeutung „Hauch“ oder „Wind“.

24,1. Erkenne wenigstens jetzt an den geringen Dingen die Ursache des Alls! Überlege, dass das Wasser alles bewirkt, das Wasser aber vom Geist das Entstehen seiner Bewegung empfängt und der Geist bei dem Gott des Alls seinen Anfang hat! 24,2. So müsstest du überlegen, damit du aufgrund von Einsicht zu Gott gelangen kannst! Wenn du auf diese Weise deinen Ursprung erkannt hast und durch das ersterzeugte Wasser neu geboren worden bist (vgl. Joh 3,5–7), wirst du zum Erben der Eltern eingesetzt, die dich zur Unsterblichkeit gezeugt haben. 25,1. Komm deshalb bereitwillig herbei wie ein Sohn zum Vater, damit Gott deine Unwissenheit für die Ursache deiner Sünden halten kann. Wenn du aber selbst, nachdem du gerufen wurdest, nicht kommen willst oder zögerst, wirst du durch Gottes gerechtes Urteil zugrunde gehen, weil du aufgrund deines Unwillens nicht mehr gewollt wirst. 25,2. Und glaube ja nicht – selbst wenn du frömmer wärst als alle Frommen, die je geboren wurden –, dass du, wenn du ungetauft bist, jemals wirst Hoffnung erlangen können. Du wirst vielmehr umso größere Strafe erleiden, weil du die guten Werke nicht auf gute Weise vollbracht hast. 25,3. Denn gut ist die Wohltätigkeit, wenn sie so geschieht, wie Gott es befohlen hat. Wenn du aber nicht getauft werden willst, wie es jenem gefiel, dienst du deinem Willen und hasst seinen Ratschluss. 26,1. Aber vielleicht wird jemand einwenden: ‚Was trägt es zur Gottesfurcht bei, mit Wasser getauft zu werden?' Erstens, weil du tust, was Gott gefällt. Und zweitens tauschst du, wenn du aus dem Wasser neu geboren worden bist für Gott, aufgrund deiner Ehrfurcht deine erste Geburt, die dir durch Begierde widerfahren ist. Und dann kannst du Rettung erlangen; auf andere Weise aber ist das unmöglich. 26,2. Denn so schwor uns der Prophet und sagte: ‚Wahrlich, ich sage euch, wenn ihr nicht durch lebendiges Wasser neu geboren werdet im Namen von Vater, Sohn und heiligem Geist, sollt ihr nicht in das Reich der Himmel eingehen.' (Joh 3,5; vgl. Mt 28,19)

26,3. Darum tretet heran! Es ist nämlich dort von Anfang an etwas Barmherziges, das über das Wasser herbeigebracht ist (Gen 1,2). Es erkennt die, die sich unter der dreimal-seligen Namensanrufung taufen lassen, und errettet sie vor der zukünftigen Strafe, indem es von ihrer Taufe an die guten Werke der Getauften Gott als Geschenke darbringt. 26,4. Darum flieht zum Wasser! Denn das allein kann die Begierde des Feuers löschen. Wer sich ihm noch nicht nähern will, hat noch den Geist der Tollheit in sich. Deshalb will er nicht zur eigenen Rettung an das lebendige Wasser herantreten. 27,1. Tritt also heran, seist du gerecht oder ungerecht! Denn wenn du gerecht bist, fehlt dir zur Rettung nur, getauft zu werden. Der Ungerechte aber hat, über die Taufe hinaus, die Pflicht, zur Vergebung seiner in Unwissenheit begangenen Untaten die zur Taufe gehörenden guten Werke zu tun, und zwar entsprechend seiner früheren Gottlosigkeit. 27,2. Daher, seist du gerecht oder ungerecht, spute dich, um geboren zu werden für Gott – denn ein Aufschub bedeutet Gefahr, weil dir der Tag deines Todes unbekannt ist! Erweise durch deine guten Werke deine Gleichheit mit dem Vater, der dich aus dem Wasser zeugt, und ehre als Wahrheitsliebender den wahren Gott als Vater! 27,3. Ihn zu ehren bedeutet, dass du lebst, wie er, der gerecht ist, es will. Der Wille des Gerechten aber ist, kein Unrecht zu tun. Und Unrecht ist Mord, Ehebruch, Hass, Habgier und dergleichen – davon gibt es viele Formen.

28,1. Doch muss diesen Dingen noch etwas hinzugefügt werden, was bei den Menschen nicht allgemein üblich, für die Verehrung Gottes aber eigentümlich ist. Ich meine nämlich, sich rein zu halten, mit der eigenen Ehefrau während ihrer Menstruation keinen Geschlechtsverkehr zu haben, denn dies befiehlt das Gesetz Gottes (vgl. Lev 18,19). 28,2. Was denn? Wenn nicht auch die Reinheit zur Verehrung Gottes gehörte, würdet ihr euch gern wie die Käfer im Mist wälzen? Weil ihr als Menschen den unvernünftigen Tieren etwas voraushabt, nämlich vernünftig zu sein, darum reinigt euer Herz von den bösen Dingen durch himmlische Vernunft und wascht euren Leib im Bade! 28,3. Denn sich rein zu halten ist wahrhaftig gut, doch nicht so, dass die Reinheit des Leibes Vorrang vor der Reinigung des Herzen hat, sondern so, dass dem Guten das Reine folgt. 28,4. Unser Lehrer hat nämlich einige der Pharisäer und Schriftgelehrten unter uns, die Abgesonderte[207] sind und als Schriftgelehrte die Gesetze besser kennen als alle anderen, dennoch als Heuchler überführt, weil sie nur das, was den Menschen sichtbar ist, reinigten und die Reinheit des Herzens, die nur Gott sieht, unbeachtet ließen.

207 „Abgesonderte“ ist Übersetzung des hebräischen Wortes „Pharisäer“.

29,1. Folgende gezielte Worte richtete er in Wahrheit an die Heuchler unter ihnen, nicht an alle. Denn von einigen sagte er auch, dass man auf sie hören müsse, weil ihnen die Kathedra des Mose[208] anvertraut wurde (Mt 23,2–3). 29,2. Zu den Heuchlern sagte er jedoch: ‚Wehe euch, Schriftgelehrte und Pharisäer, ihr Heuchler, denn ihr reinigt das Äußere des Bechers und der Schüssel, das Innere aber strotzt vor Schmutz. Du blinder Pharisäer, reinige zuerst das Innere des Bechers und der Schüssel, damit auch ihr Äußeres rein werde!' (Mt 23,25–26) 29,3. Und wahrhaftig: Wenn der Verstand durch die Erkenntnis erleuchtet wurde, ist der Schüler in der Lage, gut zu sein, und das hat zur Folge, dass er rein wird. Denn aus dem inneren Denken entsteht die gute Sorge für den äußeren Leib, während aus der Gleichgültigkeit gegen den Leib keine Fürsorge für das Denken entstehen kann. 29,4. Folglich vermag der Reine sowohl das Innere als auch das Äußere zu reinigen. Wer nur das Äußere reinigt, tut das, weil er nach Anerkennung bei den Menschen schielt, doch wegen des Beifalls derer, die ihn sehen, hat er bei Gott nichts. 30,1. Wem aber leuchtet nicht ein, dass es besser ist, mit einer Frau nicht während ihrer Menstruation zu verkehren, sondern wenn sie gereinigt und gewaschen ist? 30,2. Aber auch nach dem Geschlechtsverkehr muss man sich waschen (vgl. Lev 15,18). Wenn ihr zögert, das zu tun, erinnert euch, wie ihr den Reinigungsvorschriften nachgekommen seid, als ihr die empfindungslosen Götterbilder verehrtet. Schämt euch, dass ihr hier, wo es gilt, das Gebot der Reinheit, ich sage nicht häufiger, sondern voll und ganz auf sich zu nehmen, sehr zögerlich werdet! 30,3. Denkt doch an den, der euch einst geschaffen hat – dann werdet ihr verstehen, wer es ist, der euch jetzt das Zögern hinsichtlich der Reinheit einflößt.[209]

31,1. Doch jemand von euch wird sagen: ‚Müssen wir denn alles tun, was wir bei den Götterbildern taten?' Ich sage dir: Nicht alles, sondern nur das, was ihr wohlgetan habt, und das jetzt umso mehr! Denn was im Irrtum wohlgetan wird, beruht auf der Wahrheit, genauso wie das, was in der Wahrheit schlecht getan wird, aus Irrtum geschieht. 31,2. Nehmt daher von allen Seiten das Eigene, nicht das

208 S. Anm. 1.

209 Anspielung auf die Schlange im Paradies; vgl. 11.5,3.

Fremde, an, und sagt nicht: ‚Wenn die Irregeleiteten etwas Gutes tun, sind wir nicht verpflichtet, es zu tun.' Nach diesem Grundsatz wären wir ja, wenn ein Verehrer der Götzenbilder nicht tötet, verpflichtet zu töten, weil der im Irrtum Befangene nicht tötet. 32,1. Nein, vielmehr gilt Folgendes: Wenn die im Irrtum Befangenen nicht töten, sollen wir nicht einmal zürnen; wenn der im Irrtum Befangene keinen Ehebruch treibt, sollen wir nicht einmal daran denken; wenn der im Irrtum Befangene den liebt, der ihn liebt, sollen wir auch die lieben, die uns hassen; wenn der im Irrtum Befangene den Besitzenden leiht, sollen wir auch den Besitzlosen leihen (vgl. Mt 5,21–48). 32,2. Überhaupt sind wir, die wir den ewigen Äon zu erben hoffen, verpflichtet, Besseres zu tun als das Gute, das von jenen vollbracht wird, die nur den gegenwärtigen Äon kennen, weil wir Folgendes wissen: 32,3. Wenn ihre Werke am Tag des Gerichts zusammen mit unseren Werken beurteilt und als gleich gut befunden werden, dann müssen wir uns schämen, sie aber zugrunde gehen, weil sie aufgrund ihres Irrtums getan haben, was sich gegen sie selbst richtet. Dass wir uns zu schämen haben, sage ich deshalb, weil wir nicht mehr getan haben als sie, obwohl wir mehr wussten als sie. 32,4. Wenn es sich aber zu schämen gilt, wenn wir dieselben guten Werke vorweisen wie sie und nicht mehr, um wie viel mehr gilt dies, wenn wir weniger gute Werke vorweisen als sie? 33,1. Dass am Tag des Gerichts wirklich die Taten derer, die die Wahrheit erkannt haben, mit den guten Werken der Irregeleiteten verglichen werden, hat uns der untrügliche Prophet selbst gelehrt, als er zu denen, die es versäumten zu kommen und zuzuhören, sagte: ‚Die Königin des Südens wird auferweckt werden mit diesem Geschlecht und es verurteilen, denn sie kam von den Enden der Erde, um die Weisheit Salomos zu hören; und siehe, hier ist mehr als Salomo, und ihr glaubt nicht.' (Mt 12,42) 33,2. Und zu denen im Volk, die auf seine Predigt hin nicht umkehren wollten, sagte er: ‚Die Männer von Ninive werden auferweckt werden mit diesem Geschlecht und es verurteilen, denn sie sind umgekehrt auf die Predigt Jonas hin, als sie sie hörten; und siehe, hier ist mehr als Jona, und niemand glaubt.' (Mt 12,41) 33,3. Und so stellte er all ihrer Gottlosigkeit die guten Werke der Heiden gegenüber, zur Verurteilung derer, die gottesfürchtig sind, aber nicht gleich viel Gutes wie die Irregeführten getan haben. Er ermahnte die Verständigen, nicht nur gleich viel Gutes wie die Heiden zu tun, sondern mehr als sie.

33,4. Diese Rede drängte sich mir anlässlich der Notwendigkeit auf, die Menstruation zu beachten und sich nach dem Geschlechtsverkehr zu waschen, solche Reinigung ja nicht zu verweigern, auch wenn die Irregeführten sie praktizieren, denn zur Verurteilung der Gottesfürchtigen sind diejenigen da, die im Irrtum gut handeln (vgl. Röm 2,27), obwohl sie nicht gerettet werden, 33,5. denn ihre Wertschätzung der Reinheit geschieht aufgrund ihres Irrtums und nicht aufgrund der Verehrung des tatsächlichen Vaters und Gottes des Alls."

34,1. Nachdem er dies gesagt hatte, entließ er die Menge, nahm in gewohnter Weise mit seinen Vertrautesten Nahrung zu sich und begab sich zur Ruhe. 34,2. Weil er bei jeder Gelegenheit so handelte und lehrte, fügte er dem Gesetz Gottes zuverlässige neue Anhänger hinzu, indem er die sogenannten Götter samt der sogenannten Genesis[210] widerlegte und bewies, dass es keinen Automatismus[211] gibt, sondern dass die Welt nach Gottes Vorsehung regiert wird.

## Die Taufe des Klemens; Abschluss der Wirksamkeit des Petrus in Tripolis

35,1. Nachdem drei Monate vergangen waren, befahl er mir, einige Tage zu fasten. Dann führte er mich zu den Quellen, die sich in der Nähe des Meeres befanden, um mich in nie versiegendem Wasser zu taufen. 35,2. Nachdem unsere Brüder wegen meiner von Gott geschenkten Neugeburt es sich hatten wohl schmecken lassen, wandte sich Petrus wenige Tage später an die Presbyter und befahl ihnen vor der ganzen Gemeinde: 35,3. „Unser Herr und Prophet, der uns gesandt hat, erzählte uns Folgendes: Nachdem der Böse vierzig Tage mit ihm diskutiert und nichts gegen ihn vermocht hatte (Mt 4,1–11), kündigte er an, dass er zur Verführung aus der Schar seiner Hörigen Apostel aussenden werde. 35,4. Gebt daher vor allem acht, keinen Apostel oder Lehrer oder Propheten aufzu-

210 S. Anm. 115.

211 Die epikureische Lehre vom selbsttätigen Wirken der Naturkräfte; vgl. 15.3,2.

nehmen, der nicht zuvor seine Predigt Jakobus vorgelegt hat – dem sogenannten Bruder meines Herrn, dem in Jerusalem die Leitung der Gemeinde der Hebräer anvertraut ist – und der nicht mit Zeugen[212] zu euch gekommen ist, 35,5. damit nicht die Bosheit, die mit dem Herrn vierzig Tage diskutiert und nichts vermocht hat, später wie ein Blitz, der vom Himmel zur Erde fällt (Lk 10,18), einen Boten gegen euch aussende, wie sie jetzt den Simon gegen uns angestiftet hat, der unter dem Anschein der Wahrheit im Namen unseres Herrn predigt, aber Irrtum sät. 35,6. Deshalb hat der, der uns gesandt hat, gesagt: ‚Viele werden zu mir kommen im Gewand von Schafen, innen aber sind sie reißende Wölfe; an ihren Früchten sollt ihr sie erkennen.' (Mt 7,15–16)"

36,1. Nachdem er dies gesagt hatte, sandte er seine Vorboten in das syrische Antiochien aus und sagte, dass sie ihn dort in nächster Zeit erwarten sollten. 36,2. Als diese abgereist waren und Petrus die Krankheiten, Leiden und Dämonen einer großen, gehorsamen Menschenmenge vertrieben und sie in den Quellen, die sich in der Nähe des Meeres befanden, getauft und die Eucharistie gebrochen hatte[213], setzte er Maroones, der ihn aufgenommen hatte und nun schon in allen Dingen vollkommen war, zum Bischof ein. Auch ernannte er zwölf Presbyter, wählte Diakone aus und ordnete die Angelegenheiten der Witwen. Dann sprach er der Reihe nach über das, was zum allgemeinen Wohl der Gemeinde dient[214], und riet, dem Bischof Maroones gehorsam zu sein. 36,3. Da schon drei Monate vergangen waren, nahm er von den Einwohnern im phönizischen Tripolis Abschied und schlug den Weg nach dem syrischen Antiochien ein.[215]

212 Vielleicht ist „mit Zeugnissen" (nämlich des Jakobus) zu lesen.

213 Gemeint ist das unter Danksagung („Eucharistie") gebrochene Brot, nicht die Eucharistie mit Brot und Kelch, wie sie von der Großkirche gefeiert wird; vgl. 14.1,4.

214 Der Wortlaut dieses Satzes ist unsicher.

215 Handschrift O ergänzt: „wobei uns alle mit der gebührenden Ehre das Geleit gaben".

# Buch 12

## Weiterreise nach Antaradus

1,1. Als wir das phönizische Tripolis in der Absicht verlassen hatten, nach dem syrischen Antiochien zu reisen, kamen wir an diesem Tag bis Orthosia und blieben dort. Doch wegen seiner Nähe zu der Stadt lag, von der wir aufgebrochen waren, blieben wir, da fast alle die Predigt schon gehört hatten, nur einen Tag dort und machten uns dann nach Antaradus auf. 1,2. Weil aber viele da waren, die mit uns reisten, besprach sich Petrus mit Niceta und Aquila und sagte: „Die große Schar der Mitreisenden zieht uns nicht geringen Groll zu, wenn wir eine Stadt nach der anderen betreten. Darum hielt ich es für notwendig nachzudenken, wie weder diese gekränkt werden, wenn wir sie hindern, bei uns zu bleiben, noch wir uns boshaftem Groll aussetzen, wenn wir viel Aufsehen erregen. 1,3. Deshalb will ich, dass du, Niceta, und du, Aquila, mir in zwei Gruppen getrennt vorausreist, um als Kundschafter in die Städte der Heiden zu gehen. 2,1. Ich weiß aber, dass ihr traurig seid, wenn ihr hört, dass ihr das tun sollt, weil ihr eine Zeit von nicht einmal zwei ganzen Tagen von mir getrennt sein werdet. Ich will aber, dass ihr Folgendes wisst: Wir, die wir euch überzeugt haben, lieben euch, die Überzeugten, weit mehr als ihr uns, die wir euch zu dieser Überzeugung verholfen haben. 2,2. Lasst uns einander unterstützen und uns um unseren Erfolg kümmern, soweit es in unserer Macht steht, ohne unvernünftigerweise zu tun, was wir gern wollen. Im Übrigen werdet ihr keinen Tag versäumen, an dem ich diskutiere. 2,3. Denn, wie ihr ja wisst, habe ich mir vorgenommen, in den angesehensten Städten der Provinzen einige Tage zu bleiben und zu diskutieren. 2,4. Und jetzt geht in das sehr nah von uns gelegene Laodicea voraus! In zwei oder drei Tagen – soweit es an meinem Willen liegt – werde ich bei euch eintreffen. 2,5. Erwartet mich bei den Toren, ihr allein wegen des Geredes, damit wir so ohne Aufsehen mit euch hineingehen können. 2,6. Und von dort sollen nach einigen Tagen Aufenthalt an eurer Stelle abwechselnd andere auf gleiche Weise in die noch ferneren Orte vorausgehen und unsere gastliche Aufnahme vorbereiten.“

3,1. Nachdem Petrus dies gesagt hatte, waren sie gezwungen zuzustimmen: „Weil es von dir befohlen wird, betrübt es uns durchaus nicht, Herr, das zu tun. Vor allem, weil du von der Vorsehung Gottes auserwählt wurdest, denn du bist der Aufgabe gewachsen, alles aufs Beste zu bedenken und zu beschließen. 3,2. Darüber hinaus verlassen wir dich ja höchstens zwei Tage aufgrund der Notwendigkeit, dir vorauszugehen. Dies sind zwar viele Tage, weil wir dich, Petrus, unsern Herrn, nicht sehen. 3,3. Doch denken wir, dass diejenigen noch betrübter sein werden, die viel weiter vorausgeschickt werden, weil ihnen aufgetragen ist, Stadt für Stadt noch länger auf dich zu warten; sie werden Schmerz darüber empfinden, den Anblick deines ersehnten Angesichts noch länger zu entbehren. 3,4. Doch obwohl wir nicht weniger traurig sind als jene, widersprechen wir nicht, weil du es um unseres Vorteils willen zu tun befiehlst.“ 3,5. Nachdem sie dies gesagt hatten, gingen sie sogleich mit dem Auftrag voraus, sich in der ersten Herberge mit der mitreisenden Menge zu besprechen, damit sie in getrennten Gruppen in die Städte hineingingen.

## Die Lebensgeschichte des Klemens

4,1. Als sie gegangen waren, freute ich, Klemens, mich außerordentlich, weil er mir befohlen hatte, bei ihm zu bleiben. Da gab ich ihm zur Antwort: „Ich danke Gott, dass du mich nicht wie die Gefährten weggeschickt hast, weil ich vor Schmerz gestorben wäre.“ 4,2. Er aber sagte: „Wie bitte? Wenn es nötig ist, dich irgendwohin zu schicken, um Dinge in Erfahrung zu bringen – wirst du deshalb sterben, nur weil du für kurze Zeit zu unserem Vorteil von mir getrennt bist? 4,3. Würdest du dich nicht darauf einlassen, das zu tragen, was dir aufgrund dieser Notwendigkeit auferlegt wird, und es mit Freude übernehmen? Oder weißt du nicht, dass Freunde in ihren Erinnerungen immer beisammen sind, auch wenn sie sich körperlich trennen? Wie umgekehrt manche, die mit ihren Freunden körperlich zusammen sind, sich aus Gedankenlosigkeit seelisch von ihnen entfernen.“ 5,1. Da antwortete ich: „Du sollst keinesfalls glauben, Herr, dass mich der Gedanke der Trauer aus Torheit erfasst hätte, sondern vielmehr aus einem guten Grund. 5,2. Weil ich ja dich, mein Herr, statt aller anderen habe, statt Vater und Mutter und Geschwistern und Verwandten, und weil du mir durch Gott zum Grund der rettenden Wahrheit geworden bist – weil ich dich statt aller anderen habe, finde ich den größten Trost! 5,3. Darüber hinaus fürchtete ich auch die natürliche Begierde meiner Jugend und hatte Angst, von dir getrennt zu werden, weil ich als ziemlich junger Mann – der jetzt die feste Überzeugung hat, dass es selbst bei einem Zornausbruch Gottes unmöglich wäre, von dir abzufallen[216] – der Begierde unterliegen würde. 5,4. Aber da es um vieles lohnender und sicherer ist, wenn ich mit dir zusammen bin, was[217] mein Verstand mit gutem Grund zu schätzen gelernt hat, darum bete ich, immer bei dir zu sein. 5,5. Außerdem aber erinnere ich mich, wie du in Cäsarea sagtest: ‚Wenn jemand mit mir reisen will, soll er in gottesfürchtiger Weise mitreisen.‘ 5,6. Mit ‚gottesfürchtig‘ aber meintest du, nach Gottes Willen niemanden zu betrüben, indem man zum Beispiel die Eltern, die gleichgesinnte Ehefrau oder andere Menschen verlässt, die der wahren Gottesverehrung anhängen. 5,7. Daher bin ich für dich in jeder Hinsicht als Mitreisender geeignet, dem du sogar die größte Gunst erweisen würdest, wenn du mir gestattest, die Dienste von Knechten zu verrichten.“

6,1. Als Petrus das hörte, lachte er und sagte: „Was glaubst du denn, Klemens? Dass du mir aufgrund einer Notlage anstelle von Knechten beigeordnet worden bist? 6,2. Denn wer sonst soll meine vielen schönen Tuniken samt den von mir mitgeführten Fingerringen und Sandalen bewachen? 6,3. Und wer soll die wohlschmeckenden, kostbaren Leckerbissen vorbereiten, die so mannigfaltig sind und viele kunstfertige Köche erfordern? Und all jenes, was aus reiner Habsucht erworben und für die Begierde verweichlichter Männer wie für ein großes Raubtier zubereitet wird? 6,4. Doch beschlich dich dieser Wunsch vielleicht, weil du meine Lebensweise nicht kennst und nicht verstehst, dass ich nur Brot und Oliven benötige und sel-

216 Der Wortlaut dieses Einschubs ist unsicher.
217 Unsicherer Wortlaut.

ten Gemüse und dass ich nur ein Gewand besitze und einen Mantel; den habe ich an, und einen anderen brauche ich nicht und auch nichts anderes. Denn schon durch diese Dinge lebe ich im Überfluss. 6,5. Mein Verstand kann nämlich alle dortigen, ewigen Güter[218] sehen und schaut sich nach keinem der hiesigen Güter um. 6,6. Doch erkenne ich deine gute Gesinnung an und lobe mit Bewunderung, wie du, ein Mann aus besten Verhältnissen, dein Leben mühelos den Umständen angepasst hast. 6,7. Denn wir – ich und Andreas, der leiblich und in Hinblick auf Gott mein Bruder ist – wurden von Kindheit an nicht nur im Waisenstand aufgezogen, sondern auch durch Armut und Elend an Arbeit gewöhnt und ertragen jetzt leicht die Mühen unserer Wege. 6,8. Wenn du mir vertrautest, würdest du daher mir, einem arbeitsamen Mann, gestatten, an dir die Aufgaben von Knechten zu versehen." 7,1. Als ich das hörte, begann ich zu zittern und zu weinen, dass ein Mann eine solche Rede hielt, dem alle Menschen dieser Generation an Wissen und Frömmigkeit unterlegen sind. 7,2. Als er mich weinen sah, fragte er nach dem Grund meiner Tränen. Da sagte ich: „Welche Sünde habe ich begangen, dass du mir eine solche Rede hältst?" 7,3. Da antwortete Petrus: „Wenn es schlecht von mir war zu sagen, dir dienen zu wollen, dann hast du zuerst gesündigt, als du batest, das für mich zu tun." 7,4. Da sagte ich: „Das ist nicht dasselbe. Denn für mich ziemt es sich durchaus, das zu tun, für dich aber, den Gottesboten, der unsere Seelen retten will, ist es unzumutbar, das für mich zu tun." 7,5. Da antwortete Petrus: „Ich würde dir wohl zustimmen, wenn unser Herr, der zur Rettung der ganzen Welt gekommen ist und der als einziger alle Menschen an edler Abstammung überragt, nicht die Knechtschaft auf sich genommen hätte, auf dass er uns überzeugte, keine Scham zu empfinden, unsern Brüdern die Dienste von Knechten zu erweisen, auch wenn wir noch so adlig wären." (Vgl. Mt 20,26–28; Joh 13,12–17.) 7,6. Da sagte ich: „Wenn ich glauben würde, dich mit Worten besiegen zu können, wäre ich dumm. Doch schulde ich der Vorsehung Gottes Dank, dass ich für würdig befunden wurde, dich anstelle von Eltern zu haben."

218 Gemeint sind die Güter des erwarteten kommenden Äons im Gegensatz zu denen der gegenwärtigen Welt.

8,1. Da fragte Petrus: „Hast du denn wirklich keine Verwandten?“ 8,2. Da antwortete ich: „Es leben noch viele bedeutende Männer, die zur Familie des Kaisers gehören. Weil mein Vater sogar der Milchbruder des Kaisers war, gab ihm der eine Verwandte von sich zur Frau, von der wir drei Söhne geboren wurden, zwei vor mir. Die waren Zwillinge und sahen einander sehr ähnlich, wie mir mein Vater selbst erzählte. Ich kenne nämlich weder sie noch die, die uns gebar, sondern wie durch Träume steigt das Bild von ihnen undeutlich in mir auf. 8,3. Meine Mutter hieß Mattidia und mein Vater Faustus, von meinen Brüdern wurde der eine Faustinus genannt, der andere hieß Faustinianus. 8,4. Als ich als dritter nach ihnen geboren worden war, sah meine Mutter, wie mein Vater erzählte, ein Traumgesicht: Wenn sie nicht sofort ihre Zwillingssöhne nähme und die Stadt Rom zu einem Aufenthalt in der Fremde für zehn Jahre verließe, müsse sie aufgrund eines ganz und gar unheilvollen Schicksals gemeinsam mit ihnen sterben. 9,1. Mein Vater nun, kinderlieb wie er war, versah sie hinreichend mit Reisegeld, brachte sie mit Sklaven und Sklavinnen auf ein Schiff und schickte sie nach Athen fort, um sie dort gemeinsam erziehen zu lassen, mich aber behielt er als einzigen Sohn zum Trost bei sich. Und dafür bin ich sehr dankbar, dass der Traum nicht befohlen hatte, dass auch ich mit meiner Mutter die Stadt Rom verlassen sollte. 9,2. Als nun ein Jahr vergangen war, schickte mein Vater Geld für die Seinen nach Athen, um zugleich zu erfahren, wie es ihnen ginge. Seine Abgesandten aber kehrten nicht zurück. 9,3. Im dritten Jahr schickte mein verzweifelter Vater andere auf gleiche Weise mit Geldern. Die kamen im vierten Jahr zurück und berichteten, weder meine Mutter noch meine Brüder gesehen zu haben. Diese hätte sich gar nicht in Athen aufgehalten. Auch die Spur eines anderen von denen, die mit ihnen abgereist waren, sei nicht zu entdecken gewesen. 10,1. Als mein Vater dies gehört hatte und vor großem Schmerz außer sich war und nicht wusste, wohin er aufbrechen und sich auf die Suche nach ihnen machen sollte, nahm er mich mit sich, ging nach Portus[219] hinab und erkundigte sich unentwegt bei vielen, wo ein jeder von ihnen vor vier Jahren gesehen oder gehört habe, dass ein Schiffbruch geschehen sei. Und der eine sagte

219 Der Hafen Roms; vgl. 1.8,3.

hier, der andere dort. Er erkundigte sich weiter, ob sie den Körper einer Frau gesehen hätten, der mit ihren kleinen Kindern an den Strand geworfen worden sei. 10,2. Weil sie erzählten, viele Leichen an vielen Orten gesehen zu haben, stöhnte mein Vater, als er es hörte. Im Innersten erschüttert, stellte er sodann ganz unsinnige Nachforschungen an, weil er versuchen wollte, die unermessliche Weite des Meeres zu erkunden. Doch war das entschuldbar, weil er sich aus Liebe zu den Gesuchten mit leeren Hoffnungen täuschte. Schließlich stellte er mich unter Vormundschaft und ließ mich als Zwölfjährigen in Rom zurück, während er selbst weinend nach Portus hinabging, ein Schiff bestieg und davonsegelte, um sich auf die Suche zu machen. 10,3. Und seit damals bis zum heutigen Tag habe ich weder Briefe von ihm bekommen noch mit Gewissheit erfahren, ob er lebt oder tot ist. 10,4. Eher vermute ich, dass auch er irgendwo gestorben ist, entweder von Schmerz überwältigt oder einem Schiffbruch zum Opfer gefallen. Ein Beweis dafür ist, dass seitdem schon zwanzig Jahre vergangen sind, ohne dass ich etwas Zuverlässiges über ihn gehört habe."

11,1. Als Petrus dies hörte, brach er vor Mitleid in Tränen aus und sagte sogleich zu seinen Vertrauten, die anwesend waren: „Wenn ein Gottesfürchtiger erlitten hätte, was der Vater dieses Mannes erlitten hat, würde er den Grund dafür sogleich mit der Lehre der wahren Gottesfurcht in Verbindung bringen und dem Bösen die Schuld daran geben. So trifft es auch die unglücklichen Heiden zu leiden, und wir Gottesfürchtigen wissen es nicht. 11,2. Unglücklich aber habe ich sie zu Recht genannt, weil sie hier umherirren und die dortige Hoffnung nicht erlangen. Denn wenn die Gottesfürchtigen Drangsale erleiden, erleiden sie zur Sühne von Verfehlungen."

## Auf Aradus. Die erste Wiedererkennung: Klemens' Mutter

12,1. Nachdem Petrus dies gesagt hatte, fasste sich einer von uns ein Herz und bat ihn im Namen aller, morgen ganz früh nach Aradus zu segeln, der gegenüberliegenden Insel – ich glaube, nicht einmal ganz 30 Stadien[220] entfernt –, um die dort befindlichen beiden Rebholz-

220 Das sind etwa 5,5 km.

säulen, die einen ganz gewaltigen Umfang besitzen, in Augenschein zu nehmen. 12,2. Da stimmte der nachgiebige Petrus zu und sprach: „Wenn ihr das Schiff verlasst, geht nicht alle zusammen zur Besichtigung der Dinge, die ihr ansehen wollt. Denn ich will nicht, dass die Aufmerksamkeit der Bürger auf euch gelenkt wird." 12,3. Und so segelten wir los und erreichten eine Stunde später die Insel. Nachdem wir das Boot verlassen hatten, gingen wir dorthin, wo die Rebholzsäulen waren. Zusammen mit den Säulen schaute sich der eine dieses, der andere jenes Werk des Pheidias[221] an.

13,1. Nur Petrus hielt es für nicht nötig, die dortigen Sehenswürdigkeiten zu besichtigen. Er bemerkte hingegen eine Frau, die draußen vor den Toren saß und für ihren Unterhalt bettelte, und sprach zu ihr: 13,2. „Frau, welches deiner Glieder fehlt dir, dass du solche Schande auf dich nimmst – ich meine das Betteln – und dass du nicht lieber mit den dir von Gott gegebenen Händen arbeitest und dir so den täglichen Unterhalt verschaffst?" 13,3. Da seufzte sie und antwortete: „Ach, hätte ich doch Hände, die arbeiten könnten! Jetzt aber besitzen sie nur noch die Form von Händen, weil sie tot sind, von meinen Bissen zermartert." 13,4. Da fragte Petrus: „Was ist denn der Grund, dass dir dieses Unglück widerfahren ist?" 13,5. Sie antwortete: „Mangel an Beherztheit und nichts anderes! Denn wenn ich einen männlichen Mut hätte, dann gäbe es einen Abhang oder einen Abgrund, wo ich mich hinabstürzen und von dem Leid, das mich quält, ausruhen könnte." 14,1. Da sagte Petrus: „Was glaubst du denn, Frau? Dass die, die sich selbst töten, gänzlich ohne Strafe davonkommen oder dass die Seelen derer, die so sterben, wegen ihres Selbstmords im Hades mit umso schlimmerer Strafe gezüchtigt werden?" 14,2. Da sagte sie: „Ach, wäre ich doch überzeugt, dass sich die Seelen wirklich lebendig im Hades befinden! Dann würde ich gern sterben und die Strafe verachten, damit ich meine viel Geliebten sehe, und sei es nur eine Stunde." 14,3. Da sagte Petrus: „Was dich betrübt, möchte ich wohl erfahren, Frau! 14,4. Denn wenn du mich aufklärst, werde ich dich für diese Freundlichkeit davon überzeugen, dass die Seelen im Hades leben, und werde dir anstelle von

221 Bedeutender Bildhauer Athens (gestorben um 430 v. Chr.).

Abhang oder Abgrund ein Mittel geben, damit du den Lauf deines Lebens ohne Qual ändern[222] kannst."

15,1. Da die Frau, das doppeldeutige Wort nicht verstand, ließ sich durch das Versprechen bewegen und begann, folgendermaßen zu reden: „Wenn ich von meiner Familie und meiner Heimat spreche, glaube ich nicht, dass ich je einen Menschen davon überzeugen kann. Was hast du im Übrigen auch mehr davon, als allein den Grund zu erfahren, weshalb ich aus Schmerz meine Hände durch Bisse abtötete? 15,2. Doch will ich meine Geschichte erzählen, sofern es dir möglich ist, sie anzuhören. Da ich von sehr vornehmer Abstammung bin, wurde ich auf Weisung eines Herrschers die Frau eines Mannes, der zu seiner Familie gehörte. Und nach Zwillingen bekam ich noch einen weiteren Sohn. 15,3. Der Bruder meines Mannes aber verliebte sich überaus rasend in mich Unglückliche, die ich es liebte, höchst tugendhaft zu leben. Und da ich mich weder mit dem Liebhaber einlassen noch meinem Mann die Liebe seines Bruders zu mir offenbaren wollte, beschloss ich, weder mich selbst zu besudeln, indem ich die Ehe bräche, noch das Ehebett meines Mannes zu entehren noch einen Bruderkrieg zu entfachen noch die ganze Familie, die angesehen war, aller Welt der Schande preiszugeben. 15,4. Ich beschloss, wie ich sagte[223], die Stadt mit meinen Zwillingen für einige Zeit zu verlassen, bis die verruchte Liebe von dem ablassen würde, der mir zu meiner Schändung den Hof machte. Meinen anderen Sohn ließ ich jedoch zum Trost bei seinem Vater zurück. 16,1. Um dies erreichen zu können, gedachte ich, einen Traum zu erfinden, wie jemand nachts bei mir gestanden und gesagt habe: ‚Frau, verlasse sofort mit deinen Zwillingen für einige Zeit die Stadt, bis ich dir kundtue, hierher zurückzukehren, wenn du nicht mit deinem Mann und all deinen Kindern plötzlich eines schlimmen Todes sterben willst.' 16,2. Unverzüglich führte ich diesen Plan aus. Und kaum hatte ich meinem Mann den Traum vorgelogen, geriet er in große Angst und schickte mich mit den beiden Söhnen, Skla-

222 „Das Leben ändern (wechseln)" ist ein Euphemismus für „sterben". An dieser Stelle ist der Ausdruck jedoch wörtlich gemeint, wodurch der in 12.15,1 erwähnte Doppelsinn entsteht; vgl. 12.18,4.

223 Davon war bisher keine Rede; vermutlich ein Hinweis auf die achtlose Benutzung einer literarischen Vorlage.

ven und Sklavinnen sowie reichlich Geld per Schiff nach Athen, um die Söhne zu erziehen, ‚bis', so sagte er, ‚es dem, der das Orakel gab, gefällt, dass du zu mir zurückkehrst'.

16,3. Sogleich segelte ich Unselige mit den Kindern los, wurde durch Unstetigkeit der Winde in diese Gegend verschlagen und erlitt Schiffbruch, als das Schiff nachts auseinandergerissen wurde. 16,4. Während alle anderen umkamen, wurde allein ich Unglückliche, von einer gewaltigen Welle erfasst und auf einen Felsen geworfen. Auf den setzte ich Unselige mich in der Hoffnung, die Kinder lebend wiederzufinden, und stürzte mich damals nicht in die Tiefe, als ich das mit meiner von den Wogen betörten Seele leicht hätte tun können. 17,1. Doch als der Tag anbrach, sah ich mich unter lauten Rufen und jammervollen Klagen um und suchte nach den toten Körpern meiner armen Kinder. Da bekamen die Einheimischen Mitleid mit mir. Weil sie mich nackt sahen, bekleideten sie mich zuerst und durchforschten dann das Meer auf der Suche nach meinen Kindern. 17,2. Und weil sie nicht fanden, was sie suchten, kamen zum Trost einige der gastfreundlichen Frauen herbei. Eine jede erzählte mir von ihrem eigenen Unheil, damit ich aus dem Unglück von Leidensgenossinnen Trost schöpfte, was mich nur noch mehr betrübte. Denn ich sagte, ich sei nicht so schlecht, dass ich im Unglück anderer Trost finden könnte. 17,3. Und obwohl mich viele gastlich aufnehmen wollten, nötigte mich eine arme Frau unter den Hiesigen durch heftiges Drängen, in ihre Wohnung zu kommen. Sie sagte zu mir: ‚Nur Mut, Frau! Denn auch mein Mann, der zur See fuhr, ist im Meer umgekommen, als er noch im jugendlichen Alter war. Und obwohl mich seitdem viele zur Ehe aufforderten, zog ich das Witwendasein vor, weil ich meinen Mann vermisse. 17,4. Uns soll gemeinsam gehören, was wir uns beide mit den Händen verdienen können!' 18,1. Und damit ich dir nichts Überflüssiges erzähle: Ich blieb bei ihr wohnen wegen ihrer Liebe zum Ehemann. 18,2. Doch nach kurzer Zeit erlahmten die Hände von mir Unglücklichen durch meine Bisse, und die Frau, die mich aufgenommen hatte, wurde ganz von einem Leiden niedergeworfen und ist an das Haus gefesselt. 18,3. Weil nun das einstige Mitleid der anderen Frauen abgenommen hat, wir aber, ich und die Frau im Haus, beide hilflos sind, sitze ich – wie du siehst – seit langer Zeit als Bettlerin hier, und was immer ich bekomme, bringe ich auch der Leidensgefährtin zum Lebensunterhalt. 18,4. Soweit soll meine Geschichte hinreichend erzählt sein. Im Übrigen zögerst du, dein Versprechen zu erfüllen und mir das Mittel zu geben, damit ich es auch jener, die zu sterben verlangt, gebe und dann auch ich dieses Leben, wie du sagtest, beenden[224] kann."

19,1. Nachdem die Frau dies gesagt hatte, schien Petrus durch viele Gedanken in Aufregung versetzt zu sein. 19,2. Da kam ich herbei und sagte: „Schon lange gehe ich umher und suche dich. Was sollen wir jetzt tun?" Petrus befahl mir vorauszugehen und ihn auf dem Boot zu erwarten. Und da kein Widerspruch möglich war, wenn er etwas verlangte, tat ich das Befohlene. 19,3. Petrus aber fragte die Frau mit einem leisen Verdacht – wie er mir später ausführlich erzählte – und mit klopfendem Herzen: „Nenne mir, Frau, deine Familie, deine Stadt und die Namen deiner Kinder, dann gebe ich dir sofort das Mittel!" 19,4. Sie aber fühlte sich bedrängt und wollte nicht reden. Weil sie aber darauf aus war, das Mittel zu erhalten, kam sie auf den schlauen Gedanken, falsche Angaben zu machen, und sagte sogleich, sie sei aus Ephesus, ihr Mann aber aus Sizilien, und genauso änderte sie die Namen der drei Kinder. 19,5. Und weil Petrus glaubte, dass sie die Wahrheit sprach, sagte er: „Schade, Frau! Ich glaubte, dass dir der heutige Tag eine große Freude bringen würde, weil ich vermutete, du seist diejenige, an die ich dachte, deren Schicksal ich genau kenne, weil ich davon gehört habe." 19,6. Sie aber beschwor ihn und sagte: „Ich bitte dich, erzähl mir davon, damit ich weiß, ob unter den Frauen eine noch unglücklicher ist als ich!" 20,1. Und weil Petrus nicht wusste, dass sie log, begann er ihr aus Mitleid die Wahrheit zu sagen: „In meiner Begleitung ist ein noch junger Mann, den es nach Reden über die wahre Gottesverehrung verlangt, ein römischer Bürger, der mir berichtete, wie er seinen Vater und seine beiden Zwillingsbrüder aus den Augen verlor. 20,2. ‚Denn', so sagt er, ‚wie mein Vater mir erzählte, sah meine Mutter ein Traumgesicht und verließ die Stadt Rom für einige Zeit mit ihren Zwillingen, damit sie nicht aufgrund eines schlimmen Schicksals stürbe. Und seit ihrer Abreise mit ihnen ist sie unauffindbar.' 20,3. Ihr Mann aber, sein Vater, hat sich auch

224 Wörtlich: „ändern" oder „wechseln"; s. Anm. 222.

selbst auf die Suche nach ihr gemacht und ist seitdem verschwunden." 21,1. Als Petrus dies gesagt hatte, begriff die Frau und fiel vor Bestürzung in Ohnmacht. Petrus aber trat hinzu, hielt sie fest und gebot ihr, zur Besinnung zu kommen. Dann bewog er sie auszusprechen, was ihr denn fehle. 21,2. Sie aber, am ganzen Körper wie durch Trunkenheit ermattet, wandte sich ab, um der Größe der zu erwartenden Freude standhalten zu können, fuhr sich über das Gesicht und sagte: „Wo ist dieser junge Mann?" 21,3. Petrus aber hatte schon den ganzen Sachverhalt durchschaut und sagte: „Sprich du zuerst zu mir, denn sonst wirst du ihn nicht sehen können." Sie aber sagte schnell: „Ich bin die Mutter dieses jungen Mannes." Da sagte Petrus: „Wie heißt er?" Sie aber sprach: „Klemens." 21,4. Da sagte Petrus: „Er ist es. Er war es auch, der gerade eben mit mir sprach, dem ich befahl, im Boot auf mich zu warten." Sie aber fiel vor Petrus nieder und bat ihn, dass sie eilends zu dem Schiff gingen. 21,5. Darauf Petrus: „Wenn du meine Bedingungen erfüllst, mache ich das." Sie aber sprach: „Alles werde ich tun. Zeige mir nur mein einziges Kind! Denn ich werde mir einbilden, in ihm meine beiden anderen Kinder zu erblicken, die hier gestorben sind." 21,6. Da sagte Petrus: „Wenn du ihn siehst, sei still, bis wir von der Insel ablegen!" Sie aber sagte: „Das will ich tun." 22,1. Da nahm Petrus sie bei der Hand und führte sie auf das Schiff. Als ich ihn aber eine Frau an der Hand führen sah, lachte ich, trat hinzu und versuchte, mit Rücksicht auf seine Ehre, sie statt seiner an der Hand zu führen. 22,2. Doch kaum hatte ich ihre Hand berührt, schrie sie als Mutter laut auf und umarmte und küsste mich, ihren Sohn, heftig. 22,3. Da ich den ganzen Vorgang nicht begriff, versuchte ich, sie wie eine Rasende von mir abzuschütteln, und war trotz meiner Hochachtung vor Petrus zornig auf ihn. 23,1. Petrus aber sagte: „Hör auf! Was machst du da, mein Sohn Klemens? Willst du die von dir abzuschütteln, die dich, so wahr ich hier stehe, geboren hat?" Ich aber brach, als ich das hörte, in Tränen aus, stürzte auf meine Mutter los, die niedergefallen war, und küsste sie. 23,2. Denn kaum hatte er mir das gesagt, kam mir ihr Aussehen dunkel in Erinnerung. 23,3. Nun lief eine große Menschenmenge zusammen, um die Bettlerin zu betrachten, und man erzählte einander, dass ihr Sohn, ein bedeutender Mann, sie wiedererkannt habe.

23,4. Als wir sogleich mit der Mutter die Insel verlassen wollten, sagte sie: „Mein lang ersehnter Sohn, es ziemt sich, von der Frau, die mich aufgenommen hat, Abschied zu nehmen. Sie ist arm und völlig erlahmt an ihr Haus gefesselt." 23,5. Als Petrus das hörte, bewunderten er und die ganze umherstehende Volksmenge die edle Einstellung der Frau. Sogleich forderte Petrus einige auf, hinzugehen und jene Frau auf einer Trage zu holen. 23,6. Als die Trage herbeigebracht und abgestellt worden war, sagte Petrus vor den Ohren der ganzen Volksmenge: „Wenn ich ein Bote der Wahrheit bin, soll sie – damit die Anwesenden zum Glauben kommen und wissen, dass es nur einen Gott gibt, der die Welt erschaffen hat – sofort gesund aufstehen!" 23,7. Und kaum hatte Petrus das gesagt, stand die Frau, gesund geworden, auf, und fiel vor Petrus nieder. Dann küsste sie ihre vertraute Freundin und fragte, was das bedeuten solle. 23,8. Die aber berichtete ihr kurz den ganzen Hergang des Wiedersehens, und die, die es hörten, gerieten ins Staunen. Angesichts der Genesung ihrer Wirtin bat dann auch meine Mutter, Heilung zu erlangen. Da legte Petrus ihr die Hand auf und heilte auch sie. 24,1. Anschließend predigte Petrus über Gott und die ihm gebührende Verehrung und fügte am Ende hinzu: „Wer diese Dinge vollständig lernen will, soll nach Antiochien gehen, wo ich vorhabe, etliche Tage zu bleiben, und dort erfahren, was zu seiner eigenen Rettung dient! 24,2. Ihr versteht es ja, wegen eines Handels oder eines Feldzugs die Heimat zu verlassen und an ferne Orte zu reisen. Wollt ihr da für das ewige Heil nicht einmal einen Weg von drei Tagen zurücklegen?" 24,3. Nach der Ansprache des Petrus schenkte ich der gesund gewordenen Frau vor der ganzen Menge tausend Drachmen zum Unterhalt. Dann vertraute ich die Frau einem guten Mann an, einem Ersten der Stadt, der dies zu übernehmen mit natürlicher Freude auf sich nahm. 24,4. Nachdem ich noch an viele andere Silbergeld ausgeteilt und den Frauen, die einst meine Mutter getröstet hatten, gedankt hatte, fuhr ich zusammen mit meiner Mutter, Petrus und den übrigen Gefährten nach Antaradus hinüber. Anschließend begaben wir uns in die Herberge.

## Ein Schulgespräch über die Menschenliebe

25,1. Nachdem wir angekommen waren, Nahrung zu uns genommen und in gewohnter Weise den Dank gesprochen hatten, sagte ich, weil noch Zeit war, zu Petrus: „Mein Herr Petrus, ein Werk der Menschenliebe hat meine Mutter getan, weil sie an die gastfreundliche Frau dachte." 25,2. Da antwortete Petrus: „O Klemens, glaubst du wirklich, deine Mutter habe ein Werk der Menschenliebe getan, weil sie sich der, die sie nach dem Schiffbruch aufgenommen hatte, erkenntlich zeigte? Oder hast du diesen Satz in der Absicht gesagt, deiner Mutter ein großes Kompliment zu machen? 25,3. Wenn du aber nicht die Absicht hattest, ein Kompliment zu machen, sondern die Wahrheit zu sagen, scheinst du mir nicht zu wissen, worin die Größe der Menschenliebe eigentlich besteht: Sie ist, ohne dass es einen natürlichen Beweggrund gibt, die Liebe zu einem jeden Menschen, nur weil er ein Mensch ist. 25,4. Ja, nicht einmal die Wirtin, die deine Mutter nach dem Schiffbruch aufnahm, wage ich menschenlieb zu nennen. 25,5. Sie war ja von Mitleid gerührt, und das hat sie veranlasst, Wohltäterin einer Frau zu werden, die einem Schiffbruch zum Opfer gefallen war, Kinder betrauerte, fremd, nackt und verlassen war und heftig über ihr Unglück klagte. 25,6. Weil sie sich in einer solch großen Not befand – wer, auch von den Gottlosen, hätte angesichts dessen kein Mitleid gehabt? Daher hat offensichtlich auch die gastfreundliche Frau kein Werk der Menschenliebe getan, sondern ist durch Mitleid angesichts unermesslicher Not zu guten Taten veranlasst worden. 25,7. Um wie viel mehr tat dann deine Mutter, als sie zu Vermögen gekommen war und sich der Wirtin erkenntlich zeigte, nicht ein Werk der Menschenliebe, sondern der Freundschaft? Es besteht ja ein großer Unterschied zwischen Freundschaft und Menschenliebe, weil die Freundschaft auf Wiedervergeltung beruht, die Menschenliebe aber ohne natürlichen Beweggrund jeden Menschen liebt und ihm Gutes tut, weil er ein Mensch ist. 25,8. Wenn nun die Gastgeberin, die Mitleid hatte, auch Feinden aus Mitleid Gutes täte, obwohl sie ihr Unrecht zugefügt haben, wäre sie menschenlieb. Wenn sie aber aus irgendeinem Anlass liebevoll oder feindselig ist und aus einem anderen feindselig oder liebevoll, ist eine solche Frau aus einem bestimmten Grund liebevoll oder feindselig, nicht um des Menschen willen."

26,1. Da antwortete ich: „Hältst du also die Gastgeberin nicht für menschenlieb, auch wenn sie einer Fremden, die sie nicht kannte, Gutes erwies?“ 26,2. Darauf Petrus: „Ich kann sie barmherzig nennen, als menschenlieb aber wage ich sie ebenso wenig zu bezeichnen wie eine Mutter als kinderlieb, denn durch die Wehen und das Aufziehen der Kinder wird sie dazu veranlasst, sie zu lieben. 26,3. Und wie der Liebhaber von Vertraulichkeit und Beischlaf angezogen wird und der Freund von der Wiedervergeltung seiner Freundschaft, so auch der Mitleidige von der Not. Doch steht der Barmherzige dem Menschenfreund nahe, weil er sich veranlasst sieht, Gutes zu tun, ohne auf Lohn dafür aus zu sein. Trotzdem ist er noch kein Menschenfreund.“ 26,4. Da sagte ich: „Aufgrund welcher Taten kann dann jemand als menschenlieb gelten?“ 26,5. Da antwortete Petrus: „Weil ich merke, dass du zu erfahren verlangst, was denn ein Werk der Menschenliebe ist, will ich nicht zögern, es zu sagen. 26,6. Menschenlieb ist der, der auch den Feinden Gutes erweist. Dass es sich so verhält, sollst du erfahren! Die Menschenliebe ist männlich und weiblich zugleich. Ihr weiblicher Teil heißt Mitleid, und ihr männlicher Teil wird Liebe zum Nächsten genannt. Der Nächste eines Menschen aber ist jeder Mensch, nicht dieser oder jener Mensch; denn ein Mensch ist sowohl der Schlechte als auch der Gute, der Feind als auch der Freund. 26,7. Wer Menschenliebe übt, muss daher ein Nachahmer Gottes sein (vgl. Eph 5,1–2), indem er Gerechten und Ungerechten Gutes erweist, so wie Gott selbst in der gegenwärtigen Welt alle Menschen mit seiner Sonne und seinem Regen versorgt (Mt 5,45). 26,8. Wenn du aber den Guten Gutes erweisen, den Schlechten aber nie oder sie sogar bestrafen willst, versuchst du, das Werk eines Richters zu tun, und strebst nicht danach, das Werk der Menschenliebe in Angriff zu nehmen.“ 27,1. Da sagte ich: „Folglich ist wohl auch Gott, der einst richten will, wie du uns lehrst, nicht menschenlieb?“ 27,2. Darauf Petrus: „Ganz im Gegenteil! Weil er richtet, deshalb ist er menschenlieb! Weil er nämlich diejenigen liebt und sich derer erbarmt, die Unrecht erlitten haben, straft er die, die Unrecht getan haben.“ 27,3. Da sagte ich: „Bin dann nicht auch ich menschenlieb, wenn ich den Guten Gutes erweise und die Übeltäter bestrafe, weil sie Menschen ungerecht behandelten?“ 27,4. Da antwortete Petrus: „Wenn du im Besitz des Vorherwissens[225] wärst und zugleich die Vollmacht hättest zu richten, würdest du das mit Recht tun. Dann hättest du die Vollmacht empfangen, über diejenigen das Urteil zu sprechen, die Gott geschaffen hat, und würdest aufgrund deines Vorherwissens beim Richten unfehlbar die einen als Gerechte rechtfertigen und die anderen als Ungerechte verurteilen." 27,5. Da sagte ich: „Richtig und wahr hast du gesprochen! Es ist ja unmöglich, dass jemand, der kein Vorherwissen hat, richtig urteilt. Denn bisweilen erscheinen manche gut, weil sie ihre Verbrechen heimlich begehen, und manche Gute werden aufgrund der Verleumdung von Feinden für schlecht gehalten. 27,6. Doch selbst wenn jemand richtet, der Vollmacht hat zu foltern und zu verhören – auch dem würde es nicht gelingen, ganz und gar gerecht zu richten. 27,7. Denn einige, die Mörder sind, halten die Foltern aus und werden als Unschuldige freigelassen, und andere, die unschuldig sind, halten die Foltern nicht aus, bezichtigen sich fälschlicherweise selbst und werden dann als Schuldige bestraft."

28,1. Da sagte Petrus: „Auch das ist nebensächlich. Du sollst erfahren, was wichtiger ist! Wenn manche Menschen Sünden begehen oder Gutes tun, sind die Werke, die sie tun, teils ihre eigenen und teils fremde. Gerecht aber ist es, dass jeder für seine eigenen Sünden bestraft oder für seine eigenen guten Taten belohnt wird. 28,2. Mit Ausnahme des Propheten, der als einziger Vorherwissen besitzt, ist es für niemanden möglich zu wissen, welche Werke, die jemand vollbracht hat, seine eigenen waren und welche nicht. Denn seine Werke werden so angesehen, als seien sie alle von ihm vollbracht worden." 28,3. Da sagte ich: „Ich würde gern erfahren, wieso die unrechten oder guten Taten teils eigene und teils fremde Werke sind." 29,1. Da antwortete Petrus: „Der Prophet der Wahrheit sagte: ‚Das Gute muss kommen, selig aber ist', so sagte er, ‚durch wen es kommt; desgleichen muss auch das Böse kommen, wehe aber dem, durch wen es kommt.' (vgl. Mt 18,7/Lk 17,1) 29,2. Wenn aber durch Schlechte Schlechtes kommt und durch Gute Gutes geschieht, muss es zur Eigenart eines jeden gehören, entweder gut zu sein oder

225 Hier und im Folgenden im Sinn von „vollständigem Wissen" oder „Allwissenheit"; vgl. 2.10,3.

schlecht; und je nachdem, was er zuerst getan hat, müssen[226] seine folgenden Werke als gute oder schlechte Werke hinzukommen. Dass diese Werke seiner Wahl als seine eigenen Werke geschehen, wurde von der Vorsehung Gottes so eingerichtet. 29,3. Denn dies ist Gottes Entscheidung: Derjenige, der, wie bei einem Wettkampf, durch jede Qual hindurchgegangen ist und für untadelig befunden wird, der wird des ewigen Lebens für würdig erachtet. 29,4. Diejenigen, die aus eigenem Willen im Guten voranschreiten, werden nämlich von denen, die aus eigenem Willen am Bösen festhalten, dadurch in Versuchung geführt, dass man sie verfolgt, hasst, schmäht, bedroht, schlägt, übervorteilt, verleumdet, zwingt, beleidigt – indem sie all das erleiden, bei dem man zu Recht erwartet, dass sie zornig werden und zur Vergeltung schreiten. 30,1. Unser Lehrer aber wusste, dass diejenigen, die solches Unrecht tun, aufgrund ihrer früheren Sünden verurteilt sind und dass der Geist der Bosheit dieses Unrecht durch bereits Verurteilte bewirkt. Darum riet er denen, die Menschenliebe üben, diese Menschen zu bemitleiden, weil sie Menschen sind und durch ihre Sünden Werkzeuge der Bosheit wurden, 30,2. und soweit es in ihrer Macht steht, sollen diejenigen, die Unrecht leiden, diejenigen, die Unrecht tun, vor der Strafe verschonen. Sie sollen ihnen helfen wie Nüchterne den Betrunkenen, nämlich durch Gebet, Fasten, Segen und indem sie keinen Widerstand leisten und keine Vergeltung üben, damit sie sie nicht anstacheln, noch mehr Sünden zu begehen. 30,3. Denn wenn jemand verurteilt ist, auf jeden Fall zu leiden, ist es nicht vernünftig, auf denjenigen zornig zu sein, durch den das Leid kommt. Er kann sich ja Folgendes denken: Auch wenn jener ihn nicht gequält hätte, wäre ihm das Leid durch einen anderen widerfahren, weil er auf jeden Fall gequält werden soll. 30,4. Wie kann ich denn auf den Täter zornig sein, wenn ich verurteilt bin, auf jeden Fall zu leiden? Und im Übrigen: Wenn wir den Schlechten mit dem Ziel der Vergeltung dasselbe antun, machen wir Guten zwar nicht als Erste, wohl aber als Zweite dasselbe wie die Schlechten. 30,5. So darf man, wie ich sagte, nicht zornig sein, wenn man weiß, dass nach Gottes Vorsehung die Schlechten die Guten peinigen. Diejenigen, die ihren Peinigern grollen, begehen Sünde, weil

226 Die Übersetzung folgt einer Textverbesserung.

sie die Boten Gottes beleidigen. Wenn sie sie aber ehren und sie in gegensätzlicher Weise behandeln wie die, die als Unrechttäter gelten, dann erweisen sie Gott die Ehre, der es so beschlossen hat.“

31,1. Darauf antwortete ich: „Folglich sind die Unrechttäter nicht schuldig, weil sie aufgrund einer Entscheidung Gottes den Gerechten Unrecht zufügen.“ 31,2. Da sagte Petrus: „Sie sündigen sogar sehr, denn sie haben sich selbst dem Sündigen hingegeben. Gott weiß das und wählt deshalb einige von ihnen aus, um diejenigen zu peinigen, die über ihre früheren Sünden zu Recht Reue empfunden haben, damit den Gerechten durch solche Züchtigung das vor ihrer Umkehr vollbrachte Böse vergeben werde. Den Gottlosen aber, die die Gerechten peinigen, weil sie danach trachten, sie zu quälen, und nicht bereuen wollen, denen wurde gestattet, sie zu quälen, um das Maß ihrer eigenen Bestrafung vollzumachen. 31,3. Denn ohne den Willen Gottes kann nicht einmal ein Sperling in ein Netz geraten, und genauso sind die Haare der Gerechten bei Gott gezählt (Mt 10,29–30).

32,1. Gerecht aber ist jener, der zugunsten dessen, was vernünftig ist, gegen seine Natur ankämpft. So lieben zum Beispiel alle von Natur aus diejenigen, die sie lieben. Ein Gerechter versucht, auch Feinde zu lieben und Verleumder zu segnen, ja sogar für Feinde zu beten (Lk 6,27–28). 32,2. Mit den Unrechttätern hat er Mitleid. Darum erträgt er es auch, weiteres Unrecht zu erleiden, und segnet zugleich die, die ihn verfluchen. Er fügt sich denen, die ihn schlagen, weicht vor denen zurück, die ihn verfolgen, grüßt die, die ihn nicht grüßen, gibt denen, die nichts haben, Anteil an dem, was er hat. Er besänftigt den Zürnenden, versöhnt den Feind, ermahnt den Unfolgsamen, unterweist den Ungläubigen, tröstet den Trauernden, duldet es, wenn er beleidigt wird, und ist nicht zornig, wenn man es ihm mit Undank lohnt. 32,3. Weil er sich hingegeben hat, seinen Nächsten zu lieben wie sich selbst, fürchtet er die Armut nicht, sondern wird arm, indem er seinen Besitz mit denen teilt, die nichts haben (vgl. Mt. 19,19–21). Doch auch die Sünder bestraft er nicht. 32,4. Denn wer den Nächsten liebt wie sich selbst, weiß, dass er selbst nicht bestraft werden will, wenn er gesündigt hat. Folglich bestraft auch er die Sünder nicht. Und wie er geschmeichelt, gelobt und geehrt werden und für all seine Sünden Verständnis finden will, so handelt er an seinem Nächsten, indem er ihn liebt wie sich selbst. 32,5. In einem Wort: Was er sich selbst wünscht, das wünscht er auch seinem Nächsten. Dies ist nämlich das Gesetz Gottes und der Propheten (vgl. Mt 7,12; 22,40), dies ist die Lehre der Wahrheit. 32,6. Deshalb ist die vollkommene Liebe zu jedem Menschen der männliche Teil der Menschenliebe, ihr weiblicher Teil aber ist das Mitleid: 32,7. Es bedeutet, den Hungrigen zu speisen und dem Durstigen zu trinken zu geben und den Nackten zu kleiden und den Kranken zu besuchen und den Fremden aufzunehmen, sich bei dem Gefangenen so oft wie möglich blicken zu lassen, um ihm zu helfen – kurz gesagt: sich dessen zu erbarmen, der in Nöten ist (vgl. Mt 25,35–36)."

33,1. Als ich das hörte, sagte ich: „Diese Dinge zu tun ist möglich, aber Wohltäter der Feinde zu sein, indem man jede Beleidigung von ihnen erduldet – ich glaube nicht, dass sich das mit der menschlichen Natur vereinbaren lässt." 33,2. Da antwortete Petrus: „Du hast Recht! Weil die Menschenliebe Grund der Unsterblichkeit ist, wird sie nur um einen hohen Preis gewährt." 33,3. Da sagte ich: „Wie ist es denn möglich, sie mit dem Verstand zu erfassen?" Da antwortete Petrus: „Lieber Klemens, sie ist zu begreifen, wenn man von Folgendem überzeugt ist: Obwohl die Feinde eine Zeitlang diejenigen quälen, die sie hassen, verhelfen sie den Gequälten zur Erlösung von ewiger Strafe. Hinfort wird man sie als Wohltäter zutiefst lieben! 33,4. Es gibt aber nur einen Weg, lieber Klemens, um die Menschenliebe zu begreifen, nämlich den der Gottesfurcht. 33,5. Wer Gott fürchtet, kann anfangs seinen Nächsten nicht wie sich selbst lieben, denn das erschließt sich der Seele nicht auf Befehl. In der Furcht vor Gott kann er jedoch die Werke der Liebenden tun, und dem, der die Werke der Liebe tut, wird anschließend die Liebe zur Furcht hinzugefügt wie eine Braut ihrem Bräutigam. Und dann gebiert diese Braut die menschenliebenden Gedanken und macht ihren Besitzer unsterblich, wie zu einem Gott gleichen Bild (vgl. Gen 1,26), das seinem Wesen nach durch keine Schändung entehrt werden kann."

33,6. Während er uns die Lehre der Menschenliebe auseinandersetzte, brach der Abend herein, und wir begaben uns zur Ruhe.

# Buch 13

## Weiterreise nach Laodicea

1,1. Als der Tag angebrochen war, trat Petrus ein und sprach: „Klemens soll mit seiner Mutter Mattidia und meiner Frau zusammen auf dem Fuhrwerk Platz nehmen.“ Und das geschah sogleich. Als wir auf dem Weg nach Balaneae dahineilten, fragte mich meine Mutter, wie es dem Vater gehe. Da sagte ich: „Er hat sich auf die Suche nach dir und meinen Zwillingsbrüdern Faustinus und Faustinianus gemacht und ist seitdem unauffindbar. Ich vermute, dass er längst gestorben ist, weil er einem Schiffbruch zum Opfer fiel oder unterwegs einen Unfall hatte oder vom Schmerz verzehrt wurde.“ 1,2. Als sie das hörte, brach sie in Tränen aus und seufzte betrübt. Doch die Freude darüber, mich gefunden zu haben, milderte ein wenig den Schmerz ihrer Erinnerung. So gelangten wir nach Balaneae. 1,3. Am nächsten Tag kamen wir nach Paltus und von dort nach Gabala. Und am folgenden Tag erreichten wir Laodicea. Und siehe da, vor den Toren der Stadt kamen uns Niceta und Aquila entgegen, küssten uns und führten uns zur Herberge.

## In Laodicea. Die zweite Wiedererkennung: Klemens’ Brüder

1,4. Als Petrus die schöne, große Stadt erblickte, sagte er: „Es lohnt sich, einige Tage hier zu bleiben, denn für gewöhnlich bietet eine große Menschenmenge die Voraussetzung, dass die Erwünschten[227] aus ihr hervorgehen.“ 1,5. Niceta und Aquila fragten mich nun, wer die fremde Frau sei. Da sagte ich: „Meine Mutter, die wiederzuerkennen mir Gott durch Petrus, meinen Herrn, gewährt hat.“ 2,1. Nach-

227 Nämlich solche, die sich durch die Missionspredigt gewinnen lassen.

dem ich dies gesagt hatte, setzte ihnen Petrus alles in den wichtigsten Punkten auseinander, wie – während sie uns vorausreisten – ich, Klemens, ihm von meiner Familie erzählt hatte und von der Reise meiner Mutter mit ihren Zwillingen, die unter dem erfundenen Vorwand des Traumgesichts stattgefunden hatte, und auch von der Reise meines Vaters, um nach ihnen zu suchen, 2,2. und weiter, wie er, Petrus, nachdem er dies erfahren hatte, auf die Insel gekommen und der Frau begegnet war und wie er sie hatte betteln sehen und auf die Frage nach dem Grund ihres Bettelns ihre Herkunft, ihr weiteres Leben, den erfundenen Traum und die Namen ihrer Kinder in Erfahrung gebracht hatte – sowohl den von mir, der ich bei meinem Vater zurückgeblieben war, als auch die von den Zwillingen, die mit ihr gereist waren und von denen sie vermutete, dass sie im Meer umgekommen seien. 3,1. Nachdem dies von Petrus zusammenfassend berichtet worden war, erschraken Niceta und Aquila und sagten: 3,2. „Herrscher und Herr des Alls, ist das wirklich wahr oder nur ein Traum?“ Da sagte Petrus: „Wenn wir nicht schlafen, ist es wahr.“ 3,3. Sie hielten einen Moment voller Gedanken inne und sagten dann: „Wir sind Faustinus und Faustinianus! Seit Beginn deiner Rede sahen wir einander an und stellten viele uns selbst betreffende Vermutungen an, ob das Erzählte womöglich uns gilt. Weil wir damit rechneten, dass im Leben viel Ähnliches geschieht, schwiegen wir mit klopfenden Herzen. 3,4. Doch am Ende der Rede hatten wir durchschaut, dass das Erzählte uns betrifft, und da gaben wir uns zu erkennen.“ 3,5. Als sie das unter Tränen gesagt hatten, gingen sie zur Mutter hinein, und obwohl sie sie schlafend fanden, wollten sie sie sogleich umarmen. Petrus aber hinderte sie und sagte: 3,6. „Lasst mich euch eurer Mutter auf behutsame Weise vorstellen, damit sich ihre Sinne nicht durch die große plötzliche Freude verwirren, denn sie schläft ja, und ihr Geist ist vom Schlaf umfangen.“

4,1. Als unsere Mutter nach ausreichendem Schlaf aufgewacht war, begann Petrus sogleich behutsam mit ihr zu sprechen:[228] „Frau, ich will, dass du die Ordnung unserer Religion kennenlernst. 4,2. Wir verehren nur einen Gott, den Schöpfer der Welt, die du siehst, und

228 Handschrift O liest: „da begann Petrus sogleich, sich über die wahre Gottesfurcht mit ihr zu unterhalten, und sagte zunächst:“.

wir beachten dessen Gesetz. Das enthält als wichtigste Gebote, ihn allein zu verehren und seinen Namen zu heiligen und die Eltern zu ehren sowie tugendhaft und gerecht zu leben. 4,3. Darüber hinaus leben wir nicht indifferent[229] und genießen nichts vom Tisch der Heiden. Ebenso wenig können wir gemeinsam mit ihnen essen, weil sie unrein leben. Doch wenn wir sie überzeugt haben, das zu denken und zu tun, was der Wahrheit entspricht, und wenn wir sie unter einer dreimal-seligen Namensanrufung getauft haben, dann halten wir Mahlgemeinschaft mit ihnen. 4,4. Nicht einmal wenn es Vater oder Mutter wäre oder Frau oder Kind oder Bruder oder ein anderer, der von Natur aus unsere Liebe besitzt, können wir es wagen, gemeinsam mit ihm zu essen. Denn um unserer Religion willen machen wir hier einen Unterschied. 4,5. Du sollst es also nicht für Hochmut halten, wenn dein Sohn nicht gemeinsam mit dir isst, bis du genauso denkst und handelst wie er." 5,1. Als sie das hörte, sagte sie: „Was hindert denn, dass ich heute getauft werde? (Vgl. Apg 8,36.) Denn schon bevor ich dich sah, hatte ich mich von den sogenannten Göttern abgewandt in der Einsicht, dass sie mir in meinen Nöten nicht beistanden, obwohl ich ihnen fast täglich reichliche Opfer darbrachte. 5,2. Zum Ehebruch aber – was soll ich da sagen? Denn nicht einmal, als ich reich war, konnte der Luxus mich dazu verleiten. Danach hat auch die Armut mich nicht zu zwingen vermocht, mich darauf einzulassen, weil die Tugendhaftigkeit als mein schönster Schmuck[230], um derentwillen ich in so große Not geraten war, sich dem widersetzte. 5,3. Doch denke ich, mein Herr Petrus, es wird dir nicht unbekannt sein, dass die größte Lust aus einem glücklichen Leben entsteht. Weil ich im Glück tugendhaft gelebt habe, gebe ich mich in der Trübsal nicht den Lüsten hin. Du sollst auch nicht annehmen, dass meine Seele jetzt von ihrer Trauer frei geworden ist, obwohl sie aus dem Wiedersehen des Klemens einigen Trost geschöpft hat. Denn der Verlust meiner beiden anderen Kinder steht dem entgegen und trübt meine Freude sehr. 5,4. Zwar werde ich mich darüber hinwegtrösten, dass sie im Meer starben, aber nicht darüber, dass sie zudem außerhalb der Schutzmauern

229 D.h., unter Beachtung der jüdischen Reinheitsvorschriften; vgl. 2.19,2.
230 Handschrift O liest: „als mein höchstes Gut".

der wahren Gottesverehrung umkamen und folglich an Leib und Seele zugrunde gingen. 5,5. Ihr Vater aber, mein Ehemann, machte sich – wie ich von Klemens erfuhr – auf die Suche nach mir und meinen Söhnen. Seit vielen Jahren ist er verschwunden und gewiss ums Leben gekommen. Denn der Unglückliche, der mich in Tugendhaftigkeit liebte[231], war auch kinderlieb. Weil er uns alle verloren hat, die wir ihm lieber waren als alles andere, ist der Greis aus größter Verzweiflung gestorben."

6,1. Als die Söhne ihre Mutter dies sagen hörten, konnten sie nicht mehr, wie ihnen Petrus geboten hatte, an sich halten, sondern standen auf und umarmten sie unter vielen Tränen und Küssen. 6,2. Sie aber sagte: „Was soll das bedeuten?" Da antwortete Petrus: „O Frau, nimm deinen Verstand tapfer zusammen, damit du dich an deinen Kindern erfreuen kannst! Denn dies sind Faustinus und Faustinianus, deine Söhne, von denen du sagtest, dass sie im Meer umgekommen seien. 6,3. Warum sie aber lebendig sind, obwohl sie deiner Meinung nach in jener überaus schrecklichen Nacht starben, und warum jetzt der eine von ihnen Niceta heißt und der andere Aquila, werden sie dir selbst sagen können. Das müssen wir nämlich gemeinsam mit dir noch erfahren." 6,4. Nachdem Petrus dies gesagt hatte, fiel die Mutter, außer sich vor Freude, in Ohnmacht und wäre fast gestorben. 6,5. Als wir sie wiederbelebt hatten, setzte sie sich auf, kam wieder zu sich und sprach: „Ich bitte euch, meine ersehnten Kinder, sagt mir, was euch nach jener schrecklichen Nacht widerfahren ist!"

7,1. Da begann Niceta[232] zu erzählen: „In derselben Nacht, in der das Schiff, wie du weißt, zu Bruch ging, bargen uns einige Männer, die skrupellos Seeräuberei trieben. Sie setzten uns in ihr Boot und schafften uns mit Ruderschlägen erst längs des Festlands fort, dann brachten sie uns, weil sie Proviant laden wollten, nach Cäsarea Stratonis. 7,2. Nachdem sie uns dort mit Hunger, Angst und Schlägen gefügig gemacht hatten[233], damit wir kein unvorsichtiges Wort sagten, das ihnen nicht gefiel, und auch noch unsere Namen geändert hatten, konnten sie uns verkaufen. 7,3. Eine sehr angesehene Frau

231 Möglich ist auch die Übersetzung: „der mich wegen meiner Tugendhaftigkeit liebte".

232 Handschrift P fügt hinzu: „von nun an Faustinus"; vgl. 13.11,2.

233 So die syrische Übersetzung; der griechische Text ist unverständlich.

namens Justa aber, die sich den Juden angeschlossen hatte, kaufte uns, nahm uns anstelle von eigenen Kindern an und erzog uns mit Sorgfalt in aller griechischen Bildung. 7,4. Als wir in ein verständiges Alter gekommen waren, gewannen wir auch ihre Religion lieb und bemühten uns um die Vertiefung unserer Bildung, damit wir in Diskussionen mit allen anderen Heiden diese hinsichtlich ihres Irrtums überführen könnten. Aber auch in die philosophischen Lehren vertieften wir uns, besonders in die gottlosesten – nämlich in die von Epikur und Pyrrhon –, damit wir sie besser widerlegen könnten.

8,1. Weil wir aber mit einem gewissen Simon, einem Zauberer, so gut wie Milchbrüder[234] waren, gerieten wir in Gefahr, durch diese Freundschaft in die Irre geleitet zu werden. 8,2. Da gab es ein Gerücht über einen Menschen, nach dessen Erscheinen das Volk der Gottesfürchtigen in dessen Königreich unsterblich und sorgenfrei leben könne; doch dies soll dir, Mutter, bei besserer Gelegenheit genauer auseinandergesetzt werden. 8,3. Als wir aber im Begriff waren, von Simon irregeleitet zu werden, kam ein Gefährte unseres Herrn Petrus namens Zachäus[235] hinzu mit der Warnung, uns vom Zauberer nicht in die Irre führen zu lassen. Und nach der Ankunft des Petrus führte uns Zachäus zu ihm, damit er uns von dem, worauf es bei der wahren Gottesverehrung ankommt, vollständig überzeuge. 8,4. Darum bitten wir dich, Mutter, dass auch du an den Gütern, deren wir gewürdigt wurden, Anteil erlangst, und wir dann gemeinsam an den Mahlzeiten teilnehmen können. – Dies nun ist der Grund, Mutter, weshalb du glaubtest, wir seien tot: In jener so schrecklichen Nacht wurden wir auf hoher See von Piraten entführt, während du glaubtest, wir seien umgekommen.“

## Mattidias Taufwunsch

9,1. Nachdem Faustinus dies gesagt hatte, fiel unsere Mutter vor Petrus nieder und bat ihn inständig, dass er sie und ihre Gastgeberin, nachdem er sie habe holen lassen, unverzüglich taufe. „Denn“,

---

234 In der Antike galten Säuglinge, die von derselben Amme gestillt wurden, als „Milchgeschwister“.

235 Der Verfasser übersieht, dass Zachäus von Petrus zum Bischof von Cäsarea eingesetzt wurde; s. 3.59–72. Derselbe Fehler unterläuft ihm in 17.1,1 u. ö.

so sagte sie, „nachdem ich meine Kinder zurückerhalten habe, soll es keinen einzigen unglücklichen Tag mehr geben, an dem ich nicht gemeinsam mit ihnen essen kann." 9,2. Als auch wir zusammen mit unserer Mutter darum baten, sagte Petrus: „Was denkt ihr? Bin ich als einziger unbarmherzig und will nicht, dass ihr mit eurer Mutter nach ihrer heutigen Taufe essen könnt? 9,3. Aber sie muss fasten, bevor sie getauft wird, doch nur einen Tag, weil sie nämlich freimütig etwas zu ihren Gunsten sagte, in dem ich ein hinreichendes Zeichen ihres Glaubens erkannt habe. Andernfalls hätte sie sich viele Tage lang von ihrer griechischen Lebensweise befreien müssen." 10,1. Da sagte ich: „Sag uns, welches Wort sie gesprochen hat, das ihren Glauben offenbarte!" 10,2. Da sagte Petrus: „Es war ihre Bitte, dass ihre gastfreundliche Wohltäterin gemeinsam mit ihr getauft werden soll. 10,3. Sie hätte aber nicht gebeten, dass dies ihr, die sie vermisst, gewährt würde, wenn sie nicht zuvor zur Einsicht gekommen wäre, wie groß das Geschenk der Taufe ist.

10,4. Darum verurteile ich viele, wenn sie nach ihrer Taufe sagen, dass sie glauben, aber nichts tun, was des Glaubens würdig ist, und auch diejenigen, die sie lieben, nämlich ihre Frauen oder Söhne oder Freunde, nicht zur Taufe ermuntern. Wenn sie nämlich glaubten, dass Gott[236] bei guten Werken ewiges Leben schenkt, würden sie die, die sie lieben, unverzüglich auffordern, sich taufen zu lassen. 10,5. Aber jemand von euch wird sagen: ‚Sie lieben sie und kümmern sich um sie.' Das ist töricht. Denn warum in aller Welt beklagen sie sie und haben Mitleid mit ihnen, wenn sie merken, dass sie krank sind oder sich auf dem Weg zum Tode befinden oder etwas anderes Schlimmes erleiden? 10,6. Wenn sie glaubten, dass diejenigen, die Gott nicht verehren, ewiges Feuer erwartet, würden sie doch nicht aufhören, sie zu warnen, oder würden beim Anblick ihres Ungehorsams betrübt über sie sein wie über Ungläubige, weil sie von der Strafe überzeugt sind, die auf jene wartet.

10,7. Doch jetzt will ich nach der Gastgeberin schicken und prüfen, ob sie gewillt ist, das von uns befolgte Gesetz anzuerkennen. Anschließend werden wir tun, was dann getan werden muss. Weil sich aber eure Mutter, was die Taufe angeht, gläubig erweist, soll sie

236 Handschrift O fügt hinzu: „nach der Taufe".

nur einen Tag vor ihrer Taufe fasten." 11,1. Sie aber schwor: „Als ich an den beiden vorangegangenen Tagen deiner Frau alles von dem Wiedersehen erzählte, konnte ich infolge der großen Freude keine Nahrung zu mir nehmen, nur gestern ein wenig Wasser." 11,2. Und die Frau des Petrus bezeugte das mit ihrem Eid und sagte: „Sie hat wahrhaftig nichts gegessen." Da sagte Aquila – oder fortan besser Faustinianus: „Folglich hindert nichts mehr, dass sie getauft wird." (Vgl. Apg 8,36.) Da lachte Petrus und antwortete: „Aber das ist kein Fasten für die Taufe, es ist ja nicht deswegen geschehen." 11,3. Da antwortete Faustinus: „Vielleicht will Gott unsere Mutter nach unserem Wiedersehen keinen einzigen Tag von unserem Tisch trennen und hat deshalb ihr Fasten im Voraus gefügt. 11,4. Denn so, wie sie tugendhaft lebte und unwissentlich tat, was der Wahrheit entspricht, so hat es Gott jetzt vielleicht auch gefügt, dass sie gestern unwissentlich für die wahre Taufe fastete, damit sie nach unserem Wiedersehen vom ersten Tag an gemeinsam mit uns Nahrung zu sich nehmen kann." 12,1. Da sagte Petrus: „Die Bosheit soll uns nicht überwinden (vgl. Röm 12,21), indem sie die Vorsehung und die Liebe zur Mutter zum Vorwand dafür nimmt. Wir wollen vielmehr – ihr und ich mit euch – den heutigen Tag fastend verbringen, und morgen wird sie getauft werden. 12,2. Auch ist ja die jetzige Tagesstunde zur Taufe ungeeignet." Und sogleich stimmten wir alle zu, dass es so geschehen solle.

## Lehrvortrag des Petrus über Tugendhaftigkeit und Ehebruch

13,1. Am selben Abend genossen wir alle die Lehre des Petrus. Anlässlich des Beispiels unserer Mutter legte er uns dar, dass die Folgen der Tugendhaftigkeit[237] gut sind, die des Ehebruchs aber unheilvoll, liege es doch in ihrer Natur, über ein ganzes Geschlecht Verderben zu bringen, und wenn nicht sofort, dann gewiss im Laufe der Zeit. 13,2. „So sehr aber", sagte er, „gefällt Gott die Tugendhaftigkeit, dass er um ihretwillen sogar denen, die sich im Irrtum befinden, im jetzigen Leben eine kleine Gnade erweist – die Rettung im kommen-

237 Zum Begriff der Tugendhaftigkeit s. Anm. 9.

den Reich[238] wird ja allein denjenigen zuteil, die sich in ihrer Hoffnung auf Gott haben taufen lassen und in Tugendhaftigkeit gerecht handeln. Das erkennt ihr an dem, was eurer Mutter widerfahren ist, nämlich an dem Glück, das ihr am Ende zuteilwurde. 13,3. Vielleicht wäre sie umgekommen, wenn sie Ehebruch begangen hätte. Doch weil sie tugendhaft lebte, hat sich Gott erbarmt, wandte den Tod von ihr ab und gab ihr die geraubten Kinder zurück.

14,1. Aber vielleicht wird jemand einwenden: ‚Wie viele sind infolge ihrer Tugendhaftigkeit umgekommen?' Ich sage: aufgrund von Unachtsamkeit! Denn eine Frau, die bemerkt, dass sie einen Verehrer hat, muss den Umgang mit ihm meiden wie ein verheerendes Feuer oder einen tollwütigen Hund. Auf diese Weise handelte eure Mutter, weil sie das hohe Gut der Tugendhaftigkeit wirklich liebte. Darum wurde sie beschützt und gewann, zugleich mit euch, die Erkenntnis der ewigen Königsherrschaft. 14,2. Eine Frau, die tugendhaft leben will, muss wissen, dass ihr die Bosheit dies missgönnt und dass sie viele zu erdulden hat, die ihr angeblich aus Liebe nachstellen. Allein durch ihr Festhalten am tugendhaften Leben bleibt sie ehrbar, trägt sie den Sieg über alle davon und kann gerettet werden. 14,3. Selbst wenn jemand alle guten Werke vollbringt, muss er doch wegen der einen Sünde des Ehebruchs bestraft werden, wie der Prophet gesagt hat (vgl. Lev 20,10). 15,1. Die tugendhafte Frau erfüllt den Willen Gottes und erinnert vortrefflich an seine erste Schöpfung, denn Gott, der nur einer ist, schuf für *einen* Menschen *eine* Frau (Gen 2,22). 15,2. Umso tugendhafter aber bleibt sie, wenn sie diese Schöpfung nicht vergisst, ihre Strafe vorhersieht und über den Verlust der ewigen Güter nicht im Unklaren ist. 15,3. Die tugendhafte Frau freut sich über diejenigen, die gerettet werden wollen, und ist ein frommes Vorbild für die Gottesfürchtigen, denn sie ist der Maßstab[239] für einen guten Lebenswandel. 15,4. Eine Frau, die tugendhaft leben will, vermeidet jeden Anlass zur Verleumdung. Wenn sie aber, ohne Anlass dafür zu geben, aus Feindschaft verleumdet wird, wird sie von Gott gesegnet und gerächt. 15,5. Die Tugendhafte sehnt sich nach Gott, liebt Gott, erfreut Gott, verherrlicht Gott. Menschen gibt

238 Wörtlich: „die dortige Rettung".
239 Wörtlich: „das Gesetz".

sie keinen Anlass zur Verleumdung. Die tugendhafte Frau erfüllt die Gemeinde mit dem Wohlgeruch ihres guten Rufes und verherrlicht sie durch Ehrbarkeit. Überdies ist sie auch der Ruhm ihrer Lehrer und ein Beistand für die, die tugendhaft leben.

16,1. Die tugendhafte Frau ist für den Sohn Gottes wie für einen Bräutigam geschmückt und mit dem heiligen Licht bekleidet. Sie besitzt Schönheit, nämlich ihre gesetzestreue Seele. Sie duftet nach Salböl (vgl. Cant 1,3), nämlich nach ihrem guten Ruf. Sie hat schöne Kleider an, nämlich ihre Anständigkeit, und kostbare Perlen umgelegt, nämlich Worte, die zur Tugendhaftigkeit mahnen (vgl. 1. Tim 2,9–10). 16,2. Sie strahlt, sooft sie ihre Gedanken erleuchtet sind. Sie blickt in einen schönen Spiegel, wenn sie Gott ansieht. Sie greift zu schönem Schmuck, wenn sie in Gottesfurcht ihre Seele ermahnt. 16,3. Schön ist nicht eine vom Gold gefesselte Frau, sondern eine, die von den vergänglichen Begierden befreit ist. Die tugendhafte Frau wird vom großen König sehr ersehnt (vgl. Ps 45,12): Mit ihm ist sie verlobt, von ihm ist sie behütet, von ihm ist sie geliebt. 16,4. Die Tugendhafte gibt außer ihrem Mann niemandem Anlass, sie zu begehren. Die Tugendhafte ist betrübt, wenn sie von einem anderen begehrt wird. Die Tugendhafte liebt ihren Mann von Herzen, sie küsst ihn, sie schmeichelt ihm, sie sucht ihm zu gefallen, sie dient ihm, sie gehorcht ihm in allem, außer darin, Gott ungehorsam zu sein (vgl. Apg 5,29). 16,5. Denn eine Frau, die Gott gehorcht, ist ohne Wächter in ihrer Seele tugendhaft und an ihrem Leib rein. 17,1. Folglich ist jeder Mann töricht, der seine Frau von der Furcht Gottes abbringen will, weil diejenige, die Gott nicht fürchtet, auch ihren Mann nicht fürchtet. Wenn sie Gott, der das Verborgene sieht, nicht fürchtet, wie sollte sie da in ihrem verborgenen Willen tugendhaft sein? Und wie kann diejenige tugendhaft leben, die nicht zur Gemeindeversammlung kommt, um die Predigten zu hören, die zur Tugendhaftigkeit mahnen? 17,2. Auf welche Weise sollte sie sonst Ratschläge bekommen? Und wie kann sie ohne Wächter tugendhaft leben, wenn sie nicht über das künftige Gericht Gottes belehrt noch auch von der ewigen Strafe für eine kleine Begierde überzeugt worden ist? 17,3. Darum zwinge sie vielmehr und locke sie, dass sie auch gegen ihren Willen stets zur Predigt kommt, die zur Tugendhaftigkeit ermahnt. 18,1. Noch besser aber ist es, wenn du sie bei der Hand nimmst und selbst kommst, damit auch du tugendhaft wirst. Denn du wirst tugendhaft werden wollen, um den Zweck einer ehrbaren Ehe zu erkennen, und nicht zögern, wenn du daran Gefallen hast – nämlich Vater zu werden, die eigenen Kinder zu lieben und von den eigenen Kindern geliebt zu werden. 18,2. Wer eine tugendhafte Frau haben will, ist auch selbst tugendhaft. Er leistet ihr den schuldigen Beischlaf (vgl. 1. Kor 7,3), er isst gemeinsam mit ihr, er lebt mit ihr zusammen. Mit ihr geht er zur Predigt, die zur Tugendhaftigkeit ermahnt. Er betrübt sie nicht, er streitet nicht ohne Ursache, er macht sich nicht selbst hassenswert, er bietet ihr die Güter, die er ihr geben kann, und wenn er etwas nicht hat, ersetzt er das Fehlende durch Liebenswürdigkeit. 18,3. Die tugendhafte Frau erwartet nicht, umschmeichelt zu werden, sie erkennt ihren Mann als Herrn an, sie erträgt die Armut, wenn er arm ist, sie hungert mit ihm, wenn er hungrig ist, sie reist mit ihm, wenn er auf Reisen geht, sie tröstet ihn, wenn er traurig ist. Auch wenn sie eine sehr große Mitgift hat, ist sie gehorsam, als besäße sie nichts. 18,4. Und wenn der Mann eine arme Frau hat, soll er ihre Tugendhaftigkeit als große Mitgift ansehen. Die tugendhafte Frau zeigt Genügsamkeit bei Speisen und Getränken, damit nicht ihr fett gewordener Leib durch sein Gewicht ihre Seele zu gesetzlosen Begierden herabzieht. 18,5. Darüber hinaus ist sie nicht mit jungen Männern allein; Greise betrachtet sie mit Argwohn, taktloses Gelächter lehnt sie ab. Weil sie sich nur Gott widmet, kommt sie nicht zu Fall. Wenn sie ehrbare Worte hört, freut sie sich, was aber nicht um der Tugendhaftigkeit willen gesagt wird, lehnt sie ab.

19,1. Gott ist mein Zeuge: Ein Ehebruch ist wie viele Morde. Und das Schreckliche daran ist, dass man das Furchtbare und Gottlose seiner Morde nicht sieht. 19,2. Denn wenn Blut vergossen wurde, liegt der tote Leib da, und dieses schreckliche Verbrechen macht alle bestürzt. Die Seelenmorde des Ehebruchs aber sind noch furchtbarer: Weil sie von den Menschen nicht wahrgenommen werden, bereiten sie denen, die sie begehen, ungestüme Lust. 19,3. Erkenne, o Mensch, wessen Odem du zum Leben hast! (Vgl. Gen 2,7.) Dann wirst du gewiss nicht wollen, dass er besudelt wird. Nur vom Ehebruch wird der Odem Gottes besudelt, und deshalb zieht der Odem den, der ihn besudelt hat, ins Feuer hinab; er beeilt sich nämlich, den Frevler ewiger Strafe auszuliefern."

20,1. Als Petrus dies sagte, sah er die gute, tugendhafte Mattidia vor Freude weinen, und in der Meinung, dass sie durch die Erinnerung[240] an ihre Vergangenheit betrübt worden sei, sprach er: 20,2. „Sei getrost, Frau! Während viele viel Böses aufgrund von Ehebruch erlitten haben, hast du um der Tugendhaftigkeit willen gelitten und bist deshalb nicht gestorben. Und selbst wenn du gestorben wärst, hättest du deine Seele gerettet. 20,3. Deine Vaterstadt Rom hast du um der Tugendhaftigkeit willen verlassen, doch aus diesem Grund fandest du die Wahrheit, das Diadem des ewigen Königreichs. 20,4. Auf dem Meer bist du in Gefahr gewesen, doch nicht gestorben, und wenn du gestorben wärst, wäre dir das Meer selbst wegen deiner Tugendhaftigkeit beim Sterben zur Taufe geworden, zur Rettung deiner Seele. 20,5. Für kurze Zeit wurdest du von deinen Kindern getrennt, doch weil sie von rechtmäßiger Abstammung sind, hast du sie unter glücklichen Umständen wiedergefunden. Vor Hunger hast du um Nahrung gebettelt, doch durch Ehebruch hast du deinen Leib nicht verunreinigt. 20,6. Deinen Leib hast du gemartert, doch deine Seele hast du gerettet. Vor dem Ehebrecher bist du geflohen, damit du nicht das Bett deines Mannes beflecktest; doch weil Gott weiß, dass deine Flucht wegen deiner Tugendhaftigkeit geschah, wird er den Platz deines Mannes ausfüllen. 20,7. Für kurze Zeit wurdest du betrübt und alleingelassen, von Mann und Kindern getrennt, doch in der Stunde des Todes müsstest du sie alle zurücklassen. So ist es besser, dass du um der Tugendhaftigkeit willen freiwillig von ihnen getrennt wurdest, als dass du nach einiger Zeit unfreiwillig aufgrund von Sünden umgekommen wärst. 21,1. So ist es viel vorteilhafter, dass an erster Stelle die Drangsale stehen. Denn wenn sie da sind, bereiten sie in der Hoffnung, dass sie vergehen, nicht viel Betrübnis, und in der Erwartung besserer Zeiten geben sie sogar Anlass zur Freude. 21,2. Vor allem aber möchte ich, dass du weißt, wie sehr das tugendhafte Leben Gott gefällt. Die tugendhafte Frau ist Gottes Auserwählte, Gottes Wohlgefallen, Gottes Ruhm, Gottes Kind. Tugendhaftigkeit ist ein so großes Gut, dass – wenn es nicht ein Gesetz gäbe, dass auch ein Gerechter nicht ungetauft in das Königreich Gottes eingehen kann – vielleicht sogar die irregeführten Heiden allein auf-

240 Die Übersetzung folgt einer Textverbesserung.

grund von Tugendhaftigkeit gerettet werden könnten. 21,3. Deshalb bin ich sehr traurig über die, die im Irrtum tugendhaft leben, weil sie es vorziehen, ohne eine gute Hoffnung tugendhaft zu leben, und sich vor der Taufe scheuen. Darum werden sie nicht gerettet, denn Gottes Beschluss steht fest, dass ein Ungetaufter nicht in sein Königreich eingehen kann (vgl. Mk 16,16)."

Nachdem er dies und noch mehr gesagt hatte, begaben wir uns zur Ruhe.

# Buch 14

## Mattidias Taufe

1,1. Viel früher als gewöhnlich wachte Petrus auf, ging zu uns hinein, weckte uns und sprach: „Faustinus und Faustinianus sollen mir zusammen mit Klemens und den Vertrauten[241] folgen, damit wir an eine geschützte Stelle des Meeres gehen und Mattidia unbeobachtet taufen können.“ 1,2. Als wir an der Küste angelangt waren und eine ruhige, saubere Stelle zwischen einigen Felsen gefunden hatten, taufte er sie. Wir Brüder aber zogen uns wegen der Frauen mit dem Bruder[242] und einigen anderen zurück und badeten. Dann kamen wir wieder, nahmen die Frauen zu uns und begaben uns anschließend an einen verborgenen Ort, um zu beteten. 1,3. Dann schickte Petrus die Frauen wegen der Volksmenge voraus und ordnete an, dass sie auf einem anderen Weg zur Herberge gehen und dass von den Männern allein wir unsere Mutter und die anderen Frauen begleiten sollten. 1,4. Als wir in der Herberge angekommen waren, unterhielten wir uns miteinander, während wir auf seine Ankunft warteten. Als Petrus nach etlichen Stunden kam, brach er das Brot unter Danksagung, tat Salz darauf und reichte es zuerst der Mutter und nach ihr uns, ihren Söhnen. Anschließend aßen wir gemeinsam mit ihr und priesen Gott.

241 Vermutlich sind die zuletzt in 12.12,1–3; 12.24,4 erwähnten Begleiter des Petrus gemeint.

242 Dieser Satz scheint aus der Perspektive von nur zwei Brüdern formuliert, denen der dritte (Klemens) ungeschickt beigesellt wird. An dieser Stelle scheint durch, dass der Wiedererkennungsroman ursprünglich nur von den Zwillingsbrüdern handelte und später um die Figur des Klemens ergänzt wurde.

## Die dritte Wiedererkennung: Klemens' Vater

2,1. Schließlich bemerkte Petrus, dass die Volksmenge eingetroffen war. Da setzte er sich auf, gebot uns, sich neben ihn zu setzen, und erklärte uns zunächst, aus welchem Grund er uns nach der Taufe vorausgeschickt hatte und er selbst verspätet gekommen war. 2,2. Er nannte aber folgenden Grund: „Kaum hattet ihr euch entfernt", so sagte er, „kam ein alter Arbeiter hinzu. Der hatte uns zuvor beobachtet, während er sich neugierig verborgen hielt, wie er später bekannte, um zu sehen, was wir machen würden, als wir an den geschützten Ort gingen. 2,3. Dann kam er heimlich hervor und folgte uns. An einer geeigneten Stelle trat er hinzu, sprach mich an und sagte: ‚Schon lange folge ich dir in dem Wunsch, mit dir zusammenzutreffen, doch fürchtete ich, dass du mich als aufdringlich abweisen könntest. Jetzt aber will ich sagen, was ich für die Wahrheit halte, wenn du gestattest.' 2,4. Da antwortete ich: ‚Sage uns, was immer du für richtig hältst, und wir werden dich anhören, auch wenn das, was du sagst, in Wahrheit nicht richtig ist. Denn du wolltest ja in guter Absicht sagen, was du für richtig hältst.'

3,1. Da begann der Alte folgendermaßen zu sprechen: ‚Ich sah, dass ihr euch nach eurem Bad im Meer an den verborgenen Ort zurückzogt, und kam hinzu und wollte heimlich beobachten, was ihr wohl tun würdet, wenn ihr ins Verborgene hineingeht. Doch als ich euch beten sah, zog ich mich zurück. Aus Mitleid mit euch wartete ich, um euch beim Herauskommen anzusprechen und zu überzeugen, dass ihr euch nicht täuschen lasst. 3,2. Denn es gibt weder einen Gott noch eine Vorsehung, sondern alles ist der Genesis[243] unterworfen. Davon bin ich aufgrund dessen, was ich erlitten habe, vollständig überzeugt, weil ich mich mit dieser Wissenschaft seit langem gründlich beschäftige. 3,3. Lass dich also nicht täuschen, mein Sohn! Denn du magst beten oder nicht: Was dir durch die Genesis bestimmt ist, musst du erleiden. Wenn nämlich Gebete oder gute Werke etwas bewirken könnten, würde ich mich in einer besseren Lage befinden. 3,4. Und nun – es sei denn, dich täuscht meine armselige Kleidung – wirst du dem, was ich sage, nicht misstrauen: Einst

243 S. Anm. 115.

besaß ich ein überaus großes Vermögen. Viel opferte ich den Göttern und gab ich den Bedürftigen, und obgleich ich betete und gottesfürchtig handelte, konnte ich dem Schicksal nicht entrinnen.‘ 3,5. Da sagte ich: ‚Was hast du denn erlitten?‘ Er aber antwortete: ‚Es ist nicht nötig, das jetzt zu erzählen. Vielleicht wirst du am Schluss erfahren, wer ich bin und wessen Sohn und in welche Notlage ich geraten bin. Jetzt will ich dich davon überzeugen, dass alles der Genesis unterworfen ist.‘ 4,1. Da sagte ich: ‚Wenn alles der Genesis unterworfen ist und du völlig überzeugt bist, dass es sich so verhält, willst du mir einen Rat geben, der deinem eigenen Denken widerspricht. 4,2. Denn wenn es unmöglich ist, auch nur einen Gedanken zu fassen, der im Widerspruch zur Genesis steht, was mühst du dich dann vergeblich ab und willst mir einen Rat geben, damit geschieht, was unmöglich geschehen kann? 4,3. Und im Übrigen: Selbst wenn es die Genesis gäbe, versuche nicht, mich zu überzeugen, dass ich den nicht verehre, der auch Herr über die Sterne ist. Wenn der will, dass etwas nicht geschieht, kann es unmöglich geschehen. Denn stets muss das Unterworfene dem Herrscher gehorchen. 4,4. Die sogenannten Götter zu verehren ist in der Tat überflüssig, wenn die Genesis waltet. Denn weder geschieht etwas, was dem Schicksal missfällt, noch können die Götter irgendetwas tun, weil sie ganz und gar ihrer Genesis unterworfen sind. 4,5. Wenn es eine Genesis gibt, erhebt sich der Widerspruch, dass dann herrscht, was nicht das Erste ist. Das Erste kann nicht unterworfen sein, weil es als Ungeschaffenes nichts hat, was älter ist als es selbst.‘[244]

5,1. Während wir so miteinander redeten, stellte sich eine große Menschenmenge ein. 5,2. Da sagte ich mit Blick auf die Menge: ‚Mir und meinem Volksstamm ist von unseren Vorfahren überliefert, Gott zu verehren, und wir haben ein Gebot, uns der Genesis – also der Wissenschaft von der Astrologie – nicht zu nähern (vgl. Dtn 4,19). Deshalb habe ich mich nicht mit ihr beschäftigt. 5,3. Folglich bin ich in der Astrologie nicht bewandert; worüber ich aber Bescheid weiß, will ich dir erklären. Da ich die Genesis nicht durch die Wissenschaft von der Genesis selbst widerlegen kann, will ich auf andere Weise

244 Der Wortlaut des Verses ist unsicher. Offenbar wird die Argumentation von 14.4,3 weitergeführt: Die Sterne sind von Gott geschaffen – also herrschen nicht sie, sondern Gott, der der Erste ist und als einziger ungeschaffen.

zeigen, dass die Dinge von einer Vorsehung regiert werden und dass jeder entsprechend dem, was er tut, Anerkennung oder Strafe finden wird – ob jetzt oder später, darauf kommt es mir nicht an – wichtig ist nur, dass jeder jedenfalls die Früchte seiner Taten ernten wird. 5,4. Der Beweis, dass eine Genesis nicht existiert, ist dieser: Wenn einer der Anwesenden seiner Augen beraubt ist oder eine verstümmelte Hand hat oder einen lahmen Fuß oder ein anderes körperliches Gebrechen, das keine Aussicht auf Heilung hat und außerhalb jeder ärztlichen Kunst liegt, wo auch Astrologen keine Heilung versprechen, weil seit Ewigkeit nichts derartiges geschehen ist, und ich ihm Heilung verschaffe, nachdem ich Gott darum gebeten habe, auch wenn diese Erkrankung der Genesis zufolge niemals ein glückliches Ende nehmen könnte – 5,5. wenn das so geschieht, sündigen da nicht diejenigen, die den Gott, der alles erschaffen hat, lästern?‘ 5,6. Da antwortete der Alte: ‚Ist es denn eine Lästerung zu sagen, dass alles der Genesis unterworfen sei?‘ Da antwortete ich: ‚Allerdings! Wenn nämlich alle Sünden und Gottlosigkeiten und Ausschweifungen der Menschen aufgrund der Sterne geschehen, die Sterne aber von Gott dazu bestimmt worden sind, dies zu tun, damit sie Urheber alles Schlechten werden, dann lassen sich die Sünden aller Menschen auf den zurückführen, der die Genesis mittels der Sterne verhängt hat.‘

6,1. Da antwortete der Alte: ‚Äußerst wahr hast du geredet, doch deiner ganzen unvergleichlichen Beweisführung steht mein sicheres Wissen entgegen. 6,2. Ich war nämlich Astrologe, und als ich anfangs in Rom lebte, war ich mit jemandem befreundet, der zur Familie des Kaisers gehörte. Ich wusste um seine Genesis und die seiner Ehefrau, und weil ich erfahren habe, dass sich ihre Schicksale tatsächlich entsprechend ihrer Genesis erfüllt haben, kann ich durch deine Rede nicht überzeugt werden. 6,3. Die Konstellation bei der Geburt seiner Frau bedeutete nämlich, dass sie Ehebrüche begehen, sich in die eigenen Sklaven verlieben und in der Fremde im Wasser sterben musste. Und so ist es auch geschehen. Sie verliebte sich in ihren Sklaven. Und weil sie die Schande nicht ertrug, floh sie mit ihm, eilte ins Ausland, lebte mit ihm zusammen und kam im Meer um.‘ 7,1. Da antwortete ich: ‚Woher weißt du, dass sie nach ihrer Flucht im Ausland lebte, den Sklaven heiratete und nach der Heirat starb?‘ 7,2. Darauf der Alte: ‚Mit Sicherheit weiß ich in der Tat nicht, dass sie geheiratet hat, denn ich wusste ja nicht einmal, dass sie verliebt war. Doch nach ihrem Weggang hat mir der Bruder ihres Mannes alles über ihre Liebe erzählt: Wie er als Ehrenmann, weil er ja sein Bruder war, dessen Ehebett nicht beflecken wollte, und wie sie, die Unselige – denn man darf sie nicht tadeln, weil sie aufgrund der Genesis gezwungen war, dies zu tun und zu erleiden –, ihn begehrte, sich aber vor ihm und der Schande schämte und einen Traum ersann – ob wahr oder erfunden, kann ich nicht sagen. 7,3. Er sagte nämlich, dass sie Folgendes erzählt habe: „Im Traum ist mir jemand erschienen und hat mir befohlen, zusammen mit den Kindern die Stadt Rom unverzüglich zu verlassen." 7,4. Ihr Mann aber trug Sorge, sie samt den Söhnen zu retten, und schickte diese sofort mit ihrer Mutter und mit Sklaven nach Athen, um sie dort erziehen zu lassen. Er hatte aber noch einen dritten Sohn, den jüngsten; den behielt er bei sich, weil der, der das Traumorakel gab, erlaubt hatte, dass er bei ihm blieb. 7,5. Eine lange Zeit verstrich, ohne dass er Briefe von ihr empfing. Nachdem er mehrfach Boten nach Athen geschickt hatte, nahm er mich als engsten aller seiner Freunde mit sich und begab sich auf die Suche. 7,6. Viele Strapazen ertrug ich bereitwillig mit ihm auf dieser Reise, war mir doch bewusst, dass er mich während seines einstigen Glücks an allen Dingen hatte teilhaben lassen, weil er mich von all seinen Freunden am meisten liebte. 7,7. Und so segelten wir von Rom[245] ab. Schließlich gelangten wir in die hiesigen Gegenden Syriens und legten in Seleucia an. Und dann, wenige Tage, nachdem wir von Bord gegangen waren, starb er aus Verzweiflung. Ich gelangte hierher, mir selbst überlassen, und verschaffe mir seitdem bis jetzt den Lebensunterhalt durch meiner Hände Arbeit.'

8,1. Als der Alte dies erzählt hatte, begriff ich aufgrund seines Berichtes, dass der Alte, von dem er sagte, dass er gestorben sei, euer Vater war. Doch wollte ich ihm nicht von eurem Schicksal berichten, ohne mich euch vorher anvertraut zu haben. 8,2. Nachdem ich mich nach seiner Herberge erkundigt und ihm die meine mitgeteilt hatte, fragte ich ihn allerdings der Genauigkeit halber dies eine: ‚Welchen Namen hatte der Alte?' Er sagte: ‚Faustus.' 8,3. ‚Und wie hießen die Zwillingssöhne?' Da antwortete er: ‚Faustinus und Faustinianus.'

245 Vgl. genauer 12.10,1–2.

‚Und wie hieß der dritte Sohn?' Er sagte: ‚Klemens.' ‚Und welchen Namen hatte deren Mutter?' Er sagte: ‚Mattidia.' 8,4. Da begann ich aus Mitgefühl zu weinen, schickte die Menschenmenge fort und kam zu euch, damit ich euch dies nach unserem gemeinsamen Mahl anvertraute. 8,5. Vor der Teilnahme am Mahl aber wollte ich nicht mit euch sprechen, damit ihr nicht, von Schmerz überwältigt, am Tag der Taufe endlos trauert, wenn sich sogar die Engel freuen." 8,6. Während Petrus dies erzählte, weinten wir alle mit unserer Mutter. Als er uns weinen sah, sagte er: „Jeder von euch möge nun diese Nachricht in der Furcht vor Gott tapfer ertragen. Denn euer Vater ist ja nicht heute gestorben, sondern schon vor langer Zeit, wie ihr es selbst vermutet habt."

9,1. Nachdem Petrus dies gesagt hatte, konnte unsere Mutter nicht mehr an sich halten, schrie auf und sagte: 9,2. „Ach, mein Mann! Weil du uns liebtest, bist du in Ungewissheit gestorben, wir aber leben, sehen das Licht und nehmen Nahrung zu uns!" 9,3. Dieser eine Klageruf war noch nicht verhallt, da kam der Alte herein. Und gerade wollte er sich nach dem Grund für den Schrei erkundigen, da blickte er die Frau an und sagte: 9,4. „Ach! Was soll das bedeuten? Wen sehe ich da?" Als er nähergetreten war und sie genauer angesehen hatte und seinerseits betrachtet worden war, umarmte er sie. 9,5. Vor plötzlicher Freude aber schienen sie beide zu sterben, und als sie miteinander reden wollten, vermochten sie es zunächst nicht, weil sie aufgrund ihrer unermesslichen Freude von Sprachlosigkeit ergriffen waren. 9,6. Doch nicht lange danach sagte unsere Mutter: „Nun habe ich dich wieder, Faustus – den, der mir in jeder Beziehung der allerliebste ist! Wie kannst du nur am Leben sein, du, von dessen Tod wir gerade eben gehört haben? Doch dies sind unsere Söhne: Faustinus, Faustinianus und Klemens." 9,7. Nachdem sie dies gesagt hatte, fielen wir drei vor ihm nieder, küssten ihn und riefen uns seine Gestalt dunkel in Erinnerung. 10,1. Bei diesem Anblick sagte Petrus: „Du bist Faustus, der Mann dieser Frau und der Vater ihrer Kinder?" Da sagte er: „Ich bin's." Darauf Petrus: „Warum hast du mir denn deine Geschichte als die eines anderen erzählt und von Mühen, Schmerz und Begräbnis gesprochen?" 10,2. Da antwortete der Vater: „Weil ich zur Verwandtschaft des Kaisers gehöre und nicht entdeckt werden wollte, änderte ich den Bericht so ab, als beträfe er einen anderen. So sollte unbekannt bleiben, wer ich eigentlich bin. 10,3. Denn ich wusste: Falls ich erkannt werden sollte, würden die hiesigen Regenten es hören, mich rufen, um dem Kaiser gefällig zu sein, und mich mit dem Wohlstand umgeben, dem ich entsagt habe.[246] 10,4. Denn weil ich über die, die mir die Allerliebsten waren, zum Urteil gekommen war, dass sie tot seien, konnte ich mich nicht dem Luxus des Lebens hingeben." 11,1. Da sagte Petrus: „Dies hast du getan, weil du dich dazu entschlossen hast. Auf die Genesis aber hast du dich zum Schein berufen, oder hast du sie der Wahrheit gemäß geltend gemacht?" Da sagte der Vater: „Dir gegenüber will ich nicht lügen. Der Wahrheit gemäß habe ich bekräftigt, dass es die Genesis gibt. 11,2. Ich bin nämlich in diese Wissenschaft durchaus eingeweiht. Darüber hinaus verkehrte ich mit dem besten Astrologen, einem Ägypter namens Annubion, der von Beginn meiner Reisen an mit mir befreundet war und mir den Tod meiner Frau und meiner Kinder offenbarte." 11,3. Da sagte Petrus: „Aufgrund der Tatsachen bist du doch wohl jetzt überzeugt, dass die Lehren der Genesis nicht stichhaltig sind?" Da antwortete der Vater: „Ich muss dir alles, was mir in den Sinn kommt, auseinandersetzen, damit du es zur Kenntnis nehmen und verstehen kannst[247]. 11,4. Ich weiß, dass die Astrologen in vielem irren, in vielem aber auch die Wahrheit sagen. Daher nehme ich an, dass sie in dem, was sie genau erforschen, die Wahrheit sagen, und in dem, worin sie irren, an Unkenntnis leiden. Ich vermute deshalb, dass diese Wissenschaft zwar stichhaltig ist, die Astrologen aber aus Unkenntnis Unwahres sagen, weil sie nicht alle Dinge genau erforschen können." 11,5. Da antwortete Petrus: „Erwäge, ob sie das, worin sie die Wahrheit sagen, nicht aus Zufall tun, ohne es genau erforscht zu haben! Denn es ist ganz unvermeidlich, dass sich einige ihrer vielen Vorhersagen erfüllen." 11,6. Da sagte der Alte: „Wie ist darüber Gewissheit zu erlangen, ob die Lehre von der Genesis stichhaltig ist oder nicht?" 12,1. Als nun beide schwiegen, sagte ich: „Weil ich mit dieser Wissenschaft gründlich vertraut bin, mein Herr Petrus aber

246 Handschrift O bietet einen etwas längeren Text: „… würden die hiesigen Regenten dies erfahren, mich rufen … und mich mit dem einstigen Wohlstand umgeben, dem ich doch mit voller Absicht zuvor entsagt habe."

247 Die Übersetzung folgt einer Verbesserung des griechischen Textes.

und mein Vater nicht so sehr, wünschte ich, Annubion selbst wäre hier und ich könnte in Gegenwart meines Vaters eine Diskussion darüber führen. 12,2. Denn wenn ein Fachmann die Untersuchung mit einem Kollegen in Angriff nimmt, könnte die Sache klargestellt werden." 12,3. Da antwortete der Vater: „Wo besteht die Möglichkeit, mit Annubion zusammenzutreffen?" Da sagte Petrus: „In Antiochien. Ich habe erfahren, dass sich Simon der Zauberer dort befindet, dessen unzertrennlicher Begleiter Annubion ist. 12,4. Wenn wir dort ankommen und sie antreffen sollten, kann diese Untersuchung stattfinden."[248]

Und nachdem wir vieles andere besprochen und uns über unser Wiedersehen gefreut und Gott dafür gedankt hatten, brach der Abend herein, und wir begaben uns zur Ruhe.

248 Vgl. 20.21,1; zu einer weiteren Untersuchung der „Genesis" kommt es jedoch nicht.

# Buch 15

## Gespräch zwischen Petrus und Faustus über das Leben der Gläubigen im gegenwärtigen Äon

1,1. Als der Tag angebrochen war, trat der Vater mit unserer Mutter und uns drei Söhnen dort ein, wo sich Petrus befand. Er begrüßte ihn und setzte sich, und nachdem er uns dazu aufgefordert hatte, taten wir dasselbe. 1,2. Da blickte Petrus den Vater an und sprach: „Mir liegt daran, dass du die gleichen Überzeugungen wie deine Frau und deine Kindern hast, damit du sowohl hier mit ihnen zusammenleben als auch dort, nach der Trennung der Seele vom Leib, ohne Schmerz mit ihnen zusammen sein kannst. 1,3. Oder schmerzt es dich und sie denn nicht aufs heftigste, dass ihr nicht beieinander bleiben könnt?" 1,4. Darauf der Vater: „Sogar sehr." Darauf Petrus: „Wenn es euch also schmerzt, schon hier voneinander getrennt zu sein, und ihr nach dem Tod gewiss nicht beieinander bleiben dürft, 1,5. wird es dich, einen weisen Mann, dann nicht in umso größere Betrübnis versetzen, dass du von den Deinen aufgrund deiner Anschauungen getrennt bist, sie aber noch viel größeren Schmerz empfinden, weil sie wissen, dass dich als Andersdenkenden ewige Strafe erwartet, weil du die festgesetzte Lehre leugnest?" 2,1. Da sagte der Vater: „Aber es ist nicht möglich, liebster Petrus, dass die Seelen im Hades bestraft werden, weil die Seele sich bei der Trennung vom Körper in Luft auflöst." 2,2. Da sagte Petrus: „Ehe wir dich in dieser Sache überzeugen werden, antworte mir auf Folgendes: Auch wenn du keinen Schmerz empfindest, weil du nicht an diese Strafe glaubst, denkst du nicht, dass jene Qualen wegen dir leiden müssen, weil sie davon überzeugt sind?" 2,3. Darauf der Vater: „Du redest schlüssig." Darauf Petrus: „Warum befreist du sie denn nicht von dem großen Schmerz über dich, indem du dich der wahren Religion anschließt – und zwar nicht aus Zwang, sondern aus Einsicht, indem du anhörst, was ich dir sage, und urteilst, ob es sich so verhält oder nicht? 2,4. Und wenn es sich so verhält, wie wir sagen, dann wirst du hier das Leben mit deinen Liebsten genießen und dort mit ihnen Ruhe finden. Wenn du aber bei der Prüfung meiner Worte beweist, dass unsere Rede ein Lügenmärchen ist, wirst du auch in diesem Fall ein gutes Werk tun. Wenn du sie für deine Auffassung einnimmst, wirst du sie davor bewahren, sich auf leere Hoffnungen zu stützen, und sie von falschen Ängsten befreien." 3,1. Darauf der Vater: „Du scheinst mir sehr vernünftig zu reden." Da sagte Petrus: „Was also hält dich ab, zu unserem Glauben zu kommen? Rede, damit wir darüber zu sprechen beginnen! Es gibt ja viele Hindernisse: 3,2. Bei den Gläubigen sind es die Beanspruchungen durch Handel, Geschäfte, Ackerbau, Sorgen und dergleichen (vgl. Mt 22,5/Lk 14,18–20), bei den Ungläubigen, von denen auch du einer bist, sind es Ideen wie die Vorstellung, dass Götter existierten, die es nicht gibt, oder dass alles der Genesis[249] unterworfen sei oder dem Automatismus[250] oder dass die Seelen sterblich seien oder dass unsere Lehre falsch sei, weil es eine Vorsehung nicht gebe. 4,1. Ich aber behaupte, dass alles durch Gottes Vorsehung gelenkt wird; aufgrund dessen, was dir widerfahren ist[251], dass die Trennung zwischen dir und den Deinen so viele Jahre währte, steht das fest. 4,2. Denn wenn deine Söhne bei dir geblieben wären, hätten sie vielleicht nicht die Reden über die wahre Religion gehört. Darum wurde ihre Reise mit der Mutter angeordnet und ihr Schiffbruch und der Verdacht, sie seien tot, und ihr Verkauf[252] und ferner, dass sie auch in den gottlosen Lehren der Griechen ausgebildet wurden, damit sie als Sachkundige diese umso besser widerlegen könnten. 4,3. Darüber hinaus wurde bestimmt, dass sie die Predigt der wahren Gottesverehrung liebgewannen, sodass sie sich mir anschließen konnten, um mich in meiner Verkündigung zu unterstützen; 4,4. und im Übrigen, dass auch ihr Bruder Klemens mit uns zusammentraf und dass dann ihre Mutter wiedererkannt wurde und dass diese durch ihre Heilung von der Gottheit überzeugt wurde;

249 S. Anm. 115.

250 Vgl. 11.34,2.

251 So der vorzuziehende Wortlaut in einer Kurzfassung des Romans.

252 Diese Übersetzung folgt aus dem verderbten, dem Sinn nach aber noch verständlichen Wortlaut von Handschrift P.

4,5. und dass bald darauf die Zwillinge wiedererkannt wurden und sie die Ihren wiedererkannten und dass sie am nächsten Tag mit dir zusammentrafen und du die Deinen zurückbekamst. 4,6. Dass eine so umfassende, schnelle Fügung, die in allem auf das eine beabsichtigte Ziel zuläuft, ohne Vorsehung geschehen kann, glaube ich nicht."

5,1. Da begann der Vater, Petrus Folgendes zu sagen: „Denke nicht, mein liebster Petrus, dass ich über die von dir verkündigte Lehre nicht im Bilde bin. 5,2. Als mich Klemens in der vergangenen Nacht eifrig zur Annahme der von dir verkündigten Wahrheit drängte, erwiderte ich schließlich: ‚Kann denn jemand etwas Neueres anordnen als das, was die Alten empfahlen?' 5,3. Der aber lachte leise und sprach: ‚Vater, zwischen den Lehren der wahren Religion und denen der Philosophie besteht ein großer Unterschied. Denn die Lehre der Wahrheit bezieht ihren Beweis aus der Prophetie, während die Lehre der Philosophie ihre Beweise im Gewand schöner Reden aufgrund von Vermutungen zu führen scheint.' 5,4. Und sogleich, als er das gesagt hatte, setzte er mir, um ein Beispiel zu geben, die Lehre von der Menschenliebe auseinander, die du ihm erklärt hattest und die mir mehr als ungerecht erschien. 5,5. Ich will auch erklären, warum. Er sagte, dass es gerecht sei, demjenigen, der dich auf die Backe schlägt, auch die andere hinzuhalten, und demjenigen, der dein Obergewand wegnimmt, auch die Kopfbedeckung[253] dazuzugeben, und demjenigen, der dich eine Meile mitzugehen zwingt, zwei zu folgen, und dergleichen mehr (vgl. Mt 5,39–41)." 6,1. Da antwortete Petrus: „Dann hast du für ungerecht gehalten, was höchst gerecht ist. Wenn es dir recht ist, höre zu!" Da sagte der Vater: „Es ist mir sehr recht."

6,2. Darauf Petrus: „Was meinst du dazu: Angenommen, zwei Könige sind verfeindet und haben ihre Länder getrennt, und einer der Untertanen des einen würde in dem Land des anderen ertappt und wäre deswegen des Todes schuldig. Wenn der von der Strafe frei wird, indem er eine Ohrfeige empfängt und nicht den Tod – ist es da nicht offensichtlich, dass der, der ihn freilässt, menschenlieb ist?" Da sagte der Vater: „Auf jeden Fall." 6,3. Da sagte Petrus: „Und wei-

253 Nicht das Untergewand wie in Mt 5,40, weil der Mensch nicht nackt sein darf; vgl. 15.7,6.

ter! Wenn derselbe Mensch auch Eigentum von jemandem irgendetwas anderes wegnehmen und deshalb verhaftet würde und er es nur zweifach erstatten müsste, obwohl er ein Vierfaches schuldig wäre und des Todes, weil er im Gebiet des Feindes ertappt wurde – meinst du nicht, dass derjenige, der nur das Doppelte fordert und ihm die Todesstrafe erlässt, menschenlieb ist?“ Da sagte der Vater: „Zweifellos.“ 6,4. Darauf Petrus: „Und weiter! Muss nicht derjenige, der sich im Königreich eines anderen befindet, noch dazu in dem eines schlimmen Feindes, allen gefällig sein, um überleben zu können, und denjenigen, die ihn zwingen, umso mehr gehorchen und diejenigen, die ihn nicht grüßen, grüßen, Feinde versöhnen, mit Zürnenden nicht streiten, die eigene Habe ohne Bedenken jedem geben, der darum bittet, und dergleichen mehr?“ Darauf der Vater: „Vernünftigerweise sollte er eher alles ertragen, wenn er sein Leben diesen Dingen vorzieht.“ 7,1. Darauf Petrus: „Sind folglich nicht diejenigen, die deiner Meinung nach Unrecht leiden, selbst Gesetzesbrecher, insofern sie sich im Königreich eines anderen befinden, und sind sie nicht in dem Maße habgierig, wie sie Besitz haben? 7,2. Diejenigen aber, die als Unrechttäter gelten, sind jedem, der von der feindlichen Seite stammt, in dem Maße gnädig, wie sie ihnen gestatten, Besitz zu haben. 7,3. Dieser Besitz gehört nämlich denen, die die gegenwärtigen Güter erwählt haben. Und die sind in dem Maße menschenlieb, wie sie ihnen zu leben gestatten. So verhält es sich mit dem Bild; jetzt höre die Sache selbst!

7,4. Als der Prophet der Wahrheit auftrat, lehrte er uns, dass Gott, der Schöpfer des Alls, Zweien, einem Guten und einem Bösen, zwei Königreiche verliehen hat. Dem Schlechten gab er die Königsherrschaft über die gegenwärtige Welt zusammen mit einem Gesetz, damit er die Möglichkeit habe, die Übeltäter zu bestrafen. Dem Guten aber gab er den zukünftigen, ewigen Äon. 7,5. Jeden Menschen aber schuf er frei mit dem Recht, sich hinzugeben, wem er will, entweder dem gegenwärtigen Schlechten oder dem künftigen Guten. Diejenigen unter ihnen, die das Gegenwärtige wählten, haben das Recht, reich zu sein, üppig zu leben, sich zu vergnügen und alles zu tun, was sie nur können; denn von den künftigen Gütern werden sie nichts erhalten (vgl. Lk 16,25). 7,6. Diejenigen aber, die sich für den Empfang der Güter des künftigen Königreichs entschieden haben, dürfen von den hiesigen Gütern nichts an sich nehmen, weil sie Eigentum eines fremden Königs sind, außer Wasser und Brot allein und zwar nur, wenn dies mit Schweiß erworben wird (vgl. Gen 3,19), um davon zu leben – denn es ist nicht erlaubt, freiwillig zu sterben –, und dazu *ein* Gewand (vgl. 1. Tim 6,8), denn nackt dazustehen ist um des Himmels willen, der alles sieht, nicht erlaubt.

8,1. Falls du eine genaue Erklärung dieser Sache hören willst: Jene, von denen du gerade eben gesagt hast, dass sie Unrecht leiden, tun vielmehr selbst Unrecht. Denn diejenigen, die die künftigen Güter erwählt haben, sind gegenwärtig mit den Schlechten zusammen und genießen in vieler Hinsicht die gleichen Dinge wie sie – das Leben selbst, das Licht, das Brot, das Wasser, die Kleidung und andere Dinge dieser Art. Diejenigen aber, die du für Unrechttäter hieltest, werden mit den Menschen, die sich für die künftigen Güter entschieden haben, nicht gemeinsam leben.[254]“ 8,2. Darauf erwiderte der Vater: „Da du mich nun überzeugt hast, dass diejenigen, die Unrecht tun, selbst Unrecht leiden, und diejenigen, die Unrecht leiden, vielmehr im Vorteil sind, scheint mir die ganze Sache noch weit ungerechter zu sein. Denn diejenigen, die Unrecht zu tun scheinen, gönnen denjenigen, die die künftigen Güter gewählt haben, viele Dinge, während diejenigen, die Unrecht zu erleiden scheinen, selbst Unrecht tun, weil sie denjenigen, die es ihnen hier gegönnt haben, dort[255] nicht die gleichen Dinge bieten, die sie ihnen gegönnt haben.“ 8,3. Darauf Petrus: „Auch das ist nicht ungerecht, weil jeder die Freiheit hat, die gegenwärtigen oder die künftigen Güter zu wählen, entweder die kleinen oder die großen. Wer aufgrund eigenen Urteils und Willens seine Wahl getroffen hat, leidet nicht Unrecht, und zwar auch dann nicht, wenn er die kleinen Güter gewählt hat, denn die großen lagen für ihn bereit; allerdings lagen für ihn auch die kleinen bereit.“ 8,4. Da sagte der Vater: „Du hast recht! Denn auch ein weiser Grieche hat gesagt: ‚Die Schuld liegt bei den Wählenden – Gott ist schuldlos.‘ (Plato, Der Staat 10,617 E)

9,1. Erkläre mir auch noch folgende Sache! Ich erinnere mich, dass mir Klemens sagte: ‚Die Ungerechtigkeiten und die Leiden

254 Der Wortlaut des letzten Satzes ist in den Handschriften verderbt; der Sinn ergibt sich aus dem Kontext.

255 Nämlich im zukünftigen Königreich oder Äon.

erleiden wir zum Erlass von Sünden.‘“ 9,2. Darauf Petrus: „So ist es auch richtig. Denn wir, die wir die künftigen Güter gewählt haben, besitzen das, was wir darüber hinaus besitzen, seien es Kleider oder Speisen oder Getränke oder irgendwelche anderen Dinge, als Sünden, weil wir nichts besitzen dürfen, wie ich gerade eben dargelegt habe. 9,3. Für alle sind die Besitztümer Sünden. Deren Verlust, auf welche Weise auch immer, ist eine Wegnahme von Sünden.“ 9,4. Da sprach der Vater: „Das ist schlüssig, so wie du die beiden Königreiche erklärt hast; es liegt bei jedem einzelnen, von den Dingen, die unter ihrer Herrschaft sind, zu wählen, was er will. 9,5. Warum gibt es aber auch die Leiden, oder[256] erleiden wir sie zu Recht?“ Darauf Petrus: „Sehr zu Recht! Denn die Richtschnur für die Geretteten ist, wie ich sagte, die, dass niemand etwas besitzen darf. Viele aber haben viele Besitztümer oder, anders ausgedrückt, Sünden. 9,6. Deshalb werden aufgrund der überschwänglichen Menschenliebe Gottes die Leiden denjenigen aufgebürdet, die kein reines Leben führen, damit sie wegen ihres gewissen Maßes an Gottesliebe durch zeitliche Züchtigungen vor ewigen Strafen bewahrt werden.“ 10,1. Darauf der Vater: „Was denn – sehen wir nicht, dass viele Gottlose arm sind? Gehören folglich auch diese zu den Geretteten?“ Darauf Petrus: „Durchaus nicht. Denn die Armut des Armen ist Gott nicht angenehm, wenn sie begehrt, was sie nicht soll. 10,2. Daher sind manche ihrem Wunsch nach reich an Vermögen und werden bestraft, weil sie begierig sind, mehr haben zu wollen. 10,3. Wenn jemand in Armut lebt, ist er ja auch nicht unbedingt gerecht. Denn er kann zwar seinem Vermögen nach ein Bettler sein, er kann aber begehren oder sogar tun, was man nicht soll, sei es, dass er Götzenbilder verehrt oder lästert oder Unzucht treibt oder indifferent[257] lebt oder Meineide schwört oder lügt oder ein ungläubiges Leben führt. 10,4. Doch hat unser Lehrer die gläubigen Armen seliggepriesen (Mt 5,3), und zwar nicht, weil sie etwas hingegeben hätten, denn sie hatten ja nichts, sondern weil sie in nichts sündigen und allein deshalb, weil sie kein Almosen geben, nicht verurteilt werden können, weil sie nichts haben.“ 10,5. Darauf der Vater: „In der Tat scheint es sich mit den Dinge genau so zu ver-

256 Die Übersetzung folgt einer Textverbesserung.
257 Vgl. zu 13.4,3.

halten, wie es deiner Sichtweise entspricht. Daher bin ich zu dem Entschluss gekommen, deine Lehre der Reihenfolge nach ganz anzuhören." 11,1. Darauf Petrus: „Da du nunmehr bestrebt bist zu lernen, worauf es bei unserer Religion ankommt, muss ich unsere Lehre der Reihe nach darlegen, indem ich bei Gott selbst beginne und zeige, dass man nur ihn Gott nennen soll, andere aber weder so nennen noch dafür halten darf, und dass derjenige, der dagegen verstößt, auf ewig bestraft werden wird, weil er gegen den Herrn des Alls selbst aufs schlimmste gefrevelt hat."

11,2. Und nachdem er dies gesagt und den von Leiden Gequälten und den Kranken und Besessenen die Hände aufgelegt und gebetet und sie geheilt hatte, entließ er die Menge. Anschließend ging er hinein, nahm seine ganz gewöhnliche Nahrung zu sich[258] und ging dann schlafen.

258 Andere Übersetzungsmöglichkeit: „nahm mit seinen engsten Vertrauten Nahrung zu sich" (vgl. 8.24,3; 19.25,1).

# Buch 16

## Streitgespräch zwischen Petrus und Simon Magus über die Alleinherrschaft Gottes (erster Tag der Disputationen in Laodicea)

1,1. Bei Tagesanbruch ging Petrus hinaus, und als er den gewohnten Diskussionsort erreichte, sah er eine große Volksmenge versammelt. Doch gerade als er sprechen wollte, erschien einer seiner Diakone und sagte: 1,2. „Simon ist aus Antiochien gekommen, nachdem er noch am Abend von deinem Versprechen erfahren hatte, über die Alleinherrschaft Gottes zu reden. Er ist bereit, mit Athenodor, dem Epikureer, bei deiner Rede aufzutreten, um allen von dir vorgebrachten Argumenten für die Alleinherrschaft Gottes, welchen auch immer, öffentlich zu widersprechen."

1,3. Nachdem der Diakon dies gesagt hatte, da erschien Simon selbst mit Athenodor und einigen anderen Gefährten. Und ehe Petrus etwas sagen konnte, kam Simon ihm zuvor und sprach: 2,1. „Ich erfuhr, dass du Faustus gestern ein Versprechen gegeben hast. Du willst am heutigen Tag deine Lehre der Reihe nach vortragen und bei dem Herrscher des Alls selbst beginnen, um zu zeigen, dass man nur ihn Gott nennen soll, andere aber weder so nennen noch dafür halten darf, weil derjenige, der dagegen verstößt, auf ewig bestraft werden wird. 2,2. Am meisten bin ich, um ehrlich zu sein, über deinen Wahnwitz erstaunt, dass du hofftest, einen weisen und noch dazu bejahrten Mann zu deiner Auffassung zu bekehren. 2,3. Aber du wirst mit deinen Plänen keinen Erfolg haben – umso weniger, als ich da bin und deine verlogenen Argumente widerlegen werde. 2,4. Denn wäre ich nicht da, würde sich der weise Alte vielleicht täuschen lassen, weil er kein Kenner der Bücher ist, die bei den Juden allgemein anerkannt sind. Doch jetzt will ich mir die vielen Worte sparen, damit ich das, was du zugesichert hast, umso schneller widerlegen kann.[259] 2,5. Daher beginne vor uns, die wir Kenner dieser Schriften sind, mit der Rede, die du versprochen hast! Wenn du aber, aus Furcht vor unserer Widerlegung, dein Versprechen in unserer Gegenwart nicht halten willst, reicht auch dieser Beweis aus, dass du lügst, weil du es nicht gewagt hast, vor Kennern dieser Schriften zu sprechen. 2,6. Warum warte ich aber jetzt, dass du sprichst, wo ich doch als Hauptzeugen für dein Versprechen den hier anwesenden Alten habe?" Nach diesen Worten blickte er den Vater an und sprach: 2,7. „Sag mir, du ehrenwertester aller Männer, versprach dir dieser Mann nicht, heute zu beweisen, dass es nur einen Gott gibt und dass man einen anderen nicht Gott nennen oder dafür halten darf und dass der, der dagegen verstößt, auf ewig bestraft werden wird, weil er aufs schlimmste frevelt? Oder antwortest du mir etwa nicht?"

3,1. Da sagte der Vater: „Zu Recht würdest du dieses Zeugnis von mir fordern, Simon, wenn Petrus sein Versprechen zuvor geleugnet hätte. Jetzt aber will ich mich nicht scheuen zu sagen, was gesagt werden muss. 3,2. Ich glaube, dass du von Zorn entbrannt diskutieren willst. Es ist unwürdig für dich, das zu tun, und für uns, dergleichen anzuhören, denn es bedeutet, einem Streit beizuwohnen und in Hinblick auf die Wahrheit nichts zu gewinnen. 3,3. Doch da ich aufgrund meiner griechischen Bildung weiß, wie die Disputanten verfahren müssen, will ich jetzt daran erinnern: Jeder von euch beiden soll seine Meinung darlegen, dann soll die Rede auf den anderen übergehen[260]. 3,4. Wenn aber Petrus allein seine Auffassung darlegt, du aber die deine verschweigst, ist es möglich, dass ein von dir vorgebrachtes Argument seine und deine Auffassung erschüttert. Und obwohl ihr beide von diesem Argument überwunden werdet, erscheint ihr nicht beide als überwunden, sondern nur der, der seine Auffassung dargelegt hat, während der, der sie nicht dargelegt hat, nicht als gleichermaßen überwunden dasteht, sondern sogar für den Sieger gehalten wird." 3,5. Da antwortete Simon: „Ich will tun, was du sagst, fürchte aber, dass du bereits für seine Argumente voreingenommen bist und kein wahrheitsliebender Richter sein wirst." 4,1. Da antwortete der

259 Nämlich einen Beweis für die Alleinherrschaft Gottes zu führen.
260 Handschrift O präzisiert: „dann müssen seine Argumente der Beurteilung des anderen überlassen werden."

Vater: „Zwinge mich nicht, dir vor einem Urteil beizustimmen, damit ich als wahrheitsliebender Richter erscheine. Wenn du aber die Wahrheit hören willst, so neige ich eher deiner Auffassung zu.“ 4,2. Darauf Simon: „Wie kannst du meiner Auffassung zuneigen, wenn du nicht weißt, was ich denke?“ Darauf der Vater: „Das ist leicht zu begreifen, und du sollst hören, wieso! Du hast versprochen zu beweisen, dass Petrus lügt, wenn er sagt, es gebe nur einen Gott. Wenn aber jemand ankündigt, denjenigen der Lüge zu überführen, der sagt, dass es nur einen Gott gibt, ist völlig klar, dass jener nicht dasselbe behauptet, wenn er die Wahrheit spricht. 4,3. Wenn er nämlich dasselbe behauptet wie der, der die Unwahrheit sagt, lügt auch er. Wenn er aber das Gegenteil behauptet und es beweist, dann spricht er die Wahrheit. Aus keinem anderen Grund nun nennst du den, der behauptet, dass es nur einen Gott gibt, einen Lügner, weil du an die Existenz vieler Götter glaubst. 4,4. Dass es viele Götter gibt, behaupte aber auch ich. Da ich nun vor dieser Untersuchung dasselbe behaupte wie du, neige ich eher deiner Auffassung zu. Und deshalb musst nicht du um meinetwillen beunruhigt sein, sondern Petrus, weil gegenwärtig seine Vorstellung der meinen widerspricht. So hoffe ich, nach unserer Untersuchung als wahrheitsliebender Richter, der sein Vorurteil abgelegt hat, der siegreichen Rede zuzustimmen.“ 4,5. Als der Vater dies gesagt hatte, kam vorsichtiger Beifall bei der Volksmenge auf, weil der Vater auf diese Weise gesprochen hatte.

5,1. Petrus schloss sich ihm an und sagte: „Ich bin bereit, so zu verfahren, wie es der Schiedsrichter unserer Reden vorgeschlagen hat. Und vor jeder weiteren Verzögerung will ich nun endlich meine Auffassung von Gott darlegen. 5,2. So behaupte ich, dass es nur einen Gott gibt, den Schöpfer des Himmels und der Erde und aller Dinge, die in ihnen sind (vgl. Gen 1,1; 2,1). Einen anderen aber darf man weder so nennen noch dafür halten.“

5,3. Darauf Simon: „Ich behaupte dagegen, dass die Schriften, die bei den Juden anerkannt sind, sagen, dass es viele Götter gibt und dass Gott nicht darüber zornig ist, weil er in seinen Schriften sagt, dass es viele Götter gibt. 6,1. So sagt er zum Beispiel in den ersten Worten[261] des Gesetzes offenbar, dass sie ihm gleich sind.

261 Wörtlich: „im ersten Spruch“.

6,2. Denn so steht es geschrieben: Der erste Mensch empfing von Gott das Gebot, von jedem Baum, der im Paradies war, zu essen, vom Baum der Erkenntnis von Gut und Böse aber nicht zu essen (vgl. Gen 2,16–17). Da überredete die Schlange sie durch die Frau, davon zu essen, mit dem Versprechen, sie würden Götter, und öffnete ihnen die Augen[262] (Gen 3,5–7). Und nachdem ihre Augen aufgetan waren, sprach Gott zu ihnen: ‚Siehe, Adam ist wie einer von uns geworden.' (Gen 3,22) 6,3. Als nun die Schlange sprach: ‚Ihr werdet wie Götter sein' (Gen 3,5), sagte sie das offenbar in der Meinung, dass es Götter gibt, zumal ja auch Gott dafür Zeugnis ablegte mit den Worten: ‚Siehe, Adam ist wie einer von uns geworden.' Daher log die Schlange nicht, als sie sagte, dass es viele Götter gibt. 6,4. Das Schriftwort: ‚Götter sollst du nicht schmähen, und Herrschern deines Volkes sollst du nicht fluchen' (Ex 22,27), weist abermals auf viele Götter hin und verlangt, dass man sie auch nicht lästert. 6,5. Doch steht auch an anderer Stelle geschrieben: ‚Ob je ein anderer Gott gewagt hat, hinzugehen und sich ein Volk mitten aus einem Volk zu nehmen, wie ich, Gott, der Herr?' (Dtn 4,34) Indem er sagt: ‚Ob je ein anderer Gott gewagt hat', bringt er zum Ausdruck, dass es andere Götter gibt. 6,6. Und ein andermal heißt es: ‚Götter, die den Himmel und die Erde nicht erschaffen haben, sollen zugrunde gehen' (Jer 10,11) – um auszudrücken, dass diejenigen[263], die sie erschaffen haben, nicht zugrunde gehen sollen. 6,7. Und an einer anderen Stelle sagt er: ‚Hüte dich, dass du hingehst und anderen Göttern dienst, die deine Väter nicht gekannt haben!' (Dtn 11,16; 13,6) – um auszudrücken, dass es andere Götter gibt, von denen er sagt, dass man ihnen nicht nachfolgen soll. 6,8. Und wiederum: ‚Namen anderer Götter sollen nicht über deine Lippen kommen.' (Jos 23,7) Auch hier redet er von vielen Göttern, von denen er nicht will, dass ihre Namen ausgesprochen werden. 6,9. Und wiederum steht geschrieben: ‚Der Herr, dein Gott, der ist der Gott der Götter.' (Dtn 10,17) 6,10. Und wiederum: ‚Wer ist dir gleich, Herr, unter den Göttern?' (Ps 35,10; 86,8) Und wiede-

---

262 Hier liegt wie in 3.39,1; 3.42,4–5 die Vorstellung zugrunde, dass das erste Menschenpaar blind erschaffen wurde.

263 Der Teilsatz „nicht erschaffen haben … dass diejenigen" fehlt im überlieferten Text wegen eines Abschreibfehlers; er ist nach der Parallele in 16.8,4 zu ergänzen.

rum: ‚Gott ist der Herr der Götter.‘ (Ps 50,1) 6,11. Und wiederum: ‚Gott ist in die Versammlung der Götter getreten, mitten unter ihnen richtet er die Götter.‘ (Ps 82,1) 6,12. Daher wundere ich mich, wieso du, obwohl so viele Worte der Schrift bezeugen, dass es viele Götter gibt, behaupten kannst, dass man sie weder so nennen noch glauben darf, dass es sie gibt. Wenn du nun auf diese einleuchtenden Argumente etwas zu sagen hast, dann sprich vor allen!“

7,1. Da sagte Petrus: „Höre eine sehr kurze Antwort auf das, was du gesagt hast! Das Gesetz selbst, das oft von Göttern spricht, sagt zur Menge der Juden: ‚Siehe, dem Herrn, deinem Gott, gehört der Himmel des Himmels und alles, was darin ist.‘ (Dtn 10,14) Damit bringt es gleichzeitig zum Ausdruck, dass Götter, selbst wenn es sie gibt, unter ihm stehen, das heißt unter dem Gott der Juden. 7,2. Und wiederum: ‚Der Herr, dein Gott, er ist Gott im Himmel oben und auf der Erde unten, und es gibt keinen anderen außer ihm.‘ (Dtn 4,39) 7,3. Und an einer anderen Stelle sagt die Schrift zur Menge der Juden: ‚Der Herr, dein Gott, er ist der Gott der Götter.‘ (Dtn 10,17a) Damit soll gesagt sein, dass Götter, selbst wenn es sie gibt, unter dem Gott der Juden stehen. 7,4. Und an einer anderen Stelle sagt die Schrift über ihn: ‚Der große und wahrhaftige Gott, der die Person nicht ansieht und kein Geschenk annimmt, schafft Recht einem Waisenkind und einer Witwe.‘ (Dtn 10,17b–18) 7,5. Indem die Schrift den Gott der Juden ‚groß‘ und ‚wahrhaftig‘ und ‚Recht schaffend‘ nennt, gibt sie zu verstehen, dass die anderen klein und unwahrhaftig sind. 7,6. Die Schrift sagt ja auch an anderer Stelle: ‚Ich lebe, sagt der Herr, außer mir gibt es keinen anderen Gott. Ich bin der erste, ich bin danach, außer mir gibt es keinen Gott.‘ (Jes 49,18; 45,21; 44,6) 7,7. Und wiederum: ‚Den Herrn, deinen Gott, sollst du fürchten, und ihm allein sollst du dienen.‘ (Dtn 6,13) 7,8. Und wiederum: ‚Höre, Israel, der Herr, euer Gott, ist ein Herr.‘ (Dtn 6,4) 7,9. Und in gleicher Weise besiegeln viele Schriftworte mit einem Eid, dass Gott nur einer ist und dass es außer ihm keinen Gott gibt. Obwohl, Darüber wundere ich mich: So viele Worte bezeugen, dass es nur einen Gott gibt, und du willst behaupten, dass es viele gibt.“

8,1. Darauf Simon: „In meiner Rede gegen dich ging es zunächst darum, aus den Schriften zu beweisen, dass du mit der Behauptung lügst, man dürfe nicht von vielen Göttern sprechen. Deshalb habe ich an vielen niedergeschriebenen Worten gezeigt, dass die göttlichen Schriften selbst von vielen Göttern sprechen.“ 8,2. Darauf Petrus: „Dieselben Schriften, die von vielen Göttern sprechen, die warnen uns mit den Worten: ‚Namen anderer Götter sollen nicht über deine Lippen kommen.‘ (Jos 23,7) Folglich habe ich dem, was geschrieben steht, nicht widersprochen, Simon!“

8,3. Darauf Simon: „Höre auch du, Petrus, was ich dazu zu sagen habe! Du scheinst mir zu sündigen, weil du die Götter herabsetzt, während die Schrift sagt: ‚Du sollst sie nicht schmähen, und dem Herrscher deines Volkes sollst du nicht fluchen.‘ (Ex 22,27)“

8,4. Darauf Petrus: „Ich sündige nicht, Simon, wenn ich in Übereinstimmung mit den Schriften ihre Vernichtung ankündige. Denn so steht es geschrieben: ‚Götter, die den Himmel und die Erde nicht erschaffen haben, sollen zugrunde gehen‘ (Jer 10,11), und das steht nicht da, um auszudrücken, dass einige sie erschaffen haben und nicht zugrunde gehen sollen, wie du es ausgelegt hast. 8,5. Als nur einer wird nämlich der Schöpfer durch das offenbart, was zu Beginn der Schrift geschrieben steht: ‚Im Anfang schuf der Gott den Himmel und die Erde.‘ (Gen 1,1) Und sie hat nicht gesagt: ‚die Götter‘. 8,6. Und an einer anderen Stelle sagt sie: ‚Die Schöpfung seiner Hände aber verkündet das Firmament.‘ (Ps 19,2) Und an anderer Stelle steht geschrieben: ‚Die Himmel selbst werden zugrunde gehen, du aber wirst bleiben in Ewigkeit.‘ (Ps 102,26–27)“

9,1. Da sprach Simon: „Für meinen Beweis, dass es viele Götter gibt, führte ich deutliche Worte aus den Schriften an. Du aber hast ebenso viele oder noch mehr Worte aus denselben Schriften vorgetragen, um zu beweisen, dass es nur einen Gott gibt, und zwar den der Juden. 9,2. Und dagegen, dass ich gesagt habe: ‚Man darf Götter nicht schmähen‘, dagegen hast du vorgebracht – um zu beweisen, dass nur einer der Schöpfer ist –, dass diejenigen, die nichts erschaffen haben, zugrunde gehen müssen. 9,3. Und gegen meine Behauptung, dass man von Göttern sprechen muss, weil auch die Schriften von ihnen sprechen, auch dagegen hast du bewiesen, dass man ihre Namen nicht aussprechen darf, weil dieselbe Schrift gebietet, Namen anderer Götter nicht auszusprechen. 9,4. Wenn nun dieselben Schriften einmal sagen, dass es viele Götter gibt, und ein andermal, dass es nur einen gibt, und manchmal, dass sie nicht geschmäht werden dürfen, manchmal aber, dass sie geschmäht werden sollen – zu welchem anderen Urteil soll man dann kommen als zu dem, dass die Schriften selbst uns irreführen?"

10,1. Da sagte Petrus: „Sie führen nicht in die Irre, sondern überführen uns und bringen die schlechten Absichten gegenüber Gott ans Licht, die, wie die einer Schlange, in einem jeden verborgen sind. 10,2. Denn vielen verschiedenen Prägestöcken gleich, liegen die Schriften vor aller Augen. 10,3. Ein jeder sieht nun mit seiner eigenen, dem Wachs gleichen Einstellung die Schriften an und findet darin jeden Gott, welchen er will. Den prägt er sich ein, weil er sich mit seiner, wie ich sagte, dem Wachs gleichen Einstellung auf ihn stürzt. 10,4. Nun findet man in ihnen, was immer man über Gott denken will. Deshalb prägt sich der eine aus ihnen die Gestalten vieler Göttern ein, und wir prägten uns die Gestalt des Gottes ein, den es wirklich gibt, weil wir an unserer Gestalt sein wahres Erscheinungsbild erkannten. 10,5. Doch auch die Seele in uns ist mit seinem Ebenbild (vgl. Gen 1,26–27) zur Unsterblichkeit bekleidet. 10,6. Wenn ich den Urheber dieses Ebenbildes verlasse, muss es mich infolge eines gerechten Urteils ebenfalls verlassen, hat es mich doch durch diese Dreistigkeit als ungerecht erkannt. Und weil es von einem Gerechten stammt, wird es mich zu Recht verlassen. So wird meine Seele nach ihrer Bestrafung zugrunde gehen, weil ihr die von dem Ebenbild kommende Hilfe fehlt. 10,7. Wenn es aber einen anderen Gott gibt, soll er mich erst mit einer anderen Form, einer anderen Gestalt bekleiden, damit ich durch die neue Gestalt meines Leibes den neuen Gott erkennen kann! 10,8. Und wenn er meine Gestalt verändern will, verändert er dann etwa auch die Substanz meiner Seele? Wenn er aber auch sie verändern will, bin ich nicht mehr ich selbst, da ich sowohl der Gestalt als auch der Substanz nach ein anderer geworden bin. 10,9. Soll er also andere erschaffen, falls es einen anderen gibt! Es gibt aber keinen. Wenn es ihn nämlich gäbe, hätte er sie erschaffen. Weil er sie nun nicht erschaffen hat, da es ihn nicht gibt, soll er dem weichen, den es wirklich gibt. 10,10. Denn es gibt keinen anderen – außer allein in der Vorstellung Simons. Ich lasse keinen anderen Gott gelten – nur und allein den, der mich erschaffen hat."

11,1. Darauf Simon: „Weil ich bemerke, dass du die Rede sehr häufig auf den Gott bringst, der dich erschaffen hat, erfahre von mir, wieso du auch gegen ihn frevelst! 11,2. Es gibt offensichtlich zwei Schöpfer, wie die Schrift sagt: ‚Und Gott sprach: Lasst uns einen Menschen machen nach unserm Bild und unserer Gleichheit.' (Gen 1,26) Das ‚Lasst uns machen' deutet auf zwei oder mehr hin, nicht jedoch auf einen." 12,1. Da antwortete Petrus: „Nur einer ist es, der zu seiner Weisheit sprach: ‚Lasst uns einen Menschen machen.' Seine Weisheit aber, mit der zusammen er sich wie mit dem eigenen Geist allezeit erfreute (vgl. Prov 8,30), ist zwar mit Gott wie eine Seele vereint, streckt sich aber von ihm aus wie eine Hand und erschafft das All. Deshalb entstand auch der *eine* Mensch, aus dem auch das Weibliche hervorging. 12,2. Obwohl ihrer Art nach eine Einheit, ist sie eine Zweiheit. Denn in Hinblick auf das Ausstrecken und Zurückziehen wird die Einheit als Zweiheit angesehen. Daher handele ich richtig, wenn ich dem einen Gott wie Eltern alle Ehre entgegenbringe."

Da sprach Simon: „Was denn – auch wenn die Schriften von anderen Göttern reden, willst du das nicht gelten lassen?" 13,1. Da antwortete Petrus: „Wenn die Schriften oder Propheten von Göttern sprechen, tun sie das zur Versuchung der Hörer. 13,2. Denn so steht es geschrieben: ‚Wenn bei dir ein Prophet aufsteht, dir Zeichen und Wunder geben will und jenes Zeichen und Wunder eintritt und er dir sagen wird: Lass uns hingehen und anderen Göttern dienen, die deine Väter nicht gekannt haben!, sollt ihr nicht auf jenen Propheten hören. Deine Hände sollen unter den ersten sein, ihn zu steinigen. Denn er hat dich in Versuchung geführt, abzufallen vom Herrn, deinem Gott. 13,3. Wenn du aber in deinem Herzen sprichst: Wie konnte er jenes Wunder oder Zeichen tun?, dann sollst du mit Gewissheit wissen, dass dich der Versucher in Versuchung führte, um zu sehen, ob du den Herrn, deinen Gott, fürchtest.' (Dtn 13,1–3a.9–10.3b) 13,4. Dass aber ‚der Versucher in Versuchung führte', sagte man einst. Anders ist es offenkundig nach der Wegführung nach Babylon. Denn der allwissende Gott würde – wie mit vielen Gründen zu beweisen ist – niemanden versuchen, um etwas zu erfahren, er, der alles im Voraus weiß. 13,5. Doch wenn du willst, lass uns darüber eine Diskussion führen! Dann werde ich beweisen, dass Gott Vorherwissen besitzt. Dass er unwissend sei, ist eine Lüge, und dass dies zur Versuchung geschrieben wurde, ist erwiesen. 13,6. Wir können daher, Simon, weder von den Schriften noch durch etwas anderes irre gemacht werden. Weder lassen wir uns verleiten, viele Götter anzuerkennen, noch stimmen wir irgendeinem Wort zu, das gegen Gott gesagt wird. 14,1. Denn aus den Schriften wissen auch wir, dass Engel Götter genannt werden, zum Beispiel der, der im Dornbusch sprach (Ex 3,2) und der mit Jakob rang (Gen 32,25), aber auch der, der als Emmanuel geboren wird (Jes 7,14), und der sogenannte starke Gott (Jes 9,5).[264] 14,2. Ja, sogar Mose wurde für Pharao zum Gott (Ex 7,1), war aber in Wirklichkeit ein Mensch. Darüber hinaus gibt es noch die Götzenbilder der Heiden. 14,3. Wir aber haben nur einen Gott, einen, der die Geschöpfe erschaffen und das All geordnet hat, dessen Sohn der Christus ist. Dem gehorchen wir und erkennen so, was von den Schriften falsch ist.[265] 14,4. Ferner sind wir auch von unseren Vätern her mit der Wahrheit der Schriften ausgerüstet und wissen, dass nur einer der Schöpfer des Himmels und der Erde ist, nämlich der Gott der Juden und aller anderen, die sich entscheiden, ihn zu verehren. 14,5. Diesen haben auch unsere Väter aufgrund ihrer Gott liebenden Vernunft zum wahren Gott erklärt und uns dies überliefert, damit wir wissen, dass es Lüge ist, wenn etwas gegen Gott geredet wird. 14,6. Ich will aber noch etwas hinzufügen: Wenn es sich nicht so verhält, wie ich gesagt habe, dann möge es geschehen, dass ich und die anderen, die die Wahrheit lieben, wegen des Rühmens des Gottes, der uns erschaffen hat, in Lebensgefahr geraten."

15,1. Als Simon dies hörte, sprach er: „Du sagst, dass man auch dem Propheten, der Zeichen und Wunder vollbringt, aber von einem anderen Gott redet, nicht glauben darf im Wissen, dass er des Todes schuldig ist. Dann wurde also auch dein Lehrer, der Zeichen und Wunder vollbracht hat, zu Recht getötet." 15,2. Da antwortete Petrus: „Unser Herr hat weder gesagt, dass es Götter gibt außer dem, der das All erschaffen hat, noch hat er sich selbst als Gott ausgerufen. Er hat aber den zu Recht seliggepriesen, der ihn Sohn des Gottes nannte,

264 Der griechische Text lässt offen, ob zwei, drei oder vier Engel gemeint sind. Möglicherweise ist am Ende zu übersetzen: „der als Emmanuel geboren wird, als der sogenannte starke Gott."

265 Vgl. 2.47–51; 3.49–57: Jesus vollzieht die Trennung zwischen wahren und falschen Schriftperikopen.

der das All geordnet hat (Mt 16,16–17).“ 15,3. Da antwortete Simon: „Glaubst du also nicht, dass der, der von Gott kommt, Gott ist?“ Da sagte Petrus: „Erkläre uns, wie das sein kann! Denn wir können es dir nicht sagen, weil wir es nicht von ihm gehört haben. 16,1. Darüber hinaus ist es die Besonderheit des Vaters, ungezeugt zu sein, und die des Sohnes, gezeugt zu sein. Gezeugtes aber ist mit Ungezeugtem oder auch Selbstgezeugtem nicht zu vergleichen.“ 16,2. Da sprach Simon: „Auch aufgrund seiner Abstammung ist er nicht dasselbe?“ Da sprach Petrus: „Wer nicht in jeder Beziehung dasselbe ist wie ein anderer, kann nicht genau dieselben Namen tragen wie er.“ 16,3. Darauf Simon: „Das ist eine Behauptung, kein Beweis.“ Darauf Petrus: „Warum siehst du nicht ein, dass das eine selbstgezeugt oder auch ungezeugt ist, das andere aber gezeugt ist und deshalb nicht genauso genannt werden kann, auch nicht, wenn der Gezeugte von derselben Substanz ist wie sein Erzeuger? 16,4. Doch lerne auch Folgendes: Die Körper der Menschen haben unsterbliche Seelen, weil sie mit dem Odem Gottes bekleidet sind (vgl. Gen 2,7). Und weil die Seelen aus Gott hervorgegangen sind, sind sie zwar von derselben Substanz, Götter sind sie aber nicht. 16,5. Doch wenn sie Götter sind, dann sind aus dem gleichen Grund die Seelen aller Menschen – der Gestorbenen, der Lebenden und derer, die noch geboren werden – Götter. Wenn du aber mit mir streiten und behaupten willst, dass auch sie Götter seien, warum ist es dann noch von Bedeutung, dass auch Christus Gott genannt wird? Er hat ja nur das, was auch alle anderen haben. 17,1. Gott nennen wir den, dessen Besonderheit keinem anderen zu Eigen sein kann. Zum Beispiel ist er an allen Seiten unbegrenzt und wird deshalb unendlich genannt. Weil ein anderer nicht gleichermaßen unbegrenzt sein kann, ist es absolut zwingend, dass einem anderen nicht die Besonderheit zu Eigen sein kann[266], unendlich genannt zu werden. Wenn aber jemand sagt, dass es möglich sei, lügt er; denn zwei an allen Seiten Unbegrenzte können nicht nebeneinander existieren; das eine wird ja durch das andere begrenzt. Folglich ist das Ungezeugte von Natur aus nur eins. 17,2. Wenn es aber in einer Gestalt existiert, ist auch dann das Unver-

266 Die Übersetzung folgt der Handschrift O.

gleichbare nur eins. Deshalb wird er auch der Höchste genannt, weil er über alle anderen erhaben ist und sich alles[267] unterworfen hat."

18,1. Darauf Simon: „Ist etwa das Wort ‚Gott', das alle verwenden, sein unaussprechlicher Name, weil du auch hinsichtlich des Namens so fest behauptest, dass er keinem anderen gegeben werden kann?" 18,2. Da sagte Petrus: „Ich weiß, dass dies nicht sein unaussprechlicher Name ist, sondern einer, mit dem er nach Übereinkunft der Menschen benannt wird. Doch wenn du diesen Namen einem anderen gibst, wirst du dem anderen aufgrund deines Entschlusses auch den unausgesprochenen Namen beilegen. 18,3. Der ausgesprochene Name ist Vorbote des unausgesprochenen. Aus diesem Grund wird dieser Frevel auch auf den noch nicht ausgesprochenen Namen bezogen, in gleicher Weise wie die Verehrung des bekannten Namens auf den noch nicht bekannten übertragen wird."

19,1. Da sagte Simon: „Ich möchte wissen, Petrus, ob du wirklich glaubst, dass die Gestalt des Menschen entsprechend der Gestalt Gottes geprägt ist." 19,2. Darauf Petrus: „Ich bin wirklich völlig überzeugt, Simon, dass es so ist." Darauf Simon: „Wie vermag der Tod den Körper aufzulösen, wenn er mit dem größten Siegel geprägt ist?" 19,3. Darauf Petrus: „Es ist die Gestalt des gerechten Gottes. Wenn nun der Mensch anfängt, Unrecht zu tun, schwindet diese Gestalt an ihm. Sodann wird der Körper aufgelöst, damit seine Gestalt unsichtbar wird und nicht etwa ein ungerechter Körper die Gestalt des gerechten Gottes habe. 19,4. Die Auflösung geschieht jedoch nicht in Hinblick auf das Siegel, sondern in Hinblick auf den Körper, dem das Siegel aufgedrückt wurde. Und ohne den, der gesiegelt hat, wird das Gesiegelte nicht aufgelöst. 19,5. Daher ist es auch nicht möglich, ohne ein Urteil zu sterben." Darauf Simon: „Welche Notwendigkeit bestand denn, dem aus Erde erweckten Menschen die Gestalt eines solchen Gottes zu geben?" 19,6. Darauf Petrus: „Das ist wegen der Menschenliebe Gottes geschehen, der ihn erschaffen hat. Da nämlich aufgrund ihrer Substanz alle Dinge mächtiger sind als das Fleisch des Menschen – nämlich der Äther, die Sonne, der Mond, die Sterne, die Luft, das Wasser, das Feuer, und, kurz gesagt, auch alle anderen Dinge, die zum Dienst am Menschen entstanden

267 Oder: „das All".

sind –, und obwohl sie ihrer Substanz nach mächtiger sind, lassen sie es sich gern gefallen, dem seiner Substanz nach Schwächeren zu dienen, weil er die Gestalt des Mächtigsten hat. 19,7. Denn ebenso wie diejenigen, die das tönerne Standbild eines Königs ehren, diese Verehrung auf denjenigen beziehen, dessen Gestalt der Ton hat, so dient auch die ganze Schöpfung freudig dem aus Erde gewordenen Menschen, weil ihr Blick auf Gottes Ehre gerichtet ist.

20,1. Siehe, Simon, was für ein Gott das ist! Und du willst uns überreden, ihm undankbar zu sein. Doch erträgt dich die Erde, vielleicht ja, weil sie sehen will, wer es wagen möchte, die gleichen Gedanken zu hegen wie du. 20,2. Denn als erster hast du gewagt, was noch niemand gewagt hat. Als erster hast du ausgesprochen, was wir als erste gehört haben. Als erste und einzige haben wir die unbegrenzte Langmut Gottes über deine maßlose Gottlosigkeit kennengelernt, und zwar die keines anderen Gottes als des Schöpfers der Welt, gegen den du zu freveln wagtest. 20,3. Weder sind Schlünde in der Erde entstanden (vgl. Num 16,30), noch wurde Feuer vom Himmel herabgesandt und breitete sich aus, um Menschen zu verbrennen (vgl. Gen 19,24–25; Dtn 32,22); weder wurde der Regen zurückgehalten[268] (vgl. Dtn 11,17; 28,23) noch eine Menge wilder Tiere aus den Wäldern gesandt (vgl. Dtn 32,24; Jes 56,9), noch entlud sich über uns selbst wegen des einen Sünders, angesichts von geistlichem Ehebruch, der schlimmer ist als der fleischliche, der vernichtende Zorn Gottes. 20,4. Ist es denn nicht Gott, der Schöpfer des Himmels und der Erde, der einst die Sünden rächte? Da er auch jetzt im höchsten Maße gelästert wird, könnte er sich im höchsten Maße rächen. Doch er ist im Gegenteil langmütig. Er ruft zur Umkehr, obwohl er tödliche Pfeile zur Vernichtung der Gottlosen in seinen Vorratskammern liegen hat (vgl. Dtn 32,23). Und die wird er wie lebendige Wesen schleudern, wenn er beim Gericht den Vorsitz führt, um es seinen Feinden zu vergelten. Lasst uns daher den gerechten Gott fürchten, dessen Gestalt der menschliche Körper zu seiner Ehre trägt!"
21,1. Nachdem Petrus dies gesagt hatte, antwortete Simon: „Ich sehe dich listig andeuten, dass das, was zuungunsten des Demiurgen[269]

268 Sodass eine Dürre eingetreten wäre.

269 Philosophische Bezeichnung für den Weltenschöpfer (so häufig in Buch 17–19).

in den Büchern[270] geschrieben steht, unwahr sei. Daher werde ich morgen anhand der Worte deines Lehrers beweisen, dass er behauptet, der Demiurg sei nicht der höchste Gott." 21,2. Als Simon dies gesagt hatte, ging er fort.

Da sprach Petrus zur anwesenden Volksmenge: „Auch wenn uns Simon, was Gott anbetrifft, in nichts zu schaden vermag, so hindert er euch trotzdem, die Worte zu hören, die die Seele reinigen können." 21,3. Nachdem Petrus dies gesagt hatte, erhob sich ein lautes Raunen in der Menge; es hieß: „Welche Notwendigkeit besteht zuzulassen, dass er hier erscheint, um Lästerungen gegen Gott auszusprechen?" Als Petrus das hörte, sagte er: „Wenn doch die Rede gegen Gott zur Versuchung der Menschen mit Simon ihr Bewenden hätte! 21,4. Denn ‚es werden', wie der Herr sagte, ‚Lügenapostel, falsche Propheten, Spaltungen, Herrschaftsansprüche kommen'[271] (vgl. Mt 24,11.24; 1. Kor 11,18–19; 2. Kor 11,13). Und die haben, wie ich vermute, mit dem Gotteslästerer Simon ihren Anfang genommen. Sie werden mit Simon zusammenwirken, um dasselbe wie er gegen Gott vorzubringen." 21,5. Und nachdem er dies unter Tränen gesagt hatte, rief er die Menge mit einer Handbewegung herbei. Als sie herangetreten war, legte er ihnen die Hände auf, betete und entließ sie mit der Aufforderung, sehr früh am Morgen wieder zusammenzukommen. Nachdem er dies gesagt hatte und seufzend hineingegangen war, begab er sich zur Ruhe, ohne Nahrung zu sich genommen zu haben.

270 Gemeint sind die biblischen Schriften.
271 Ein nur außerbiblisch bezeugtes Jesuswort.

# Buch 17

## Zweiter Tag der Disputationen in Laodicea

1,1. Am folgenden Tag wollte Petrus mit Simon diskutieren; sehr früh am Morgen wachte er auf und betete. Und kaum hatte er geendet, kam Zachäus[272] herein und sagte: „Simon sitzt draußen und bespricht sich mit etwa dreißig seiner Anhänger." 1,2. Da sagte Petrus: „Man lasse ihn reden, bis eine Menschenmenge zusammenkommt, und dann wollen wir anfangen zu diskutieren. Auf diese Weise erfahren wir, was von ihm gesagt wird, können uns darauf einstellen, hinausgehen und mit ihm reden." Und genauso geschah es. 1,3. Nachdem Zachäus hinausgegangen und nach kurzer Zeit wieder hereingekommen war, teilte er Petrus die von Simon gegen Petrus gerichteten Ausführungen mit.

## Die Reden des Simon Magus gegen Petrus und über die Unterscheidung zweier Götter

2,1. Zachäus sagte: „Er beschuldigt dich, Petrus, ein Diener der Bosheit zu sein, durch Zauberei viel Macht zu haben und die Seelen der Menschen schlimmer zu verblenden, als Götzendienst es vermag. 2,2. Dafür, dass du ein Zauberer seist, meinte er folgenden Beweis anführen zu können. Er sagte: ‚Mir ist Folgendes klar geworden: Wenn ich komme, um mit ihm zu diskutieren, kann ich mich auch nicht an eines der Worte erinnern, die ich mir zurechtgelegt habe. 2,3. Denn während er redet, ist mein Verstand beschäftigt, sich in Erinnerung zu rufen, was ich bei meinem Kommen überlegt hatte, um es zu ihm zu sagen. So höre ich auch nicht das Geringste von dem, was er sagt. 2,4. Weil ich nun bei keinem anderen als nur bei

272 S. Anm. 235.

ihm etwas Derartiges erlebe – wie kann das anders sein, als dass ich von ihm verzaubert bin? Dass aber das, was er lehrt, schlimmer ist als Götzendienst, wird zumindest dem, der Verstand hat, klar sein, nachdem ich es aufgezeigt habe. 2,5. Denn nichts anderes ist heilsam, als dass die Seele von Trugbildern aller Art frei wird. Wenn sie sich nämlich ein Bild vor Augen führt, wird sie von Furcht gefesselt, und aus Sorge, etwas Schlimmes zu erleiden, verzehrt sie sich. Und wenn sie geschwächt ist, wird sie von einem Dämon besessen, und obwohl sie besessen ist, kommt es vielen so vor, als sei sie vernünftig. 3,1. Das fügt euch Petrus mit seinem Versprechen zu, euch zur Vernunft zu bringen! Weil angeblich nur ein Gott existiere, scheint er euch von vielen leblosen Götzen zu befreien, die keineswegs ihren Verehrern schaden, weil man mit den eigenen Augen sieht, dass sie aus Stein oder Kupfer oder Gold oder einem anderen leblosen Stoff sind. 3,2. Wenn daher die Seele weiß, dass das, was man betrachten kann, nichts bedeutet, kann sie durch das Sichtbare nicht in gleichem Maße durch irrige Vorstellungen in Furcht versetzt werden. Wenn sie aber aufgrund einer irreführenden Lehre einen schrecklichen Gott erblickt, wird sie aus ihrer natürlichen Verfassung gerissen. 3,3. Ich will euch nicht ermuntern, Götzenbilder zu verehren, sondern sage dies, weil Petrus so tut, als wolle er eure Seelen von Furcht erregenden Gestalten befreien, während er den Verstand eines jeden von euch durch eine noch schrecklichere Gestalt zur Raserei bringt. Er führt Gott in einer Gestalt vor Augen, und zwar als einen äußerst gerechten Gott, mit dem das Furchterregende einhergeht, das, was die denkende Seele schaudern lässt und auch den gesunden Sinnen die Kräfte rauben kann. 3,4. Wenn der Verstand in einen derartigen Sturm gerät, wird er in seiner Klarheit getrübt wie das Meer durch einen heftigen Sturm! 3,5. Will sich Petrus zu eurem Nutzen an euch wenden, soll er folglich nicht so tun, als beseitige er eure Ängste, die gelinde von leblosen Gestalten herrühren, wenn er an deren Stelle die schreckliche Gestalt Gottes einführt! Hat denn Gott eine Gestalt? Wenn er aber eine hat, existiert er in einer Form. 3,6. Existiert er aber in einer Form, wie kann er dann unbegrenzt sein? Ist er aber begrenzt, existiert er im Raum. Existiert er aber im Raum, ist er geringer als der ihn umgebende Raum. 3,7. Ist er aber geringer als etwas anderes, wie kann er dann größer oder vortrefflicher als alle anderen oder der Höchste von allen sein? So verhält es sich damit!

4,1. Dass er aber in Wahrheit nicht einmal den Worten seines Lehrers glaubt, ist offenbar, verkündet er doch das Gegenteil von jenem. 4,2. Denn jener hat, wie ich höre, zu jemandem gesagt: ‚Nenne nicht mich gut, denn der Gute ist nur einer!' (Mt 19,17) Wenn er aber vom Guten spricht, meint er nicht mehr jenen Gerechten, den die Schriften verkünden, der tötet und lebendig macht (vgl. Dtn 32,39) – nämlich diejenigen tötet, die sündigen, und diejenigen lebendig macht, die nach seinem Willen leben. 4,3. Dass er aber tatsächlich nicht den Demiurgen[273] gut nannte, ist jedem klar, der denken kann. Denn obwohl der Demiurg dem Adam bekannt war, den er geformt hat (Gen 2,7), und dem Enoch, an dem er Wohlgefallen fand (Gen 5,22.24), und dem Noah, der von ihm als gerecht angesehen wurde (Gen 6,9), und ebenso dem Abraham und Isaak und Jakob, ja auch dem Mose und dem Volk und der ganzen Welt, kam Jesus, Petrus' eigener Lehrer, und sagte: ‚Niemand hat den Vater erkannt, nur der Sohn, wie auch keiner den Sohn kennt, nur der Vater und die, denen es der Sohn offenbaren will.' (Mt 11,27) 4,4. Wenn es nun der Sohn selbst war, der erschien, dann offenbarte er seit seiner Ankunft wem er wollte denjenigen, der allen unbekannt war. Folglich ist es der Vater, der vor ihm allen Menschen unbekannt war, und dieser ist nicht derjenige, der allen bekannt war. 5,1. Doch wenn Jesus das sagt, stimmt er nicht einmal mit sich selbst überein. Denn in anderen Worten stellt er manchmal den furchtbaren und gerechten Gott aus den Schriften vor Augen, wenn er sagt: 5,2. ‚Fürchtet euch nicht vor dem, der den Körper tötet, der Seele aber nichts antun kann; fürchtet aber den, der sowohl den Körper als auch die Seele in die Hölle des Feuers werfen kann! Ja, ich sage euch, den fürchtet!' (Mt 10,28) 5,3. Er meinte aber tatsächlich, dass dieser als ein gerechter Gott zu fürchten sei, zu dem, wie er sagt, auch diejenigen schreien, die Unrecht leiden. So erzählte er ein diesbezügliches Gleichnis und fügte die folgende Auslegung hinzu: 5,4. ‚Wenn nun der Richter der Ungerechtigkeit so gehandelt hat, weil er immer wieder angefleht wurde, um wie viel mehr

273 S. Anm. 269.

wird der Vater denen Recht schaffen, die zu ihm schreien Tag und Nacht! Oder meint ihr, dass er es nicht tun wird, weil er langmütig mit ihnen ist? Wahrlich, ich sage euch, er wird es tun, und zwar in Bälde.‘ (Lk 18,6–8) 5,5. Wer behauptet, dass Gott Recht schafft und Vergeltung übt, stellt ihn als von Natur aus gerecht dar und nicht als gut. Außerdem preist er den Herrn des Himmels und der Erde (vgl. Mt 11,25). 5,6. Wenn er aber der Herr des Himmels und der Erde ist, wird er als Demiurg anerkannt; ist er aber der Demiurg, ist er auch gerecht. Nennt (Jesus) ihn mal gut, mal gerecht, dann ist er mit sich selbst uneins. Und drittens behauptete gestern sein weiser Jünger[274], dass die Wirklichkeit[275] verlässlicher sei als eine Vision, ohne zu wissen, dass die Wirklichkeit menschlichen Ursprungs sein kann, während die Vision anerkanntermaßen göttlichen Ursprungs ist.‘

6,1. Dies und dergleichen, Petrus, hat Simon der Menge draußen im Stehen vorgetragen, und er scheint mir die Mehrheit zu verwirren. Gehe daher sogleich hinaus und widerlege durch die Kraft der Wahrheit seine lügnerischen Worte!“

## Die Rede des Petrus über die Verkündigung Jesu und die Gestalt Gottes

6,2. Nachdem Zachäus dies gesagt hatte, betete Petrus wie gewohnt und ging hinaus. Und als er sich an den gestrigen Ort gestellt und das Volk nach frommer Sitte begrüßt hatte, begann er folgendermaßen zu reden: 6,3. „Unser Herr Jesus, der der wahre Prophet ist – auch davon werde ich euch zu gegebener Zeit überzeugen[276] –, äußerte sich über die Dinge, die die Wahrheit betreffen[277], nur kurz, und zwar aus zwei Gründen: 6,4. erstens, weil er das Wort an Gottesfürchtige richtete, die das, was er in seiner Predigt vortrug, zu glauben vermochten, denn seine Rede war ihrer Gewohnheit nicht fremd, und zweitens, weil er für seine Verkündigung nur eine begrenzte

274 Gemeint ist Petrus; von einer solchen Behauptung war bisher keine Rede.

275 „Wirklichkeit“ steht im Gegensatz zu „Vision“ und meint den kontrollierbaren Erfahrungsbereich, der den wachen Sinnen des Menschen zugänglich ist; vgl. dazu 17.13–20.

276 Dieses Versprechen wird im Folgenden nicht erfüllt.

277 Gemeint sind Beweise für die Wahrheit der Predigt Jesu.

Zeit hatte. Er befasste sich nicht mit der Frage der Beweisführung, damit er nicht die gesamte Dauer dieser Frist für Erklärungen verschwendete 6,5. und es ihm dann so ergehen würde, dass er sich mit der Klärung weniger Fragen aufhält, die unter Anstrengung des Verstandes beantwortet werden können, und die Punkte, in denen es um die Wahrheit geht, nicht ausführlich genug vortragen kann. 6,6. Daher äußerte er sich, worüber er wollte und wie es das Volk, zu dem auch wir gehören, begreifen konnte. Und wenn wir, selten genug, etwas von seiner Rede nicht begriffen, fragten wir unter vier Augen nach (vgl. Mt 24,3), damit uns nichts von seiner Rede unverständlich bliebe. 7,1. Als er nun wusste, dass wir alle seine Reden verstanden und die Beweise dafür[278] erbringen konnten, sandte er uns unter die unwissenden Heiden, um sie zur Vergebung der Sünden zu taufen, und gebot uns, sie zuvor zu belehren (vgl. Mt 28,19–20). Und dies ist das erste und wichtigste seiner Gebote: Gott, den Herrn, zu fürchten und ihm allein zu dienen (vgl. Mt 22,36–38; 4,10). 7,2. Jenen Gott aber befahl er zu fürchten, dessen Engel die Engel der geringsten Gläubigen unter uns sind und die im Himmel stehen und stets das Angesicht des Vaters sehen (vgl. Mt 18,10).

Er besitzt nämlich eine Gestalt – um seiner höchsten und einzigartigen Schönheit willen – und alle Glieder, doch nicht für den Gebrauch. 7,3. Denn er hat nicht deshalb Augen, damit er daraus sieht – an jeder Stelle nämlich sieht er, weil sein Körper unvergleichlich glänzender ist als der sehfähige Geist in uns und leuchtender als jedes Licht, sodass man im Vergleich zu ihm das Sonnenlicht für Finsternis hält. Und er hat auch nicht deshalb Ohren, damit er hört – an jeder Stelle nämlich hört er, empfindet er, bewegt er, wirkt er, erschafft er. 7,4. Diese schönste Gestalt aber hat er um des Menschen willen, damit die im Herzen Reinen ihn sehen können (vgl. Mt 5,8), damit sie sich wegen all dessen freuen, was sie erduldet haben. Denn mit seiner Gestalt, wie mit dem größten Siegel, prägte er den Menschen, damit der Mensch über alles regiere und herrsche und alles ihm diene (vgl. Gen 1,28).[279] 7,5. Wer daher zu dem Urteil gekommen ist, dass er das Ganze[280] ist und der Mensch sein Ebenbild – er

278 Nämlich für die Wahrheit dieser Reden.
279 Vgl. 16.10,4.
280 Oder: „das All“.

selbst ist unsichtbar, sein Ebenbild aber, der Mensch, ist sichtbar –, und ihn verehren will, der ehrt sein sichtbares Ebenbild, welches der Mensch ist. 7,6. Was immer nun jemand einem Menschen zufügt, sei es gut oder schlecht, gilt an Gott getan (vgl. Mt 25,40.45). Daher wird auch das Gericht, das von ihm ausgeht, alle erreichen und allen nach ihrem Verdienst vergelten; denn seiner Gestalt verschafft er Recht. 8,1. Doch jemand wird einwenden:[281] ‚Wenn er eine Gestalt hat, hat er auch eine Form und existiert im Raum. Wenn er aber im Raum existiert und von ihm umgeben wird, weil er kleiner ist als er, wie kann er dann größer als alle anderen sein? Und wie kann er überall sein, wenn er in einer Gestalt existiert?' 8,2. Gegen den, der dies einwendet, ist zunächst Folgendes zu sagen: Derartiges über Gott zu denken und zu glauben, wollen uns die Anhänger Simons[282] verleiten, wir aber halten das für wahr, was von unserem Herrn Jesus Christus bezeugt wird. Und nach seinem Befehl müssen euch die Beweise geliefert werden, dass es sich so verhält.

8,3. Zunächst will ich über den Raum und über Gott sprechen. Der Raum ist das Nichtseiende und Gott das Seiende. Das Nichtseiende aber ist mit dem Seienden nicht vergleichbar. Wie kann denn der Raum ein Seiendes sein? Nur dann, wenn es einen zweiten Raum gäbe, wie Himmel, Erde, Wasser, Luft, wenn also ein anderer Körper existierte, der seine[283] Leere ausfüllen könnte, die deshalb Leere genannt wird, weil sie nichts ist. 8,4. Denn dies, das Nichts, ist der für sie zutreffendere Name. Wie kann denn die sogenannte Leere ein Gefäß sein, wenn sie nichts enthält? Abgesehen davon: Wenn das Gefäß selbst leer ist, ist es kein Raum, sondern in ihm ist die Leere selbst, wenn es überhaupt ein Gefäß ist. 8,5. Es ist nämlich ganz und gar zwingend, dass das Seiende in dem ist, was nichts ist. Das aber, was von einigen Raum genannt wird, nenne ich das Nichtseiende, weil es nichts ist. 8,6. Wenn es aber nichts ist, wie kann es mit dem Seienden vergleichbar sein? Nur wenn man mit Hilfe von Gegensätzen ausdrücken will, dass das Seiende irgendwo ist, wird das Nichtseiende Raum genannt. 8,7. Selbst wenn es[284] etwas wäre,

281 Vgl. 17.3,5–7.

282 Die Übersetzung folgt einer Korrektur der Handschrift O.

283 Gemeint ist der Raum.

284 Nämlich das »Nichtseiende« (der Raum, der das Seiende umgibt).

will ich, obwohl viele Beispiele zum Beweis auf meine Lippen kommen wollen, mich nur eines einzigen bedienen, um zu zeigen, dass das Umgebende durchaus nicht vortrefflicher als das Umgebene ist. 8,8. Die Sonne ist ein kreisförmiger Körper und wird ganz von Luft umgeben, doch erleuchtet sie diese, erwärmt sie diese, zerteilt sie diese. Und wenn die Sonne von ihr entfernt ist, wird die Luft von Finsternis umgeben, und der Teil von ihr, der nicht[285] mehr hell wird, erkaltet, als stürbe er ab. Durch ihren Aufgang aber wird sie wieder erleuchtet, und wenn sie von ihr erwärmt wird, ist sie mit größter Schönheit geschmückt. Und dies bewirkt die Sonne, indem sie Anteil gibt an sich selbst, obwohl ihre Substanz ringsum begrenzt ist. 8,9. Was also kann noch ausschließen, dass Gott als Schöpfer[286] und Herrscher der Sonne und aller Dinge selbst in Form und Gestalt und Schönheit existiert und die von ihm her kommende Gemeinschaft endlos ausgedehnt hat?

9,1. Einer ist also der wirkliche Gott, der in unübertrefflicher Gestalt den Vorsitz innehat, als zweifaches[287] Herz dessen, was oben und was unten ist. Und von ihm[288] aus, gleichsam aus dem Zentrum, lässt es[289] seine lebendige, unkörperliche Macht hervorströmen, nämlich das All samt den Sternen und den Gefilden des Himmels, der Luft, des Wassers, der Erde, des Feuers und was es sonst noch gibt, und als Substanz dringt es unendlich in die Höhe, unbegrenzt in die Tiefe, unermesslich in die Breite, indem es die Leben schaffende und vernunftbegabte Natur, die von ihm[290] ausgeht, dreifach bis ins Unendliche ausdehnt. 9,2. Zwangsläufig hat das, was an allen Seiten unbegrenzt aus ihm hervorgeht, als Herz denjenigen, der, wo immer er sei, in einer wirklich alles überragenden Gestalt als Mitte im Unendlichen existiert und die Grenze des

285 Das Wort »nicht« ist in den Handschriften ausgefallen.

286 Griechisch: „Demiurg"; s. Anm. 269.

287 „Zweifach" ist möglicherweise ein späterer Zusatz, der – wie das folgende „dreifach" – die beiden hier angedeuteten Dimensionen Gottes bezeichnen will.

288 Gemeint ist Gott. – Dieser insgesamt schwerverständliche Abschnitt unterscheidet zwischen der Existenz Gottes und der von Gott ausgehenden Schöpfermacht (seinem „Herzen").

289 Nämlich das Herz.

290 Gemeint ist Gott.

Alls ist. 9,3. Die sechs Ausdehnungen, die von ihm herkommen, haben die Eigenschaft von unendlichen. Davon dringt die erste, die bei ihm ihren Anfang nimmt, in die Höhe hinauf, die zweite in die Tiefe hinab, die dritte nach rechts, die vierte nach links, die fünfte nach vorn, die sechste nach hinten. Auf diese sechs blickt er wie auf eine Zahl, die an allen Seiten gleich ist[291], und vollendet die Welt in sechs Zeitspannen, während er selbst die Ruhe ist (vgl. Gen 2,2; Ex 20,11) und den künftigen unendlichen Äon als Ebenbild in sich trägt, weil er Anfang ist und Ende. 9,4. Denn in ihm enden die sechs Unendlichen, und von ihm nehmen sie ihre Ausdehnung ins Unendliche. 10,1. Dies ist das Geheimnis der Siebenzahl. Denn Gott ist die Ruhe des Alls, weil er denen, die in ihrer Kleinheit seine Größe nachahmen, sich selbst hingibt zur Ruhe. 10,2. Er existiert allein – teils begreifbar, teils unbegreifbar, teils begrenzt, teils unbegrenzt, mit Ausdehnungen, die von ihm ins Unendliche reichen. 10,3. Deshalb ist er begreifbar und unbegreifbar, nah und fern, hier und dort gegenwärtig, weil er als einziger existiert und zugleich an seinem an allen Seiten unbegrenzten Verstand Anteil gibt, den die Seelen aller einatmen und so das Leben haben. 10,4. Und wenn sie sich vom Körper trennen und sich als solche erweisen, die Verlangen nach ihm haben, werden sie als Unsterbliche in seinen Schoß getragen, wie bei stürmischem Wetter[292] die Nebel der Berge von den Strahlen der Sonne angezogen und zu ihr getragen werden. 10,5. Welche Liebe zu Gott kann uns daher ergreifen, wenn wir seine Wohlgestalt mit dem Verstand betrachten! Anders geht es nicht. Denn weder ist es möglich, dass Schönheit ohne Gestalt existiert, noch dass jemand sich zur Gottesliebe verlocken lässt oder sogar meint, Gott sehen zu können, wenn dieser keine Gestalt hat. 11,1. Einige, die der Wahrheit abgeneigt und mit der Bosheit verbündet sind, sagen jedoch unter dem Vorwand, Gott zu verherrlichen, er habe keine Gestalt, sodass er, weil ohne Gestalt und Form, für niemanden sichtbar sei; infolgedessen wird er nicht sehr geliebt. 11,2. Wenn nämlich ein Verstand Gottes Gestalt nicht sieht, ist er leer von ihm. Und wie soll jemand beten, wenn er niemanden hat,

291 Vermutlich ist an ein Zahlendreieck mit gleicher Seitensumme gedacht, zu dem sich die Zahlen 1–6 in verschiedener Weise anordnen lassen.

292 Andere Übersetzungsmöglichkeit: „zur Winterzeit".

zu dem er sich flüchten, auf den er sich stützen kann? Er hat ja kein Gegenüber und wird ins Leere gerissen.

11,3. Ja, heißt es, man soll Gott nicht fürchten, sondern lieben (vgl. 1. Joh 4,18). Das sage auch ich. Doch es ist das gute Gewissen, das jedes gute Werk bereitet, das diese Liebe hervorbringen wird. Das gute Werk aber entsteht aus der Furcht. Doch die Furcht, so sagt man, verwirre die Seele. Ich sage jedoch, dass sie sie nicht verwirrt, sondern aufweckt und bekehrt. 11,4. Vielleicht aber hieße es zu Recht, dass man Gott nicht fürchten soll, wenn wir Menschen nicht viele andere Dinge fürchteten, nämlich Verschwörungen von unseresgleichen ebenso wie Raubtiere, Schlangen, Krankheiten, Leiden, Dämonen und unzählige andere Dinge. 11,5. Wer nun von uns verlangt, Gott nicht zu fürchten, soll uns von diesen Dingen erlösen, damit wir auch sie nicht fürchten! 11,6. Wenn er das aber nicht kann, warum missgönnt er uns, dass wir durch die eine Furcht, nämlich die Furcht vor dem Gerechten, von unzähligen Ängsten befreit werden und dass es uns durch den einfachen Glauben an ihn möglich wird, unzählige Leiden von uns und anderen abzuwenden? Und dass wir darüber hinaus Lohn für gute Werke empfangen und aus Furcht vor dem Gott, der alles sieht, nichts Schlechtes tun und in der gegenwärtigen Zeit in Frieden leben? 12,1. So macht der einsichtsvolle Dienst an dem wirklichen Herrn von dem an allen übrigen Herren frei. 12,2. Wenn nun jemand ohne Furcht vor Gott Sünden vermeiden kann, soll er ihn nicht fürchten. Denn es steht ihm frei, aus Liebe zu Gott das nicht zu tun, was diesem nicht gefällt. 12,3. Einerseits steht nämlich geschrieben, Gott zu fürchten (vgl. Dtn 6,2), andererseits ist gefordert, ihn zu lieben (vgl. Dtn 6,5), damit jeder die für seine Wesensart geeignete Arznei anwendet. Jedenfalls muss man ihn fürchten, weil er gerecht ist. Ob ihr ihn nun fürchtet oder liebt – sündigt nicht! 12,4. Möge es so sein, dass jeder, der ihn fürchtet, gesetzwidrige Lüste beherrschen kann, fremdes Eigentum nicht begehrt, Menschenliebe übt, tugendhaft lebt und gerecht handelt! Denn ich sehe etliche, denen es an Furcht vor ihm mangelt und die sehr viele Sünden begehen. 12,5. Doch lasst uns Gott nicht nur fürchten, weil er gerecht ist! Denn aus Mitleid mit denen, die Unrecht erlitten haben, bestraft er die Unrechttäter. 12,6. Wie Wasser das Feuer löscht, so zerstört auch Furcht die Begierde nach dem

Bösen. Wer Furchtlosigkeit lehrt, fürchtet sich auch selbst nicht. Und wer sich nicht fürchtet, glaubt auch nicht, dass es ein Gericht geben wird. Er mehrt seine Begierden, treibt Zauberei und beschuldigt andere wegen Dingen, die er selbst tut."

## Streitgespräch zwischen Petrus und Simon Magus über die Beweiskraft von Realität und Vision

13,1. Als Simon dies hörte, fiel er Petrus ins Wort und sprach: „Ich weiß, zu wem du dies sagst. Aber ich will mich nicht wiederholen, um dich zu widerlegen, und meine Zeit für Dinge verschwenden, zu denen ich keine Lust habe. Du hast ja versprochen, auf unsere Feststellungen zu antworten, und behauptet, dass du die Worte deines Lehrers genau verstanden hast, weil du ihn in der Wirklichkeit[293] präsent gesehen und gehört hast, und dass es einem anderen nicht möglich sei, durch eine Vision oder Erscheinung das gleiche zu erfahren.[294] 13,2. Dass dies eine Lüge ist, will ich zeigen: Wer jemanden leibhaftig hört, ist sich über das Gesagte keineswegs sicher. Sein Verstand muss nämlich prüfen, ob er gerade belogen wird, denn das, was ihm begegnet, ist ein Mensch. Die Erscheinung hingegen verschafft, sobald sie sichtbar wird, dem, der sie sieht, die Gewissheit, dass sie göttlich ist (vgl. 2. Kor 12,l). Darauf antworte mir zuerst!"

14,1. Da sagte Petrus: „Über eine Sache versprachst du zu sprechen, auf eine andere hast du geantwortet. Denn du hast behauptet, dass jemand weit mehr begreifen kann, wenn er bei einer Erscheinung hört, als wenn er in der Wirklichkeit[295] hört. Und danach hast du uns zu überzeugen versucht, dass derjenige größere Gewissheit hat, der aufgrund einer Erscheinung hört, als der, der in der Wirklichkeit selbst hört.[296] 14,2. Endlich behauptetest du[297], die Worte Jesu deshalb genauer zu kennen als ich, weil du sein Wort bei einer

293 Wie Anm. 275.

294 Von einem solchen Versprechen des Petrus war bisher keine Rede.

295 Wie Anm. 275.

296 Die Argumentation ist nicht plausibel, da zweimal dasselbe behauptet wird.

297 Eine solche Behauptung Simons findet sich im Klemensroman nicht; vgl. Anm. 294.

Erscheinung gehört habest.[298] 14,3. Ich will jedoch auf das antworten, was du anfangs behauptet hast. Nachdem der Prophet zuerst klar erwiesen hat, dass er ein Prophet ist, genießt er wegen der leibhaftig von ihm gesprochenen Worte festes Vertrauen. Und wenn er als wahrer Prophet erkannt und vom Schüler nach Belieben geprüft und befragt wird, antwortet er. Wer aber einer Erscheinung glaubt oder einer Vision oder einem Traumbild, ist der Unsicherheit ausgesetzt. 14,4. Er weiß ja nicht, wem er Glauben schenkt. Denn es ist möglich, dass es ein böser Dämon oder ein Irrgeist ist, der in seiner Rede vorgaukelt zu sein, was er nicht ist. 14,5. Wenn aber jemand erfahren möchte, wer derjenige ist, der ihm erscheint (vgl. Apg 9,5), kann der von sich behaupten, was er will. Und so blitzt er auf wie ein Böser (vgl. Lk 10,18), bleibt, solange er will, und erlöscht, ohne bei dem, der Auskunft sucht, solange zur Befragung zu bleiben, wie der es gern hätte. 14,6. Und wer in Traumbildern jemanden sieht, kann sich nicht einmal erkundigen, wonach er will, denn der Schläfer ist nicht Herr seiner Gedanken. 14,7. Obwohl wir im Wachen vieles erfahren wollen, erkundigen wir uns daher im Traum nach anderen Dingen, oder wir hören, ohne danach zu fragen, von Dingen, die uns nicht interessieren, und wenn wir aufgewacht sind, sind wir missmutig, weil wir über das, was wir erfahren wollten, nichts gehört noch danach gefragt haben."

15,1. Da sagte Simon: „Wenn du sagst, dass Erscheinungen nicht unbedingt die Wahrheit sagen, lügen doch die Visionen und Traumbilder, die von Gott gesandt sind, gewiss nicht in dem, was sie mitteilen wollen." 15,2. Da erwiderte Petrus: „Mit Recht hast du gesagt, dass die, die von Gott gesandt sind, nicht lügen. Doch ist ungewiss, ob der, der etwas sieht, einen gottgesandten Traum gesehen hat." 15,3. Darauf Simon: „Wenn der, der ihn gesehen hat, gerecht ist, hat er etwas Wahres gesehen." Darauf Petrus: „Du hast recht! Wer aber ist gerecht, wenn er einer Vision bedarf, um zu erfahren, was er erfahren soll, und zu tun, was er tun soll?" 15,4. Darauf Simon: „Stimme mir darin zu, dass allein der Gerechte eine wahre Vision sehen kann, dann antworte ich dir darauf! Ich bin nämlich zu

298 Anspielung auf die Christuserscheinung des Paulus (vgl. Apg 9,4–6; 1. Kor 15,8); Simon schlüpft in diesem Abschnitt in die Rolle des Paulus, dessen Name im Klemensroman nie erwähnt wird.

dem Urteil gelangt, dass ein Gottloser keinen wahren Traum sieht.“ 15,5. Darauf Petrus: „Das ist eine Lüge, und ich kann dafür ungeschriebene und geschriebene Beweise liefern; ich kann jedoch nicht versprechen, dich damit zu überzeugen. 15,6. Denn wer dazu neigt, eine schlechte Frau zu lieben, ändert seinen Sinn nicht zugunsten der rechtmäßigen Verbindung mit einer anderen, in jeder Hinsicht guten Frau. Auch wenn sie sich über die bessere im Klaren sind, geben sie manchmal der Liebe zur schlechteren Frau den Vorzug. Auch dir ergeht es so, und du weißt es nicht.“

15,7. Da sagte Simon: „Lass das beiseite und sprich über das, was du versprochen hast! Denn mir scheint es unmöglich zu sein, dass gottlose Menschen, auf welche Art und Weise auch immer, von Gott Träume empfangen.“ 16,1. Da erwiderte Petrus: „Ich habe mein Versprechen nicht vergessen, das zu zeigen und den ungeschriebenen und den geschriebenen Beweis dafür zu liefern. Und nun höre, was ich zu sagen habe! 16,2. Wir wissen – wenn du so einsichtig bist, andernfalls habe ich die Anwesenden zu Richtern –, dass viele Menschen Götzenbilder verehren und ehebrechen und in jeder Hinsicht sündigen und trotzdem Visionen und wahre Träume haben, einige aber auch Erscheinungen von Dämonen. Ich behaupte allerdings, dass die Augen der Sterblichen die körperlose Gestalt[299] des Vaters oder des Sohnes nicht sehen können, weil sie von stärkstem Licht erleuchtet wird. 16,3. Dass er sich dem ins Fleisch verwandelten Menschen nicht zeigt, geschieht daher nicht, weil Gott es ihm nicht gönnt, sondern weil er barmherzig ist. 16,4. Denn wer ihn sieht, kann nicht mehr leben (vgl. Ex 33,20). Das Übermaß an Licht löst nämlich das Fleisch dessen auf, der es sieht, es sei denn, das Fleisch wird durch Gottes unbeschreibliche Macht in die Natur des Lichtes verwandelt, damit es Licht zu sehen vermag, oder die Substanz des Lichtes wird in Fleisch verwandelt, damit es vom Fleisch gesehen werden kann. Den Vater unverwandelt zu sehen, kommt nämlich allein dem Sohn zu, 16,5. den Gerechten gebührt es nicht in gleicher Weise. Denn erst bei der Auferstehung der Toten, wenn sie an ihren Körpern zu Licht verwandelt und den Engeln gleich geworden sind (vgl. Mt 22,30), werden sie ihn sehen können. 16,6. Schließlich

299 Wörtlich: »die nicht fleischliche Gestalt«.

wird auch ein Engel, wenn er gesandt wird, um einem Menschen zu erscheinen, in Fleisch verwandelt, damit er vom Fleisch gesehen werden kann. Denn die körperlose Macht nicht nur des Sohnes, sondern auch eines Engels vermag niemand anzusehen. Wenn aber jemand eine Erscheinung hat, soll er wissen, dass es die eines bösen Dämons ist.

17,1. Es ist jedoch offenkundig, dass auch Gottlose wahre Visionen und Traumbilder sehen, und ich kann den schriftlichen Beweis dafür liefern. Schließlich steht im Gesetz geschrieben, wie Abimelech, der gottlos war und die Frau des gerechten Abraham durch Beischlaf schänden wollte, von Gott im Schlaf hörte – wie die Schrift sagt –, dass er sie nicht berühren solle, weil sie mit ihrem Ehemann zusammenlebt (Gen 20,3). 17,2. Aber auch der Pharao, ein gottloser Mann, hatte einen Traum über die Fruchtbarkeit und die Unfruchtbarkeit des Weizens (Gen 41,5–7). Und bei dessen Deutung sagte ihm Joseph, dass der Traum von Gott gekommen sei (Gen 41,25). 17,3. Und Nebukadnezar, der Götzenbilder verehrte und befahl, dass die Verehrer Gottes ins Feuer geworfen werden, hatte einen Traum über den gesamten Verlauf der Weltzeit (Dan 2,28). Und niemand soll behaupten: ‚Aber kein Gottloser sieht eine Vision, wenn er wach ist.‘ Das ist eine Lüge! 17,4. So hatte ja Nebukadnezar selbst befohlen, dass drei Männer ins Feuer geworfen werden, und als er im Ofen einen vierten bemerkte, sprach er: ‚Der vierte sieht aus wie ein Sohn Gottes.‘ (Dan 3,25) So hatten sie Erscheinungen und wahre Visionen und Traumbilder und waren doch gottlos. 17,5. Folglich ist keineswegs jemand ganz und gar gottesfürchtig, weil er Visionen und Traumbilder und Erscheinungen hat. Denn dem Gottesfürchtigen quillt das Wahre im Verstand hervor, der angeboren und rein ist – es wird nicht im Traum erstrebt, sondern den Guten durch Einsicht gegeben.

18,1. Denn so wurde auch mir der Sohn vom Vater offenbart. Daher weiß ich, worin die Macht einer Offenbarung besteht, habe ich sie doch an mir selbst erfahren. Denn kaum hatte der Herr gefragt, wie man ihn nenne, da kam es mir in den Sinn, und obwohl ich gehört hatte, dass ihn die einen so und die andern so nannten, sagte ich, ich weiß nicht wie: ‚Du bist der Sohn des lebendigen Gottes.‘ (Mt 16,13–16) 18,2. Da pries er mich selig und verkündete mir, dass es der Vater gewesen sei, der mir das offenbart habe (vgl. Mt 16,17), und seitdem weiß ich, dass Offenbarung ein nicht angelerntes, ohne Erscheinung und Träume vermitteltes Wissen ist. 18,3. Und so verhält es sich wahrhaftig. Denn in der Einsicht, die von Gott keimhaft in uns hineingelegt wurde, ist die Wahrheit insgesamt enthalten. Sie wird verhüllt und offenbart durch die Hand Gottes, der so handelt, weil er weiß, was ein jeder verdient. 18,4. Was aber von außen her durch Erscheinungen und Traumbilder kundgetan wird, ist erwiesenermaßen keine Offenbarung, sondern der Ausdruck von Zorn. 18,5. Schließlich steht im Gesetz geschrieben, dass Gott im Zorn zu Aaron und Mariam sagte: ‚Wenn ein Prophet unter euch aufsteht, werde ich mich ihm durch Visionen und Traumbilder bekannt machen und nicht so wie Mose, meinem Diener. Denn zu ihm werde ich persönlich[300] – und nicht durch Traumbilder – sprechen, wie man zu seinem Freund spricht.' (Num 12,6–8; Ex 33,11) 18,6. Du siehst, wie die Worte des Zorns durch Visionen und Traumbilder ergehen, die Worte an einen Freund aber ‚von Angesicht zu Angesicht, persönlich und nicht durch Rätsel' (Num 12,8), Visionen und Traumbilder wie an einen Feind.

19,1. Selbst wenn dir unser Jesus in einer Vision erschienen und bekannt geworden ist, dann ist er mit dir wie mit einem Widersacher im Zorn zusammengetroffen. Deshalb sprach er durch Visionen und Traumbilder oder auch durch Offenbarungen, die von außen kamen. 19,2. Kann aber jemand aufgrund einer Erscheinung zur Lehre befähigt werden? Und wenn du sagst: Es ist möglich, warum unterhielt sich der Lehrer mit wachen Menschen und blieb ein ganzes Jahr[301] bei ihnen? 19,3. Selbst dass er dir erschienen ist – wie sollen wir dir das glauben? Wie kann er dir überhaupt erschienen sein, wenn deine Gedanken im Widerspruch zu seiner Lehre stehen? 19,4. Wenn du aber sein Apostel wurdest, weil er sich dir eine Stunde lang gezeigt und dich belehrt hat, dann verkündige seine Worte, lege seine Lehre aus, liebe seine Apostel, kämpfe nicht mit mir, seinem Schüler! Denn mir, dem festen Fels, dem Grundstein der Kirche (vgl. Mt 16,18), stehst du feindlich gegenüber (vgl. Gal

300 Wörtlich: „in Gestalt".

301 Der Verfasser folgt hier der Darstellung des Lebens Jesu in den synoptischen Evangelien.

2,11). 19,5. Wenn du nicht mein Widersacher wärst, würdest du mich nicht in Verruf bringen und meine Verkündigung nicht verleumden, damit man mir nicht glaubt, wenn ich sage, was ich vom Herrn mit eigenen Ohren gehört habe, so als sei ich verurteilt worden, während du in gutem Ruf stehst. 19,6. Wenn du mich ‚verurteilt' nennst (vgl. Gal 2,11), klagst du Gott an, der mir den Christus offenbarte, und setzt den herab, der mich wegen dieser Offenbarung seligpries (vgl. Mt 16,17). 19,7. Wenn du aber wirklich am Werk der Wahrheit mitarbeiten willst, lerne zuerst von uns, was wir von ihm gelernt haben, und wenn du ein Schüler der Wahrheit geworden bist, werde unser Mitarbeiter (vgl. 3. Joh 8)!"

20,1. Als Simon dies hörte, sagte er: „Es sei fern von mir, sein oder dein Jünger zu werden! Ich weiß nämlich durchaus, was man wissen muss. Was ich aber wie ein Schüler fragte, geschah, um zu erkennen, ob du beweisen kannst, dass die Wirklichkeit[302] größere Gewissheit verschafft als eine Erscheinung. Du aber hast geredet, wie du wolltest, und nichts bewiesen. 20,2. Morgen nun werde ich kommen und mit dir über über den Gott sprechen, von dem du behauptest, er sei der Demiurg[303]. Ich werde zeigen, dass er weder der Höchste ist noch gut, und beweisen, dass dein Lehrer dasselbe gesagt hat wie ich und dass du ihn nicht begriffen hast." Nach diesen Worten ging er davon, weil er auf seinen Vorschlag nichts hören wollte.

302 S. Anm. 275.
303 S. Anm. 269.

# Buch 18

## Streitgespräch zwischen Petrus und Simon Magus über den guten und den gerechten Gott (dritter Tag der Disputationen in Laodicea)

1,1. Als Petrus bei Tagesanbruch hinausging, um zu diskutieren, kam ihm Simon zuvor und sagte: „Als ich gestern wegging, habe ich dir versprochen, heute wiederzukommen und im Streitgespräch zu zeigen, dass nicht der Gott, der die Welt erschaffen hat, der höchste ist, sondern ein anderer, der als einziger gut ist und bis jetzt unbekannt blieb. 1,2. Ohne Umschweife also – behauptest du, dass der Demiurg zugleich Gesetzgeber ist oder nicht? Wenn er Gesetzgeber ist, ist er gerecht. Und wenn er gerecht ist, ist er nicht gut. 1,3. Wenn er aber nicht gut ist, hat Jesus einen anderen Gott verkündigt, als er sagte: ‚Nenne mich nicht gut; denn der Gute ist nur einer, der Vater, der im Himmel ist.' (Mt 19,17) Es passt ja nicht zum Gesetzgeber, gerecht zu sein *und* gut."

1,4. Da sprach Petrus: „Sag uns zuerst, aufgrund welcher Werke du den Guten für gut hältst und aufgrund welcher den Gerechten für gerecht, damit wir das Gespräch auf diese Weise zum Ziel führen!" Darauf Simon: „Sprich du zuerst: Was hältst du für das Gute und was für das Gerechte?" 2,1. Darauf Petrus: „Damit ich die Zeit nicht mit streitsüchtigen Auseinandersetzungen vergeude – obwohl ich zu Recht verlange, dass du auf die von mir vorgelegten Fragen Antworten gibst –, will ich, wie du es wünschst, die Antworten auf meine Fragen selber geben. 2,2. Ich behaupte, dass derjenige gut ist, der andere beschenkt, so wie ich es ihn tun sehe, den Demiurgen, denn er gewährt die Sonne Guten und Schlechten und den Regen Gerechten und Ungerechten (vgl. Mt 5,45)." Da sagte Simon: „Das ist höchst ungerecht, weil er Gerechten und Ungerechten dasselbe gewährt." 2,3. Darauf Petrus: „So sag du uns endlich, wie er handeln müsste, um gut zu sein!“ Darauf Simon: „Du musst es sagen!“ 2,4. Darauf Petrus: „Ich will es sagen. Wenn er Guten und Gerechten sowie Schlechten und Ungerechten dasselbe gewährt, ist er deiner Meinung nach nicht gerecht, doch wenn er Guten Gutes gewährte und Schlechten Schlechtes, würdest du ihn mit gutem Grund als gerecht bezeichnen. 2,5. Welche Handlungsweise hätte er denn sonst wählen sollen, wenn nicht das Verfahren, den Schlechten die zeitlichen Güter zu gewähren – für den Fall, dass sie sich bekehren –, und den Guten ewige Güter – wenn sie nur standhaft bleiben? 2,6. Folglich gewährt er allen etwas, und denen, die sich hervortun, schenkt er, was recht ist. Daher ist seine Gerechtigkeit gut und dazu voller Nachsicht, vergibt er doch den Sündern, die bereuen, ihre Missetaten, und verheißt denen, die gut gehandelt haben, sogar ewiges Leben. 2,7. Weil er aber am Ende richtet und einem jeden vergilt, wie er es verdient, ist er gerecht. Wenn dies richtig so ist, erkenne es an; und wenn du es nicht für richtig hältst, widerlege es!“

3,1. Da sagte Simon: „Ein für alle Mal habe ich erklärt: Jeder Gesetzgeber, der seinen Blick auf die Gerechtigkeit richtet, ist gerecht.“ Darauf Petrus: „Wenn es die Eigenart des Guten ist, kein Gesetz zu geben, und die des Gerechten, eines zu geben, ist folglich der Demiurg gut und gerecht. 3,2. Er ist gut, weil er offensichtlich von Adams bis zu Moses Zeiten das Gesetz nicht schriftlich gegeben hat, und von Mose an bis zu den heutigen Zeiten ist er auch gerecht, weil es nun aufgeschrieben ist.“ 3,3. Darauf Simon: „Beweise anhand der Worte deines Lehrers, dass es Gottes Eigenart ist, gut und gerecht zu sein! Mir erscheint es nämlich unmöglich, dass der Gesetzgeber, wenn er gut ist, zugleich gerecht sein kann.“ 3,4. Darauf Petrus: „Dass das Gute selbst auch gerecht ist, sollst du erfahren! Zu dem Pharisäer, der ihn fragte: ‚Was soll ich tun, damit ich ewiges Leben erben werde?‘, sagte unser Lehrer selbst zuerst: ‚Nenne mich nicht gut; denn der Gute ist nur einer, der Vater im Himmel.‘ Und sogleich fügte er hinzu: ‚Wenn du in das Leben eingehen willst, halte die Gebote!‘ 3,5. Als der aber fragte: ‚Welche?‘, verwies er ihn auf die Gebote des Gesetzes (vgl. Mt 19,16–19). Hätte er ihm einen anderen, guten Gott bekanntmachen wollen, würde er ihn nicht auf die Gebote des gerechten Gottes hingewiesen haben. 3,6. Dass die Gerechtigkeit eine Sache ist und die Güte eine andere, gebe auch ich zu. Du weißt jedoch nicht, dass es die Eigenart desselben Gottes ist, gut und gerecht zu sein. 3,7. Denn er ist gut, indem er jetzt nachsichtig ist mit denen, die Reue zeigen, und sie annimmt, und er ist gerecht, wenn er beim Gericht einem jeden vergilt, wie er es verdient."

4,1. Da sagte Simon: „Wenn der Demiurg, der schon Adam geformt hatte (Gen 2,7), bekannt war, und auch denen bekannt war, die nach dem Gesetz gerecht sind, und ferner den Gerechten und Ungerechten und der ganzen Welt, wie kann da dein Lehrer, der nach all jenen gekommen ist, sagen: 4,2. ‚Niemand hat den Vater erkannt, nur der Sohn, wie auch niemand den Sohn kennt, nur der Vater und diejenigen, welchen ihn der Sohn offenbaren will' (Mt 11,27)? 4,3. Dies hätte er nicht gesagt, wenn er nicht einen Vater verkünden würde, der im Verborgenen ist, den auch das Gesetz den Höchsten nennt (vgl. Gen 14,18), von dem man weder ein gutes noch ein böses Wort gehört hat, wie es auch Jeremia in den Klageliedern bezeugt (vgl. Klgl 3,38). Dieser Vater hat entsprechend der Zahl der Söhne Israels, die nach Ägypten zogen, welche 70 waren und mehr[304], die Grenzen der Völker durch 70 Sprachen gezogen. Er hat seinem eigenen Sohn, der auch ‚Herr' genannt wird und Himmel und Erde geordnet hat, die Hebräer als Anteil gegeben (vgl. Dtn 32,8–9) und bestimmt, dass er der Gott der Götter sei, nämlich derjenigen Götter, die als Anteile die übrigen Völker erhielten (vgl. Dtn 10,17). 4,4. Gesetze gingen daher von allen sogenannten Göttern für ihre Anteile aus, das heißt für alle übrigen Völker. Dementsprechend ging auch vom Sohn des Herrn aller Dinge das Gesetz aus, das bei den Hebräern gilt. Das wurde aus folgendem Grund so angeordnet: Wenn jemand beim Gesetz irgendeines Gottes Zuflucht sucht, soll er zum Anteil jenes Gottes gehören, dessen Gesetz zu befolgen er auf sich nahm. 4,5. Niemand hat den höchsten Vater erkannt, der im Verborgenen ist, wie auch niemand erkannt hat, dass dessen Sohn der Sohn ist (vgl. Mt 11,27). So schreibst du zum Beispiel die Eigenschaften des verborgenen Höchsten seinem Sohn

304 Diese Zahlenangabe setzt die griechische Übersetzung der hebräischen Bibel voraus. Danach betrug die Zahl der nach Ägypten ziehenden Israeliten 70 (Dtn 10,22) bzw. 75 (Gen 46,27; Ex 1,5).

zu. ohne zu wissen, dass er der Sohn ist und der Vater Jesu, der bei euch Christus genannt wird."

5,1. Nachdem Simon dies gesagt hatte, sprach Petrus zu ihm: „Kannst du jenen zum Zeugen anrufen, dass du das wirklich glaubst – nicht den Gott, von dem du jetzt behauptest, dass er im Verborgenen sei, sondern jenen, an den du glaubst, ohne dich dazu zu bekennen?[305] Denn wenn du uns eine Sache statt einer anderen auseinandersetzt, redest du Unsinn. 5,2. Wenn du also beschwörst, dass du glaubst, was du sagst, antworte ich dir. Wenn du aber darauf bestehen willst, mit mir über das zu diskutieren, was du nicht glaubst, nötigst du mich, ins Leere zu treffen." 5,3. Da sagte Simon: „Von einem deiner Schüler habe ich das gehört." 5,4. Da sagte Petrus: „Du sollst kein falsches Zeugnis ablegen!" (Vgl. Ex 20,16.) Da sagte Simon: „Beleidige mich nicht, du Unverschämtester von allen!" Darauf Petrus: „Solange du den nicht nennst, der das gesagt hat, bist du ein Lügner." 5,5. Darauf Simon: „Glaube, dass ich das erfunden oder auch von einem anderen gehört habe, doch antworte mir darauf! Denn wenn es nicht widerlegt werden kann, weiß ich, dass es die Wahrheit ist." 5,6. Darauf Petrus: „Wenn es ein menschliches Hirngespinst ist, antworte ich nicht darauf. Wenn du aber von der Auffassung besessen bist, dass es wahr sei, gestehe mir das ein! Dann muss auch ich etwas dazu sagen!" 5,7. Darauf Simon: „Ein für alle Mal: Mir scheint, dass es sich so verhält. Wenn du dazu etwas zu sagen hast, antworte!" 6,1. Da sagte Petrus: „Wenn es sich so verhält, frevelst du in höchstem Maße. Denn wenn es Sache des Sohnes ist, der Himmel und Erde geordnet hat, seinen Vater, der im Verborgenen ist, zu offenbaren, wem er will, frevelst du, wie ich sagte, in höchstem Maße, wenn du ihn denjenigen offenbarst, welchen ihn jener nicht offenbart hat." 6,2. Darauf Simon: „Aber er selbst will, dass ich ihn offenbare." 6,3. Darauf Petrus: „Du verstehst nicht, was ich meine, Simon, aber hör zu und begreife es! Die Worte: ‚der Sohn wird (ihn) denjenigen offenbaren, welchen er will' (Mt 11,27), besagen, dass man ihn nicht durch Belehrung erkennt, sondern nur durch Offenbarung. Offenbarung geschieht, wenn das, was in allen

305 Eine Anspielung darauf, dass sich Simon selbst für ein göttliches Wesen hält (»der Stehende«); s. Anm. 47 und vgl. 18.7,5–7.

Menschenherzen insgeheim verborgen liegt, ohne ein Wort durch Gottes Willen aufgedeckt wird. Und so entsteht Wissen, nicht weil man belehrt wurde, sondern weil man begriffen hat. 6,4. Wer es jedoch begriffen hat, vermag es weder einem anderen darzulegen – weil er auch selbst nicht belehrt wurde –, noch kann er es offenbaren – weil er nicht selbst der Sohn ist –, es sei denn, er behauptet, selbst der Sohn zu sein. 6,5. Du aber bist nicht der stehende Sohn[306]. Denn wenn du der Sohn wärst, würdest du jedenfalls diejenigen kennen, die einer solchen Offenbarung würdig sind. Du aber kennst sie nicht. Denn wenn sie dir bekannt wären, würdest du die Werke der Wissenden tun." 7,1. Da sagte Simon: „Ich gebe zu, ich habe nicht begriffen, was du damit sagen willst: ‚Du würdest die Werke der Wissenden tun.'" 7,2. Darauf Petrus: „Wenn du das nicht begriffen hast, kannst du auch nicht die Gedanken eines jeden kennen. Und wenn du die nicht kennst, sind dir auch nicht diejenigen bekannt, die der Offenbarung würdig sind. Und wenn sie dir nicht bekannt sind, bist du nicht der Sohn. Der Sohn aber kennt sie; deshalb offenbart er ihn denjenigen, welchen er will (Mt 11,27), weil sie würdig sind." 7,3. Da sagte Simon: „Täusche dich nicht! Ich kenne die Würdigen, und ich bin nicht der Sohn. Was jedoch bedeutet: ‚er offenbart ihn denjenigen, welchen er will' – wie du das meinst, habe ich nicht begriffen. Dass ich es nicht begriffen habe, sage ich freilich nicht aus Unwissenheit, sondern weil ich weiß, dass die Anwesenden es nicht begriffen haben. Sag es also deutlicher, damit sie verstehen, weshalb wir überhaupt dieses Streitgespräch führen!" 7,4. Darauf Petrus: „Ich kann es nicht deutlicher sagen. Erkläre du es, da du es verstanden hast!" 7,5. Darauf Simon: „Ich habe es nicht nötig, deine Lehre darzulegen." Darauf Petrus: „Mir scheint, Simon, du begreifst es nicht und willst es nicht zugeben, damit du nicht in deiner Unwissenheit ertappt und überführt wirst, dass du nicht der stehende Sohn bist. 7,6. Denn das deutest du an, auch wenn du es nicht offen sagen willst. Weil ich Schüler des wahren Propheten bin und kein Prophet, erkenne ich deine Pläne an dem, was du andeutest. 7,7. Und obwohl du nicht einmal das begreifst, was deutlich gesagt wird, willst du dich

306 Kombination aus dem christlichen Sohn-Titel und dem von Simon beanspruchten Gottesprädikat „der Stehende"; vgl. Anm. 47 und 305.

selbst als Sohn bezeichnen und kämpfst gegen uns." Darauf Simon: „Ich will all deinen Ausflüchten ein Ende bereiten. Ich gebe zu, ich habe nicht begriffen, was es bedeutet: ‚und der Sohn offenbart ihn denjenigen, welchen er will' (Mt 11,27). Erkläre es also deutlicher!" 8,1. Darauf Petrus: „Nachdem du, wenn auch nur zum Schein, zugegeben hast, es nicht zu begriffen zu haben, antworte mir auf das, was ich dich frage! Dann wirst du es erfahren. Sage mir: Meinst du, dass der Sohn, wer auch immer er sein mag, gerecht ist oder nicht?" Da sagte Simon: „Er ist sehr gerecht." 8,2. Darauf Petrus: „Wenn er gerecht ist, warum offenbart er es nicht allen, sondern nur denjenigen, welchen er will?" Darauf Simon: „Weil er es als Gerechter den Würdigen offenbaren will." 8,3. Darauf Petrus: „Muss er folglich nicht die Gedanken eines jeden kennen, damit er es den Würdigen offenbaren kann?" 8,4. Darauf Simon: „Ganz zwangsläufig muss es so sein." Darauf Petrus: „Folglich wurde mit gutem Grund er allein zum Offenbarer bestimmt, weil nur er die Gedanken eines jeden kennt, und nicht du, der nicht einmal unsere Rede begreifen kann."

9,1. Als Petrus das gesagt hatte, erhob sich Beifall vonseiten der Menge. Da war Simon bloßgestellt, errötete vor Scham, rieb sich die Stirn und sagte: „Nun gut – sie meinen, dass ich, ein Zauberer, von Petrus besiegt, ja durch Schlussfolgerungen bezwungen bin. 9,2. Wenn aber jemand durch Schlussfolgerungen sich hat übertölpeln lassen, ist die Wahrheit, die er vertritt, nicht besiegt; denn die Schwäche des Besiegten ist nicht die Wahrheit dessen, der recht bekommt[307]. 9,3. Im Übrigen sage ich dir, dass ich alle Anwesenden für würdig befunden habe, den Vater, der im Verborgenen ist, zu erkennen. Weil ich ihnen den öffentlich offenbare, deshalb grollst du, aus Neid auf sie, mir, der ich ihnen eine Wohltat erweisen will." 10,1. Da sagte Petrus: „Nachdem du so schmeichlerisch zu der anwesenden Menge gesprochen hast, will ich nicht schmeichlerisch reden, sondern die Wahrheit sagen. 10,2. Sag mir, wie kannst du wissen, dass alle Anwesenden würdig sind, wo auch nicht einer deiner Mitteilung zugestimmt hat? Denn mir zu deinem Nachteil Beifall zu spenden passt nicht zu Leuten, die dir zustimmen, sondern mir. Und mir haben sie den Beifall zukommen lassen, weil ich

307 Die Übersetzung des Sprichwortes folgt einer Textverbesserung.

recht hatte. 10,3. Weil aber Gott gerecht ist und die Gedanken eines jeden beurteilen kann, was du als wahr bezeichnet hast, hätte er nicht gewollt, dass sie[308] durch die linke Hand[309] denen geschenkt werde, die zur rechten gehören, gemäß dem Sprichwort: Wer von einem Dieb etwas annimmt, ist auch selbst schuldig. 10,4. Genau aus diesem Grund wollte er nicht, dass sie annehmen, was von dir überbracht wird, sondern was durch den Sohn überbracht wird, der zum Offenbarer bestimmt ist. 10,5. Denn wem gebührt es, den Vater zu offenbaren? Doch nur dem Sohn, weil er weiß, wer einer solchen Offenbarung würdig ist. Folglich ist das[310] nichts, was man lehren oder lernen kann, sondern von verborgener Hand wird es demjenigen offenbart, der würdig ist, es zu wissen."

11,1. Da sagte Simon: „Für den, der Krieg führt, trägt es erheblich zum Sieg bei, wenn er sich eigener Waffen bedient. 11,2. Denn was jemand liebt, kann er auch gehörig verteidigen, was aber gehörig verteidigt wird, besitzt außergewöhnliche Stärke. Deshalb werde ich nunmehr darlegen, was ich wirklich denke. 11,3. Ich behaupte, dass es eine Kraft im Verborgenen gibt, die allen unbekannt ist, sogar dem Demiurgen – wie auch Jesus selbst gesagt hat, obwohl er nicht verstand, was er redete. Denn wer viele Worte macht, trifft manchmal das Wahre, ohne zu wissen, was er sagt. Ich meine damit folgendes Wort, das er gesagt hat: ‚Niemand hat den Vater erkannt' (Mt 11,27)." 11,4. Darauf Petrus: „Brüste du dich nicht länger, seine Lehren zu kennen!" Darauf Simon: „Ich brüste mich nicht, seine Lehren zu glauben, sondern diskutiere mit dir, worin er das Richtige getroffen hat." 11,5. Darauf Petrus: „Damit ich dir keinen Vorwand zur Flucht biete, will ich mit dir untersuchen, was du willst. Doch rufe ich alle zu Zeugen an, dass du nicht einmal das Wort glaubst, das du eben angeführt hast. Denn ich weiß, was du denkst. Und damit du nicht meinst, dass ich lüge, will ich dir deine Gedanken enthüllen, damit du weißt, dass du mit einem Kenner diskutierst. 12,1. Simon, wir behaupten nicht, dass von der großen Kraft, die auch die Her-

308 Nämlich die Offenbarung des Vaters.

309 Simon verkörpert die negative Macht der „linken Hand" Gottes, welcher die überlegene positive Macht seiner „rechten Hand" gegenübersteht; vgl. Anm. 171.

310 Nämlich der Inhalt der Offenbarung.

rin genannt wird, zwei Engel ausgesandt wurden, der eine, um die Welt zu erschaffen, der andere, um das Gesetz zu geben.[311] Noch behaupten wir, dass jeder der beiden nach seinem Kommen sich aufgrund seines Werkes zum Herrscher ausgerufen hat. Auch sagen wir nicht: der Stehende, der stehen wird, [sondern:] der Widersacher[312]. 12,2. Du sollst erfahren, wieso du auch mit dieser Idee keinen Glauben findest. Die Kraft, von der du sagst, dass sie im Verborgenen sei, ist voller Unwissen, denn sie hat die Unvernunft der von ihr ausgesandten Engel nicht im Voraus erkannt."

12,3. Als Petrus dies gesagt hatte, wurde Simon überaus zornig, unterbrach dessen Rede und sprach: „Was schwatzt du da, du Dreister und Unverschämtester von allen, indem du vor der unwissenden Menge leichtfertig enthüllst, was verborgen ist?" 12,4. Darauf Petrus: „Warum nimmst du es übel, dass die anwesenden Zuhörer eine Wohltat empfangen?" Darauf Simon: „Gibst du also zu, dass solche Erkenntnis eine Wohltat ist?" 12,5. Darauf Petrus: „Ich gebe es zu. Denn wenn die Lüge erkannt wird, verschafft sie die Wohltat, dass man ihr nicht aus Unwissenheit verfällt." Darauf Simon: „Du kannst offenbar nichts auf das erwidern, was ich dir vorgehalten habe, dass nämlich auch dein Lehrer sagt, dass es einen Vater im Verborgenen gibt." 13,1. Da sagte Petrus: „Ich werde Auskunft geben, worüber du willst, nämlich über das Wort: ‚Niemand hat den Vater erkannt, nur der Sohn – auch kennt niemand den Sohn, nur der Vater und diejenigen, welchen ihn der Sohn offenbaren will.' (Mt 11,27) 13,2. Zunächst wundere ich mich – obwohl dieses Wort unzählige Deutungen zulässt, hast du die gefährlichste davon gewählt, indem du behauptest, das Wort sei in Hinblick auf die Unkenntnis des Demiurgen und aller, die ihm untertan sind, gesagt worden. 13,3. Zunächst kann ja dieses Wort zu allen Juden gesagt worden sein, die glauben, dass David der Vater des Christus ist und der Christus sein Sohn (vgl. Mt 22,42), sodass sie einen Sohn Gottes nicht kennen. 13,4. Deshalb ist ganz zutreffend gesagt: ‚Niemand hat den Vater erkannt', weil alle David statt Gott darunter verstanden. 13,5. Und das folgende Wort: ‚auch kennt niemand den Sohn', trifft ebenso zu, weil sie nicht wuss-

311 Vgl. 3.2,2.

312 Polemische Anspielung auf das von Simon beanspruchte Gottesprädikat „der Stehende"; s. Anm. 47.

ten, dass *er* der Sohn ist. Auch die Aussage: ,denjenigen, welchen ihn der Sohn offenbaren will', ist richtig. Denn weil er von Anfang an der Sohn war, ist allein er dazu bestimmt worden, ihn denjenigen zu offenbaren, welchen er will. 13,6. Daher muss Adam, der Erstgeformte (vgl. Gen 2,7), ihn sehr wohl gekannt haben, und Enoch, der Wohlgefallen fand (vgl. Gen 5,22.24), Kenntnis von ihm gehabt haben, und Noah, der Gerechte, von ihm gewusst haben, und Abraham, Gottes Freund (vgl. Jak 2,23), ihn erkannt haben, Isaak seiner gewahr worden sein, Jakob, der mit ihm kämpfte (vgl. Gen 32,23–32), an ihn geglaubt haben. Ja, allen im Volk, die würdig waren, muss er offenbart worden sein. 14,1. Wenn es aber, wie du sagst, möglich ist, dass er wegen des durch Jesus vermittelten Wissens jetzt allen offenbart wird – behauptest du dann nicht sehr zu Unrecht, dass jene ihn nicht gekannt haben, die als sieben Säulen[313] in der Welt waren und das Wohlgefallen des höchst gerechten Gottes finden konnten, und dass jetzt so viele Heiden, die gottlos sind, ihn vollständig erkennen können? Wurden diese, die jedem anderen überlegen waren, nicht für würdig gehalten, ihn zu erkennen? 14,2. Und wie kann gut sein, was nicht gerecht ist? Es sei denn, du willst nicht jenen gut nennen, der seine Wohltaten denen erweist, die gerecht handeln, sondern jenen, der die Ungerechten liebt, selbst wenn sie nicht glauben, denen er sogar das Verborgene offenbart, was er den Gerechten nicht offenbaren wollte. 14,3. Denn ein solches Verhalten passt weder zu einem Guten noch zu einem Gerechten, sondern zu dem, der die Gottesfürchtigen hasst. Bist du es etwa, Simon, der Stehende[314], der die Kühnheit besitzt, das zu behaupten, was so niemals behauptet worden ist?"

15,1. Da sprach Simon, hierüber erzürnt: „Tadele deinen Lehrer, der gesagt hat: ,Ich danke dir, Herr des Himmels und der Erde, weil du das, was den Weisen verborgen war, Säuglingen offenbart hast.'" (Mt 11,25) 15,2. Da sagte Petrus: „So war das Wort nicht gemeint. Ich will aber zunächst annehmen, als sei es so gemeint gewesen, wie du glaubst. 15,3. Selbst wenn unser Herr gesagt hätte: ,Was den Weisen verborgen war, das hat der Vater Kleinkindern offenbart', nicht ein-

313 In der Liste 18.13,6 ist Mose (nach Jakob) ausgefallen (vgl. 17.4,3).
314 Vgl. Anm. 47.

mal dann würde man glauben, dass er einen anderen Gott und Vater verkündet als den Schöpfer der Welt. 15,4. Denn es ist möglich, dass das Verborgene, von dem er sprach, zum Demiurgen selbst gehörte, wie auch Jesaja gesagt hat: ‚Ich will meinen Mund in Gleichnissen öffnen und hervorbringen, was seit Anfang der Welt verborgen war.' (Ps 78,2; Mt 13,35) 15,5. Erkennst du also an, dass der Prophet das Verborgene sehr wohl kannte, wovon Jesus sagt, dass es vor den Weisen verborgen, Kleinkindern aber offenbart wurde? Wie konnte es dem Demiurgen unbekannt sein, wenn sein Prophet Jesaja sehr wohl davon wusste? 15,6. Unser Jesus hat aber in Wirklichkeit nicht gesagt: ‚Was verborgen war', sondern etwas, was schroffer erscheint. Er sagte nämlich: ‚Du hast es vor den Weisen verborgen und[315] es Säuglingen offenbart.' (Mt 11,25) 15,7. Der Ausdruck: ‚du hast es verborgen', bedeutet, dass es ihnen einst bekannt war. Denn bei ihnen war der Schlüssel des Himmelreichs hinterlegt, das heißt die Erkenntnis des Verborgenen (vgl. Mt 23,13/Lk 11,52). 16,1. Und behaupte nicht: Er versündigte sich an den Weisen, indem er es vor ihnen verbarg. So darf man keinesfalls urteilen! 16,2. Denn er versündigte sich nicht. Weil sie jedoch die Erkenntnis des Reiches verbargen und weder selbst hineingingen noch diejenigen, die es wollten, hineingehen ließen, 16,3. deshalb hat er zu Recht so, wie sie die Wege vor denjenigen, die hinein wollten, verbargen, auch vor ihnen das Verborgene verborgen. Es sollte ihnen dasselbe widerfahren, was sie anderen zugefügt hatten, und ihnen mit dem gleichen Maß zugemessen werden, mit dem sie gemessen hatten (vgl. Mt 7,2). 16,4. Denn dem Würdigen gebührt das Wissen, das er nicht hat, vom Unwürdigen aber – auch wenn er es zu haben meint und in anderen Dingen weise ist – wird es weggenommen und den Würdigen gegeben (vgl. Mt 13,12), auch wenn sie zur Zeit ihres Unterrichts Kleinkinder sind. 17,1. Will aber jemand behaupten: ‚Nichts war den Söhnen Israels verborgen, weil geschrieben steht: ‚Nichts war dir unbekannt, Israel; sag ja nicht, Jakob: Der Weg ist verborgen vor mir' (Jes 40,26–27), so muss er begreifen, dass die Besonderheit des Reiches vor ihnen verborgen war, der Weg aber, der in das Reich hineinführt, nämlich

315 Der im Folgenden vorausgesetzte erste Teil des Zitats ist in den Handschriften aufgrund eines Abschreibfehlers entfallen.

der rechte Lebenswandel, war nicht vor ihnen verborgen. 17,2. Deshalb heißt es auch: ‚Sag ja nicht: Der Weg ist vor mir verborgen.' Der Weg aber ist der Lebenswandel, wie auch Mose sagt: ‚Siehe, ich habe vor dein Angesicht den Weg des Lebens und den Weg des Todes gestellt.' (Dtn 30,15) 17,3. Und unser Lehrer sagte zustimmend: ‚Geht hinein durch den engen und schmalen Weg, durch den werdet ihr hineingehen in das Leben.' (Mt 7,13–14) 17,4. Und ein anderes Mal, als jemand fragte: ‚Was soll ich tun, damit ich ewiges Leben erben werde?', wies er auf die Gebote des Gesetzes hin (Mt 19,16–19). 18,1. Aus dem Umstand, dass Jesaja im Namen Gottes sagte: ‚Israel hat mich nicht erkannt, und das Volk hat mich nicht verstanden' (Jes 1,3), folgt nicht, dass auch Jesaja auf einen anderen Gott neben dem bekannten Demiurgen anspielte, sondern er nannte den bekannten Gott im übertragenen Sinn unbekannt, weil das Volk in Unkenntnis der gerechten Art des bekannten Gottes sündigte und sich nicht vorstellen konnte, von dem guten Gott gerichtet zu werden. 18,2. Nach dem Ausspruch: ‚Israel hat mich nicht erkannt, und das Volk hat mich nicht verstanden', sagte er deshalb ergänzend: ‚Wehe, ein sündiges Volk, ein Volk voller Sünden!' (Jes 1,4) 18,3. Denn weil sie, wie ich sagte, infolge der Unkenntnis seiner Gerechtigkeit keine Furcht hatten, wurden sie von Sünden erfüllt, weil sie annahmen, er wäre nur gut, sodass er ihre Sünden nicht bestrafen würde. 19,1. Und so sündigten einige infolge dieser willkürlichen Annahme wegen seiner Güte, andere aber aus gegenteiligen Gründen. Weil sie nämlich die gegen Gott gerichteten Aussagen der Schriften, die betrügerisch und erlogen sind, für wahr hielten, kannten sie seine tatsächliche Göttlichkeit und Macht nicht. 19,2. In der Überzeugung, dass er unwissend sei und sich über Mordtaten freue und die Bösen aufgrund von Opfergaben begnadige, zudem auch betrüge und lüge und alle Ungerechtigkeiten begehe, deshalb behaupteten sie, gottesfürchtig zu handeln, wenn sie in der Annahme sündigten, das Gleiche zu tun wie Gott. 19,3. Deshalb waren sie auch nicht zum Besseren zu bewegen und kehrten trotz Warnungen nicht um. Denn sie fürchteten sich nicht, weil sie meinten, Gott durch solche Taten gleich zu werden. 20,1. Man darf wohl zu Recht behaupten, folgendes Wort sei gegen diejenigen gerichtet, die glauben, dass er so beschaffen ist: ‚Niemand hat den Vater erkannt, nur der Sohn, wie auch niemand den Sohn kennt, nur der Vater.‘ (Mt 11,27) 20,2. Und das aus gutem Grund. Denn wenn sie ihn kennten, würden sie nicht sündigen, indem sie den gegen Gott geschriebenen Büchern vertrauen, die in Wirklichkeit zur Versuchung geschrieben wurden. 20,3. Doch auch ein anderes Mal sagt er, weil er ihnen die Ursache ihres Irrtums sehr deutlich aufzeigen will: ‚Darum irrt ihr, weil ihr das Wahre in den Schriften nicht kennt; deshalb kennt ihr auch die Macht Gottes nicht.‘[316] 20,4. Daher muss, wie der Lehrer gesagt hat, jeder Mensch, der gerettet werden will, zum Richter über die Bücher werden, die zur Versuchung geschrieben wurden. Denn so hat er gesprochen: ‚Werdet verlässliche Wechsler!‘[317] An Wechslern aber ist Bedarf, weil dem echten Geld auch falsches untergemischt ist.“

21,1. Nachdem Petrus dies gesagt hatte, gab Simon vor, wegen seiner Rede über die Schriften entsetzt zu sein, und sprach, als wäre er fassungslos: „Es sei fern von mir und denen, die mir gewogen sind, auf deine Worte zu hören! 21,2. Solange ich nicht wusste, dass du so über die Schriften denkst, habe ich mich zurückgehalten und diskutiert, jetzt aber entferne ich mich. 21,3. Ich hätte mich allerdings von Anfang an zurückziehen müssen, weil ich dich sagen hörte: ‚Ich glaube niemandem, der etwas gegen den Schöpfer der Welt sagt, weder Engeln noch Propheten, weder Schriften noch Priestern, weder Lehrern noch irgendeinem anderen, selbst wenn er Zeichen und Wunder täte oder in der Luft wie ein Blitz erstrahlte (vgl. Lk 10,18) oder durch Visionen oder Traumbilder Offenbarungen gäbe.‘[318] 21,4. Wer kann dich denn eines anderen belehren, sei es im Guten oder Bösen, damit du etwas erwägst, was von deiner Meinung abweicht? So hartnäckig und stur beharrst du auf deiner eigenen Erkenntnis!“ 22,1. Als Simon dies gesagt hatte und im Begriff war wegzugehen, sprach Petrus zu ihm: „Höre noch Folgendes von mir und dann geh, wohin du willst!“ 22,2. Und weil Simon sich umdrehte und stehenblieb, sagte Petrus: „Ich weiß, wie du erschrakst, als du vorhin hörtest, wie ich sagte: Wer auch immer etwas gegen den Gott

316 Zu diesem Zitat vgl. 2.51,2.

317 Zu diesem Jesuswort vgl. 2.51,1; 3.50,2.

318 Eine solche Äußerung des Petrus findet sich im Klemensroman nicht. Vgl. jedoch das freie Zitat aus Dtn 13 in 16.13,2–3 und 16.15,1.

sagt, der die Welt erschaffen hat, dem glaube ich nicht.[319] 22,3. Höre jetzt, was noch mehr Gewicht hat! Wenn der Gott, der die Welt erschaffen hat, in seiner Denkweise wirklich so beschaffen ist, wie es die Schriften unterstellen, und wenn er auf irgendeine andere Weise so unvergleichlich schlecht ist, dass es weder die Schriften zu sagen vermögen noch ein anderer es auch nur auszudenken in der Lage ist, werde ich gleichwohl nicht ablassen, ihn allein zu verehren und seinen Willen zu erfüllen. 22,4. Ich möchte nämlich, dass du Folgendes weißt und davon überzeugt bist: Wer keine Liebe gegenüber seinem eigenen Schöpfer hat, kann sie auch niemals gegenüber einem anderen haben. Und wenn er sie gegenüber einem anderen hat, hat er sie gegen die Natur und weiß nicht, dass er vom Bösen die Liebe zu den Ungerechten hat und dass er nicht einmal jene Liebe dauerhaft bewahren kann. 22,5. Und wenn es doch einen anderen Gott über dem Demiurgen gibt, wird er mich annehmen, weil er gut ist, und das umso bereitwilliger, weil ich meinen Vater liebe. Dich aber wird er nicht annehmen, weil er weiß, dass du den, der von Natur aus dein Schöpfer ist – deinen Vater will ich ihn nicht nennen – wegen einer größeren Hoffnung[320] verlassen und dich nicht um das gekümmert hast, was der Vernunft entspricht. 22,6. Daher weiß er, dass du auch ihn irgendwann verlassen wirst, wenn du einen noch Mächtigeren als ihn findest, und das umso eher, weil er nicht dein Vater geworden ist, nachdem du sogar deinen wirklichen Vater verlassen hast. 23,1. Doch du wirst sagen: ‚Er weiß, dass es keinen anderen über ihm gibt, und deshalb kann er nicht verlassen werden.‘ Dank dafür, dass es keinen anderen gibt! Er weiß aber, dass Du in deinem Denken zur Undankbarkeit neigst. 23,2. Wenn er dich, wohl wissend, dass du undankbar bist, annimmt, und mich im Wissen, dass ich dankbar bin, abweist, dann ist er nach dem, was du sagst, unvernünftig, weil er seiner Vernunft nicht folgt. 23,3. So bist du nun, Simon, ohne es zu wissen, ein Diener der Bosheit.“ Da antwortete Simon: „Woher stammt denn das Böse? Sag es uns!“ 23,4. Da sprach Petrus: „Du wolltest heute vor mir weggehen und hast gesagt, mich künftig nicht mehr anzuhören, weil ich ein Lästerer sei. Deshalb werde

319 Wie Anm. 318.
320 Nämlich der Hoffnung auf einen Gott, der dem Demiurgen überlegen ist.

ich es dir morgen erklären, falls du kommst und es erfahren willst. Dann werde ich dir erlauben, mich ganz nach deinem Belieben ohne Streitereien zu befragen.“ Da sprach Simon: „Ich werde tun, was mir gefällt.“ Als er das gesagt hatte, ging er davon.

23,5. Keiner von denen, die mit ihm hergekommen waren, brach mit ihm auf. Sie fielen vielmehr zu Petrus’ Füßen nieder und baten, dass sie Vergebung erlangten, weil sie sich von Simon hatten verführen lassen, und dass er sie zu sich lasse, weil sie dies bereuten. 23,6. Da ließ Petrus sowohl die Reuigen als auch die übrige Menge an sich heran, legte ihnen die Hände auf, betete und heilte die Kranken unter ihnen. Dann entließ er sie und forderte sie auf, beim Morgengrauen eilends zurückzukehren. 23,7. Nachdem er das gesagt hatte, ging er mit seinen Vertrauten ins Haus, und weil der Abend hereingebrochen war, veranlasste er das Übliche für die notwendige Ruhepause.

# Buch 19

## Streitgespräch zwischen Petrus und Simon Magus über den Ursprung des Bösen (vierter Tag der Disputationen in Laodicea)

1,1. Am folgenden Tag ging Petrus sehr früh am Morgen hinaus. Als er sah, dass Simon mit vielen anderen auf ihn warteten, grüßte er die Menge und begann zu sprechen. 1,2. Doch kaum hatte er begonnen, unterbrach ihn Simon und sagte: „Lass deine langen Vorreden beiseite und antworte mir auf meine Fragen zum festgesetzten Thema! Nach dem, was ich von Beginn an gehört habe, weiß ich, dass dir nichts anderes am Herzen liegt, als mit allen Mitteln zu beweisen, dass der Demiurg selbst der einzige, untadelige Gott ist. Ich begreife, dass du ein derart großes Verlangen hast, dies zu beteuern, dass du sogar wagst, einige Abschnitte der Schriften als erlogen zu bezeichnen, die klar gegen ihn sprechen. 1,3. Deshalb habe ich mir heute vorgenommen zu beweisen, dass er unmöglich untadelig sein kann, wenn er der Demiurg aller Dinge ist. Ich kann mich sogleich an den Beweis machen, wenn du mir nur auf das antwortest, was ich dich frage. 2,1. Behauptest du, dass es einen Fürsten der Bosheit gibt, oder nicht? Wenn du sagst, dass es ihn nicht gibt, kann ich anhand vieler Äußerungen, auch solchen deines Lehrers, beweisen, dass es ihn gibt. Wenn du aber einsichtsvoll zugestehst, dass es den Bösen gibt, werde ich meine Rede dementsprechend halten."

2,2. Darauf Petrus: „Es ist mir unmöglich, das Wort meines Lehrers zu leugnen. Deshalb erkenne ich an, dass es den Bösen gibt, denn mein Lehrer, der stets die Wahrheit sprach, hat oft gesagt, dass er existiert. 2,3. So bestätigt er zum Beispiel, dass jener vierzig Tage lang mit ihm diskutierte, um ihn zu versuchen (Mt 4,1–11). Und ich weiß, dass er bei anderer Gelegenheit sagte: ‚Wenn der Satan den Satan austreibt, ist er mit sich selbst entzweit: Wie soll da sein Reich bestehen?‘ (Mt 12,26) Und er verkündete, dass er den Bösen ‚wie einen Blitz vom Himmel fallen‘ sah (Lk 10,18). 2,4. Und ein anderes Mal hat er gesagt: ‚Der aber den schlechten Samen gesät hat, ist der Teufel.‘ (Mt 13,39) Und weiter: ‚Gebt dem Bösen keinen Vorwand!‘ (Vgl. Eph 4,27.) Auch gab er uns einen Rat und sagte: ‚Euer Ja soll ein Ja und euer Nein ein Nein sein, was aber darüber hinausgeht, ist von dem Bösen.‘ (Mt 5,37) 2,5. Auch in dem Gebet, das er an uns weitergab, finden wir gesagt: ‚Erlöse uns von dem Bösen!‘ (Mt 6,13) Und bei anderer Gelegenheit versprach er, er den Gottlosen zu sagen: ‚Geht weg in die äußerste Finsternis, die der Vater dem Teufel und seinen Engeln bereitet hat!‘ (Vgl. Mt 25,41.30.) 2,6. Und damit ich meine Rede nicht in die Länge ziehe: Ich weiß, dass mein Lehrer oft gesagt hat, dass es den Bösen gibt. Darum stimme auch ich bei, dass er existiert. Wenn du noch etwas dazu zu sagen hast, rede, wie du es versprachst!“

3,1. Darauf Simon: „Da du nun einsichtsvoll zugegeben hast, dass es den Bösen gibt, erkläre uns anhand den Schriften, wie er entstanden ist, wenn er denn entstanden ist, und durch wen und warum!“ 3,2. Darauf Petrus: „Verzeih mir, Simon, wenn ich nicht zu sagen wage, was nicht geschrieben steht! (Vgl. 1. Kor 4,6.) Wenn du sagst, dass es geschrieben steht, beweise es! Wenn aber auch du es nicht beweisen kannst, weil es nicht geschrieben steht, warum begeben wir uns in Gefahr, uns über über Dinge zu äußern, die nicht geschrieben stehen? 3,3. Wir glauben doch nicht[321], dass wir nur aufgrund dessen gerichtet werden, was wir tun, sondern auch aufgrund dessen, was wir glauben und reden – und da sollen wir auf dreisteste Weise über Gott diskutieren?“ 3,4. Da begriff Simon, dass er über seine Tollkühnheit gesprochen hatte, und sagte: „Erlaube, dass ich mich in diese Gefahr begebe, du aber nimm das, was du Gotteslästerung nennst, nicht als Vorwand zur Flucht! 3,5. Denn ich verstehe, dass du dich zurückziehen willst, damit du deiner Widerlegung vor der Menge entgehst, mal aus Sorge, Gotteslästerungen zu hören, mal – da nicht geschrieben steht, wie und durch wen und warum der Böse entstanden ist –, weil man nicht mehr zu sagen wagen darf als die Schrift. Darum bestätigst du aus Vorsicht nur,

321 Die Übersetzung des Versanfangs folgt einer Textverbesserung.

dass er existiert. 3,6. Aber durch diese List betrügst du dich selbst, weil du Folgendes nicht weißt: Wenn es Gotteslästerung ist, über den Bösen nachzuforschen, trifft die Schuld mich, den Ankläger, nicht dich, den Verteidiger Gottes. 3,7. Und wenn das, was erforscht werden soll, nicht geschrieben steht und du es deshalb nicht erforschen willst, gibt es genügend Verfahren, die das, was erforscht werden soll, nicht weniger gut als die Schriften erklären können. Zum Beispiel: Muss nicht der Böse, von dem auch du sagst, dass es ihn gibt, entweder geschaffen oder ungeschaffen sein?" 4,1. Da sagte Petrus: „So muss es sein." Darauf Simon: „Wenn er erschaffen ist, stammt er von Gott selbst, der alles bereitet hat. Er ist dann entweder wie ein Lebewesen gezeugt worden, oder er ist der Substanz nach von Gott hervorgebracht worden und außerhalb von ihm durch Mischung zustande gekommen. 4,2. Wenn er allerdings getrennt von ihm existierte, stammt die Materie, aus der er hervorgegangen ist, sei sie lebendig oder leblos, entweder von Gott oder von ihm selbst oder auch aus dem Nichts, oder[322] er gehört zu den relativen Dingen[323], oder es gab ihn immer. 4,3. Ich denke, hiermit sind alle Wege aufgezeigt, um seinen Ursprung zu entdecken. Wenn man einen dieser Wege verfolgt, muss er zu finden sein. Man muss also jeden dieser Wege verfolgen, um nach seinem Ursprung zu suchen. Und wenn man die Ursache für ihn gefunden hat, muss man erkennen, dass sie der Vorwurf trifft, oder nicht? Was meinst du?"

5,1. Darauf Petrus: „Mir scheint – falls sich herausstellt, dass er von Gott geschaffen ist –, dass seinen Schöpfer noch kein Vorwurf treffen muss, denn es könnte sich herausstellen, dass sein Dienst notwendiger ist als alles andere. 5,2. Aber auch wenn bewiesen würde, dass er nicht geschaffen wurde, weil er immer existierte, wäre auch in diesem Fall der Demiurg nicht zu tadeln, weil er der Mächtigste von allen ist, auch wenn er es nicht vermocht hat, einem anfangslosen Prinzip ein Ende zu bereiten, da das wider die Natur ist, oder, obwohl er hierzu fähig war, den Bösen nicht beseitigte, weil er es für ungerecht hielt, ihm, der keinen Anfang hat, ein Ende zu bereiten

322 Dieses Wort ist zu ergänzen (vgl. die Parallele in 19.9,1).

323 D. h., das Böse existiert nicht an sich, sondern tritt nur unter bestimmten Voraussetzungen auf.

und ihn, der von Natur aus schlecht ist, nicht[324] zu schonen, weil er nichts anderes zu werden vermag, selbst wenn er den Wunsch hätte, es zu werden. 5,3. Wenn er ihn nicht bessern kann, obwohl er es will – auch dann wäre gut, weil er es will, aber nicht kann. Selbst in dem, was er nicht kann, ist er der Mächtigste von allen, weil keinem anderen diese Macht gegeben ist. 5,4. Falls aber ein anderer dazu fähig ist und ihn nicht bessert, wird er – weil er dazu fähig ist und ihn nicht bessert – als schlecht gelten, weil er seinem Treiben kein Ende setzt, als freue er sich über das, was von ihm angerichtet wird. Wenn aber nicht einmal dieser es vermag, ist jener mächtiger, der, abgesehen von jenem Unvermögen, nicht zögert, uns nach Kräften Gutes zu tun."

6,1. Darauf Simon: „Wenn ich zu jedem meiner Vorschläge Stellung genommen habe, werde ich dir den Urheber der Bosheit nennen. Dann werde ich dir auch auf das antworten, was du gesagt hast, und beweisen, dass der Tadel den Gott trifft, den du untadelig nennst." 6,2. Darauf Petrus: „Aus dem, was du von Beginn an vorbringst, schließe ich, dass du allein danach trachtest, Gott dem Vorwurf auszusetzen, dass er der Fürst der Bosheit sei. Deshalb bin ich entschlossen, auf allen Wegen, die du bei der Untersuchung einschlagen willst, mitzugehen, um zu beweisen, dass Gott von jedem Vorwurf frei ist." 6,3. Da sprach Simon: „Dies sagst du aus Liebe zu dem, den du für Gott hältst, aber die Wahrheit sprichst du nicht." Darauf Petrus: „Und du hasst aus Bosheit den Gott, den du nicht erkannt hast, und stößt Lästerungen aus." 6,4. Darauf Simon: „Erinnere dich, dass du mich mit dem Fürsten der Bosheit verglichen hast!"[325] Darauf Petrus: „Ich gestehe, ich habe die Unwahrheit gesagt, als ich dich mit dem Bösen verglich. Ich sah mich allerdings dazu gezwungen, weil ich niemanden fand, der dir gleicht oder noch schlechter ist. Deshalb habe ich dich mit dem Bösen verglichen. 6,5. Du bist ja noch viel schlimmer als der Fürst der Bosheit! Denn niemand kann beweisen, dass der Böse Gott geschmäht hat, dass du ihn aber in dreister Weise schmähst, stellen wir alle fest, die wir hier sind." 6,6. Darauf Simon: „Wer die Wahrheit sucht, schuldet niemandem,

324 Dieses Wort ist vermutlich gegen die Handschriften einzufügen.
325 Vgl. 7.11,2.

über die Wahrheit hinaus einen Gefallen zu tun. Warum begibt er sich denn überhaupt auf die Suche? Darum kann auch ich nicht die genaue Erforschung der Dinge aufgeben, um all meine Zeit auf das Lob eines Gottes zu verschwenden, den ich nicht kenne." 7,1. Darauf Petrus: „Weder bist du so glücklich, ihn loben zu können, noch vermagst du wirklich dieses gute Werk zu tun – sonst wärst du ja von Gott erfüllt. Denn so sprach unser unfehlbarer Lehrer: ‚Aus der Fülle des Herzens spricht der Mund.' (Mt 12,34) 7,2. Deshalb fließt du über vor schlechter Gesinnung und schmähst aufgrund von Unwissenheit den einzigen guten Gott. Du leidest ja noch nicht, wie es die Worte verdienen, die du zu sagen gewagt hast. Wenn du denkst, dass es kein Gericht geben wird, glaubst du wohl sogar, dass es auch keinen Gott gibt. 7,3. Weil du seine so große Geduld missachtest, steigerst du dich immer mehr in Tollkühnheit." 7,4. Darauf Simon: „Erwarte nicht, mich durch Furcht zwingen zu können, dass ich die Wahrheit der Modelle[326] nicht mit dir untersuche! Ich verlange nämlich so sehr nach der Wahrheit, dass ich nicht zögere, mich um ihretwillen auch in Gefahr zu begeben. Wenn du nun auf das, was ich zu Beginn vortrug, etwas zu erwidern hast, dann sprich!"

8,1. Darauf Petrus: „Weil du uns zu dem Wagnis zwingst, die Begabungen Gottes genau zu untersuchen und darüber zu sprechen – als Menschen zumal, die wir nicht einmal die Begabungen von unseresgleichen genau erforschen können –, will ich doch wegen der Anwesenden reden, worüber du willst, statt in aller Gottesfurcht zu schweigen. 8,2. Ich stimme dir zu, dass es einen Fürsten der Bosheit gibt, über dessen Ursprung die Schrift weder Wahres noch Falsches zu sagen gewagt hat. 8,3. Lass uns also auf vielerlei Wegen gemeinsam untersuchen, wie er entstanden ist, wenn er denn entstanden ist. Von den verschiedenen Meinungen lass uns die ehrenvollste wählen, da man sich aller Wahrscheinlichkeit nach dieser zuversichtlich anschließen kann, weil es sich gehört, Gott das Ehrenvollste zuzuschreiben – umso mehr, wenn nach Ausscheidung aller anderen Vermutungen noch ein anderer hinreichender und weniger gefahrvoller Verdacht vorliegt.[327] 8,4. Ich versichere dir jedoch schon

326 Nämlich zur Erklärung der Herkunft des Bösen.
327 Der Sinn des letzten Halbsatzes ist dunkel.

vor der Untersuchung, dass jeder Weg, den die Untersuchung nimmt, zum Ergebnis führen kann, dass Gott als einziger untadelig ist.

9,1. Wenn nun, wie du sagtest, der Böse geschaffen ist, ist er entweder wie ein Lebewesen gezeugt, oder er ist der Substanz nach von Gott hervorgebracht worden oder außerhalb von Gott durch Mischung entstanden, oder sein Trachten ist durch diese Mischung zustande gekommen, oder es verhielt sich so, dass er ohne Mischung und den Willen Gottes aus dem Nichts entstanden ist, oder er ist von Gott aus dem, was nirgends und auf keine Weise existiert, geschaffen, oder er existierte außerhalb von Gott – sei es, dass er aus lebloser oder lebendiger Materie geschaffen ist, sei es, dass er hat sich selbst erschaffen hat –, oder er ist durch Gott entstanden, oder er gehört zu den relativen Dingen[328], oder er existierte immer.[329] Dass er nicht existiert, können wir allerdings nicht behaupten, denn wir sind übereingekommen, dass es ihn gibt."

9,2. Darauf Simon: „Gut hast du alle Wege seiner Entstehung in den Hauptpunkten unterschieden. Nun ist es an mir, diese Unterscheidung zu prüfen, um dir zu beweisen, dass der Vorwurf[330] den Demiurgen trifft. Deine Aufgabe aber ist, wie du versprochen hast, zu zeigen, dass er von jedem Vorwurf frei sei. Ich bin neugierig, ob du das kannst! 9,3. Denn erstens empfängt der Böse, wenn er von Gott wie ein Lebewesen gezeugt ist, konsequenterweise dieselbe Bosheit wie der, der ihn hervorbrachte." 9,4. Darauf Petrus: „Durchaus nicht! Wir sehen nämlich viele Menschen, die gut sind und doch böse Kinder gezeugt haben, andere aber sind schlecht und haben gute Kinder, wieder andere sind schlecht und haben sowohl gute als auch schlechte[331] Kinder hervorgebracht, und noch andere sind gut und haben sowohl schlechte als auch gute Kinder geboren. 9,5. Beispielsweise hat der zuerst erschaffene Mensch den ungerechten Kain und den gerechten Abel gezeugt (Gen 4,1–2)." Darauf erwiderte Simon: „Du handelst unvernünftig, wenn du über Gott diskutierst und menschliche Beispiele verwendest." 9,6. Darauf Petrus: „Dann sprich du zu

328 S. Anm. 323.

329 Diese Aufzählung weicht zum Teil von der in 19.4,1–2 ab; der Text ist vermutlich an mehreren Stellen fehlerhaft.

330 Nämlich für die Existenz des Bösen.

331 Die Wörter „als auch schlechte" sind in den Handschriften ausgefallen.

uns über Gott, ohne menschliche Beispiele zu verwendest, doch so, dass man das Gesagte begreifen kann! Aber das kannst du nicht. 10,1. Was behauptetest du beispielsweise zu Beginn? Wenn der Böse von Gott gezeugt ist, ist auch Gott schlecht, weil er von derselben Substanz sei wie er. Als ich aber anhand des Beispiels, das du selbst gegeben hast, zeigte, dass aus Guten Böse entstehen und aus Bösen Gute, hast du das nicht gelten lassen, sondern gesagt, dieses Beispiel sei menschlich. 10,2. Deshalb lasse ich jetzt auch nicht gelten, dass Gott ihn gezeugt habe, weil das Zeugen Sache der Menschen und nicht Gottes ist. Gott kann auch nicht gut oder schlecht sein oder gerecht oder ungerecht, noch kann er vernünftig oder ein Lebewesen sein oder alles andere, was den Menschen kennzeichnet; denn solche Eigenschaften sind die von Menschen. 10,3. Wenn wir aber beim Nachforschen über Gott ihm die guten Eigenschaften der Menschen nicht zuschreiben dürfen, ist nichts weiter zu überlegen oder zu bereden. Allein danach ist zu fragen, was sein Wille verlangt, den er uns zu erkennen gestattete, damit wir wegen der Dinge, die wir wissentlich nicht befolgt haben, ohne Entschuldigung sind, wenn wir gerichtet werden."

11,1. Als Simon das hörte, sagte er: „Du wirst mich nicht zwingen, über seine Beschaffenheit zu schweigen und allein seinen Willen zu erforschen. Man kann nämlich über seine Beschaffenheit nachdenken und reden, und zwar infolge der guten Eigenschaften der Menschen. 11,2. Zum Beispiel ist es Eigenschaft des Menschen, zu leben und zu sterben. Gottes Eigenschaft hingegen ist es, nicht zu sterben, sondern zu leben, und zwar ewig zu leben. 11,3. Ferner ist es Eigenschaft der Menschen, schlecht zu sein und gut, Gottes Eigenschaft hingegen, unvergleichlich[332] gut zu sein. Und damit ich meine Rede nicht zu sehr in die Länge ziehe: Die besten Eigenschaften der Menschen sind die ewigen Eigenschaften Gottes." 11,4. Da erwiderte Petrus: „Sag mir, Simon, ist es Eigenschaft der Menschen, Schlechte und Gute zu zeugen sowie Schlechtes und Gutes zu tun?" Da sagte Simon: „So ist es." 11,5. Da sagte Petrus: „Deiner Auffassung nach muss man die besten Eigenschaften der Menschen Gott zuschreiben. Während Menschen Schlechte und Gute zeugen, kann Gott allein

332 Die Übersetzung folgt einer Textverbesserung.

Gute zeugen, und während ferner die Menschen Schlechtes und Gutes tun, erfreut er sich daran, nur das Gute zu tun. 11,6. So darf man entweder die Eigenschaften von Menschen nicht auf Gott beziehen und muss schweigen, oder man ist berechtigt, dass man ihm von den guten Eigenschaften der Menschen die besten zuschreibt und er folglich nur Urheber aller guten Dinge ist."

12,1. Darauf Simon: „Wenn also Gott Urheber nur der guten Dinge ist, was bleibt dann außer der Annahme übrig, dass irgendein anderes Prinzip das Böse gezeugt hat, wenn es denn gezeugt ist?" 12,2. Darauf Petrus: „Weder hat irgendeine andere Macht den Bösen gezeugt, noch ist das Schlechte ungezeugt, wie ich am Ende zeigen werde. Denn zunächst ist es meine Aufgabe zu beweisen – wie ich zu Beginn versprochen habe[333] –, dass Gott in jeder Hinsicht untadelig ist. 12,3. Wir sind nun übereingekommen, dass Gott die besten Eigenschaften der Menschen in unvergleichlicher Weise besitzt. Daher ist es auch möglich, dass er der Erzeuger der vier Substanzen war, nämlich des Heißen und des Kalten, des Feuchten und des Trockenen. 12,4. Da diese zuerst rein und unvermischt waren, hatten sie nach beidem[334] kein Verlangen. Nachdem sie aber von Gott hervorgebracht und außerhalb von ihm gemischt worden sind, wurden sie zu einem Lebewesen, das das Bestreben hat, die Schlechten zu vernichten. 12,5. Weil alles von Gott geschaffen wurde, stammt der Böse folglich weder anderswoher noch empfing er seine Bosheit von Gott selbst, der alles erschaffen hat und bei dem sie unmöglich zu finden ist. Denn die Substanzen sind weder gut noch schlecht und wurden sorgfältig unterschieden aus ihm hervorgebracht. Erst nachdem sie außerhalb von ihm durch seine Kunst vermischt worden waren, entstand in ihnen durch seinen Willen die Begierde zur Vernichtung der Schlechten. Gute aber vermag die so entstandene Bosheit nicht zu vernichten, selbst wenn sie es wollte. Denn aufgrund eines Gesetzes hat sie nur über die Sünder Macht.[335] 12,6. Weil nun der Böse den Charakter der einzelnen Menschen nicht kennt, stellt er sie auf die Probe, und wenn er sie überführt hat, bestraft er sie." Da sagte Simon: „Wenn Gott in der Lage ist, die Elemente zu mischen und

333 Vgl. 19.8,4 (19.1,2).
334 Nämlich nach Gutem oder Schlechtem.
335 Gemeint ist das „Dämonengesetz", s. 8.18–19.

Mischungen entsprechend den Absichten herzustellen, die er herbeiführen will, warum schuf er nicht die Wesensart[336] eines jeden mit einer Vorliebe für das Gute?"

13,1. Darauf Petrus: „Im Moment ist uns die Aufgabe gestellt zu zeigen, wie der Böse entstand, wenn er denn entstanden ist, und durch wen. Ob das in einwandfreier Weise geschah, werde ich zeigen, sobald ich die uns jetzt gestellte Aufgabe erledigt habe. Dann werde ich zeigen, wie und warum er entstand, und beweisen, dass sein Schöpfer untadelig ist. 13,2. Wir haben inzwischen festgestellt, dass die vier Substanzen von Gott hervorgebracht wurden. Folglich entstand nach dem Willen dessen, der sie zusammenfügte, die Vorliebe für das Schlechte so, wie er es beabsichtigt hatte. 13,3. Denn wenn sie entgegen seiner Absicht oder aus irgendeiner anderen Substanz oder Ursache zustande gekommen wäre, hätte Gott keinen festen Willen, 13,4. und es wäre zu befürchten, dass gegen seinen Willen ständig Fürsten der Bosheit auftreten, die seine Pläne bekämpfen. 13,5. Aber dass es sich so verhält, ist unmöglich. Kein Lebewesen, erst recht kein mächtiges, kann durch Zufall entstehen. Denn alles, was entsteht, muss durch jemanden entstehen." 14,1. Darauf Simon: „Was aber, wenn die Materie gleichzeitig mit ihm und mit gleicher Kraft existiert und ihm als Feindin Fürsten entgegenstellt, die seine Pläne vereiteln?" 14,2. Darauf Petrus: „Wenn die Materie ewig ist, ist sie die Feindin von niemandem. Denn was für immer existiert, ist auch leidenschaftslos. Und was leidenschaftslos ist, ist glückselig. Und was glückselig ist, kann für Feindschaft nicht anfällig sein, weil es aufgrund seines ewigen Bestehens Zeit keine Angst hat, einer Sache beraubt zu werden. 14,3. Wie sollte die Materie den Demiurgen nicht vielmehr lieben, wenn[337] sie offensichtlich Früchte hervorbringt zur Nahrung für alle, die von ihm geschaffen sind? Wie sollte sie ihn nicht als Mächtigsten fürchten, da sie es auch durch Beben zitternd bekennt und da sie, als sie gewaltige Wellen schlug, dem Lehrer, der auf ihr fuhr und Stille befahl, schleunigst gehorchte

336 Wörtlich: „die Mischung".

337 An dieser Stelle bricht Handschrift P ab. Für 19.14,3b–20.10,2 ist Handschrift O der einzige Textzeuge. In diesem Bereich sind zahlreiche Textverbesserungen erforderlich, auf die nachfolgend nur in wichtigen Fällen hingewiesen wird.

und sich beruhigte (Mt 8,26)? 14,4. Und weiter! Fuhren nicht auch die Dämonen mit Furcht und Hochachtung aus? Und baten nicht andere Dämonen, in Schweine fahren zu dürfen, nachdem sie ihn zuvor angefleht hatten, weil sie ohne seine Erlaubnis nicht einmal Macht hatten, in Schweine zu fahren (Mt 8,31)?“

15,1. Darauf Simon: „Was aber, wenn die Materie leblos ist – hat sie dann die Fähigkeit, das Schlechte und das Gute hervorzubringen?“ Darauf Petrus: „Unter dieser Voraussetzung ist sie weder gut noch schlecht, weil sie nicht aus eigenem Entschluss handelt, da sie leblos und empfindungslos ist. 15,2. Darum lässt sich auch in diesem Fall begreifen, wie sie, obwohl leblos, Belebtes hervorbringt[338] und, obwohl empfindungslos, offensichtlich die kunstvollen Formen der Tiere und Pflanzen erschafft.“ 15,3. Darauf Simon: „Was aber, wenn Gott selbst die Materie belebt hat – ist dann nicht er Urheber des Schlechten, das sie hervorbringt?“ 15,4. Darauf Petrus: „Wenn Gott sie nach seinem Willen belebt hat, ist es sein Geist, der sie hervorbringt, und sie ist keinesfalls etwas, das Gott feindlich ist oder ebenso mächtig wie er, oder etwas, das ihm unmöglich wäre, denn alles, was entsteht, entsteht durch ihn, wie er es will. 15,5. Du wirst jedoch einwenden: Er selbst ist Urheber der Bosheit, weil er die schlechten Dinge durch die Materie hervorbringt. Welche willst du denn als schlecht bezeichnen? Giftige Schlangen und todbringende Pflanzen oder Dämonen oder noch irgendwelche anderen Dinge, die den Menschen schaden können? 15,6. Diese Dinge würden jetzt ungefährlich sein, wenn nicht der Mensch Sünden begangen hätte, weshalb sich der Tod eingeschlichen hat (vgl. Röm 5,12). Denn solange der Mensch sündlos war, wirkte das Gift der Schlangen nicht, traten weder die Wirkungen der schädlichen Pflanzen auf noch Belästigungen durch Dämonen, noch war es möglich, dass ihn irgendein anderes Leid traf. Weil er aber infolge der Sünde aufhörte, unsterblich zu sein, wie ich sagte, wurde er für jedes Leid anfällig. 15,7. Falls du einwenden willst: Warum wurde denn die menschliche Natur überhaupt anfällig für den Tod?, antworte ich dir: wegen ihres freien Willens.

338 Die Übersetzung folgt einer Textverbesserung; Handschrift O liest: „wie sie, obwohl leblos, hervorbringt, als sei sie belebt“. Der Sinn des Arguments ist in beiden Fällen der, dass sich Gott der Materie als Instrument seines Schöpferwillens bedient.

15,8. Denn wenn wir dem Tod nicht ausgesetzt wären, könnten wir als Unsterbliche für eine willentliche Sünde nicht bestraft werden. Dann würden wir, wegen der Freiheit von den Leiden, in unserem Trachten noch schlechter sein, oder die Gerechtigkeit würde völlig daniederliegen, weil diejenigen, die böse Absichten hegen, aufgrund der Freiheit von den Leiden nicht bestraft werden können."

16,1. Darauf sagte Simon: „Was kann ich nun über den Bösen noch anderes sagen, als dass ihn Gott aus dem Nichts erschuf? Und deshalb ist der Schöpfer, der dieses Nichtseiende ins Dasein rief, schlecht, war er doch in der Lage, dieses Geschöpf dadurch gut zu machen, dass es seiner Natur nach keinen Hang zur Bosheit besitzt." 16,2. Darauf Petrus: „Dass Gott den Bösen aus dem Nichts mit dieser Neigung erschaffen hat, gleicht der Aussage, die wir zuvor getroffen haben: Er hat seine Wesensart[339] so hergestellt, dass er sich an Schlechtem erfreut, und er ist offenbar selbst Urheber dieses Geschöpfs. Da nun die Erklärung beider Möglichkeiten[340] dieselbe ist, werden wir später darlegen, warum er ihn so geschaffen hat, dass er sich über die Vernichtung der Schlechten freut." 16,3. Darauf Simon: „Wenn er auch die Engel mit freiem Willen erschuf und der Böse sich weigerte, gerecht zu sein, warum wurde er dann mit Herrschaft geehrt? Dadurch, dass er ihn geehrt hat, erscheint der Ehrende so, als erfreue er sich am Schlechten." 16,4. Darauf Petrus: „Wenn ihn Gott nach seinem Abfall eingesetzt hat, um über seinesgleichen zu herrschen, und ihm aufgrund eines Gesetzes[341] befohlen hat, den Sündern Strafe aufzuerlegen, ist er nicht ungerecht. 16,5. Und wenn er ihn geehrt hat, obwohl er abgefallen ist, hat der Ehrende den Nutzen vorhergesehen, weil doch diese Ehre befristet ist und weil es gerecht ist, dass die Schlechten vom Bösen beherrscht und die Sünder von ihm bestraft werden." 17,1. Darauf Simon: „Wenn der Böse womöglich ewig existiert, wird dann nicht Gottes Vorrecht der Alleinherrschaft aufgehoben, weil zugleich eine andere, auf Seiten der Materie befindliche Macht herrscht?" 17,2. Darauf Petrus: „Wenn sie in ihrer Substanz verschieden sind, sind sie auch in ihrer Macht verschieden, und der Stärkere herrscht über den Schwächeren. Wenn

339 Vgl. Anm. 336.
340 Nämlich die Existenz des Bösen zu begründen.
341 Vgl. Anm. 335.

sie von derselben Substanz sind, dann sind sie von gleicher Macht und in gleicher Weise gut oder schlecht. 17,3. Dass sie aber nicht von gleicher Macht sind, ist offensichtlich, denn die Materie wurde vom Demiurgen in die von ihm gewünschte Form einer Welt gebracht. Und vielleicht kann man sogar sagen, dass Substanz – nicht Materie – als Vorratskammer Gottes immer da war.[342] Denn man darf nicht sagen: Es gab eine Zeit, als Gott nichts besaß. Er war vielmehr immer ihr[343] einziger Herrscher. 17,4. Darum ist er auch der ewige Alleinherrscher, und unter dieser Voraussetzung kann man wohl zu Recht behaupten, dass er der Herrscher und der einzig Ewige[344] ist."

17,5. Da sagte Simon: „Was nun, wenn der Böse sich selbst geschaffen hat? Ist Gott auch dann gut, wenn er wusste, dass der Böse zu Schlechtem da sein werde, und ihn bei seiner Entstehung nicht vernichtete, als er vernichtet werden konnte, weil noch nicht vollendet war? 17,6. Wenn er allerdings plötzlich und noch dazu vollendet zustande gekommen ist, dann bekämpft er den Demiurgen deshalb, weil er plötzlich mit gleicher Macht wie er entstanden ist." 18,1. Darauf Petrus: „Du behauptest Unmögliches. Wenn er allmählich entstanden wäre, hätte Gott ja nicht die Absicht hegen können, ihn als Feind zu vernichten.[345] Weil er im Voraus wusste, dass er nicht gut wird, würde er ihn nicht geduldet haben, wenn er nicht gewusst hätte, dass er zu seinem Nutzen entsteht. 18,2. Und in Vollendung plötzlich von selbst zu entstehen, wäre er nicht imstande gewesen. Wenn er noch nicht existierte, hätte sich nicht selbst herstellen können. Noch kann etwas die Substanz haben, um aus dem Nichts zu entstehen. Und dass ein Hervorgebrachtes von gleicher Macht ist wie der Ewige, könnte wohl niemand zu Recht behaupten."

18,3. Darauf Simon: „Gehört also das Böse zu den relativen Dingen[346], und ist es in diesem Sinn schlecht? So, wie das Wasser für das Feuer schlecht ist, für das zurzeit dürstende Land aber gut? 18,4. So,

342 Unsichere Übersetzung.

343 Nämlich der Substanz bzw. der Materie.

344 Handschrift O überliefert den Vers nur lückenhaft. Die Übersetzung beruht auf unsicheren Ergänzungen des Textes.

345 Der Wortlaut des griechischen Satzes ist fehlerhaft und nicht sicher zu übersetzen.

346 Vgl. Anm. 323.

wie ja auch das Eisen für den Ackerbau gut ist, in Hinblick auf Mord aber schlecht, und die Begierde für die Ehe nicht schlecht ist, in Hinblick auf Ehebruch aber schrecklich, wie auch das Morden schlecht ist, für den Mörder in Hinblick auf seinen Plan jedoch gut, und die Habgier schlecht ist, für den Habgierigen jedoch verlockend – und alles, was dem gleicht, hat diese Eigenschaft. 18,5. Nach dieser Erklärung ist weder das Schlechte schlecht noch das Gute gut; denn jedes von beiden bewirkt das andere. Erfreut denn nicht das, was aus Bosheit zu geschehen scheint, den Täter, quält aber das Opfer? 18,6. Und wenn es ungerecht erscheint, dass der, der sich selbst liebt, sich allen möglichen Freuden hingibt – wem erscheint es dann nicht auch ungerecht, dass ihm deshalb von einem gerechten Richter Schlimmes widerfahren soll, weil er sich selbst geliebt hat?" 19,1. Darauf Petrus: „Der Mensch muss sich dann durch Selbstbeherrschung bändigen, wenn ihn die Begierde anstacheln will, einem anderen zu schaden, wohl wissend, dass der Böse die Schlechten vernichten kann, weil er von Anfang an die Macht über sie erhalten hat. 19,2. Aber das ist noch nicht das Schlimmste für die, die Schlechtes tun, sondern dass nach ihrer Vernichtung ihre Seelen für immer bestraft werden. Dass dies wirklich schlimm ist, darf man zu Recht behaupten, weil die schlechten Dinge vorher genau festgelegt wurden.[347] 19,3. Deshalb soll man sich hüten, wie ich sagte, einem anderen wegen eines kurzen Vergnügens Unrecht zu tun, damit man sich wegen dieses geringen Vergnügens nicht ewige Strafe zuzieht."

19,4. Darauf Simon: „Vielleicht existiert ja Schlechtes oder Gutes nicht von Natur aus, sondern ist nach Gesetz und Sitte verschieden? Obwohl es bei den Persern Brauch ist, Mütter, Schwestern oder Töchter zu heiraten, ist das bei anderen Völkern als höchst widerwärtig verboten. 19,5. Weil folglich die schlechten Dinge nicht einheitlich festgelegt sind, ist es unmöglich, das Urteil darüber von Gott zu erwarten." 19,6. Da sagte Petrus: „Das kannst du nicht beweisen. Es ist ja für alle offensichtlich, dass der Verkehr mit Müttern abscheulich ist, auch wenn die Perser, die nur ein Teil des Ganzen sind, aus schlechter Gewohnheit das Ungesetzliche ihres abscheu-

347 Der Wortlaut des griechischen Satzes weist Fehler auf und lässt keine sichere Übersetzung zu.

lichen Tuns nicht begreifen. 19,7. Wie auch die Britannier offen vor aller Augen Geschlechtsverkehr treiben und sich nicht schämen; und wie andere Menschenfleisch essen und keinen Ekel empfinden und wieder andere Hundefleisch; und wie noch andere unsägliche Dinge tun. 19,8. Folglich darf man aufgrund eines Empfindens, das aus Gewohnheit vom natürlichen abweicht, keine Urteile ableiten. Denn ermordet zu werden ist schlecht, auch wenn das nicht alle zugeben, weil es niemand selbst erleiden will, und bei einem Diebstahl freut sich niemand über den eigenen Schaden. 19,9. Selbst wenn niemand eingesteht, dass es Sünden gibt, hat man zwangsläufig auch dann Grund[348], ein Urteil über die Sünden zu erwarten."

19,10. Nachdem Petrus dies gesagt hatte, erwiderte Simon: „Ist das deine Meinung über den Bösen? Sag es mir!" 20,1. Darauf Petrus: „Wir erinnern uns, dass uns unser Herr und Lehrer einen Befehl gab und sprach: ‚Bewahrt die Geheimnisse für mich und die Söhne meines Hauses!' (Vgl. 1. Kor 4,1.) 20,2. Darum erklärte er auch seinen Schülern die Geheimnisse des Himmelreichs vertraulich (vgl. Mk 4,10–11.34). 20,3. Du aber bekämpfst uns und forschst lediglich unsere Lehren aus, ob sie wahr sind oder falsch – dir das Geheimnis mitzuteilen, hieße, gottlos zu handeln. 20,4. Doch damit nicht einige der Anwesenden glauben, dass ich unfähig sei, auf deine Rede zu antworten, und eine Ausrede erfinde, will ich es aussprechen und frage dich zunächst: Wenn es kein Leiden gäbe, was würde der Böse dann noch sein?" 20,5. Da sagte Simon: „Ein Nichts." Darauf Petrus: „Ist also gerade das Leiden und Sterben das Böse?" Darauf Simon: „So scheint es." 20,6. Darauf Petrus[349]: „Folglich existiert das Böse nicht immer; ja, es kann auch nicht wirklich existieren, denn das Leiden und Sterben gehört zu den zufälligen Dingen. Keines von beiden ist da, solange Gesundheit vorhanden ist. 20,7. Denn was ist das Leiden anderes als eine Unstimmigkeit? Und was der Tod anderes als die Trennung der Seele vom Leib? Solange Harmonie besteht, gibt es also kein Leiden. Und das Sterben gehört schon gar nicht zu den Dingen, die Bestand haben, weil der Tod, wie ich sagte, nichts anderes ist als die Trennung der Seele vom Leib. Und wenn

348 Die Übersetzung folgt einer notwendigen Textverbesserung.
349 Diese Redeeinleitung ist gegen die Handschrift einzufügen.

sie eintritt, wird zwar der Körper, der von Natur aus empfindungslos ist, aufgelöst, die Seele aber, die empfindsam ist, bleibt am Leben. 20,8. Solange Harmonie besteht, gibt es daher kein Leiden, kein Sterben, auch keine tödlichen Pflanzen, keine giftigen Schlangen noch irgendetwas anderes von der Art, dessen Zweck der Tod ist. Daher wird, wenn die Unsterblichkeit obsiegt, offenbar werden, dass alles aus gutem Grund entstanden ist. 20,9. Und das wird dann der Fall sein, wenn der Mensch aufgrund von Gerechtigkeit unsterblich wird und zugleich das friedvolle Reich des Christus obsiegt. Wenn dann seine Wesensart ausgeglichen ist[350], sodass sie keine heftigen Leidenschaften erzeugt, und wenn auch seine Erkenntnis unfehlbar ist, sodass sie etwas Schlechtes nicht für gut hält, wird er frei sein von Leiden, sodass er unsterblich ist."

21,1. Da sprach Simon: „Damit hast du recht. Doch glaubst du nicht, dass der Mensch in der jetzigen Welt für jede Gefühlsregung anfällig ist, nämlich für Begierde, Zorn, Trauer und dergleichen?" 21,2. Darauf Petrus: „Auch dabei handelt es sich um zufällige Dinge, nicht um solche, die immer existieren. Es wird sich aber herausstellen, dass sie der Seele jetzt zum Vorteil widerfahren. 21,3. Die Begierde ist ja durch den, der alles gut erschaffen hat, entstanden. Sie soll sich im Lebewesen einstellen, damit es, von ihr zum Geschlechtsverkehr getrieben, die Menschheit vermehre, aus der, durch Auswahl der Besten, jene Menge entsteht, die für das ewige Leben geeignet ist. 21,4. Ohne Begierde würde doch niemand den Geschlechtsverkehr mit einer Frau auf sich nehmen. Aufgrund seiner Lust erfüllt nun der Mensch Gottes Willen in der Meinung, sich selbst einen Gefallen zu tun. 21,5. Wer übrigens die Begierde zum rechtmäßigen Beischlaf nutzt, handelt nicht gottlos. Wer aber auf Ehebruch aus ist, handelt gottlos und wird dafür bestraft, weil er von einer guten Einrichtung schlechten Gebrauch gemacht hat. 21,6. In gleicher Weise hat auch der Zorn von Gott die Eigenschaft erhalten, in uns zu entflammen, damit wir durch ihn zur Vergeltung von Sünden bewogen werden. Doch wer sich dem Zorn maßlos hingibt, tut unrecht, wer aber in angemessener Weise davon Gebrauch macht, vollbringt, was recht ist. 21,7. Auch für die Trauer sind wir empfänglich, damit wir beim

350 Wörtlich: „wenn … seine Mischung gut gemischt ist"; vgl. Anm. 336.

Tod von Verwandten – von Frau oder Kindern oder Brüdern oder Eltern oder Freunden oder anderen Personen – Mitleid haben. Denn wenn wir kein Mitleid hätten, wären wir Unmenschen. 21,8. In gleicher Weise werden sich auch alle anderen Gefühlsregungen als nützlich erweisen, sofern bedacht wird, weshalb sie da sind."

22,1. Darauf Simon: „Warum sterben aber manche zu früh, und warum entstehen regelmäßig Seuchen? Warum gibt es darüber hinaus Dämonen und Wahnsinn und Leiden aller Art, die großen Schaden anrichten können?" 22,2. Darauf Petrus: „Weil die Menschen sich ganz und gar ihrer Lust hingeben und unbedacht Geschlechtsverkehr treiben. Daher geschieht der Samenerguss zur Unzeit und bringt naturgemäß die zahllosen Übel hervor. 22,3. Sie müssten Folgendes bedenken: So, wie für das Pflanzen und Säen eine geeignete Zeit festgesetzt ist (vgl. Koh 3,2), so sind auch für den Geschlechtsverkehr Tage bestimmt, die es einzuhalten gilt. 22,4. Deshalb hat sie jemand, der in der Überlieferung des Mose unterrichtet war und das Volk wegen seiner Sünden anklagte, Kinder der nach dem Mond berechneten Monatsanfänge und der Sabbate genannt (vgl. Amos 8,5; Gal 4,10). 22,5. Übrigens lebten die Menschen am Anfang der Welt viele Jahre und waren frei von Krankheiten. Dann gaben sie aus Nachlässigkeit die Einhaltung dieser Tage auf. Seitdem setzen ihre Söhne von Generation zu Generation aus Unkenntnis der Tage, an denen man keinen Geschlechtsverkehr haben darf, ihre eigenen Kinder unzähligen Leiden aus. 22,6. Deshalb hat auch unser Lehrer – angesprochen auf den, der von Geburt an blind war und durch ihn das Augenlicht erlangte, ob dieser gesündigt habe[351] oder dessen Eltern, weil er blind zur Welt gekommen sei – geantwortet: ‚Weder dieser noch seine Eltern haben eine Sünde begangen, sondern durch ihn soll die Macht Gottes offenbar werden, die die Sünden der Unwissenheit heilt.' (Joh 9,1–3) 22,7. Solche Unglücke geschehen wahrhaftig aus Unwissenheit, weil nicht bekannt ist, wann man mit der Ehefrau Geschlechtsverkehr haben darf, nämlich dann, wenn sie von ihrer Menstruation rein ist. 22,8. So entstehen die Leiden, die du zuvor erwähnt hast, aus Unwissenheit, nicht aber, weil sie vom Bösen herbeigeführt worden sind. Zeig mir überdies den,

351 Die Handschrift hat eine Lücke, die nach Joh 9,2 zu füllen ist.

der nicht sündigt, und du hast den, der nicht leidet! Du wirst sogar herausfinden, dass der nicht nur nicht leidet, sondern sogar andere heilen kann. 22,9. So blieb zum Beispiel Mose wegen seiner Gottesfurcht die gesamte Lebenszeit frei von Leiden (vgl. Dtn 34,7) und heilte die Ägypter, die infolge ihrer Sünden litten, durch Gebete."

23,1. Darauf Simon: „Das mag so sein. Hältst du aber die Ungleichheit unter den Menschen nicht für höchst ungerecht? Denn der eine ist arm, der andere reich, und der eine ist krank und der andere gesund, und es gibt zahllose andere Gegensätze dieser Art im menschlichen Leben." 23,2. Darauf Petrus: „Merkst du nicht, Simon, dass du mit diesen Worten abermals am Ziel vorbeischießt? Denn obwohl wir über das Böse diskutieren, bist du davon abgewichen und hast die Rede auf Dinge gebracht, die scheinbar widersprüchlich sind. Doch auch dazu will ich etwas sagen. 23,3. Die Welt ist ein Organismus, der kunstvoll erschaffen ist, damit das Weibliche dem Männlichen, das ewig existieren wird, gerechte, ewige Söhne gebiert. Doch könnten die Gottesfürchtigen hier nicht zur Vollkommenheit gelangen, wenn es keine Bedürftigen gäbe, denen sie helfen sollen, und so gibt es aus demselben Grund auch Kranke, um die sie sich kümmern sollen. Auch alles Weitere hat denselben Grund." 23,4. Darauf Simon: „Ist das nicht ein Unglück für die Elenden? Damit die Gerechten zur Vollkommenheit gelangen, werden sie gequält!" 23,5. Darauf Petrus[352]: „Würde ihre Erniedrigung ewig währen, wäre das ein sehr großes Unglück. Doch werden den Menschen Erniedrigung und Erhöhung gemäß ihrem Los zuteil. Wem sein Los nicht gefällt, dem steht es frei, Berufung einzulegen und, wenn ein rechtmäßiges Urteil ergangen ist, ein anderes Leben zu führen." 23,6. Darauf Simon: „Was für ein Los und was für eine Berufung ist das?" Darauf Petrus: „Das wäre die Behandlung eines anderen Themas. Doch wenn du erlaubst, können wir dir zeigen, wie man neu geboren wird, seine Abstammung verändert und nach einem gesetzestreuen Leben ewige Rettung erlangt." 24,1. Als Simon dies hörte, sagte er: „Glaube ja nicht, dass ich – weil ich zugestimmt habe, jeden Punkt zu untersuchen – immer zum nächsten Punkt übergegangen bin, weil ich beim vorigen von dir überzeugt worden

352 Die Redeeinleitung ist gegen die Handschrift einzufügen.

wäre! Ich ließ dich vielmehr in der Meinung, überzeugt worden zu sein, damit du zu einem anderen Thema übergehst, 24,2. sodass ich all deine Irrtümer kennenlerne und dich ohne Vermutungen, sondern in sicherem Wissen verurteilen kann. Und jetzt gestatte mir einen Aufschub von drei Tagen. Dann will ich kommen und beweisen, dass du nichts weißt."[353]

24,3. Nachdem Simon dies gesagt hatte und weggehen wollte, sprach mein Vater: „Hör mir einen Moment zu, Simon, und dann geh, wohin du willst! Ich erinnere mich, wie du zu Beginn, vor dem Streitgespräch, meine Voreingenommenheit beklagtest[354], ohne mich überhaupt zu kennen. 24,4. Nachdem ich bei eurem Streitgespräch einem nach dem andern zugehört habe, bin ich zum Urteil gelangt, dass Petrus überlegen war, und gestehe ihm zu, dass er die Wahrheit sagt. Für wen hältst du mich jetzt? Für jemanden, der richtig zu urteilen versteht oder nicht? Wenn du sagst, dass ich richtig geurteilt habe, dem aber selbst nicht zustimmst, wärst offensichtlich du voreingenommen – jemand, der selbst nach diesem Eingeständnis keine Niederlage zugeben will. 24,5. Wenn ich jedoch zu Unrecht behauptet habe, dass Petrus bei dem Streitgespräch der Überlegene war, dann überzeuge du uns, warum wir nicht richtig geurteilt haben! Oder willst du nicht lieber aufhören, mit ihm in aller Öffentlichkeit zu diskutieren? Wenn du jedes Mal unterliegst und das eingestehen musst, wirst du durch dein Gewissen seelische Qualen erleiden – falls du die Schmach, von allen Zuhörern Geringschätzung und Schande zu ernten, für die größte Strafe hältst. Denn dass du besiegt worden bist, haben wir in der Tat erkannt, und deine Ankündigung haben wir gehört. 24,6. Am Ende glaube ich jedoch nicht, dass du zum Streitgespräch wiederkommen wirst, wie du versprochen hast. Nur um dir den Anschein zu geben, dass du dich nicht schämst, hast du beim Weggehen versprochen zurückzukehren." 25,1. Als Simon dies hörte, knirschte er vor Zorn mit den Zähnen und ging schweigend davon.

Weil aber noch viel Zeit war, legte Petrus der großen Menschenmenge die Hände zur Heilung auf. Und nachdem er sie entlassen

353 Die Verse 19.24,1–2 sind nur lückenhaft überliefert; die Übersetzung beruht auf z. T. unsicheren Textergänzungen.

354 Vgl. 16.3,5.

hatte, ging er mit seinen engsten Vertrauten ins Haus und setzte sich dort nieder. 25,2. Sogleich sprach einer seiner Gefährten namens Sophonias: „Petrus, gepriesen sei Gott, der dich auserwählt und weise gemacht hat zur Erfrischung der Einsichtigen! Denn du hast wahrhaft glänzend und geduldig mit Simon diskutiert. 25,3. Auch wir bitten dich, dass du mit uns über das Böse diskutierst, weil wir hoffen, dass du uns deine Lehre darüber noch eingehender auseinandersetzt, freilich nicht zu dieser Stunde, sondern morgen, wenn es dir lieb ist. Denn mit Rücksicht auf die Anstrengungen durch das Streitgespräch wollen wir dich jetzt schonen." 25,4. Darauf Petrus: „Ich möchte, dass ihr Folgendes wisst: Wer etwas mit Freude tut, erholt sich gerade durch diese Anstrengungen. Wer aber nicht tun kann, was er will, wird gerade durch die Ruhe überaus müde. Folglich bietet ihr mir reichlich Erholung, wenn ihr dafür sorgt, dass ich über Dinge diskutiere, die mir lieb sind." 25,5. Weil wir durch seine Bereitwilligkeit zufriedengestellt waren und ihn mit Rücksicht auf die Anstrengungen schonen wollten, baten wir ihn um einen Aufschub bis zur Nacht, da er die Gewohnheit hatte, dann mit seinen engsten Freunden zu diskutieren. Daraufhin nahmen wir Nahrung zu uns und begaben uns zur Ruhe.

# Buch 20

## Nächtliches Schulgespräch über den Bösen

1,1. Nachts stand er auf, weckte uns, nahm in gewohnter Weise Platz und sagte: „Fragt mich, wonach ihr wollt!" Da begann Sophonias als erster: „Wie verhält es sich tatsächlich mit dem Bösen? Erkläre es uns, denn wir sind begierig, es zu erfahren!" 1,2. Da sprach Petrus: „Zwar habe ich das schon während der Diskussion mit Simon gezeigt, weil aber meine Ausführungen darüber mit anderen Punkten verbunden waren, ist es nicht vollkommen deutlich geworden. 1,3. Viele Punkte, die von gleichem Gewicht zu sein scheinen wie die Wahrheit, verschaffen den meisten eine gewisse Einsicht in die Wahrheit selbst. Wenn ich euch jetzt darlege, was ich bereits mit vielen anderen Punkten zusammen Simon dargelegt habe, sollt ihr nicht meinen, dass euch die gleiche Wertschätzung zuteilwird wie ihm." 1,4. Da sprach Sophonias: „Du hast recht! Wenn du jetzt für uns aus den vielen bereits angesprochenen Punkten die Wahrheit selbst herausgreifst, wirst du sie deutlicher machen."

2,1. Da sagte Petrus: „So hört denn die Wahrheit über die Ausgewogenheit des Bösen! 2,2. Nachdem Gott zwei Königreiche gegründet hatte, schuf er auch zwei Äonen und bestimmte, dass dem Bösen die gegenwärtige Welt gegeben werde, weil sie unbedeutend ist und schnell vergeht, dem Guten aber versprach er den zukünftigen Äon zu geben, weil der mächtig ist und ewig. 2,3. Den Menschen erschuf er mit freiem Willen und der Fähigkeit, sich den Taten zuzuwenden, die er tun will. Sein Körper besteht aus drei Teilen, weil er weiblichen Ursprungs ist. Er hat ja Begierde, Zorn, Schmerz und das, was daraus[355] folgt. Sein Geist – er ist nicht dreifachen Ursprungs[356], son-

355 Nämlich aus diesen Leidenschaften.
356 Der Sinn dieser Behauptung ist unklar.

dern hat ebenfalls drei Teile – ist männlichen Ursprungs und ist fähig zu Vernunft, Erkenntnis, Furcht und dem, was daraus folgt. 2,4. Jede der beiden Dreiheiten hat nur einen Ursprung, sodass der Mensch aus zwei Mischungen besteht[357], aus einer weiblichen und einer männlichen. Darum wurden ihm auch zwei Wege vorgegeben, der des Gesetzes und der der Gesetzlosigkeit. Und zwei Königreiche wurden gegründet – das eine, das Reich der Himmel genannt wird, und das andere für diejenigen, die jetzt auf Erden herrschen. 2,5. Auch zwei Könige wurden bestimmt. Einer von ihnen ist erwählt, um aufgrund eines Gesetzes[358] über die gegenwärtige, vergängliche Welt zu herrschen; der hat die Wesensart[359], dass er sich über die Vernichtung der Schlechten freut. 2,6. Der andere – auch er ein König, nämlich der des zukünftigen Äons – liebt alle Menschen[360]. Weil er gegenwärtig keine Redefreiheit haben kann, sucht er zu verbergen, wer er eigentlich ist, und erteilt nützliche Ratschläge. 3,1. Von diesen beiden versucht auf Gottes Befehl hin der eine den anderen zu bezwingen. Jeder Mensch aber hat die Freiheit, im jetzigen Leben demjenigen von ihnen zu folgen, dem er gehorchen will, um Gutes oder Schlechtes zu tun.[361] 3,2. Wer es vorzieht, Gutes zu tun, wird zum Eigentum des zukünftigen guten Königs. Wer aber Übles tun sollte, wird zum Knecht des gegenwärtigen Bösen. Der erlangt wegen der Sünden aufgrund eines gerechten Urteils die Macht über ihn und freut sich, ihn vor Anbruch des zukünftigen Äons im jetzigen Leben entschlossen zu bestrafen. Und in der Meinung, dass er sich der eigenen Begierde hingibt, erfüllt er den Willen Gottes. 3,3. Der andere König wurde erschaffen, um sich der Macht über die Gerechten zu erfreuen. Wenn er einen Gerechten findet, ist er sehr froh und bewahrt ihn für das ewige Leben. Und in der Meinung, dass er sich damit selbst eine Freude bereitet, trägt er die Freude über die Gerechten hinauf zu Gott. 3,4. Jedem Ungerechten ist es

357 Ungenaue Formulierung; gemeint ist offenbar, dass der Mensch aus zwei Teilen zusammengesetzt ist.

358 Gemeint ist vermutlich das „Dämonengesetz“, s. 8.18–19.

359 Wörtlich: »der wurde (so) gemischt, dass…«; vgl. Anm. 336.

360 Wörtlich: »die gesamte Kreatur der Menschen«.

361 Vers 20.3,1 weist Lücken auf; die Übersetzung beruht auf z. T. unsicheren Textergänzungen.

möglich, zu bereuen und gerettet zu werden, und jeder gerechte Mensch kann Strafe erleiden, wenn er am Ende Sünden begeht. Die beiden Fürsten sind ja die flinken Hände Gottes, die danach trachten, seinen Willen im Voraus zu erfüllen. 3,5. Dass es sich so verhält, wird im Gesetz von Gott selbst gesagt: „Ich werde töten, und ich werde lebendig machen, ich werde schlagen, und ich werde heilen." (Dtn 32,39) 3,6. Denn wahrhaftig: Er tötet und er macht lebendig. Er tötet durch seine Linke, das heißt durch den Bösen, der gemischt wurde, um sich an der Misshandlung der Gottlosen zu erfreuen.[362] Und er errettet und tut Gutes durch seine Rechte, das heißt durch den Guten, der erschaffen wurde, um sich an den guten Werken und der Rettung der Gerechten zu erfreuen. 3,7. Die Substanz dieser beiden stammt nicht außerhalb von Gott, denn es gibt gar keinen anderen Ursprung.[363] 3,8. Doch wurden sie von Gott nicht wie Lebewesen hervorgebracht – sie hegten ja die gleichen Ansichten wie er –, noch sind sie durch Zufall von selbst gegen seinen Willen entstanden, weil sonst die Überlegenheit seiner Macht aufgehoben worden wäre. Von Gott wurden vielmehr zuallererst vier Elemente hervorgebracht, das Heiße und Kalte, das Feuchte und Trockene. 3,9. Darum ist er ja auch der Vater aller Substanz, nicht aber der Denkweise[364], die sie nach der Mischung hat. Denn als die Elemente außerhalb von ihm gemischt wurden, wurde in ihnen die Gesinnung wie ein Kind gezeugt. Wenn nun der Böse bis zum Ende der gegenwärtigen Welt Gott untadelig dient, kann er – weil er nicht nur aus einer Substanz besteht, die allein zur Schlechtigkeit veranlagt ist – nach Veränderung seiner Zusammensetzung gut werden. 3,10. Denn auch jetzt tut er nichts Schlechtes, obwohl er schlecht ist, weil er die Macht, Böses zu tun, rechtmäßig empfangen hat."

4,1. Nachdem Petrus dies gesagt hatte, fragte Micha, auch er einer seiner Gefährten: „Woher kommt es, dass die Menschen sündigen?" 4,2. Da sprach Petrus: „Weil sie nicht wissen, dass sie für ihre Übeltaten jedenfalls bestraft werden müssen, sobald das Urteil erfolgt. Daher befriedigen sie auch, wie ich in anderem Zusammenhang

362 Vgl. 19.12,4–5.

363 Gemeint ist, dass die Substanz der beiden Fürsten göttlichen und nicht etwa außergöttlichen Ursprungs ist.

364 Die Übersetzung folgt einer Textverbesserung.

sagte[365], ihre Begierde, die sie zur Fortpflanzung des Lebens haben, nach Belieben durch Ehebruch oder Kinderschändung oder durch irgendeine andere verlockende Sünde. 4,3. Weil sie ja nicht wissen, dass sie verurteilt werden, wie ich gerade sagte, trachten sie aufgrund mangelnder Furcht danach, ihre Begierde auf unrechtmäßige Weise zu befriedigen. 4,4. Daher ist nicht Gott schlecht, der die Begierde weise dazu bestimmt hat, dass die Fortpflanzung des Lebens erfolgt, sondern diejenigen sind in höchstem Maße gottlos, die vom Gut der Begierde schlechten Gebrauch machen. 4,5. Genauso muss man über den Zorn urteilen. Denn wer gerechten Gebrauch von ihm macht, so, wie es erlaubt ist, handelt gottesfürchtig – wer aber über das rechte Maß hinausgeht, handelt gottlos und zieht sich selbst seine Verurteilung zu."

5,1. Da sprach Sophonias noch einmal: „Deine Geduld, mein Herr Petrus, gewährt uns die Freiheit, dich um der größeren Genauigkeit willen zu vielen Punkten zu befragen. Darum forschen wir vertrauensvoll in jeder Hinsicht nach. 5,2. Ich erinnere mich an Folgendes: Beim gestrigen Streitgespräch mit dir sagte Simon, dass der Böse, wenn er von Gott gezeugt ist, konsequenterweise dieselbe Substanz besitze wie der, der ihn hervorbrachte; er müsse dann gut sein und nicht schlecht.[366] 5,3. Du aber antwortetest, dass es sich ganz und gar nicht so verhalte, weil viele Schlechte von Guten gezeugt würden. So wurden zum Beispiel von Adam zwei solche Söhne gezeugt, von denen der eine schlecht und der andere gut war (Gen 4,1–2). 5,4. Als Simon den Vorwurf erhob, dass du menschliche Beispiele benutzt habest, antwortetest du, dass man aufgrund dieses Einwandes auch nicht annehmen dürfe, Gott habe gezeugt, denn auch dieses Beispiel sei menschlich. 5,5. Ich, Sophonias, stimme zwar zu, dass Gott zeugt, dass er aber das Böse zeugt, lehne ich ab, auch wenn gute Menschen schlechte Kinder zeugen. 5,6. Doch sollst du nicht meinen, dass ich unsinnigerweise manches, was für Menschen charakteristisch ist, Gott zuschreibe, manches aber nicht, weil ich zwar zugestehe, dass Gott zeugt, aber nicht anerkenne, dass er etwas zeugt, was ihm nicht gleicht. 5,7. Denn die Menschen zeugen

365 Vgl. 19.21,3–5; 19.22,2–8.
366 Vgl. 19.9,3–10,2.

wahrscheinlich aus folgendem Grund Söhne, deren Wesen ihrem eigenen nicht gleicht: Weil sie aus vier Teilen bestehen, verändern sich ihre Körper im Lauf der verschiedenen Jahreszeiten auf verschiedene Weise. Folglich hebt das für die Jahreszeit eigentümliche Wachsen oder Abnehmen die gleichmäßige Wesensart[367] im menschlichen Körper zu jeder Zeit auf. 5,8. Weil die Wesensarten keinen festen Bestand haben, werden genauso die Samen einmal mit dieser und einmal mit jener Wesensart abgesondert. Und aus ihnen ergibt sich, entsprechend ihrer Wesensart zu diesem Zeitpunkt, das gute oder schlechte Wesen der Kinder. 5,9. In Hinblick auf Gott aber ist so etwas unmöglich zu erwägen. Er ist ja unveränderlich und ewig. Daher muss, wann immer er etwas hervorbringen will, das Hervorgebrachte ganz zwangsläufig in allem genauso beschaffen sein wie er, der es gezeugt hat, und zwar sowohl der Substanz als auch dem Wesen nach. 5,10. Wollte aber jemand behaupten, dass auch Gott veränderlich sei, weiß ich nicht, wie er ihn zugleich für unsterblich halten kann."

6,1. Nachdem Petrus dies gehört und kurz nachgedacht hatte, sprach er: „Ich glaube nicht, dass man über den Bösen diskutieren kann, ohne damit den Willen des Bösen zu erfüllen. Weil ich das weiß, weiß ich nicht, was ich tun soll – soll ich schweigen oder reden? 6,2. Würde ich schweigen, gäbe ich der Volksmenge Anlass zum Spott, weil ich beanspruche, die Wahrheit zu verkünden, aber über die Bosheit nichts sagen kann. Würde ich hingegen reden, fürchte ich, dass Gott an der Untersuchung des Bösen keinen Gefallen hat, sondern nur an der des Guten. 6,3. Doch auf Sophonias' Rede hin will ich euch meine Ansichten verdeutlichen. 6,4. Auch ich stimme zu, dass man nicht alle menschlichen Eigenschaften Gott zuschreiben darf. So verwandeln sich zum Beispiel die Menschen nicht, weil sie keine wandelbaren Körper haben. Doch liegt es in ihrer Natur, allmählich durch die Jahreszeiten verändert zu werden. Mit Gott aber verhält es sich nicht so: Denn durch den ihm innewohnenden Geist wird sein Körper mit unbeschreiblicher Macht so, wie immer er will. 6,5. Und das ist umso glaubwürdiger, als auch die Luft von ihm eine solche Natur empfangen hat: Nachdem sie von

367 Wörtlich: »Mischung« (hier und im Folgenden).

dem unkörperlichen Verstand, der sie durchdringt, zu Tau verwandelt und verdichtet worden ist, wird sie zu Wasser. Wird aber das Wasser verfestigt, wird es zu Stein und Erde. Und wenn Steine aneinander geschlagen werden, entfachen sie Feuer. 6,6. So wurde die Luft im Laufe ihrer Veränderung und Verwandlung zunächst Wasser und endete durch diese Verwandlungen als Feuer – so wurde das Feuchte in die entgegengesetzte Natur überführt. 6,7. Und weiter! Verwandelte Gott nicht auch den Stab des Mose in ein Lebewesen und machte ihn zu einer Schlange, die er wieder in einen Stab zurückverwandelte? (Ex 4,3–4; 7,9–10) Und mit diesem verwandelten Stab verwandelte er das Wasser des Nil in Blut, das er wieder in Wasser zurückverwandelte (Ex 7,19–25). 6,8. Auch den Menschen, der Staub war, verwandelte er durch Einhauchen seines Odems in Fleisch (Gen 2,7) und verwandelte ihn wieder in Staub zurück (vgl. Gen 3,19; Koh 3,20). Und wurde nicht Mose, der selbst Fleisch war, in stärkstes Licht verwandelt, sodass die Kinder Israels ihm nicht ins Gesicht sehen konnten (Ex 34,29–30)? Um wie viel mehr ist folglich Gott allmächtig, sich zu verwandeln, in was er will!

7,1. Doch gewiss hat jemand von euch überlegt, dass zwar der eine durch den anderen verändert werden kann, dass aber niemand sich selbst in das verwandeln kann, was er will, und dass diese Verwandlung dem alten Menschen vorbehalten ist, der eine sterbliche Natur besitzt. 7,2. Von Unsterblichen darf man das jedoch nicht behaupten. Oder verwandelten sich nicht Engel, die ewig jung und von feuriger Substanz sind (vgl. Ps 104,4), in Fleisch (vgl. Gen 6,2), nämlich diejenigen, die bei Abraham gastliche Aufnahme fanden? Sogar deren Füße wuschen die Menschen in der Meinung, sie seien von gleicher Substanz wie die von Menschen (Gen 18,2–4). 7,3. Auch mit Jakob, der ein Mensch war, rang ein Engel, der sich in Fleisch verwandelt hatte, damit er mit ihm in Berührung kommen konnte. Und genauso verwandelte er sich nach dem Ringen willentlich in seine eigene Natur zurück. 7,4. Als er sich schon in Feuer umgewandelt hatte, verbrannte er zwar den breiten Nerv[368] Jakobs nicht, versengte ihn aber und machte (Jakob) lahm (Gen 32,25–33). 7,5. Wer nicht nach

368 Der seltsame Ausdruck – gemeint ist der an der Hüftpfanne befindliche Nerv – beruht wohl auf einer fehlerhaften Wiedergabe von Gen 32,26.33.

Belieben etwas anderes werden kann, weil er seiner Natur unterworfen ist, ist sterblich. Wer hingegen nach Belieben werden kann, was er will, und als Herr über die Natur in seine Jugend zurückkehrt, ist unsterblich. 7,6. Daher kann Gottes Macht in noch höherem Maße die Substanz seines Körpers nach Belieben in das verwandeln, was er will. Und im Vollzug dieser Verwandlung bringt er etwas von gleicher Substanz, aber nicht von gleicher Macht hervor. 7,7. Denn wer etwas hervorbringt, kann dessen Substanz auch wieder in etwas anderes verwandeln[369]. Wer aber durch diese Verwandlung aus ihm hervorgebracht wurde und sein Kind ist, kann ohne den Willen dessen, der ihn hervorbrachte, nichts anderes werden, wenn jener es nicht will."

8,1. Nachdem Petrus dies gesagt hatte, sprach Micha[370], auch er einer der Gefährten, die ihm nachfolgten: „Ich möchte von dir erfahren, ob der Gute genauso entstanden ist wie der Böse. Wenn sie nämlich auf gleiche Weise entstanden sind, sind sie meines Erachtens Brüder." 8,2. Darauf Petrus: „Sie sind nicht auf gleiche Weise entstanden, wenn du dich an das erinnerst, was ich anfangs sagte[371]: Die körperliche Substanz des Bösen, die von vierfacher Art ist, wurde, sorgfältig getrennt, von Gott hervorgebracht. Und nachdem sie außerhalb von ihm gemischt worden war – nach dem Willen dessen, der sie hervorgebracht hatte –, entstand infolge dieser Mischung das Bestreben, sich am Schlechten zu erfreuen. Man muss begreifen, dass die aus ihm hervorgegangene vierfache Substanz, die ebenfalls für immer existiert, Gottes Kind ist. Nachdem diese Substanz von Gott außerhalb von ihm gemischt worden war, entstand als Folge davon das Bestreben, sich am Schlechten erfreuen. 8,3. Folglich ist das Böse weder von Gott gezeugt noch von irgendeinem anderen; es ist auch nicht von ihm hervorgebracht worden, noch ist es von selbst aufgetreten, noch existierte es immer – wie die Substanz vor der Mischung –, sondern es ist nach dem Willen Gottes außerhalb von ihm durch diese Mischung entstanden. Und dass es sich notwendigerweise so verhält, haben wir des Öfteren erklärt. 8,4. Der

369 Der Wortlaut dieses Satzes ist fehlerhaft überliefert und kann nur dem Sinn nach übersetzt werden.

370 Micha wurde bereits in 20.4,1 als Fragesteller eingeführt.

371 Vgl. 19.12,5–13,5.

Gute hingegen, der durch die schönste Verwandlung Gottes gezeugt wurde und nicht außerhalb von ihm durch Mischung entstand, ist tatsächlich sein Sohn. Weil das aber nicht geschrieben steht und auf Vermutungen beruht, soll nicht unbedingt behauptet werden, dass es sich wahrhaftig so verhält. 8,5. Sonst hört der Verstand auf, die Wahrheit zu suchen, weil er meint, sie bereits ganz erfasst zu haben. Und denkt mir daran, dass man solche Dinge nicht allen sagen darf, sondern nur den Bewährtesten nach einer Probezeit![372] 8,6. Auch untereinander darf man dergleichen nicht leichtfertig behaupten, noch sollt ihr es wagen, so zu reden, als hättet ihr genaue Einsicht in diese Geheimnisse – nur schweigend sollt ihr darüber nachdenken! Denn wer redet und womöglich etwas Unzutreffendes behauptet, wird Sünde begehen und Strafe erleiden, weil er es wagt, und sei es nur bei sich selbst, über das zu sprechen, was durch Stillschweigen geehrt wird."

9,1. Nachdem Petrus dies gesagt hatte, sprach Lazarus, auch er einer seiner Gefährten: „Erkläre uns, dass Folgendes im Einklang steht! Wie lässt sich begreifen, dass der Böse, der vom gerechten Gott eingesetzt wurde, um die Gottlosen zu bestrafen, dass gerade dieser später mit seinen Engeln samt den Sündern in die tiefste Finsternis geschickt wird? Denn ich erinnere mich, dass der Lehrer selbst das gesagt hat (Mt 25,41)." 9,2. Da sprach Petrus: „Ich stimme zu, dass der Böse insofern nichts Böses tut, als er das über ihn verhängte Gesetz erfüllt. Obwohl er schlechte Absichten hat, tut er doch aus Furcht vor Gott nichts Unrechtes. Und wenn er die Lehrer der Wahrheit verleumdet, tut er das, um die Unentschlossenen zu betören. Daher wird er auch Verleumder[373] genannt. 9,3. Dass aber unser unfehlbarer Lehrer gesagt hat, dass er und seine Engel samt den irregeleiteten Sündern in die tiefste Finsternis hinweggehen, hat folgenden Grund: 9,4. Weil der Böse die Wesensart[374] erhielt, die an der Finsternis Gefallen hat, freut er sich, samt den Engeln, die denselben Dienst tun wie er, in die Finsternis des Tartarus[375] hinabzustei-

372 Vgl. EpP 1,2; 3,1.
373 Griechisch: *diabolos* („Teufel").
374 Wörtlich: »Mischung«.
375 S. Anm. 23.

gen; denn dem Feuer ist die Finsternis angenehm.[376] 9,5. Die Seelen der Menschen, die Tropfen reinen Lichtes sind, werden jedoch von der fremdartigen Substanz des Feuers aufgesogen, und weil es nicht in ihrer Natur liegt, sterben zu können, werden sie bestraft, wie es ihnen gebührt. 9,6. Wenn aber der Fürst der Bosheit – nicht wie ein Mensch, der daran kein Gefallen hat – in die Finsternis geschickt wird[377], dann kann seine Wesensart, die sich am Bösen erfreut, verändert werden, sodass er das Gute will. Anschließend wird er dazu ausersehen werden, mit den Guten zusammen zu sein – dies umso gewisser, als ihm die Wesensart, die sich am Bösen erfreut, zugeteilt wurde und er aufgrund seiner Furcht vor Gott nichts getan hat, was dem Ratschluss des Gesetzes Gottes widerspricht. 9,7. Und dass der Stab des Hohenpriesters Aaron zur Schlange wurde und in einen Stab zurückverwandelt wurde (Ex 4,3–4) – hat damit nicht die Schrift in geheimnisvoller Weise auf die neue Wesensart des Bösen, die einst bei seiner Verwandlung entstehen wird, hingewiesen?"

10,1. Nach Lazarus sprach Joseph, auch er einer seiner Gefährten: „Du hast in allem recht! Und jetzt erkläre mir Folgendes: Ich möchte erfahren, warum die einen glauben und die anderen nicht, obwohl du allen dieselben Reden hältst?" 10,2. Da sagte Petrus: „Diese Reden sind ja keine Zaubergesänge, sodass jemand, der sie hört, auf jeden Fall zum Glauben kommt. Dadurch, dass einige glauben und andere nicht, wird der freie Wille anschaulich unter Beweis gestellt." Nachdem er dies gesagt hatte, priesen wir ihn alle.

## Simon Magus' Anschlag auf Faustus und seine Flucht nach Judäa[378]

11,1. Als wir gerade essen wollten, stürmte jemand herein und sagte: 11,2. „Appion Pleistonikes ist eben mit Annubion aus Antiochien

376 Hier liegt die Vorstellung zugrunde, dass Engel von feuriger Substanz sind; vgl. 8.13,2–3; 18.18,2; 20.7,3–4.

377 Der griechische Wortlaut der ersten Satzhälfte ist fehlerhaft; die Übersetzung versucht, den mutmaßlichen Sinn wiederzugeben.

378 Der Abschnitt 20.11–23 findet sich auch in der lateinischen Übersetzung der Rekognitionen und, stark abgekürzt, in der älteren Kurzfassung des Klemensromans.

gekommen und bei Simon zu Gast." 11,3. Als der Vater das hörte, freute er sich und sagte zu Petrus: „Wenn du mir erlaubst, gehe ich, um Appion und Annubion zu begrüßen, die seit frühester Jugend mit mir befreundet sind.[379] Vielleicht kann ich ja Annubion überreden, mit Klemens über die Genesis[380] zu diskutieren." 11,4. Da sprach Petrus: „Ich erlaube und lobe es, dass du die Pflichten der Freundschaft erfüllst. Doch achte mir darauf, wie nach Gottes Vorsehung von allen Seiten her zusammenkommt, was übereinstimmend dazu dient, dich völlig zu überzeugen! Ich sage das, weil Annubions Eintreffen nützlich für dich ist." 11,5. Darauf der Vater: „Wahrhaftig, ich sehe ein, dass es sich so verhält." Nachdem er dies gesagt hatte, begab er sich zu Simon.

12,1. Wir aber, die wir mit Petrus beisammen waren, befragten ihn einer nach dem anderen und blieben die ganze Nacht aus Freude und Begeisterung über seine Worte wach. 12,2. Als die Nacht schon in Dämmerung überging, sah Petrus mich und meine Brüder an und sprach: „Ich frage mich, was sich euer Vater vorgenommen hat." 12,3. Und gerade, als er das sagte, kam der Vater herein und überraschte Petrus, wie er sich mit uns über ihn unterhielt. Weil er den Unwillen des Petrus bemerkte, sprach er ihn an und suchte nach einer Entschuldigung, warum er draußen geschlafen habe. 12,4. Wir aber hatten bei seinem Anblick die Fassung verloren, denn wir sahen die Gestalt Simons, hörten aber die Stimme unseres Vaters Faustus. 12,5. Als wir aus Abscheu vor ihm gar davonliefen, war der Vater bestürzt, weil wir ihn so unfreundlich und feindselig behandelten. 12,6. Nur Petrus sah seine natürliche Gestalt und sprach zu uns: „Weshalb wendet ihr euch mit Abscheu von eurem Vater ab?" Da sprachen wir und unsere Mutter: „Wir sehen Simon vor uns mit der Stimme unseres Vaters." 12,7. Da sprach Petrus: „Ihr erkennt nur seine unverzauberte Stimme, für meine unverzauberten Augen ist aber auch seine wirkliche Gestalt sichtbar: Es ist nicht Simon, sondern Faustus, euer Vater." 12,8. Dann blickte er unseren Vater an und sagte zu ihm: „Ihnen zeigt sich nicht deine wahre Gestalt, sondern die des höchst gottlosen Simon, unseres ärgsten Feindes."

---

379 Vgl. 4.6,2.
380 S. Anm. 115 und vgl. 14.12.

13,1. Während Petrus dies sagte, trat einer seiner Vorboten[381] ein. Er war aus Antiochien zurückgekehrt und meldete Petrus: 13,2. „Ich möchte dich wissen lassen, mein Herr, dass Simon in Antiochien öffentlich viele Wunder getan[382] und seine Reden zu keinem anderen Zweck gehalten hat, als dich bei ihnen[383] verhasst zu machen. Er bezeichnete dich als Zauberer, Betrüger und Mörder[384] und hat sie zu solchem Hass angestachelt, dass jeder, der dort wohnt, danach lechzt, von deinem Fleisch zu kosten. 13,3. Deshalb sind wir Vorboten mitsamt unseren Brüdern, die du bei Simon eingeschleust hast[385], heimlich zusammengekommen und haben überlegt, was wir angesichts der Stadt, die mächtig gegen dich aufgebracht ist, tun sollen. 13,4. Wir waren noch ratlos, als der Centurio Kornelius eintraf (vgl. Apg 10), der vom Kaiser zum Statthalter der Provinz entsandt worden war. Den hatte der Herr in Cäsarea geheilt, als er von einem Dämon besessen war.[386] 13,5. Wir holten ihn heimlich herbei, und als wir ihm den Grund unserer Verzweiflung mitgeteilt und ihn um Hilfe gebeten hatten, versprach er sehr entschieden, Simon in Furcht zu versetzen und zu verjagen, wenn wir ihm bei seinem Vorhaben helfen würden. 13,6. Nachdem wir versprochen hatten, bereitwillig alles zu tun, sagte er: ‚Ich will durch etliche Freunde das Gerücht ausstreuen[387], dass ich heimlich zu seiner Verhaftung gekommen sei, und vorgeben, dass ich nach ihm fahnde, weil der Kaiser, der viele Zauberer getötet und von ihm erfahren hat, mich zur Suche nach ihm entsandt habe, damit er ihn wie schon die Zauberer vor ihm bestrafe. 13,7. Auch eure Leute, die bei ihm sind, sollen ihm zutragen, als hätten sie es heimlich irgendwoher gehört, dass ich abgesandt worden sei, um ihn zu verhaften. Wenn er das hört, wird er vielleicht in Furcht versetzt und flieht – es sei denn, wir wollen uns einen anderen Plan ausdenken[388].‘ 13,8. Doch genauso geschah es.

381 Vgl. 11.36,1.
382 Der Rest des Satzes fehlt in Handschrift O.
383 Gemeint sind die Antiochener.
384 „und Mörder“ fehlt in Handschrift O.
385 Vgl. 2.37,1–2.
386 Eine solche Erzählung findet sich im Neuen Testament und in der übrigen frühchristlichen Literatur nicht.
387 Die Übersetzung folgt einer notwendigen Textverbesserung.
388 Die Übersetzung des letzten Halbsatzes ist unsicher.

Denn als Simon das von vielen Außenstehenden, die es ihm heimlich erzählten, als täten sie ihm damit einem großen Gefallen, und auch von unseren Leuten, die bei ihm eingeschleust worden waren, gehört und als Überzeugung der Seinen betrachtet hatte, beschloss er, sich zurückzuziehen. 13,9. Wie wir gehört haben, ist er nach seiner Flucht aus Antiochien mit Athenodor hierhergekommen. Daher raten wir dir, jene Stadt solange nicht zu betreten, bis wir wissen, ob sie[389] in seiner Abwesenheit die Verleumdungen gegen dich werden vergessen können."

14,1. Nachdem der Vorbote dies berichtet hatte, blickte Petrus den Vater an und sprach: „Du hörst es, Faustus: Durch den Zauberer Simon ist deine Verwandlung zustande gebracht worden, wie sich nun herausstellt. 14,2. In der Meinung, der Kaiser suche ihn mit böser Absicht, geriet er in Furcht und floh, nachdem er dir seine eigene Gestalt verliehen hatte, damit deine Kinder Leid tragen, wenn du getötet wirst." 14,3. Als der Vater dies hörte, sprach er unter Weinen und Wehklagen: „Du hast richtig vermutet, Petrus. Annubion, der mir sehr gewogen ist[390], hat mich in geheimnisvoller Weise auf den Anschlag hingewiesen, doch ich Unseliger habe ihm nicht geglaubt, weil ich dieses Leid verdiente."

15,1. Kurze Zeit nach diesen Worten des Vaters kam Annubion zu uns und meldete uns die Flucht Simons – noch in der Nacht sei er nach Judäa aufgebrochen. 15,2. Er traf unseren Vater, wie er sich an die Brust schlug und unter Wehklagen sagte: „Ach, ich Unseliger! Ich glaubte es nicht, als ich hörte, dass er ein Zauberer sei. Ich Unglücklicher! Kaum bin ich einen Tag lang von Frau und Kindern wiedererkannt worden, bin ich schnell ins frühere Elend geraten und ihnen unbekannt." 15,3. Da raufte sich die Mutter unter Wehklagen die Haare, und wir seufzen vor Kummer angesichts der Veränderung des Vaters, denn wir konnten nicht begreifen, was eigentlich geschehen war. Als Annubion das hörte und sah, stand er sprachlos da. 15,4. Petrus aber sagte zu uns Kindern im Beisein aller: „Glaubt mir, das ist Faustus, euer Vater! Darum fordere ich euch auf, ihn wie einen Vater zu behandeln. Denn Gott wird eine Gelegenheit her-

389 Nämlich die Antiochener.

390 Ab hier ist die Übersetzung des lückenhaften griechischen Text verschiedentlich nach den lateinischen Rekognitionen ergänzt.

beiführen, bei der er die Gestalt Simons wegnehmen und diejenige eures Vaters wieder deutlich sichtbar machen wird." 15,5. Nachdem er uns dies gesagt hatte, blickte er den Vater an und sprach: „Ich hatte dir erlaubt, Appion und Annubion zu begrüßen, weil du versichertest, dass sie von Kindheit an deine Freunde sind, nicht aber, mit Simon dem Zauberer zu reden." 16,1. Da sprach der Vater: „Ich gestehe, ich habe gesündigt." 16,2. Da sprach Annubion: „Mit ihm bitte auch ich dich, einem edlen und guten Alten zu verzeihen, den man betrogen hat! Der Unglückliche ist nämlich zum Spielball des Verruchten geworden. 16,3. Doch will ich berichten, wie das geschah. Dieser gute Alte kam, um uns zu begrüßen. Es traf sich aber, dass wir zu dieser Stunde dort beisammen waren, um Simon zuzuhören. Der wollte in dieser Nacht die Flucht ergreifen, weil er gehört hatte, dass auf kaiserlichen Befehl von irgendwoher Leute hier in Laodicea eintreffen würden, um ihn zu suchen. 16,4. Als Faustus eintrat, richtete Simon seinen Zorn auf ihn[391] und sagte Folgendes zu uns: 16,5. ‚Sorgt ihr dafür, dass der, der eben gekommen ist, mit euch an der Mahlzeit teilnimmt. Ich aber will eine Salbe zubereiten, damit er nach dem Essen davon nimmt, sein Gesicht einreibt und es dann allen so vorkommt, als habe er meine Gestalt. 16,6. Weil ihr aber zuvor von mir mit dem Saft einer Pflanze gesalbt werdet, könnt ihr durch seine fremde Gestalt nicht getäuscht werden. Alle anderen jedoch werden Faustus für Simon halten.' 17,1. Nachdem er dies angekündigt hatte, fragte ich: ‚Welchen Nutzen hast du von einer solchen List?' Da sagte Simon: ‚Vor allem werden die, die mich aufspüren wollen, die Suche nach mir einstellen, sobald sie ihn verhaftet haben. 17,2. Und wenn er dann von kaiserlicher Hand hingerichtet wird, werden dessen Kinder größten Schmerz erleiden, die mich verließen, bei Petrus Zuflucht suchten und nun seine Mitarbeiter sind.' 17,3. Jetzt bekenne ich dir die Wahrheit, Petrus: Ich fürchtete mich vorhin, Faustus das zu verraten. Doch gab uns Simon auch keine Gelegenheit, mit ihm allein zu sein, damit niemand von uns ihm die üblen Pläne Simons offenbare. 17,4. Mitten in der Nacht jedoch erhob sich Simon und begab sich in Begleitung von Appion und

391 Der griechische Text ist lückenhaft; die Übersetzung dieses Teilsatzes ist unsicher.

Athenodor auf die Flucht nach Judäa. Da heuchelte ich ein körperliches Unwohlsein, um dableiben und nach ihrem Aufbruch Faustus veranlassen zu können, sofort zu den Seinen zurückzukehren. Denn sollte es ihm gelingen, sich bei euch zu verbergen, würde er wohl von denen, die Simon suchen, nicht als Simon ergriffen und aufgrund des kaiserlichen Zorns getötet. 17,5. Daher schickte ich ihn um Mitternacht weg zu euch. Doch weil ich um ihn besorgt war, kam ich nachts her, um nach ihm zu sehen und eiligst zurückzukehren, ehe Simons Begleiter wiederkommen." 17,6. Dann blickte er uns an und sagte: „Ich, Annubion, sehe die wahre Gestalt eures Vaters, weil ich, wie ich eben berichtete, von Simon selbst gesalbt worden bin, damit sich meinen Augen die wahre Gestalt des Faustus zeigt. Ich bin daher fassungslos und staune sehr über Simons Zauberkunst, dass ihr dasteht und euren Vater nicht erkennt." 17,7. Weil der Vater und die Mutter und wir selbst weinten, brach auch Annubion aus Mitleid über unser gemeinsames Unglück in Tränen aus. 18,1. Da versprach uns Petrus, die Gestalt des Vaters wiederherzustellen, und sagte zu ihm: 18,2. „Du hast gehört, Faustus, wie es um uns steht. Wenn uns die irreführende Gestalt, die du angenommen hast, nützlich geworden ist und du uns bei dem, was wir dir auftragen, behilflich warst, dann will ich dir deine wahre Gestalt zurückgeben, nachdem du zuvor getan hast, was ich dir sage." 18,3. Als aber der Vater sagte: „Alles, was mir möglich ist, werde ich mit größter Bereitwilligkeit tun, wenn du nur den Meinen meine Gestalt wiedergibst", antwortete Petrus: 18,4. „Du hast mit eigenen Ohren gehört, wie meine Vorboten aus Antiochien gekommen sind und gemeldet haben, dass Simon, seitdem er dort ist, die Menge heftig gegen mich aufgewiegelt hat, indem er mich einen Zauberer und Mörder, einen Verführer und Betrüger nannte. Das hat er in einem solchen Maß getan, dass alle dortigen Bewohner danach lechzen, von meinem Fleisch zu kosten. 18,5. Du wirst nun tun, was ich sage: Lass Klemens bei mir zurück und geh uns mit deiner Frau sowie deinen Söhnen Faustinus und Faustinianus nach Antiochien voraus! Auch einige andere werden bei dir sein, die ich für fähig halte, meinen Plan zu unterstützen. 19,1. Sobald du mit ihnen in Antiochien angekommen bist, wo man dich für Simon hält, verkünde öffentlich deinen Sinneswandel und sprich: 19,2. ‚Ich, Simon verkünde euch Folgendes: Ich gestehe, dass ich Petrus zu Unrecht verleumdet habe. Er ist kein Verführer, kein Mörder, kein Betrüger und nichts von all dem Bösen, was ich früher, vom Zorn getrieben, über ihn gesagt habe. 19,3. Ich bitte euch, der ich die Ursache für euren Hass gegen ihn bin: Hört auf, ihn zu hassen! Denn er ist der wahre Apostel des wahren Propheten, der von Gott zur Rettung der Welt gesandt ist. 19,4. Darum gebe ich selbst euch den Rat, ihm zu glauben, was er verkündigt, weil sonst eure ganze Stadt restlos zerstört werden wird. 19,5. Ich will jedoch wissen lassen, aus welchem Grund ich euch dieses Geständnis gemacht habe: In dieser Nacht geißelten Gottes Engel mich, den Gottlosen, auf schreckliche Weise, weil ich dem Boten der Wahrheit feindlich gesinnt war (vgl. 2. Kor 12,7). 19,6. Ich bitte euch daher, dass ihr mir keinen Glauben schenkt, falls ich ein weiteres Mal herkomme und Petrus zu verleumden wage. 19,7. Denn ich gestehe euch: *Ich* bin ein Zauberer, *ich* bin ein Verführer, *ich* bin ein Betrüger, doch ich bereue, denn durch Reue ist es vielleicht möglich, die Sünden zu tilgen, die ich früher begangen habe.'"

20,1. Nachdem Petrus diesen Plan vorgestellt hatte, sagte der Vater: „Ich weiß, was du vorhast; mach dir also keine Sorgen! Denn wenn ich dorthin komme, wird mir nicht weniger daran gelegen sein, über dich zu verbreiten, was verbreitet werden muss." 20,2. Da machte Petrus einen weiteren Vorschlag: „Wenn du merkst, dass sich die Stadt von ihrem Hass abgewendet hat und uns zu sehen verlangt, lass es mich durch einen Boten wissen! Dann werden wir dir auf der Stelle nachfolgen. 20,3. Und wenn ich dort bin, werde ich sofort die fremde Gestalt von dir entfernen und deine eigene für die Deinen und alle anderen zweifelsfrei sichtbar machen." 20,4. Nach diesen Worten ordnete er an, dass seine Söhne, meine Brüder, ihn begleiten, und befahl, dass Mattidia, unsere Mutter, sowie einige der engsten Vertrauten gemeinsam mit ihm aufbrächen. 20,5. Unsere Mutter aber hatte Bedenken, mit ihm wegzugehen: „Ich halte es nämlich für Ehebruch, wenn ich mit Simons Gestalt zusammen bin. Wenn ich trotzdem gezwungen werde, mit ihm wegzugehen, kann ich mich unmöglich mit ihm auf demselben Lager niederlassen. So weiß ich nicht, ob ich überhaupt bereit sein werde, mit ihm wegzugehen." 20,6. Da sie Bedenken hatte wegzugehen, ermutigte Annubion sie und sagte: „Lass dich von mir und von Petrus und von seiner eigenen Stimme überzeugen, dass er Faustus ist, dein Ehemann, den ich nicht weniger liebe als du. 20,7. Auch ich werde mit ihm reisen." Nach diesen Worten Annubions versprach die Mutter mitzukommen. 21,1. Da sagte Petrus: „In günstigster Weise lenkt Gott unser Geschick. Denn wir haben Annubion den Astrologen bei uns, und der wird, sobald wir nach Antiochien gelangt sind, fortan als Freund ganz offen mit uns über die Genesis[392] diskutieren."

## Aufbruch nach Antiochien

21,2. Des Nachts brach der Vater mit denjenigen, die Petrus dazu aufgefordert hatte, und mit Annubion ins benachbarte Antiochien auf. In der Frühe des nächsten Tages kamen, bevor Petrus zur Diskussion hinausging[393], Appion und Athenodor, die Simon begleitet hatten, nach Laodicea, um den Vater zu suchen. 21,3. Als Petrus davon erfuhr, befahl er ihnen einzutreten. Sie kamen herein, nahmen Platz und fragten: „Wo ist Faustus?" Da antwortete Petrus: „Wir wissen es nicht. 21,4. Seit dem Abend, als er zu euch ging, hat er sich bei seinen Verwandten nicht mehr blicken lassen. 21,5. Gestern früh hat auch Simon nach ihm gesucht. Und da wir ihm keine Antwort gaben, nannte er sich selbst – ich weiß nicht, was ihm einfiel – Faustus. Weil wir ihm keinen Glauben schenkten, drohte er unter Tränen und Wehklagen, sich umzubringen, und eilte in Richtung Meer davon." 22,1. Als sie dies hörten, schrien Appion und seine Begleiter auf, schlugen sich an die Brust und sagten: „Warum habt ihr ihn nicht aufgenommen?" 22,2. Doch gerade als mir Athenodor sagen wollte: „Es war Faustus, dein Vater", kam ihm Appion zuvor und sprach: „Wir haben von jemandem erfahren, dass Simon ihn gefunden hat und mit ihm fortgeeilt ist. In Wahrheit habe Faustus selbst ihn darum gebeten, da er seine eigenen Söhne nicht wiedersehen wollte, weil sie Juden geworden sind. 22,3. Als wir dies hörten, sind wir gekommen, um ihn zu suchen. Weil er aber nicht hier ist, hat der, der mit uns sprach, offenbar die Wahrheit gesagt. So, wie wir es von ihm gehört haben, haben wir es euch berichtet." 22,4. Da begriff ich,

392 S. Anm. 115 und vgl. 14.12.
393 Eine unpassende Zwischenbemerkung, da Simon geflohen ist.

Klemens, die Absicht des Petrus. Er wollte ihnen den Verdacht einflößen, als habe er vor, den Alten bei ihnen zu suchen, damit sie in Furcht gerieten und die Flucht ergriffen.[394] Ich schloss mich seinem Plan an und sprach zu Appion: 22,5. „Höre, mein liebster Appion! Wir haben uns bemüht, ihm als unserem Vater zu geben, was wir für richtig hielten. Wenn er es aber nicht annehmen wollte, sondern im Gegenteil mit Abscheu vor uns floh, dann – ich will etwas recht Hartes sagen – kümmern wir uns auch nicht um ihn." 22,6. Nachdem ich dies gesagt hatte, gingen sie, als wären sie über meine Grobheit empört, fort und eilten – wie wir am nächsten Tag erfuhren – auf den Spuren Simons nach Judäa davon.

23,1. Als zehn Tage vergangen waren, traf ein Bote des Vaters aus Antiochien ein. 23,2. Er berichtete uns, wie der Vater bei einem öffentlichen Auftritt seine Gestalt[395] angeklagt, Petrus gepriesen und die ganze Stadt Antiochien dazu gebracht habe, sich ihm zuzuwenden. Seitdem bekundeten alle, dass sie begierig seien, ihn zu sehen. 23,3. Einige hätten Faustus in der Meinung, er sei Simon, aufgrund ihrer überschwänglichen Liebe zu Petrus sogar angefeindet und Hand an ihn legen wollen in der Meinung, er sei Simon. 23,4. Daher habe er aus Furcht, dass man ihn töten könnte, zu Petrus geschickt mit der Bitte, unverzüglich zu kommen, damit er ihn noch lebend antreffe und zu einer günstigen Zeit in der Stadt erscheine, wo sie voller Sehnsucht nach ihm sei. 23,5. Als Petrus dies hörte, rief er die Menge zur Gemeindeversammlung herbei, ernannte einen seiner Gefährten zum Bischof, blieb noch drei Tage taufend und heilend in Laodicea und brach dann eilends ins benachbarte Antiochien auf.[396]

394 Ein im Erzählzusammenhang abwegiger Gedanke.

395 D. h., Simon.

396 Handschrift O schließt den Roman mit einem kaum ursprünglichen „Amen". Das abrupte Ende des Werkes wird in der lateinischen Übersetzung der Rekognitionen durch Ergänzungen gemildert, die Petrus' überwältigenden Erfolg in Antiochien, die Rückverwandlung des Faustus sowie dessen Taufe schildern.

# Abkürzungen der biblischen Bücher

Die Schriften der Bibel werden in der „Kleinen Bibliothek“ mit folgenden Abkürzungen zitiert (in alphabetischer Reihenfolge):

## 1. Tenach/Altes Testament

| | |
|---|---|
| Amos | Buch Amos |
| 1. Chr | 1. Buch der Chronik |
| 2. Chr. | 2. Buch der Chronik |
| Dan | Buch Daniel |
| Dtn | Deuteronomium (5. Buch Mose) |
| Esra | Buch Esra |
| Est | Buch Ester (Esther) |
| Ex | Exodus (2. Buch Mose) |
| Ez | Buch Ezechiel (Hesekiel) |
| Gen | Genesis (1. Buch Mose) |
| Hab | Buch Habakuk |
| Hag | Buch Haggai |
| Hiob | Buch Hiob (Ijob) |
| Hld | Hoheslied |
| Hos | Buch Hosea |
| Jer | Buch Jeremia |
| Jes | Buch Jesaja |
| Joel | Buch Joel |
| Jona | Buch Jona |
| Jos | Buch Josua |
| Klgl | Klagelieder des Jeremia |
| Koh | Buch Kohelet (Prediger Salomo) |
| 1. Kön | 1. Buch der Könige |
| 2. Kön | 2. Buch der Könige |
| Lev | Levitikus (3. Buch Mose) |

| | |
|---|---|
| Mal | Buch Maleachi |
| Mi | Buch Micha |
| Nah | Buch Nahum |
| Neh | Buch Nehemia |
| Num | Numeri (4. Buch Mose) |
| Ob | Buch Obadja |
| Ps | Buch der Psalmen |
| Ri | Buch der Richter |
| Rut | Buch Rut (Ruth) |
| Sach | Buch Sacharja |
| 1. Sam | 1. Buch Samuel |
| 2. Sam | 2. Buch Samuel |
| Spr | Buch der Sprüche (Sprüche Salomos) |
| Zeph | Buch Zephanja |

### Apokryphe bzw. deuterokanonische Schriften

| | |
|---|---|
| Bar | Buch Baruch |
| Jud | Buch Judit (Judith) |
| 1. Makk | 1. Makkabäerbuch |
| 2. Makk | 2. Makkabäerbuch |
| Sir | Buch Jesus Sirach (Ben Sira) |
| Tob | Buch Tobit |
| Weish | Buch der Weisheit (Weisheit Salomos) |

## 2. Neues Testament

| | |
|---|---|
| Apg | Apostelgeschichte |
| Eph | Brief an die Epheser |
| Gal | Brief an die Galater |
| Hebr | Brief an die Hebräer |
| Jak | Brief des Jakobus |
| 1. Joh | 1. Brief des Johannes |
| 2. Joh | 2. Brief des Johannes |
| 3. Joh | 3. Brief des Johannes |
| Joh | Evangelium nach Johannes |
| Jud | Brief des Judas |
| Kol | Brief an die Kolosser |

| | |
|---|---|
| 1. Kor | 1. Brief an die Korinther |
| 2. Kor | 2. Brief an die Korinther |
| Lk | Evangelium nach Lukas |
| Mk | Evangelium nach Markus |
| Mt | Evangelium nach Matthäus |
| Offb | Offenbarung (Apokalypse) des Johannes |
| 1. Petr | 1. Brief des Petrus |
| 2. Petr | 2. Brief des Petrus |
| Phil | Brief an die Philipper |
| Phlm | Brief an Philemon |
| Röm | Brief an die Römer |
| 1. Thess | 1. Brief an die Thessalonicher |
| 2. Thess | 2. Brief an die Thessalonicher |
| 1. Tim | 1. Brief an Timotheus |
| 2. Tim | 2. Brief an Timotheus |
| Tit | Brief an Titus |

In den Anmerkungen dieses Bandes werden zusätzlich folgende Abkürzungen verwendet:

| | |
|---|---|
| EpCl | Brief des Klemens an Jakobus |
| EpP | Brief des Petrus an Jakobus |
| O | Handschrift O (Codex Vaticanus Ottobonianus gr. 443) |
| P | Handschrift P (Codex Parisinus gr. 930) |